LES
GRANDS ÉCRIVAINS
DE LA FRANCE

NOUVELLES ÉDITIONS

PUBLIÉES SOUS LA DIRECTION
DE M. AD. REGNIER
Membre de l'Institut

OEUVRES

DE

P. CORNEILLE

TOME III

PARIS. — IMPRIMERIE DE CH. LAHURE ET Cie
Rue de Fleurus, 9

ŒUVRES

DE

P. CORNEILLE

NOUVELLE ÉDITION

REVUE SUR LES PLUS ANCIENNES IMPRESSIONS
ET LES AUTOGRAPHES

ET AUGMENTÉE

de morceaux inédits, des variantes, de notices, de notes, d'un lexique des mots
et locutions remarquables, d'un portrait, d'un fac-simile, etc.

PAR M. CH. MARTY-LAVEAUX

TOME TROISIÈME

PARIS
LIBRAIRIE DE L. HACHETTE ET Cie
BOULEVARD SAINT-GERMAIN
—
1862

LE CID

TRAGÉDIE

1636

NOTICE.

« CE fut en quelque sorte à M. de Chalon que le public est redevable du *Cid*, dit Beauchamps dans ses *Recherches sur les théâtres de France*[1]. Voici comme le P. de Tournemine m'a conté la chose : M. de Chalon, secrétaire des commandements de la Reine mère, avoit quitté la cour et s'étoit retiré à Rouen dans sa vieillesse; Corneille, que flattoit le succès de ses premières pièces, le vint voir : « Monsieur, » lui dit-il (*lui dit M. de Chalon*), après l'avoir loué sur son esprit et ses talents, « le genre de comique que vous embrassez ne peut vous « procurer qu'une gloire passagère. Vous trouverez dans les « Espagnols des sujets qui, traités dans notre goût par des « mains comme les vôtres, produiront de grands effets. Ap- « prenez leur langue, elle est aisée; je m'offre de vous mon- « trer ce que j'en sais, et jusqu'à ce que vous soyez en état « de lire par vous-même, de vous traduire quelques endroits « de Guillem de Castro. »

Corneille profita de ces offres obligeantes. L'attente de M. de Chalon fut bien dépassée; mais en tout il faut un apprentissage : celui de Corneille fut fort étrange. C'est sous l'aspect fantasque du capitan Matamore de *l'Illusion* que le caractère espagnol lui apparut d'abord; toutefois, en traçant cette esquisse bouffonne, il entrevoyait déjà confusément les nobles images de Chimène et de Rodrigue[2].

Du reste, Corneille ne crut pas devoir se préparer par de longues recherches à traiter cet admirable sujet. *Las Moce-*

1. Tome II, p. 157.
2. Voyez la Notice de *l'Illusion*, tome II, p. 423 et 424.

dades del Cid[1] de Guillem de Castro lui servirent seulement de point de départ, et il ne parcourut les romances que pour y puiser des inspirations générales. Ces rapides études, fécondées par le génie le plus tragique qui eût jusqu'alors paru sur notre scène, produisirent un chef-d'œuvre que toutes les littératures nous envièrent. « M. Corneille, dit Fontenelle[2], avoit dans son cabinet cette pièce traduite en toutes les langues de l'Europe, hors l'esclavone et la turque : elle étoit en allemand, en anglois, en flamand; et, par une exactitude flamande, on l'avoit rendue vers pour vers. Elle étoit en italien, et ce qui est plus étonnant, en espagnol : les Espagnols avoient bien voulu copier eux-mêmes une copie dont l'original leur appartenoit. »

Cette pièce espagnole imitée de celle de Corneille n'est autre, selon toute apparence, que l'ouvrage de Diamante intitulé : *el Honrador de su padre*. De cette imitation Voltaire voulut faire l'ouvrage original, celui où Guillem de Castro lui-même avait puisé le sujet de sa pièce. En 1764, dans la première édition de son commentaire, il ne s'était pas encore avisé de cette découverte; mais le 1er août de la même année il publia dans la *Gazette littéraire*[3] des *Anecdotes sur le Cid* qui commencent ainsi :

« Nous avions toujours cru que *le Cid* de Guillem de Castro était la seule tragédie que les Espagnols eussent donnée sur ce sujet intéressant; cependant il y avait encore un autre *Cid*, qui avait été représenté sur le théâtre de Madrid avec autant de succès que celui de Guillem. L'auteur est don Juan-Bautista Diamante, et la pièce est intitulée : *Comedia famosa del Cid honrador de su padre*.... Pour le Cid *honorateur de son père*, on la croit antérieure à celle de Guillem de Castro de quelques années. Cet ouvrage est très-rare, et il n'y en a peut-être pas aujourd'hui trois exemplaires en Europe. »

---

1. *La jeunesse* (littéralement *les jeunesses, les actes de jeunesse*) du Cid.
2. *Vie de M. Corneille. Œuvres de Fontenelle....* édition de 1742, tome III, p. 96.
3. L'article de la *Gazette littéraire* est reproduit dans les *Œuvres de Voltaire* publiées par M. Beuchot, tome XLI, p. 490 et 491.

C'est là une erreur dans laquelle Voltaire s'obstine à demeurer. Il y revient et y insiste en 1774 dans la nouvelle édition de son commentaire. On dirait qu'il cherche à se faire illusion à lui-même; il se paye de raisons détestables comme les gens d'esprit en trouvent toujours pour se persuader de ce qui leur plaît.

Acceptée sans examen par la Harpe, l'assertion du maître fut bientôt considérée comme un fait incontestable; mais elle ne pouvait résister à une étude un peu attentive. Angliviel de la Beaumelle présenta, en 1823, dans les *Chefs-d'œuvre des théâtres étrangers*, la pièce de Diamante comme une traduction du *Cid* de Corneille[1]; le 11 avril 1841 un article de Génin, publié dans *le National*, justifia plus complétement encore notre poëte, et M. de Puibusque soutint la même thèse dans son *Histoire comparée des littératures espagnole et française*. Enfin, dans un excellent travail, que nous aurons plus d'une fois l'occasion de citer et qui est intitulé: *Anecdotes sur Pierre Corneille, ou Examen de quelques plagiats qui lui sont généralement imputés par ses divers commentateurs français et en particulier par Voltaire*, M. Viguier a démontré de la manière la plus évidente, en comparant le texte de Corneille avec celui de Diamante, que ce poëte n'a été en général que le traducteur fort exact, et même assez plat, de notre illustre tragique; et l'année dernière M. Hippolyte Lucas a mis tout le monde à même de consulter les pièces du procès, en traduisant dans ses *Documents relatifs à l'histoire du Cid* la pièce de Guillem de Castro et celle de Diamante. La question semblait donc résolue; toutefois elle ne l'était encore que par des arguments d'un ordre purement littéraire, qui laissent toujours subsister quelque doute dans l'esprit de certaines personnes.

Un article de M. Antoine de Latour, intitulé *Pierre Corneille et Jean-Baptiste Diamante*, qui a paru dans *le Correspondant* le 25 juin 1861, et qui vient d'être reproduit dans un volume intitulé *l'Espagne religieuse et littéraire* (p. 113-134), est venu offrir aux plus obstinés des documents d'une irrésistible évidence, des preuves matérielles. Un pharmacien espagnol, qui a

1. Dans le volume intitulé *Chefs-d'œuvre du théâtre espagnol*. Paris, Ladvocat, p. 169 et 170.

renoncé à sa profession pour s'adonner sans partage à l'étude de la bibliographie et de la littérature de son pays, don Cayetano Alberto de la Barrera y Leirado, a publié aux frais de l'État un *Catalogue bibliographique et biographique de l'ancien théâtre espagnol depuis son origine jusqu'au milieu du dix-huitième siècle.* On y trouve la notice suivante :

« Juan-Bautista Diamante, un des plus féconds et des plus renommés poëtes dramatiques qu'ait produits l'Espagne dans la seconde moitié du dix-septième siècle. On ignore la date de sa naissance, mais on peut la fixer avec assez de vraisemblance entre 1630 et 1640. Notre poëte commença à travailler pour le théâtre vers 1657. Il est possible que son premier ouvrage ait été *el Honrador de su padre*, qui parut imprimé dans la première partie d'un recueil de comédies de divers auteurs, Madrid, 1659, et dans lequel on remarque des beautés de premier ordre, au travers de ses nombreuses irrégularités. Diamante avait sous les yeux, en écrivant cette pièce, *las Mocedades del Cid*, de Guillem de Castro, et l'imitation qui en a été faite par Corneille, et il a pris de l'un et de l'autre ce qui lui a paru bon. »

Après avoir lu cet article, M. Antoine de Latour s'empressa de faire demander à don Cayetano Alberto de la Barrera quelques communications au sujet des documents d'après lesquels il l'avait rédigé ; bientôt le savant bibliographe fit parvenir à notre compatriote la réponse suivante :

« Votre question ne pouvait venir plus à propos. Juste au moment où elle m'arrive, je tiens dans mes mains ce bon Juan-Bautista Diamante. Car voici plusieurs jours que je m'occupe à extraire les pièces d'un procès qui lui fut intenté en 1648 et qui vient d'échapper par bonheur au sort qui le menaçait, car on allait en faire des paquets. Les faits intéressants que j'en ai tirés me sont arrivés trop tard de quelques jours pour pouvoir être insérés dans le dernier appendice ou supplément de mon ouvrage. Je m'étais servi, pour écrire l'article qui le concerne, des faits qui se trouvent dans Barbosa Machado et dans Nicolas Antonio, et de ceux que j'ai pu moi-même trouver ailleurs. Voyant que, dès 1658, il prenait déjà le titre de licencié, comme cela résulte du manuscrit autographe de sa comédie *el Veneno para si*, qui existe dans la bibliothèque de M. le duc d'Osuna, j'ai calculé que sa naissance pouvait avoir eu lieu de 1630 à 1640 ; je ne m'étais trompé que de quatre ans : il était né à Madrid en 1626. C'est ce qui résulte d'un interrogatoire signé de sa main et dont l'original fait partie du procès que j'ai sous les yeux. »

A cette lettre était jointe une copie de ce document que M. Antoine de Latour traduit ainsi : « En la ville de Alcala de Hénarès, le vingtième jour du mois de septembre 1648, en vertu d'un ordre du seigneur recteur, moi, notaire, je me présentai à la prison des étudiants de cette université, en laquelle je fis comparaître devant moi don Juan-Bautista Diamante, écolier en ladite université et détenu dans la susdite prison, de qui je reçus le serment devant Dieu et sur une croix qu'il promettait de dire la vérité, et lui demandai ce qui suit :

« Lui ayant demandé comment il se nomme, quel âge il a, quelle est sa condition et où il est né ;

« A quoi il répond qu'il se nomme don Juan-Bautista Diamante, qu'il est étudiant de cette université et sous-diacre, qu'il est né dans la ville de Madrid, et qu'il a vingt-deux ans, à quelque chose près. »

Cependant M. de Latour conserve un dernier scrupule, et se demande si le Diamante qui figure au procès de 1648 est bien celui que nous connaissons comme auteur dramatique. Aussitôt nouvelle demande d'éclaircissements et nouvelle lettre de don Cayetano Alberto de la Barrera.

J'eus le même doute qui vous est venu, répondit-il, quand j'examinai ces documents, mais toute incertitude disparut bientôt. L'identité de Juan-Bautista Diamante, sous-diacre en 1648 et prêtre en 1656, et de Diamante, écrivain dramatique, me fut démontrée jusqu'à l'évidence par cette double observation : d'une part, que Barbosa Machado déclare expressément que le poëte était fils de Jacome Diamante, Espagnol, et d'une mère portugaise, et, d'autre part, que le clerc mis en cause était bien le fils de Jacome Diamante et de sa première femme, Magdalena de Acosta (nom portugais *da Costa*), comme il ressort de nombreux documents qui figurent au procès, et en particulier d'une pétition signée par Jacome lui-même. »

Voilà certes de quoi satisfaire les plus exigeants, et il n'est maintenant permis à personne de révoquer en doute la sincérité de Corneille, lorsqu'il déclare n'avoir eu d'autre guide que Guillem de Castro.

Mais ce premier point une fois mis hors de contestation, on voudrait avoir les détails les plus précis sur ce premier chef-d'œuvre de Corneille, et l'on ignore jusqu'à la date de sa représentation. Les frères Parfait se contentent de placer cet ouvrage le dernier parmi ceux de 1636, et c'est seulement à l'occasion de *Cinna* qu'ils nous disent : « *Le Cid* fut représenté vers la fin de novembre 1636[1]. »

L'immense supériorité de cette pièce sur toutes celles qui l'avaient précédée n'échappa point à Mondory ; il ne négligea rien pour que le jeu des acteurs, la beauté des costumes, l'exactitude de la mise en scène fussent dignes de l'œuvre : aussi le succès fut-il attribué uniquement aux comédiens par les ennemis de notre poëte ; mais leurs accusations injustes renferment sur les premières représentations certains renseignements utiles à recueillir.

« Si votre poétique et *jeune ferveur*, dit Mairet[2] en se servant à dessein d'une expression employée dans *le Cid*[3] et critiquée par Scudéry, avoit tant d'envie de voir ses nobles journées sous la presse, comme vous êtes fort ingénieux, il falloit trouver invention d'y faire mettre aussi, tout du moins en taille-douce, les gestes, le ton de voix, la bonne mine et les beaux habits de ceux et celles qui les ont si bien représentées, puisque vous pouviez juger qu'ils faisoient la meilleure partie de la beauté de votre ouvrage, et que c'est proprement du *Cid* et des pièces de cette nature que M. de Balzac a voulu parler en la dernière de ses dernières lettres, quand il a dit du Roscius Auvergnac[4], que si les vers ont quelque souverain bien, c'est dans sa bouche qu'ils en jouissent, qu'ils sont plus obligés à celui qui les dit qu'à celui qui les a faits, et bref qu'il en est le second et le meilleur père, d'autant que par une favorable adoption il les purge pour ainsi dire des vices de leur

---

1. *Histoire du Théâtre françois*, tome VI, p. 92.
2. *Épître familière*, p. 17 et 18.
3. Vers 1 des variantes : voyez plus loin, p. 103.
4. Mondory.

naissance[1]. Un petit voyage en cette ville vous apprendra, si vous ne le savez déjà, que Rodrigue et Chimène tiendroient possible encore assez bonne mine entre les flambeaux du théâtre des Marais, s'ils n'eussent point eu l'effronterie de venir étaler leur blanc d'Espagne au grand jour de la Galerie du Palais[2]. »

Dans un autre libelle, imprimé à la suite de celui que nous venons de citer[3], la nouvelle pièce de Corneille est encore attaquée de la même manière : « Souvenez-vous que la conjoncture du temps, l'adresse et la bonté des acteurs, tant à la bien représenter qu'à la faire valoir par d'autres inventions étrangères, que le Sr de Mondory n'entend guère moins bien que son métier, ont été les plus riches ornements du *Cid* et les premières causes de sa fausse réputation. » Ce dernier passage est assez obscur : l'auteur veut-il parler seulement de l'habileté de Mondory pour la mise en scène, de son goût dans la disposition des décorations et le choix des costumes? je ne le pense pas ; ces qualités, quoique ne faisant point nécessairement partie de l'art du comédien, sont loin toutefois d'y être étrangères. Je serais plutôt tenté de croire qu'il est question ici de l'adresse avec laquelle Mondory, dans un temps où la presse périodique, à peine née, ne s'occupait point de questions littéraires, savait intéresser les esprits délicats aux ouvrages importants qu'il faisait représenter, et, à l'aide de nouvelles adroitement répandues, assurait aux représentations plus d'éclat et de solennité.

Nous en avons un témoignage dans une lettre adressée le 18 janvier 1637, par le célèbre acteur, à Balzac, avec qui il

---

1. La date de ces réflexions de Balzac ne permet pas de les appliquer au *Cid* : elles se trouvent dans une lettre à Boisrobert du 3 avril 1635 (livre VIII, lettre XLVI, tome I, p. 395 et 396 de l'édition in-folio de 1665). Du reste, elles ne peuvent pas davantage concerner quelque autre pièce de Corneille, car un passage qui précède immédiatement celui-ci, et que Mairet a pris soin de supprimer, met tout à fait notre poëte hors de cause, et lui est même très-favorable. Voyez la Notice sur *Médée*, tome II, p. 330 et 331.

2. C'est-à-dire si le *Cid* n'eût pas été imprimé et exposé dans la Galerie du Palais, où se vendaient alors les livres nouveaux. Voyez la Notice sur *la Galerie du Palais*, tome II, p. 3-9.

3. *Réponse à l'Ami du Cid....* p. 41 et 42.

paraît avoir été en correspondance suivie[1]. Ce précieux document, qui nous a été conservé dans les recueils de Conrart, contient, comme on va le voir, un véritable compte rendu du *Cid*[2] :

« Je vous souhaiterois ici, pour y goûter, entre autres plaisirs, celui des belles comédies qu'on y représente, et particulièrement d'un *Cid* qui a charmé tout Paris. Il est si beau qu'il a donné de l'amour aux dames les plus continentes, dont la passion a même plusieurs fois éclaté au théâtre public. On a vu seoir en corps aux bancs de ses loges ceux qu'on ne voit d'ordinaire que dans la Chambre dorée et sur le siége des fleurs de lis[3]. La foule a été si grande à nos portes, et notre lieu s'est trouvé si petit, que les recoins du théâtre qui servoient les autres fois comme de niches aux pages, ont été des places de faveur pour les cordons bleus, et la scène y a été d'ordinaire parée de croix de chevaliers de l'ordre. »

A ce moment l'enthousiasme produit par *le Cid* était si vif,

---

1. Voyez *Lettres de Balzac*, tome I, p. 420, livre IX, lettre XXII, à M. de Mondory, 15 décembre 1636. Le passage suivant de cette lettre nous montre quelle haute opinion Balzac avait de Mondory : « J'ai plusieurs raisons de vous estimer, et pense le pouvoir faire du consentement de nos plus sévères écoles, puisqu'ayant nettoyé votre scène de toutes sortes d'ordures, vous pouvez vous glorifier d'avoir réconcilié la comédie avec les ***, et la volupté avec la vertu. Pour moi, qui ai besoin de plaisir, et n'en desire pas prendre néanmoins qui ne soit bien purifié et que l'honnêteté ne permette, je vous remercie avec le public du soin que vous avez de préparer de si agréables remèdes à la tristesse et aux autres fâcheuses passions. » Il est permis de penser que les trois étoiles qui se trouvent ici remplacent le mot *ecclésiastiques* ou le mot *prédicateurs*. En effet, Chapuzeau, moins réservé que Balzac, nous dit dans son *Théâtre françois* (p. 141) : « Pourquoi me tairois-je de l'avantage que les orateurs sacrés tirent des comédiens, auprès de qui, et en public, et en particulier, ils se vont former à un beau ton de voix et à un beau geste, aides nécessaires au prédicateur pour toucher les cœurs ? »

2. *Le Comédien Mondory*, par Auguste Soulié. *Revue de Paris*, du 30 décembre 1838.

3. On appelait *Chambre dorée* la grand'chambre du Parlement, à cause de son plafond doré. — *Être assis sur les fleurs de lis* se disait de ceux qui exerçaient quelque charge de judicature royale et surtout

que chacun plaignait ceux de ses amis qui habitaient la province et ne pouvaient assister aux représentations. Dans une lettre écrite par Chapelain, le 22 janvier 1637, nous lisons le passage suivant : « Depuis quinze jours le public a été diverti du *Cid* et des deux *Sosies*[1], à un point de satisfaction qui ne se peut exprimer. Je vous ai fort désiré à la représentation de ces deux pièces[2]. » Ne pourrait-on conclure de ces lettres, écrites à quelques jours d'intervalle, que la première représentation du *Cid* eut lieu seulement à la fin de décembre, et non pas, comme le disent les frères Parfait, à la fin de novembre? Ce qui est, en tout cas, hors de doute, c'est que le succès et la vogue du *Cid* ne furent bien établis que dans la première quinzaine de janvier.

Les recettes furent considérables. L'auteur d'une critique du temps, qui d'ailleurs ne ménage pas Corneille, n'hésite pas à dire : « Cette pièce n'a pas laissé de valoir aux comédiens plus que les dix meilleures des autres auteurs[3]. »

« Il est malaisé, dit Pellisson, de s'imaginer avec quelle approbation cette pièce fut reçue de la cour et du public. On ne se pouvoit lasser de la voir, on n'entendoit autre chose dans les compagnies, chacun en savoit quelque partie par cœur, on la faisoit apprendre aux enfants, et en plusieurs endroits de la France il étoit passé en proverbe de dire : *Cela est beau comme le Cid*[4]. »

Scarron, qui, dans son *Virgile travesti*, s'est presque continuellement appliqué à produire des effets comiques par la brusque opposition des usages et des habitudes de son temps

---

dans une cour supérieure, parce que leurs siéges étaient couverts de fleurs de lis.

1. *Les Sosies*, comédie de Rotrou, représentée en 1636, un peu avant *le Cid*.
2. *Recueil autographe des Lettres de Chapelain*, appartenant à M. Sainte-Beuve : lettre adressée à M. Belin, au Mans. Voyez *Histoire de la vie et des ouvrages de P. Corneille*, par M. J. Taschereau, 2e édition, p. 56.
3. *Le Jugement du Cid*, p. 8.
4. *Relation contenant l'histoire de l'Académie françoise*, 1653, in-8°, p. 186 et 187.

avec les coutumes de l'antiquité, n'a pas manqué de signaler parmi les talents de la nymphe Déiopée, la façon dont elle récite *le Cid* :

> Celle que j'estime le plus
> Sera la femme d'Éolus :
> C'est la parfaite Déiopée,
> Un vrai visage de poupée;
> Au reste, on ne le peut nier,
> Elle est nette comme un denier;
> Sa bouche sent la violette,
> Et point du tout la ciboulette;
> Elle entend et parle fort bien
> L'espagnol et l'italien;
> *Le Cid* du poëte Corneille,
> Elle le récite à merveille;
> Coud en linge en perfection
> Et sonne du psaltérion[1].

On voudrait savoir quels acteurs jouèrent dans *le Cid* du vivant de Corneille, mais on a sur ce point bien peu de renseignements certains. Dans les divers libelles où les critiques de Corneille attribuent tout le succès de la pièce au talent des comédiens, c'est, comme nous l'avons vu, sans les nommer.

Scudéry seul se montre plus explicite dans un passage du même genre, et nous fait ainsi connaître les acteurs qui remplissaient les rôles de Rodrigue et de Chimène : « Mondory, la Villiers et leurs compagnons n'étant pas dans le livre comme sur le théâtre, *le Cid* imprimé n'étoit plus *le Cid* que l'on a cru voir[2]. »

Il n'était pas besoin de ce témoignage pour réfuter l'asser-

---

1. *Le Virgile trauesty en vers burlesques de Monsieur Scarron.... A Paris, chez Guillaume de Luyne*, 1653, in-4°, livre I, p. 11 et 12.

2. *Lettre.... à l'illustre Académie*, p. 5. Mme de Sévigné a emprunté à Scudéry cet argument pour s'en servir contre Racine ; elle dit presque dans les mêmes termes : « A propos de comédie, voilà *Bajazet*. Si je pouvois vous envoyer la Champmeslé, vous trouveriez cette comédie belle ; mais sans elle, elle perd la moitié de ses attraits. » (9 mars 1672, tome II, p. 529.) — En 1682, c'était cette actrice qui jouait Chimène. Voyez la Notice de *la Galerie du Palais*, tome II, p. 9.

tion de Lemazurier, qui prétend que ce fut Montfleury qui joua d'original dans *le Cid* : elle repose uniquement sur un texte de Chapuzeau mal interprété[1].

L'attaque d'apoplexie qui frappa Mondory pendant la représentation de *la Marianne* de Tristan[2] l'empêcha bientôt de jouer Rodrigue. On ignore par qui il fut remplacé ; mais, en 1663, Beauchâteau remplissait ce rôle à l'hôtel de Bourgogne, car, dans la première scène de *l'Impromptu de Versailles*, Molière parodie le ton dont ce comédien débitait les stances du *Cid*. La troupe de Molière représentait aussi de

1. Voici le passage textuel de la *Galerie historique des acteurs du théâtre françois....* par P. D. Lemazurier.... 1810, tome I, p. 424 et 425. Le rôle rempli par Montfleury suivant l'auteur n'y est pas désigné, mais il est bien probable qu'il entend parler de celui de Rodrigue : « Il joua d'original dans *le Cid* et dans *les Horaces* ; Chapuzeau, qui nous indique ces faits, le cite comme un comédien parfait dès ce temps-là. Voici ses propres termes, livre III de son *Théâtre françois*, p. 177 et 178. » Cet extrait que nous reproduisons en le prolongeant jusqu'à la p. 179, où il est encore question de Corneille, n'a nullement, comme on va le voir, le sens que lui donne Lemazurier. De plus, Chapuzeau lui-même se trompe lorsqu'il prétend que Corneille n'a pas donné ses premières pièces à Mondory.

« Cet établissement des comédiens (à l'hôtel de Bourgogne) se fit il y a plus d'un siècle sur la fin du règne de François Ier, mais ils ne commencèrent à entrer en réputation que sous celui de Louis XIII, lorsque le grand cardinal de Richelieu, protecteur des Muses, témoigna qu'il aimoit la comédie, et qu'un Pierre Corneille mit ses vers pompeux et tendres dans la bouche d'un Montfleury et d'un Bellerose, qui étoient des comédiens achevés. *Le Cid*, dont le mérite s'attira de si nobles ennemis, et *les Horaces*, que le même *Cid* eut plus à craindre, parce que leur gloire alla plus loin que la sienne, furent les deux premiers ouvrages de ce grand homme qui firent grand bruit ; et il a soutenu le théâtre jusques à cette heure de la même force. La troupe royale, prenant cœur aux grands applaudissements qui accompagnoient la représentation de ces admirables pièces, se fortifioit de jour en jour ; d'autant plus qu'une autre troupe du Roi, qui résidoit au Marais, et où un Mondory, excellent comédien, attiroit le monde, faisoit tous ses efforts pour acquérir de la réputation, et il arriva que Corneille, quelque temps après, lui donna de ses ouvrages. »

2. Voyez tome I, p. 49, note 2.

temps à autre cet ouvrage, mais nous ne savons qui en remplissait les principaux rôles. Il est mentionné dès 1659 dans le registre de Lagrange, le vendredi 11 juillet, avec une recette de cent livres, et le mardi 16 septembre suivant, avec une recette de cent six livres.

Quant à don Diègue, s'il faut en croire M. Aimé Martin, qui, suivant sa coutume, ne cite aucun témoignage contemporain à l'appui de son assertion, c'est d'Orgemont qui le joua d'original. Quoi qu'il en soit, il est hors de doute que Baron se chargea plus tard de ce rôle à l'hôtel de Bourgogne, où il passa avec la Villiers et son mari lors de la retraite de Mondory, et qu'il mourut le 6 ou le 7 octobre 1655[1] des suites d'un accident qui lui arriva en le jouant. Tallemant des Réaux nous l'apprend en ces termes : « Le Baron de même n'avoit pas le sens commun; mais si son personnage étoit le personnage d'un brutal, il le faisoit admirablement bien. Il est mort d'une étrange façon. Il se piqua au pied et la gangrène s'y mit[2]. » Puis il ajoute en note : « Marchant trop brutalement sur son épée en faisant le personnage de don Diègue au *Cid*. » Il refusa de subir l'amputation : « Non, non, dit-il, un roi de théâtre comme moi se feroit huer avec une jambe de bois[3]. » Son fils, en remplissant le rôle de Rodrigue, essuya plusieurs mésaventures, heureusement beaucoup moins tragiques. Ayant prolongé outre mesure sa carrière dramatique, il lui fallut un jour, dit-on, le secours de deux personnes pour se relever après s'être imprudemment jeté aux genoux de Chimène, et il se vit accueillir par un rire général lorsqu'il dit :

> Je suis jeune, il est vrai; mais aux âmes bien nées
> La valeur n'attend point le nombre des années[4].

Toutefois il fit bonne contenance, répéta les deux vers en affectant d'appuyer sur le premier hémistiche, et fut chaleureusement applaudi[5].

Aucun éditeur de Corneille ne nomme l'actrice qui repré-

---

1. Voyez la *Muse historique* de Loret du 9 octobre 1655.
2. *Historiettes*, tome VII, p. 175.
3. *Lettre à Mylord*** sur Baron*, p. 19. — 4. Vers 405 et 406.
5. Voyez Lemazurier, tome I, p. 97 et 98.

sentait l'Infante. On possède pourtant sur ce point un renseignement très-précis : Scudéry dit dans ses *Observations sur le Cid*[1] : « Doña Urraque n'y est que pour faire jouer la Beauchâteau[2]. »

Bien que Corneille n'ait pas cru devoir répondre à ce reproche dans sa *Lettre apologétique*, il semble y avoir été fort sensible, car à vingt-quatre ans de distance, et après sa complète réconciliation avec Scudéry, il écrit dans un de ses *Discours*[3] : « Aristote blâme fort les épisodes détachés, et dit *que les mauvais poëtes en font par ignorance, et les bons en faveur des comédiens pour leur donner de l'emploi.* L'Infante du *Cid* est de ce nombre, et on la pourra condamner ou lui faire grâce par ce texte d'Aristote, suivant le rang qu'on voudra me donner parmi nos modernes. »

A la cour, le succès de la pièce fut immense. Corneille nous l'apprend lui-même : « Ne vous êtes-vous pas souvenu, dit-il à Scudéry, que *le Cid* a été représenté trois fois au Louvre et deux fois à l'hôtel de Richelieu? Quand vous avez traité la pauvre Chimène d'impudique, de prostituée, de parricide, de monstre, ne vous êtes-vous pas souvenu que la Reine, les princesses et les plus vertueuses dames de la cour et de Paris l'ont reçue en fille d'honneur[4]? »

Anne d'Autriche, heureuse de voir les passions et les caractères de sa chère Espagne reproduits avec tant de génie et accueillis avec tant de chaleur, tint à donner au poëte qui l'avait charmée une marque éclatante de son approbation. Depuis plus de vingt ans Pierre Corneille père remplissait l'office de maître des eaux et forêts en la vicomté de Rouen, et il avait fait

---

1. P. 19 de l'édition en 43 pages et p. 40 de l'édition en 96 pages.
2. Dans leur *Histoire du Théâtre françois* (tome V, p. 24, et tome IX, p. 408), les frères Parfait ont conclu de certains passages de *la Comédie des comédiens*, tragi-comédie de Gougenot, représentée en 1633, qu'à partir de cette époque Beauchâteau et sa femme étaient entrés à l'hôtel de Bourgogne pour ne le plus quitter; mais le témoignage de Scudéry établit formellement qu'à la fin de 1636 une actrice du nom de Beauchâteau jouait au théâtre du Marais.
3. Tome I, p. 48.
4. *Lettre apologétique*. Voyez aux *Œuvres diverses*.

preuve dans des circonstances difficiles d'une singulière énergie[1]; le succès du *Cid* lui valut une récompense qu'il avait certes bien méritée, mais qu'il n'eût peut-être jamais obtenue : en janvier 1637, il reçut des lettres de noblesse, qui, tout en ne mentionnant que ses services personnels, étaient plus particulièrement destinées à son fils. Les contemporains ne s'y trompèrent pas : l'auteur d'une des pièces publiées en faveur du *Cid* s'exprime ainsi : « On me connoîtra assez si je dis que je suis celui qui ne taille point sa plume qu'avec le tranchant de son épée, qui hait ceux qui n'aiment pas Chimène, et honore infiniment celle qui l'a autorisée par son jugement, procurant à son auteur la noblesse qu'il n'avoit pas de naissance[2]. »

Le témoignage de Mairet n'est pas moins explicite : « Vous nous avez autrefois apporté la *Mélite*, la *Veuve*, la *Suivante*, la *Galerie du Palais*, et, de fraîche mémoire, *le Cid*, qui d'abord vous a valu l'argent et la noblesse[3]. »

Ce qui avait si fort séduit la Reine irrita vivement Richelieu. « Quand *le Cid* parut, dit Fontenelle dans sa *Vie de M. Corneille*[4], le Cardinal en fut aussi alarmé que s'il avoit vu les Espagnols devant Paris. » Il se trouvait également froissé à tous égards, et la vanité du poëte avait autant à souffrir que les susceptibilités de l'homme politique. « Il eut, dit Tallemant des Réaux, une jalousie enragée contre *le Cid*, à cause que les pièces des cinq auteurs n'avoient pas trop bien réussi[5]. » Et Pellisson fait entendre la même chose, quoique avec beaucoup de circonspection et de réticences : « Il ne faut pas demander si la gloire de cet auteur donna de la jalousie à ses concurrents ; plusieurs ont voulu croire que le Cardinal lui-même n'en avoit pas été exempt, et qu'encore qu'il estimât fort M. Corneille et qu'il lui donnât pension, il vit avec déplaisir le reste des travaux de cette nature, et surtout ceux où il avoit quelque part, entièrement effacés par celui-là[6]. »

1. Voyez notre *Notice biographique sur Corneille*.
2. *Le Souhait du Cid*, p. 35.
3. *Épître familière du Sr Mairet*, p. 18.
4. *Œuvres de Fontenelle*, tome III, p. 100.
5. *Historiettes*, tome II, p. 52.
6. *Relation contenant l'histoire de l'Académie françoise*, p. 187.

Si peu délicates que fussent les railleries dirigées contre *le Cid*, elles avaient le privilége de l'amuser. Tallemant, à qui il faut sans cesse revenir pour tous ces petits détails, nous dit dans son *Historiette* sur Boisrobert : « Pour divertir le Cardinal et contenter en même temps l'envie qu'il avoit contre *le Cid*, il le fit jouer devant lui en ridicule par les laquais et les marmitons. Entre autres choses, en cet endroit où Rodrigue dit à son fils : *Rodrigue, as-tu du cœur ?* Rodrigue répondoit : *Je n'ai que du carreau*[1]. »

Tout en blâmant, comme on le doit, un tel acharnement et de si indignes critiques, on est forcé de convenir qu'au moment où il parut, *le Cid* pouvait exciter de légitimes inquiétudes et augmenter les embarras d'une situation déjà bien difficile. La pièce entière était une apologie exaltée de ces maximes du point d'honneur, qui, malgré les édits sans cesse renouvelés et toujours plus sévères, multipliaient les duels dans une effrayante proportion. Elles étaient résumées dans ces quatre vers, que le comte de Gormas adressait à don Arias, qui le pressait, de la part du Roi, de faire des réparations à don Diègue :

> Ces satisfactions n'apaisent point une âme :
> Qui les reçoit n'a rien, qui les fait se diffame,
> Et de pareils accords l'effet le plus commun
> Est de perdre d'honneur deux hommes au lieu d'un[2].

Corneille fut contraint de les retrancher, mais tout le monde

---

1. Tome II, p. 395. Ce sont ces belles scènes du Ier acte qui ont été le plus souvent parodiées. La plus connue et la moins mauvaise de ces plaisanteries est *le Chapelain décoiffé*, de Gilles Boileau ou de Furetière, qu'on trouve dans le *Ménagiana*, tome I, p. 145.

2. Acte II, scène 1. Il résulte de la *Lettre à Mylord* et de l'*Avertissement* de Jolly que c'était seulement par tradition qu'on avait conservé ces vers, et que l'on connaissait bien la scène à laquelle ils appartenaient, mais non l'endroit précis où ils se plaçaient. — Voltaire, dans son *Théâtre de Corneille* (1764, in-8°, tome I, p. 204), dit qu'ils venaient après le vers 368 : « Pour le faire abolir, etc., » et citant probablement de mémoire, il les donne avec quelques variantes : *les* pour *ces*, au premier vers ; *a tort* pour *n'a rien*, au deuxième ; *déshonorer* pour *perdre d'honneur* (voyez le vers 1466), au quatrième. Un argument décisif en faveur du texte de 1730 et 1738, tout au moins pour le second vers, c'est que *n'a rien* répond bien mieux au passage de Castro imité par Corneille : *Y el otro ne cobra nada.*

les retint, et ils furent publiés pour la première fois, en 1730, par l'abbé d'Allainval dans la *Lettre à Mylord*** sur Baron et la demoiselle le Couvreur, où l'on trouve plusieurs particularitez théâtrales*, par Georges Winck, Paris, in-12, p. 21. Ils furent ensuite reproduits en 1738 dans l'avertissement de l'édition des *OEuvres* de Corneille donnée par P. Jolly (tome I, p. xx).

Parmi les changements apportés au *Cid* entre la première représentation et la publication, celui-là est le seul dont nous connaissions la nature ; mais Scudéry nous apprend, dans sa *Lettre à l'illustre Academie*, qu'il y en a eu beaucoup d'autres : « Trois ou quatre de cette célèbre compagnie lui ont corrigé tant de fautes qui parurent aux premières représentations de son poëme et qu'il ôta depuis par vos conseils, et sans doute vos divins qui virent toutes celles que j'ai remarquées en cette tragi-comédie qu'il appelle son chef-d'œuvre, m'auroient ôté en le corrigeant le moyen et la volonté de le reprendre, si vous n'eussiez été forcés d'imiter adroitement ces médecins qui voyant un corps dont toute la masse du sang est corrompue et toute la constitution mauvaise, se contentent d'user de remèdes palliatifs et de faire languir et vivre ce qu'ils ne sauroient guarir[1]. »

Que les choses se soient passées ainsi, nous sommes bien éloigné de le croire ; mais ne résulte-t-il pas du moins de ce passage, trop peu remarqué, que des changements nombreux, et dont par malheur nous ne pourrons jamais apprécier l'importance, ont été faits avant la publication ? Elle suivit d'assez près l'anoblissement du père de Corneille ; l'achevé d'imprimer est du 24 mars 1637[2]. La pièce est dédiée à la seule personne dont l'influence pouvait tempérer les rancunes du Cardinal, à Mme de Combalet, sa nièce, et plus encore, si l'on en croit Guy Patin et Tallemant des Réaux, les deux pires langues du

1. Page 7.
2. Voici la description bibliographique de la première édition : *Le Cid, tragi-comedie. A Paris, chez Augustin Courbé....* M.DC.XXXVII. *Auec priuilege du Roy.* 4 feuillets non chiffrés et 128 pages in-4°. Le privilége porte : « Il est permis à Augustin Courbé, Marchand Libraire à Paris, d'imprimer ou faire imprimer, et exposer en vente, vn Liure intitulé, *Le Cid. Tragi-Comedie*, par Mr Corneille.... Et ledit Courbé a associé auec luy audit Priuilege **François Targa**.

siècle[1]. Elle avait vivement défendu l'ouvrage et l'auteur, et Corneille lui dit d'un ton pénétré : « Je ne vous dois pas moins pour moi que pour *le Cid*. »

Par malheur il perdit en partie le fruit de cette utile démarche en faisant paraître son *Excuse à Ariste*[2], qui a servi de prétexte aux nombreuses attaques dont *le Cid* a été l'objet. Dans cette épître notre poëte refuse à un de ses amis quelques couplets, en lui répondant que cent vers lui coûtent moins que deux mots de chanson, et il ne dissimule ni le légitime orgueil qu'il éprouve, ni le profond dédain que lui inspirent ses rivaux. Les éditeurs et les biographes de Corneille sont loin d'être d'accord sur l'époque où ce petit poëme a paru. Au lieu de faire ici l'énumération de leurs opinions contradictoires, voyons si l'examen des écrits du temps ne peut pas nous fournir une solution à peu près certaine.

« On ne vous a pas sollicité, dit Mairet, de faire imprimer à contre-temps cette mauvaise *Excuse à Ariste*.... A dire vrai, l'on ne vous a pas cru ni meilleur dramatique, ni plus honnête homme pour avoir fait cette scandaleuse lettre, qui doit être appelée votre pierre d'achoppement, puisque sans elle ni la satire de l'Espagnol[3], ni la censure de l'observateur[4] n'eussent jamais été conçues[5]. »

Ce passage indique bien que l'*Excuse à Ariste* est postérieure au *Cid*, et de plus il nous fait connaître l'ordre dans lequel les premières pièces qui y ont répondu ont été publiées. L'extrait qui va suivre, emprunté à un autre libelle, confirme et précise ce témoignage :

« On m'a dit que pour la bien défendre (l'*Excuse à Ariste*), il assure qu'elle étoit faite il y a déjà plus de trois ans. Vrai-

---

1. *Lettres de Guy Patin*, édition de M. Reveillé-Parise, tome I, p. 493 et 494, et *Historiettes de Tallemant des Réaux*, tome II, p. 163.
2. On ne sait sous quelle forme cette pièce parut pour la première fois. Elle circula peut-être d'abord manuscrite. La seule édition que nous connaissions forme 4 pages in-8°, sans date, et l'épître y est suivie du *Rondeau* dont nous aurons à parler tout à l'heure. Pour le texte de l'*Excuse*, voyez dans la présente édition les *Poésies diverses*.
3. *L'Auteur du vrai Cid espagnol*. Voyez p. 20.
4. Les *Observations sur le Cid*. Voyez p. 23, note 1.
5. *Épître familière du Sr Mairet*, p. 19 et 20.

ment je n'imputerois qu'à vanité cette ridicule saillie si elle étoit postérieure au *Cid*, puisque le grand bruit qu'il a fait d'abord et par hasard pouvoit étourdir une cervelle comme la sienne ; mais d'avoir eu ces sentiments et les avoir exprimés avant le succès de cette plus heureuse que bonne pièce, il me pardonnera s'il lui plaît, je treuve que c'est proprement s'ivrer avec de l'eau froide ou du vinaigre, et se faire un sceptre de sa marotte[1]. »

Ces réflexions prouvent de la façon la plus indubitable que l'*Excuse à Ariste* n'a été imprimée qu'après le succès du *Cid*, et, malgré les allégations des partisans de Corneille, il n'est point permis de croire qu'elle ait été composée auparavant.

Nous trouvons, quant à nous, la plus grande analogie entre cette pièce de vers et la belle épître imprimée en tête de *la Suivante* en septembre 1637 ; le sixain qu'elle renferme est tout à fait du même ton que l'*Excuse*, et les deux morceaux nous paraissent également répondre aux clameurs des critiques du *Cid*[2].

La première réponse à l'épître de Corneille fut : « *L'Autheur du vray Cid espagnol à son traducteur françois, sur une Lettre en vers qu'il a fait imprimer, intitulée* « *Excuse à Ariste,* » où apres cent traicts de vanité il dit de soy-mesme :

Je ne dois qu'à moy seul toute ma renommée. »

Cette réponse, composée seulement de six stances[3], se termine par les vers suivants :

Ingrat, rends-moi mon *Cid* jusques au dernier mot :
Après tu connoîtras, Corneille déplumée,
Que l'esprit le plus vain est souvent le plus sot,
Et qu'enfin tu me dois toute ta renommée.

Elle est signée Don Baltazar de la Verdad. Corneille et ses partisans n'hésitèrent pas à l'attribuer à Mairet. « Bien que vous y fissiez parler un auteur espagnol dont vous ne saviez pas le nom, lui dirent-ils plus tard, la foiblesse de votre style vous découvroit assez[4]. »

1. *Réponse à l'Ami du Cid*, p. 33.
2. Voyez la Notice de *la Suivante*, tome II, p. 115.
3. Nous connaissons de cette pièce deux éditions, toutes deux in-8º. L'une forme 2 feuillets non chiffrés, l'autre 3 pages.
4. *Avertissement au besançonnois Mairet*. Voyez ci-après, p. 67.

C'est du Mans que Mairet envoyait ces belles choses, et Claveret, qui comme lui s'était montré l'ami de Corneille et qui même avait adressé à ce dernier des vers élogieux que nous avons imprimés en tête de *la Veuve*, se chargea de répandre dans Paris le libelle où notre poëte était traité d'une façon si outrageante. La manière dont il s'en défend n'est guère propre à établir son innocence : « J'ai découvert enfin, écrit-il à Corneille, qu'on vous avoit fait croire que j'avois contribué quelque chose à la distribution des premiers vers qui vous furent adressés sous le nom du *Vrai Cid espagnol*, et qu'y voyant votre vaine gloire si judicieusement combattue, vous n'aviez pu vous empêcher de pester contre moi, parce que vous ne saviez à qui vous en prendre. Je ne crois pas être criminel de lèse-amitié pour en avoir reçu quelques copies comme les autres et leur avoir donné la louange qu'ils méritent[1]. »

Corneille répondit à *l'Autheur du vray Cid espagnol* par le rondeau[2] qui commence ainsi :

> Qu'il fasse mieux, ce jeune jouvencel
> A qui *le Cid* donne tant de martel,
> Que d'entasser injure sur injure,
> Rimer de rage une lourde imposture,
> Et se cacher ainsi qu'un criminel.
> Chacun connoît son jaloux naturel,
> Le montre au doigt comme un fou solennel.

Quelques éditeurs ont cru qu'il s'agissait ici de Scudéry, mais ce dernier n'avait pas encore paru dans la querelle où il devait jouer bientôt un rôle si important; ces vers s'adressaient à Mairet, qui, du reste, ne s'y trompa point.

« Vous répondez à l'Espagnol, dit-il, avec un pitoyable rondeau, dans lequel vous ne pouvez vous empêcher, à cause de

---

1. *Lettre du Sʳ Claveret au Sʳ Corneille*, p. 5.
2. La première édition de ce rondeau est fort rare; elle forme 1 feuillet in-4°. Un recueil de la Bibliothèque de l'Arsenal, catalogué dans les Belles-Lettres sous le numéro 9809 et qui contient la plupart des libelles publiés à l'occasion du *Cid*, en renferme un exemplaire. Ce rondeau a été plus tard imprimé à la suite de l'*Excuse à Ariste*. Voyez ci-dessus, p. 19, note 1. Le texte se trouve dans notre édition parmi les *Poésies diverses*.

la longueur de l'ouvrage, de faire une contradiction toute visible. » Ici Mairet transcrit les vers que nous venons de rapporter, et il ajoute : « Comment voulez-vous qu'il se cache ainsi qu'un criminel, et que chacun le montre au doigt comme un fou solennel ? l'épithète est solennellement mauvais[1]. »

A quoi les partisans de Corneille répliquent : « Le rondeau qui vous répondit parlait de vous sans se contredire. Que si l'épithète de fou solennel vous y déplaît, vous pouvez changer et mettre en sa place Innocent le Bel, qui est le nom de guerre que vous ont donné les comiques[2]. »

Vers la fin du rondeau se trouve un terme qu'on regrette d'y rencontrer, et qu'Arnauld fit plus tard effacer à Boileau dans son *Art poétique*. « Il eût été à souhaiter, dit Voltaire à ce sujet, que Corneille eût trouvé un Arnauld : il lui eût fait supprimer son rondeau tout entier. »

Si nous en croyons Claveret, il tenta d'être cet Arnauld. « Vous êtes le premier qui m'avez fait voir ces beaux vers, dit-il à Corneille, lui parlant des stances intitulées *l'Autheur du vray Cid espagnol*, et si vous eussiez cru l'avis que vous me demandâtes et que je vous donnai sur ce sujet, vous n'auriez pas ensuite fait imprimer ce rondeau que les honnêtes femmes ne sauroient lire sans honte[3]. »

C'est à ce malencontreux rondeau de Corneille que succédèrent les *Observations sur le Cid*. Voici comme Pellisson s'exprime à ce sujet : « Entre ceux qui ne purent souffrir l'approbation qu'on donnoit au *Cid* et qui crurent qu'il ne l'avoit pas méritée, M. de Scudéry parut le premier, en publiant ses observations contre cet ouvrage, ou pour se satisfaire lui-même, ou, comme quelques-uns disent, pour plaire au Cardinal, ou pour tous les deux ensemble[4]. »

La dernière hypothèse paraît de beaucoup la plus vraisemblable. Ce volume, auquel Scudéry ne mit point d'abord son nom, est un véritable acte d'accusation littéraire, dont l'auteur établit ainsi lui-même les principaux chefs :

1. *Épître familière du Sr Mairet*, p. 21 et 22.
2. *Avertissement au besançonnois Mairet*. Voyez ci-après, p. 67.
3. *Lettre du Sr Claveret*, p. 6.
4. *Relation contenant l'histoire de l'Académie françoise*, p. 188.

« Je prétends donc prouver contre cette pièce du *Cid* :
Que le sujet n'en vaut rien du tout,
Qu'il choque les principales règles du poëme dramatique,
Qu'il manque de jugement en sa conduite,
Qu'il a beaucoup de méchants vers,
Que presque tout ce qu'il a de beautés sont dérobées. »

Cette diatribe, vantée comme un chef-d'œuvre par les envieux de Corneille, qui, à eux seuls, formaient un public, eut trois éditions[1].

En se voyant traiter de la sorte par un homme qu'il considérait comme son ami, Corneille dut se reprocher vivement les pièces de vers qu'il avait écrites en sa faveur[2]. Les partisans de Scudéry cherchaient en vain un motif ou du moins un prétexte à sa colère : ils n'en pouvaient alléguer de plausible. L'un d'eux, un peu surpris de l'ardeur avec laquelle le critique poursuit tout ce qui lui semble pouvoir donner lieu à quelque observation, en vient à former cette conjecture au moins singulière : « Je ne puis croire néanmoins, dit-il, que M. Corneille ne l'aye sollicité à en prendre la peine par quelque mépris qu'il peut avoir fait de sa personne ou de ses œuvres, à quoi il y a peu à redire. Bien qu'il y ait quantité de gens dénaturés et sans jugement, qui ont aversion pour les beautés, et qui trouvent mauvais que Belleroze sur son théâtre donne nom à *l'Amant libéral*, le chef-d'œuvre de M. de Scudéry, ce beau poëme ne perd rien de son éclat pour cela, non

---

1. L'une a pour titre : *Les Fautes remarquées en la Tragicomedie du Cid. A Paris. Aux despens de l'Autheur.* M.DC.XXXVII. Le titre de départ porte : *Obseruations sur le Cid.* Le tout forme un petit volume in-8º, contenant 43 pages. — Une autre édition est intitulée : *Obseruations sur le Cid. A Paris. Aux despens de l'Autheur.* M.DC.XXXVII, in-8º. Elle se compose de 1 feuillet de titre et de 96 pages. — Enfin une troisième porte exactement le même titre que la précédente, avec cette addition : *ensemble l'Excuse à Ariste et le Rondeau;* cette dernière édition, également in-8º, se compose de 1 feuillet de titre, de 3 feuillets non chiffrés et de 96 pages. Dans sa *Lettre à l'Academie*, Scudéry parle de la quatrième comme devant être prochainement publiée, mais tout porte à croire qu'il n'a pas donné suite à ce dessein.

2. Voyez l'*Avertissement*, tome I, p. XI, et les *Poésies diverses*.

plus qu'un diamant de son prix pour être chèrement vendu, et cet excellent et agréable trompeur semble faire (au jugement de tous les désintéressés) un acte de justice et de son adresse quand il loue ledit sieur de Scudéry, non pas autant qu'il le doit être, mais autant qu'il en a de pouvoir, témoignant en son discours sa reconnoissance, sans toutefois vouloir toucher ni préjudicier à la réputation de M. Corneille, comme font d'autres tout hautement à celle dudit Sieur de Scudéry, qui possède tout seul les perfections que le ciel, la naissance et le travail pourroient donner à trois excellents hommes[1]. »

Il n'est point nécessaire de chercher à Corneille des torts contre Scudéry : *le Cid*, voilà son crime ; c'est le seul que celui qui se croyait son rival ne pouvait lui pardonner.

Dans la *Lettre apologétique du Sr Corneille, contenant sa response aux Observations faites par le Sr Scudery sur le Cid*[2], notre poëte replace la question sur son véritable terrain, et signale vivement les causes de l'indignation de son adversaire. Nous n'avons pas à nous étendre ici sur cet écrit, que nous publions *in extenso* dans les *OEuvres diverses en prose ;* nous sommes obligé toutefois de citer dès à présent le passage suivant qui donne lieu à certaines difficultés : « Je n'ai point fait la pièce qui vous pique : je l'ai reçue de Paris avec une lettre qui m'a appris le nom de son auteur ; il l'adresse à un de nos amis, qui vous en pourra donner plus de lumière. Pour moi, bien que je n'aye guère de jugement si l'on s'en rapporte à vous, je n'en ai pas si peu que d'offenser une personne de si haute condition dont je n'ai pas l'honneur d'être connu, et de craindre moins ses ressentiments que les vôtres. »

Les historiens du théâtre assurent que cette pièce que Corneille dit avoir reçue de Paris est : *la Défense du Cid*, et cela paraît très-vraisemblable[3].

---

1. *L'incognu et veritable amy de Messieurs Soudery et Corneille*, p. 5 et 6.

2. M.DC.XXXVII, in-8°, 8 pages. Une autre édition, de 14 pages et 1 feuillet, sur le titre de laquelle on lit : *Lettre apologitique* (sic).... est suivie du sixain imprimé plus loin, p. 58, après la *Lettre pour M. de Corneille*....

3. Cet opuscule, de 32 p. in-4°, a pour adresse : *A Paris, M.DC.XXXVII;*

Quant à la personne de haute condition dont Corneille déclare n'avoir pas l'honneur d'être connu, Voltaire n'hésite pas à dire que c'est le cardinal de Richelieu; mais cela s'accorde assez mal, il faut en convenir, avec cette autre phrase de la *Lettre apologétique* : « J'en ai porté l'original en sa langue à Monseigneur le Cardinal, votre maître[1] et le mien. » On lit d'ailleurs dans l'*Histoire de l'Académie*[2] de Pellisson : « M. Corneille.... a toujours cru que le Cardinal et *une autre personne de grande qualité* avoient suscité cette persécution contre *le Cid*. »

Aussitôt que Corneille eut démasqué Scudéry, on vit paraître presque simultanément un grand nombre de réponses aux *Observations*.

le titre est orné d'un fleuron des impressions de Toussainct Quinet. En 1876, M. Émile Picot en a signalé un exemplaire, dans sa *Bibliographie Cornélienne*, et M. Lormier l'a réimprimé sous ce titre, pour la Société des bibliophiles normands : *La défense du Cid reproduite d'après l'imprimé de 1637.... Rouen, imprimerie de Henry Boissel*, M.DCCC.LXXIX, in-8° de 2 feuillets et 42 pages tiré à 100 exemplaires. — Nous avons cru devoir demander la réimpression de deux pages, afin de combler cette lacune importante dans notre description des pièces relatives à la querelle du *Cid*. Signalons encore *La suitte du Cid en abrégé ou le triomphe de son Autheur en despit des envieux*. — A Villers Cotrets, chez Martin Baston. A l'enseigne du Vert-Galand, vis à vis la rue des Mauvaises paroles, 8 pages in-8°, réimprimée par M. Henri Chardon dans sa *Vie de Rotrou*, 1884. (Ch. M.-L., 1885.)

1. Cette façon de s'exprimer paraissait un peu servile à plusieurs contemporains. Tallemant des Réaux dit à ce sujet : « Charrost, en parlant du cardinal de Richelieu, l'appelle toujours mon maître; cela est bien valet. » (*Historiettes*, tome V, p. 39, note.) La même remarque est faite presque dans les mêmes termes dans le *Ménagiana* (tome IV, p. 114) : « M. le comte de Charrost, qui devoit toute sa fortune au cardinal de Richelieu, en parlant de lui l'appelle toujours son maître. M. du Puy ne pouvoit souffrir cela. Il disoit qu'un bon François ne devoit point avoir d'autre maître que le Roi. » Il est vrai que Charrost était comte, et Corneille simple bourgeois de Rouen. Tallemant conteste même à Richelieu le titre qu'il recevait généralement : « Le Cardinal, dit-il, a affecté de se faire appeler *Monseigneur*. » (*Historiettes*, tome II, p. 21, note 2.) Du reste, quand il arrivait qu'on ne lui donnât point ce titre, cela choquait plus ses flatteurs que lui-même. Voyez *Historiettes*, tome II, p. 60.

2. *Relation contenant l'histoire de l'Académie françoise*, p. 218.

La voix publique. A Monsieur de Scudery sur les Obseruations du Cid[1], est une petite pièce écrite avec assez de vivacité, mais fort insignifiante, qui se termine par cet avis : « Si vous êtes sage, suivez le conseil de la voix publique, qui vous impose silence. »

L'incognu et veritable amy de Messieurs Scudery et Corneille[2] défend *l'Amant libéral*[3] contre le pamphlet précédent. « Il me semble, dit-il, qu'il ne fera jamais de honte au *Cid* de marcher pair à pair avec lui, non pas même quand il prendroit la droite. » L'auteur cherche, nous l'avons vu, les prétextes les moins vraisemblables pour justifier l'odieuse conduite de Scudéry; enfin il ne se montre l'ami de Corneille que sur le titre : aussi paraît-il impossible, malgré les initiales D. R. dont son écrit est signé, de voir en lui Rotrou, comme le font Niceron dans ses *Mémoires pour servir à l'histoire des hommes illustres*[4], et M. Laya, dans la *Biographie universelle*[5].

Le Souhait du Cid en faueur de Scuderi. Vne paire de lunettes pour faire mieux ses obseruations[6], est une assez pauvre apologie de Corneille, que nous avons eu tout à l'heure occasion de citer, en parlant des lettres de noblesse accordées à son père[7]. Elle est signée *Mon ris*, et c'est sans doute là un anagramme qui cache un nom trop obscur pour qu'on puisse le deviner.

Tandis que Corneille rencontrait quelques défenseurs, dont, il faut l'avouer, il n'avait pas lieu de s'enorgueillir, un nouvel adversaire venait prêter un faible renfort à Scudéry et à Mairet. Dans la *Lettre apologétique*, Corneille, irrité de ce qu'un homme honoré pendant quelque temps de son amitié avait contribué à répandre dans Paris la pièce de vers intitulée : *l'Autheur du Cid espagnol à son traducteur françois*, s'était laissé emporter jusqu'à dire : « Il n'a pas tenu à vous que du premier lieu, où beaucoup d'honnêtes gens me placent, je ne sois descendu au-dessous de Claveret. » Bientôt parut, en réponse à cette phrase, la *Lettre du Sr Claueret au Sr Corneille, soy disant Autheur du Cid*[8]. On y trouve quelques détails inté-

---

1. *A Paris.* M.DC.XXXVII, in-8°, 7 pages.
2. M.DC.XXXVII, in-8°, 7 pages.
3. Voyez ci-dessus, p. 23 et 24.
4. Tome XX, p. 90. — 5. Article *Rotrou*.
6. M.DC.XXXVII, in-8°, 36 pages. — 7. Voyez ci-dessus, p. 16.
8. *A Paris.* M.DC.XXXVII, in-8° de 15 pages. Le titre de départ,

ressants à recueillir sur la façon dont fut publiée la *Lettre apologétique* : « J'étois tout prêt, dit Claveret, de vous signer que vous êtes plus grand poëte que moi, sans qu'il fût nécessaire que vous empruntassiez les voix de tous les colporteurs du Pont-Neuf pour le faire éclater par toute la France[1]. » — « Songez, ajoute-t-il un peu plus loin, que votre apologie fait autant de bruit dans les rues que la *Gazette*, que les voix éclatantes de ces crieurs devroient être seulement employées à publier les volontés des princes et les actions des grands hommes, et que le beau sexe que vous empêchez de dormir le matin déclamera justement contre votre poésie[2]. » Claveret, du reste, se résigne à son tour à ce mode de publication tant blâmé par lui : « Je suis marri..., dit-il, que je sois réduit à cette honteuse nécessité de faire voir ma lettre par les mêmes voies dont vous avez usé pour débiter vos invectives[3]. »

Tous ceux qui prirent part à cette polémique agirent sans doute de la même façon, car nous lisons à la fin d'un volume d'une certaine épaisseur qui semblait fait pour figurer aux étalages de la Galerie du Palais : « Ma pauvre muse, après avoir couru le Pont-Neuf et s'être ainsi prostituée aux colporteurs, sera possible reçue aux filles repenties[4]. »

La lettre de Claveret renferme quelques passages assez curieux dont nous avons fait usage dans l'occasion[5], mais elle n'est guère de nature à être analysée. Remarquons seulement qu'il en existe une autre, intitulée : *Lettre du sieur Claveret à Monsieur de Corneille*[6], mais entièrement différente de celle dont nous venons de parler. La rareté de cette pièce est telle qu'elle est restée inconnue à la plupart des éditeurs de Corneille et que, malgré le témoignage des frères Parfait, M. Taschereau, qui a fait preuve dans l'*Histoire de la vie et des ouvrages de Corneille* de connaissances bibliographiques si étendues

p. 3, est ainsi conçu : *Lettre contre une invective du Sr Corneille, soy disant Autheur du Cid*.

1. Page 4. — 2. Page 13. — 3. Page 9.
4. *Examen de ce qui s'est fait pour et contre le Cid*, p. 103.
5. Voyez tome I, p. 130, et tome II, p. 218 et 219.
6. In-8º de 13 pages, sans indication de lieu d'impression et sans date.

et si précises, était tenté de douter de son existence[1]. Elle figure à la Bibliothèque impériale dans le recueil qui a pour numéro Y 5665. En comparant avec quelque attention les deux libelles qui portent le nom de Claveret, on s'aperçoit qu'ils ne peuvent avoir été écrits l'un et l'autre par le même auteur. En effet, ils ne se font nullement suite, et chacun d'eux a l'apparence d'une réponse directe et unique à la *Lettre apologétique*. Celle dont nous avons parlé d'abord commence ainsi : « Monsieur, j'avoue que vous m'avez surpris par la lecture de votre *Lettre apologitique* (sic), et que je n'attendois pas d'un homme qui faisoit avec moi profession d'amitié une si ridicule extravagance.... » Le début de la seconde n'est pas moins vif : « J'étois en terme de demeurer sans repartir, et de ne me venger que par le mépris, voyant que les justes risées que l'on fait de vos ouvrages sont pour vous des sujets de vanité.... » Évidemment, dans ces deux réponses, il y en a une qui est supposée ; il n'est nullement vraisemblable que ce soit la première dont l'authenticité n'a jamais été révoquée en doute, et qui contient un certain nombre de renseignements, tandis que la seconde est une déclamation des plus banales et des plus vides. Remarquons d'ailleurs, sans attacher à ce fait plus d'importance qu'il n'en mérite, que l'auteur du second pamphlet, après s'être adressé, comme nous l'avons vu, directement à Corneille, semble ensuite oublier son rôle ou négliger à dessein de le remplir, à tel point qu'il parle à chaque instant de Claveret à la troisième personne : « Bon Dieu ! quelle façon d'écrire est la vôtre, et combien en ce point êtes-vous au-dessous, je ne dis pas de Claveret, mais du moindre secrétaire de Saint-Innocent[2] ! » Et plus loin : « Quant à Claveret, vous l'avez vengé vous-même. » Enfin le nom qui se trouve à la fin de la pièce est amené de telle façon qu'il pourrait n'être pas une véritable signature : « Apprenez donc aujourd'hui que quand aux trente ans d'étude que vous avez si mal employés, vous en auriez encore ajouté trente autres, vous ne sauriez faire que vous ne soyez au-dessous de

CLAVERET. »

[1]. Deuxième édition, p. 305, note 13.
[2]. Voyez tome II, p. 442, note 3.

Ce serait le lieu de parler de *l'Amy du Cid à Claueret*[1]. Certes Niceron se trompe en l'attribuant à Corneille, mais cette brochure pourrait bien du moins avoir été écrite sous son influence et avec sa participation indirecte. Plutôt que de développer sur ce point quelque hypothèse dénuée de preuves, ne vaut-il pas mieux mettre tout simplement sous les yeux du lecteur à la suite de notre notice ce rare libelle qui n'a jamais été réimprimé? C'est le parti que nous avons pris.

C'est sans doute ici qu'il faudrait placer l'analyse de *la Victoire du S^r* (sic) *Corneille, Scudery et Claueret, avec une remontrance par laquelle on les prie amiablement de n'exposer ainsi leur renommée à la risée publique*[2]. Mais nous n'avons de cet écrit que le titre et la description, qui nous ont été conservés par Van Praet dans le *Catalogue des pièces pour et contre le Cid* que nous avons déjà cité[3]. Aucun autre bibliographe, aucun éditeur n'a parlé de cette pièce, que nous n'avons pu trouver.

Un mot maintenant sur une réponse tardive à l'*Excuse* de Corneille. Elle est intitulée : *Lettre à *** sous le nom d'Ariste*[4], et commence ainsi : « Ce n'est donc pas assez, Ariste, que votre humeur remuante aye jadis troublé le repos de votre solitude et le silence de votre maison en s'attaquant aux œuvres et à l'éloquence de M. de Balzac.... Il faut encore qu'après dix ans de silence, au mépris de votre habit et au scandale de votre profession..., vous importuniez votre ami de vous donner des chansons (sans dire si c'est à boire ou à danser), à l'heure même que vous le savez occupé à ce grand mariage, et qu'il fait accepter à une fille pour mari celui qui le jour même a tué son père. » Ce passage fait évidemment allusion aux *Lettres de Phyllarque à Ariste*, dirigées contre Balzac, et dont la première partie parut en 1627, c'est-à-dire dix ans juste avant le pamphlet que nous venons de citer. *Phyllarque*, comme il se nomme lui-même, ou *le Prince des feuilles*, comme quelques-uns l'ont appelé, n'est autre que Jean Goulu,

1. *Paris*, M.DC.XXXVII, in-8°, 8 pages.
2. *Paris*, M.DC.XXXVII, in-8°, 7 pages.
3. Voyez plus haut, p. 24, note 3.
4. In-8°, 8 pages.

alors général des Feuillants, ce qui explique et le pseudonyme qu'il a pris et le surnom qu'on lui a donné. Ces lettres de Phyllarque firent grand bruit, et Corneille en parle d'une manière fort élogieuse dans l'épitaphe latine qu'il a composée pour Jean Goulu, et qu'on trouvera pour la première fois, dans notre édition, en tête des *OEuvres diverses* en prose. Par malheur, si les renseignements abondent sur Phyllarque, on n'en rencontre aucun qui concerne Ariste. L'*Avertissement du libraire au lecteur* fait de lui un gentilhomme de la cour, mais le ton général prouve que cet Avertissement est plutôt destiné à dérouter les soupçons qu'à confirmer les conjectures. En tête de chaque volume se trouve une ode d'Ariste qui nous prouve qu'il était fort mauvais poëte, ce qui, en aucun temps, ne peut tenir lieu d'une désignation précise. Il est bien certain du moins qu'il s'agit d'un personnage réel, connu de toute la société littéraire du temps, et qui, contrairement à l'assertion du libraire du P. Goulu, était religieux et non homme de cour. L'extrait d'un pamphlet de Mairet, qu'on trouvera analysé plus loin à sa date, achèvera d'établir ces divers points[1].

Si maintenant nous remontons à l'origine de la querelle du P. Goulu et de Balzac, nous trouvons que ce dernier fut d'abord attaqué par André de Saint-Denis, jeune feuillant, auteur d'un livre intitulé : *la Conformité de l'éloquence de M. de Balzac avec celle des plus grands personnages du temps passé et du present*, dans lequel il lui reproche vivement ses trop nombreuses réminiscences. Ogier répliqua par une *Apologie* de Balzac, dans laquelle le P. André, comme on l'appelait d'ordinaire, n'était point ménagé. « L'apologie étant imprimée, dit Sorel[2], un exemplaire en fut porté au supérieur de ce religieux (c'est-à-dire au P. Goulu), qui s'offensa de le voir attaqué de cette sorte, principalement en des endroits où la lecture des livres profanes lui était reprochée. Pource qu'il se piquait aussi d'éloquence, il voulut prendre le fait et cause pour son novice, et il fit les deux volumes de *Lettres de Phyllarque à Ariste*, où il critiqua horriblement toutes les lettres

1. Voyez ci-après, p. 39 et 40.
2. *Bibliothèque françoise*, 2ᵉ édition, p. 130 et 131.

de M. de Balzac, lui donnant le nom de Narcisse, pour l'accuser d'un trop grand amour de soi-même. »

Tout ceci n'autoriserait-il pas à regarder André de Saint-Denis comme cet Ariste à qui le P. Goulu adressait ses *Lettres* et Corneille son *Excuse?* Ce n'est certes là qu'une conjecture, qui aurait grand besoin de se trouver confirmée par quelque renseignement plus positif; mais telle qu'elle est, elle présente du moins une certaine vraisemblance.

« J'avoue, dit en parlant de Corneille l'auteur de la *Lettre à ****, que les sentiments de ses amis pour ce poëme avoient préoccupé mon esprit devant que j'en eusse fait la lecture : je donnois quelque chose à l'approbation du peuple, encore que je le connusse mauvais juge ; mais je m'aperçus bientôt après que c'étoit l'ignorance, et non pas sa beauté, qui causoit son admiration. Je fis donc résolution de guérir ces idolâtres de leur aveuglement, et le dessein que j'avois de les désabuser me faisoit prendre la plume quand un autre plus digne observateur m'a prévenu[1].... » Ce passage servit de texte à la réponse qui parut sous ce titre :

Lettre pour Monsieur de Corneille, contre les mots de la Lettre sous le nom d'Ariste : « *Ie fis donc résolution de guerir ces Idolatres*[2]. »

Cette pièce est du nombre de celles que Niceron attribue à Corneille, et que nous avons cru devoir réimprimer à la suite de cette notice. Nous nous contenterons de remarquer ici que l'auteur, quel qu'il soit, paraît connaître au mieux la personne qui a écrit la *Lettre sous le nom d'Ariste*. Il en parle comme d'un homme jeune, moins pauvre que Claveret, mais d'une origine fort contestable, commensal habituel de Scudéry, et très-assidu aux conférences qui se tenaient chez lui. Il est vrai que dans la *Responce de *** à *** sous le nom d'Ariste*[3], attribuée également par Niceron à Corneille et reproduite ci-après, ce n'est plus le même personnage, mais bien Mairet, qui est considéré comme l'auteur de la *Lettre sous le nom d'Ariste*.

1. Page 5.
2. Sans lieu ni date. In-8º de 5 pages et 1 feuillet blanc.
3. *A Paris*, M.DC.XXXVII, in-8º, 8 pages.

Pendant que cette guerre de libelles continuait chaque matin, Scudéry, voyant que le public s'obstinait à admirer *le Cid*, s'efforça d'obtenir contre le nouvel ouvrage un jugement en forme, et adressa à cet effet au seul tribunal compétent une requête qui fut imprimée plus tard sous le titre de *Lettre de Mr de Scudery à l'illustre Academie*[1].

« Il est bien certain, dit Pellisson, qu'en ce différend qui partagea toute la cour, le Cardinal sembla pencher du côté de M. de Scudéry, et fut bien aise qu'il écrivît, comme il fit, à l'Académie françoise, pour s'en remettre à son jugement. On voyait assez le desir du Cardinal, qui étoit qu'elle prononçât sur cette matière; mais les plus judicieux de ce corps témoignoient beaucoup de répugnance pour ce dessein. Ils disoient que l'Académie, qui ne faisoit que de naître, ne devoit point se rendre odieuse par un jugement qui peut-être déplairoit aux deux partis, et qui ne pouvoit manquer d'en désobliger pour le moins un, c'est-à-dire une grande partie de la France; qu'à peine la pouvoit-on souffrir sur la simple imagination qu'on avoit qu'elle prétendoit quelque empire à notre langue : que seroit-ce si elle témoignoit de l'affecter, et si elle entreprenoit de l'exercer sur un ouvrage qui avoit contenté le grand nombre et gagné l'approbation du peuple? que ce seroit d'ailleurs un retardement à son principal dessein, dont l'exécution ne devoit être que trop longue d'elle-même; qu'enfin M. Corneille ne demandoit point ce jugement, et que par les statuts de l'Académie, et par les lettres de son érection, elle ne pouvoit juger d'un ouvrage que du consentement et à la prière de l'auteur. Mais le Cardinal avoit ce dessein en tête, et ces raisons lui paroissoient peu importantes, si vous en exceptez la dernière, qu'on pouvoit détruire en obtenant le consentement de M. Corneille[2]. »

Boisrobert fut chargé de cette négociation. Il entama à ce sujet avec Corneille, alors à Rouen, une longue correspondance, qui ne nous est point parvenue. Pellisson a seulement rapporté

---

1. *A Paris, chez Anthoine de Sommaville, au Palais, à l'Escu de France.* M.DC.XXXVII, in-8° de 11 pages.
2. *Relation contenant l'histoire de l'Académie françoise*, 1653, p. 189-191.

de trop courts fragments des réponses de notre poëte, que nous avons classés à leur date parmi ses lettres.

Dans une de ces réponses, tout en énumérant les inconvénients qu'il y avait pour la Compagnie à s'occuper de cette querelle, il lui échappa de dire : « Messieurs de l'Académie peuvent faire ce qu'il leur plaira. »

« Il n'en falloit pas davantage, au moins suivant l'opinion du Cardinal, dit Pellisson, pour fonder la juridiction de l'Académie, qui pourtant se défendoit toujours d'entreprendre ce travail ; mais enfin il s'en explique ouvertement, disant à un de ses domestiques : « Faites savoir à ces Messieurs que je le de-
« sire, et que je les aimerai comme ils m'aimeront. »

« Alors on crut qu'il n'y avoit plus moyen de reculer, et l'Académie, s'étant assemblée le 16 juin 1637, après qu'on eut lu la lettre de M. de Scudéry pour la Compagnie, celles qu'il avoit écrites sur le même sujet à M. Chapelain, et celles que M. de Boisrobert avoit reçues de M. Corneille ; après aussi que le même M. de Boisrobert eut assuré l'assemblée que Monsieur le Cardinal avoit agréable ce dessein, il fut ordonné que trois commissaires seroient nommés pour examiner *le Cid* et les *Observations contre le Cid;* que cette nomination se feroit à la pluralité des voix par billets qui ne seroient vus que du secrétaire. Cela se fit ainsi, et les trois commissaires furent M. de Bourzey[1], M. Chapelain et M. des Marests. La tâche de ces trois messieurs n'étoit que pour l'examen du corps de l'ouvrage en gros ; car pour celui des vers, il fut résolu qu'on le feroit dans la Compagnie[2]. MM. de Cerisy, de Gombauld, Baro et l'Estoile furent seulement chargés de les voir en particulier et de rapporter leurs observations, sur lesquelles l'Académie ayant délibéré en diverses conférences, ordinaires et extraordinaires, M. des Marests eut ordre d'y mettre la dernière main. Mais pour l'examen de l'ouvrage en gros, la chose fut un peu plus difficile. M. Chapelain présenta premièrement ses mémoires ; il fut or-

---

1. Ce nom est imprimé ainsi dans le texte de Pellisson ; toutefois, dans son *Catalogue de Messieurs de l'Académie françoise*, p. 523 de la *Relation*, il écrit *l'abbé de Bourzeys; Bourzeis* est la forme adoptée le plus généralement.
2. Registres du 30 juin 1637. (*Note de Pellisson.*)

donné que MM. de Bourzey et des Marests y joindroient les leurs; et soit que cela fût exécuté ou non, de quoi je ne vois rien dans les registres, tant y a que M. Chapelain fit un corps, qui fut présenté au Cardinal écrit à la main. J'ai vu avec beaucoup de plaisir ce manuscrit apostillé par le Cardinal, en sept endroits, de la main de M. Citois, son premier médecin. Il y a même une de ces apostilles dont le premier mot est de sa main propre[1]; il y en a une aussi qui marque assez quelle opinion il avoit du *Cid*. C'est en un endroit où il est dit que la poésie seroit aujourd'hui bien moins parfaite qu'elle n'est, sans les contestations qui se sont formées sur les ouvrages des plus célèbres auteurs du dernier temps, la *Jérusalem*, le *Pastor fido*. En cet endroit, il mit en marge : « L'applaudissement et le « blâme du *Cid* n'est qu'entre les doctes et les ignorants, au « lieu que les contestations sur les autres deux pièces ont été « entre les gens d'esprit[2]; » ce qui témoigne qu'il étoit persuadé

---

1. Ce manuscrit appartient depuis longtemps à la Bibliothèque impériale; il figure sous le n° Y 5666, à la page 549 du tome I des Belles-Lettres du *Catalogue des livres imprimez de la Bibliothèque du Roy*, publié en 1750. L'année dernière (1861) il a passé du Département des imprimés au Département des manuscrits, où il porte actuellement le n° 5541 du *Supplément français*. C'est un petit in-4° de 63 pages. Il était intitulé d'abord : *Les Sentimens de l'Academie françoise touchant les observations faites sur la tragicomedie du Cid*. Ce titre a été ainsi modifié : *Les Sentimens de l'Academie françoise sur la question de la tragicomedie du Cid*. On lit en tête du premier feuillet cette note de l'abbé Sallier, garde des manuscrits de la Bibliothèque du Roi : « De la main de Mr Chapelain, avec des apostilles de M. le cardinal de Richelieu. Témoignage de Mr l'abbé d'Olivet. 7${bre}$ 1737. » Dans le catalogue imprimé de 1750, cette note est reproduite; mais d'Olivet n'est pas nommé. Nous pensons, contrairement à l'opinion de Pellisson, que quatre des sept apostilles sont entièrement de la main du Cardinal; nous les passerons en revue une à une dans les notes suivantes.

2. Cette apostille qui se trouve à la page 5 est d'une écriture menue, irrégulière, difficile à lire : c'est probablement celle de Citois. A la page 13, ces deux apostilles : « il faut un exemple », « il faut un tempérament », sont d'une grosse et belle écriture, qui présente avec celle des lettres autographes de Richelieu la conformité la plus frappante. A la page 29, à l'occasion du reproche fait à Rodrigue d'avoir formé le dessein de tuer le Comte, dont la mort n'était pas

de ce qu'on reprochoit à M. Corneille, que son ouvrage péchoit contre les règles. Le reste de ces apostilles n'est pas considérable ; car ce ne sont pas de petites notes, comme celle-ci, où le premier mot est de sa main : « Bon, mais se pourroit mieux « exprimer[1] ; » et cette autre : « Faut adoucir cet exemple[2]. » D'où on recueille pourtant qu'il examina cet écrit avec beaucoup de soin et d'attention. Son jugement fut enfin que la substance en étoit bonne, « mais qu'il falloit, » car il s'exprima en ces termes, « y jeter quelques poignées de fleurs. » Aussi n'étoit-ce que comme un premier crayon qu'on avoit voulu lui présenter, pour savoir en gros s'il en approuveroit les sentiments. L'ouvrage fut donc donné à polir, suivant son intention et par délibération de l'Académie, à MM. de Serizay, de Cerisy, de Gombauld et Sirmond[3]. M. de Cerisy, comme j'ai appris, le coucha par écrit, et M. de Gombauld fut nommé par les trois autres et confirmé par l'Académie pour la dernière révision du style. Tout fut lu et examiné par l'Académie en diverses assemblées, ordinaires et extraordinaires, et donné enfin à l'imprimeur[4]. Le Cardinal étoit alors à Charonne, où on lui envoya les premières feuilles, mais elles ne le contentèrent nullement ; et soit qu'il en jugeât bien, soit qu'il le prît en mauvaise humeur, soit qu'il fût préoccupé contre M. de Cerisy, il trouva qu'on avoit passé d'une extrémité à l'autre, qu'on y avoit apporté trop d'ornements et de fleurs, et renvoya

nécessaire pour sa satisfaction, on lit en marge cette note assez étrange, de l'écriture que nous attribuons à Citois : « Faut voir si la pièce le dit ; car si cela n'est point on auroit tort de faire à croire à Rodrigue qu'il voulût tuer le Comte, puisqu'on fait souvent en telles occasions ce qu'on ne veut pas faire. »

1. Note de l'écriture qui paraît être celle de Citois ; le mot *bon* est tracé avec un peu plus de hardiesse que le reste ; toutefois il est impossible d'affirmer qu'il soit d'une autre main. A la page 37, apostille de la grosse écriture que nous attribuons à Richelieu : « Il ne faut point dire cela si absolument. »

2. Ici la transcription est inexacte. Il y a dans le manuscrit (p. 58) : « Il faut adoucir cette expression. » Cette dernière apostille est, suivant nous, de la main de Richelieu.

3. Registres, 17 juillet 1637. (*Note de Pellisson.*)

4. Registres, dernier juillet 1637. (*Note du même.*)

à l'heure même en diligence dire qu'on arrêtât l'impression. Il voulut enfin que MM. de Serizay, Chapelain et Sirmond le vinssent trouver, afin qu'il pût leur expliquer mieux son intention. M. de Serizay s'en excusa, sur ce qu'il étoit prêt à monter à cheval pour s'en aller en Poitou. Les deux autres y furent. Pour les écouter, il voulut être seul dans sa chambre, excepté MM. de Bautru et de Boisrobert, qu'il appela comme étant de l'Académie. Il leur parla fort longtemps, très-civilement, debout et sans chapeau.

« M. Chapelain voulut, à ce qu'il m'a dit, excuser M. de Cerisy, le plus doucement qu'il put; mais il reconnut d'abord que cet homme ne vouloit pas être contredit : car il le vit s'échauffer et se mettre en action, jusque-là que s'adressant à lui, il le prit et le retint tout un temps par ses glands, comme on fait sans y penser quand on veut parler fortement à quelqu'un et le convaincre de quelque chose. La conclusion fut, qu'après leur avoir expliqué de quelle façon il croyoit qu'il falloit écrire cet ouvrage, il en donna la charge à M. Sirmond, qui avoit en effet le style fort bon et fort éloigné de toute affectation. Mais M. Sirmond ne le satisfit point encore; il fallut enfin que M. Chapelain reprît tout ce qui avoit été fait, tant par lui que par les autres, de quoi il composa l'ouvrage tel qu'il est aujourd'hui, qui, ayant plu à la Compagnie et au Cardinal, fut publié bientôt après, fort peu différent de ce qu'il étoit la première fois qu'il lui avoit été présenté écrit à la main, sinon que la matière y est un peu plus étendue, et qu'il y a quelques ornements ajoutés.

« Ainsi furent mis au jour, après environ cinq mois de travail[1], les *Sentiments de l'Academie françoise sur le Cid*[2], sans que, durant ce temps-là, ce ministre qui avoit toutes les affaires du royaume sur les bras, et toutes celles de l'Europe dans la tête, se lassât de ce dessein, et relâchât rien de ses soins pour cet ouvrage[3]. »

On serait tenté de croire que pendant ces cinq mois le nombre des libelles diminua. Il n'en fut rien. Dans la lettre

---

1. Registres, 23 novembre 1637. (*Note de Pellisson.*)
2. *A Paris, chez Jean Camusat, 1638*, in-8°.
3. *Relation contenant l'histoire de l'Académie françoise*, p. 193-204.

par laquelle Scudéry réclamait le jugement de l'Académie sur *le Cid*, il repoussait en ces termes le reproche que lui avait fait Corneille de citer inexactement les autorités qu'il avait invoquées dans ses *Observations* : « Dans peu de jours la quatrième édition de mon ouvrage me donnera lieu de le faire rougir de la fausseté qu'il m'impose, en marquant en marge tous les auteurs et tous les passages que j'ai allégués. » Nous ne pensons pas qu'il ait donné suite à ce projet, mais il publia isolément :

La Preuve des passages alleguez dans les obseruations sur le Cid. A Messieurs de l'Academie[1].

L'Epistre aux poetes du temps sur leur querelle du Cid[2] parut sans doute presque au même moment, car son début fait allusion à la *Lettre à l'illustre Academie*. « Vous avez fait trop de bruit par toutes les provinces de France (messieurs les rimeurs) pour croire que vos différends puissent à présent être terminés par une Académie que l'un de vous honore d'un titre qui est seulement l'apennage des princes et des sacrées assemblées. » Rien n'est plus détestable que cette pièce, qui se termine par une froide allusion au nom de Corneille : « Si néanmoins vous ne voulez cesser qui l'un de clabauder et l'autre de croasser, que ce soit pour le moins perché sur un noyer, siége ordinaire de tels oiseaux. »

Pour le sieur Corneille contre les ennemis du Cid[3], est le titre d'une brochure qui ne se compose que d'un sonnet dont voici la chute :

Corneille sait porter son vol si près des cieux,
Que s'il ne s'abaissoit pour vous combattre mieux,
Vos coups injurieux ne pourroient pas l'atteindre ;

et de la petite pièce qui suit :

Au seigneur de Scudery sur sa victoire.

QUATRAIN.

Toi dont la folle jalousie
Du *Cid* te veut rendre vainqueur,
Sois satisfait, ta frénésie
Te fait passer pour un vain cœur.

1. *A Paris, chez Antoine de Sommaville. Au Palais, à l'Escu de France*. M.DC.XXXVII, in-8° de 14 pages et 1 feuillet blanc.
2. *A Paris*, M.DC.XXXVII, in-8° de 14 pages.
3. *A Paris*, M.DC.XXXVII, in-8° de 7 pages.

C'est aussi à la même époque qu'il faut rapporter l'ouvrage intitulé : *Examen de ce qui s'est fait pour et contre le Cid : avec un traité de la Disposition du Poëme Dramatique, et de la prétenduë Règle de vingt-quatre heures*[1]. L'auteur, il est vrai, prétend d'abord que son traité était sous presse même avant la *Lettre apologétique* de Corneille, mais il ajoute : « Il semble que je serois obligé de signer cet écrit si je voulois prendre la qualité d'intervenant au procès qui s'instruit en l'illustre Académie sur la requête du Sr de Scudéry. Mais plutôt que de plaider (qui est un métier que je m'empêche de faire tant que je puis), j'aime mieux que ce petit ouvrage s'en aille avec les vagabonds et gens sans aveu, ou qu'il soit mis aux Enfermés[2], comme un enfant trouvé. » L'auteur affecte une grande impartialité et loue presque également Corneille et Scudéry. « Toutes les fois, dit-il, que la pièce du *Cid* a paru sur le théâtre, j'avoue qu'elle a donné dans la vue à tout le monde. » « Je n'en connois l'auteur que de nom, ajoute-t-il un peu plus loin, et par les affiches des comédiens ; or à cause que je fais quelquefois des vers, et que je favorise ceux qui s'en mêlent, j'ai inclination pour lui. » Du reste il ne prend aucune part réelle à la querelle et ne s'en occupe que parce qu'il trouve l'occasion de publier et surtout de faire lire un traité de la règle des vingt-quatre heures, écrit depuis cinq ou six ans et dont il était embarrassé.

C'est vers ce moment que dut paraître *le Iugement du Cid composé par un Bourgeois de Paris, marguillier de sa Paroisse*[3]. Le passage suivant nous indique le but de l'auteur et nous montre qu'il connaissait bien le défenseur habituel de Cor-

1. *A Paris, imprimé aux despens de l'Autheur*, in-8° de 103 pages.
2. « L'*Hôpital des pauvres enfermés* est un membre de l'Hôpital général, où on a mis plusieurs pauvres pour les empêcher d'être fainéants et vagabonds. » (*Dictionnaire universel de Furetière*.)
3. In-8° de 16 pages, sans lieu ni date. Une autre édition en plus gros caractères et formant 24 pages se trouve mentionnée dans les notes recueillies par Van Praet (voyez ci-dessus, note 1 de la p. 25). Cette pièce a été réimprimée dans le *Recueil de dissertations sur plusieurs tragédies de Corneille et de Racine*.... publié par Granet en 1740, tome I, p. 99 ; et dans le *Tableau historique.... de la poésie française.... au seizième siècle*, par M. Sainte-Beuve, 1828, 2 vol. in-8°, tome I, p. 386.

neille, mais par malheur il le désigne d'une façon fort obscure pour nous. « Quand j'ai vu, dit-il en parlant de notre poëte, que l'on ne cessoit d'écrire pour et contre, qu'il ne paroissoit que de la passion et de l'excès, soit à le blâmer ou à le défendre, et que le pédant qui a pris sa cause, sembloit avoir eu plus de soin de défendre son affiche de la morale de la cour, et de paroître grand logicien, que de rien faire à l'avantage de Corneille, je me suis enfin résolu, attendant le jugement de l'Académie, de faire voir le mien, qui est, ce me semble, le sentiment des honnêtes gens d'entre le peuple ; et sans avoir égard ni à la colère des poëtes qui l'ont voulu mettre aussi bas qu'il s'étoit mis haut, ni aux louanges excessives que lui donnent ses adorateurs, j'ai voulu le défendre contre ce qu'il y avoit d'injustice dans les *Observations* de Scudéry, et montrer aussi que l'on sait la portée de son mérite, et que le sens commun n'est pas entièrement banni de la tête de ceux qui ne sont ni savants, ni auteurs. » Il ne faut pas oublier toutefois que ce critique, en apparence si équitable à l'égard de Corneille, n'hésite pas à dire avec ses ennemis qu' « il ne devoit point faire imprimer *le Cid*. »

Nous voici arrivés à l'*Epistre familiere du Sr Mayret au Sr Corneille sur la tragi-comedie du Cid*[1]. Ce pamphlet est le seul qui porte une date de jour ; il est du 4 juillet 1637. On trouve p. 30, après la pièce principale, la *Responce à l'Amy du Cid sur ses invectives contre le Sr Claueret*, où est cité le Jugement du marguillier, ce qui justifie la place que nous avons donnée à cet écrit.

« Monsieur, dit Mairet au commencement de son *Épître*, si je croyois le bruit commun qui vous déclare déjà l'auteur de ces mauvais papiers volants qu'on voit tous les jours paroître à la défense de votre ouvrage, je me plaindrois de vous à vous-même, de l'injustice que l'on me fait en un libelle de votre style et peut-être de votre façon ; mais comme l'action est trop indigne d'un honnête homme, je suspendrai pour quelque temps ma créance en votre faveur, et me contenterai (puisque la querelle de votre *Cid* vous a rendu chef de parti) de vous

1. A Paris, *chez Anthoine de Sommaville. Au Palais, dans la petite Sale, à l'Escu de France,* M.DC.XXXVII, in-8º de 38 pages.

demander seulement raison de l'impertinence d'un de vos lanciers qui m'est venu rompre dans la visière mal à propos; mais d'autant que je n'ai pas l'honneur de connoître le galant homme et qu'il ne seroit pas raisonnable que je me commisse avec un masque, je vous adresserai, s'il vous plaît, ce petit discours, comme si vous étiez lui-même.

« Premièrement il en veut à mes ouvrages qu'il attaque tous.... puis par une ruse de guerre, qui n'est pas difficile à découvrir, il me veut attribuer la lettre qui commence par les railleries passives d'Ariste, continue par le mépris en particulier de votre chef-d'œuvre, et finit par celui de toutes vos autres pièces en général. Pour la lettre qu'il me veut donner, il me pardonnera si je la refuse.... et je n'ai mis principalement la main à la plume que pour faire une publique déclaration de ce désaveu. Je proteste hautement que je suis très-humble serviteur d'Ariste, pour les bonnes qualités dont je le crois doué sur le rapport de M. de Scudéry qui le connoît ; et votre ami n'y procède pas comme il faut : il devroit se contenter d'égratigner mes ouvrages, sans essayer malicieusement de me brouiller avec des personnes dont la profession m'a toujours imprimé la révérence et le respect.... Il faut savoir que cet ami, qui vous ressemble si fort, a fait imprimer deux réponses subséquentives à la lettre que je désavoue en cette-ci. Dans la première, qui porte pour titre : *Lettre pour M. de Corneille*.... il témoigne en connoître l'auteur par la mauvaise peinture qu'il en a faite, et par la seconde, qu'il intitule : la *Reponse de *** à *** sous le nom d'Ariste*, il semble qu'il ait dessein de faire accroire que c'est de moi qu'il entendoit parler dans la première ; si c'est pour se mettre à couvert de l'orage qu'il appréhende (car enfin celui qu'il y désigne et qu'il offense est de telle qualité qu'il a des domestiques d'aussi bonne condition que vous, je ne veux pas dire meilleure quoiqu'on m'en ait assuré, et le rang qu'il tient dans la province où vous demeurez est si haut que si vous étiez bien avisé, vous iriez lui demander pardon du zèle indiscret de votre ami, qui vous peut être injurieux) : digressions à part, si c'est, comme j'ai dit, qu'il se veuille mettre à couvert de l'orage qu'il appréhende, je suis tout prêt en votre considération de lui rendre ce bon office, en recevant chez moi le paquet qu'il adresse ailleurs. »

NOTICE.

Comment le portrait fait par les partisans de Corneille d'un commensal de Scudéry assez peu fortuné et d'origine obscure, s'applique-t-il, suivant Mairet, à quelqu'un qui occupe un haut rang en Normandie? Il est assez difficile de le deviner, à cause des termes obscurs dont est enveloppée toute cette polémique ; mais n'est-on pas autorisé à supposer avec quelque vraisemblance que Mairet fait allusion à ce personnage de haute condition dont Corneille a parlé dans la *Lettre apologétique*, et que Voltaire a pris avec si peu d'apparence pour le Cardinal lui-même[1]?

Corneille, ou plutôt quelqu'un de ses amis, répondit au libelle que nous venons d'analyser par la *Lettre du des-interessé au sieur Mairet*[2] et par l'*Avertissement au besançonnois Mairet*[3]. On trouvera ces deux pièces à la suite de notre notice.

L'adversaire de notre poëte ne se tint pas pour battu. Il répliqua par une *Apologie pour M. Mairet contre les calomnies du S^r. Corneille de Rouen*[4] ; apologie qui renferme une lettre de Mairet à Scudéry, datée du 30 septembre 1637. Ce libelle fut le dernier. La lettre suivante[5], adressée par Boisrobert à Mairet, qui habitait alors chez le comte de Belin[6], mit enfin un terme à cette regrettable dispute.

1. Voyez ci-dessus, p. 25. — 2. In-8° de 7 pages.
3. 1637, in-8° de 12 pages.
4. 1637, in-4° de 32 pages. Nous n'avons pu voir cet ouvrage ; la description que nous en donnons est tirée de l'*Histoire du Théâtre françois* des frères Parfait (tome V, p. 270). Les notes recueillies par Van Praet nous font seules connaître le nombre de pages de l'ouvrage. Ce sont aussi ces notes qui nous apprennent qu'on trouve, p. 11, une lettre de M. Mairet à M. Scudéry contenant sa généalogie, datée de Belin du 30 septembre 1637. M. Taschereau indique cette pièce comme étant du format in-8° et lui donne le titre suivant : *Apologie pour Mairet contre les calomnies du Sr Corneille en réponse à la pièce intitulée : Advertissement au besançonnois Mairet*, titre qu'il a pris sans doute sur une édition différente de celle dont nous venons de parler.
5. Cette lettre a été imprimée pour la première fois par Granet, en 1740, dans son *Recueil de dissertations sur plusieurs tragédies de Corneille et de Racine,* tome I, p. 114.
6. François de Faudoas, dit d'Averton, comte de Belin ; il avait été gouverneur de Paris pendant la Ligue. Il fut assassiné par le

A Charonne, ce 5 octobre 1637.

« Monsieur,

« Puisque vous êtes extrêmement raisonnable, et que vous savez bien que la sujétion illustre à laquelle je suis attaché ne me laisse pas assez de liberté pour rendre mes devoirs à tous mes amis, je ne vous ferai point d'excuses de m'être autrefois reposé sur les soins de M. Chapelain, qui m'a promis de répondre pour moi aux lettres que vous m'avez fait l'honneur de m'écrire. Il n'aura pas oublié, je m'assure, à vous témoigner la continuation de mon zèle, et je me promets bien que vous connoîtrez vous-même à votre retour que si je vous ai paru muet, je ne me suis pas tu devant ceux auprès desquels vous croyez que je puis vous servir, et que je vous ai gardé une inviolable fidélité pendant votre absence. Ces six lignes que je vous écris de mon chef satisferont, s'il vous plaît, Monsieur, à ce que je dois à notre amitié, et vous lirez le reste de ma lettre comme un ordre que je vous envoie par le commandement de Son Éminence. Je ne vous cèlerai pas qu'elle s'est fait lire avec un plaisir extrême tout ce qui s'est fait sur le sujet du *Cid*, et que particulièrement une lettre qu'elle a vue de vous, lui a plu jusques à tel point qu'elle lui a fait naître l'envie de voir tout le reste. Tant qu'elle n'a connu dans les écrits des uns et des autres que des contestations d'esprit agréables, et des railleries innocentes, je vous avoue qu'elle a pris bonne part au divertissement ; mais quand elle a reconnu que de ces contestations naissoient enfin des injures, des outrages et des menaces, elle a pris aussitôt résolution d'en arrêter le cours. Pour cet effet, quoiqu'elle n'ait point vu le libelle que vous attribuez à M. Corneille, présupposant par votre réponse, que je lui lus hier au soir, qu'il devoit être l'agresseur, elle m'a commandé de lui remontrer le tort qu'il se faisoit, et de lui défendre de sa part de ne plus faire de réponse, s'il ne lui vouloit déplaire ;

marquis de Bonnivet le 7 décembre 1642. Dans l'*Historiette* de Mondory (tome VII, p. 172), Tallemant, parlant de la Lenoir, actrice du théâtre du Marais, termine ainsi : « Le comte de Belin, qui avoit Mairet à son commandement, faisoit faire des pièces à condition qu'elle eût le principal personnage ; car il en étoit amoureux, et la troupe s'en trouvoit bien. »

mais d'ailleurs craignant que des tacites menaces que vous lui faites, vous ou quelques-uns de vos amis n'en viennent aux effets, qui tireroient des suites ruineuses à l'un et à l'autre, elle m'a commandé de vous écrire que si vous voulez avoir la continuation de ses bonnes grâces, vous mettiez toutes vos injures sous le pied, et ne vous souveniez plus que de votre ancienne amitié, que j'ai charge de renouveler sur la table de ma chambre à Paris, quand vous serez tous rassemblés. Jusqu'ici j'ai parlé par la bouche de Son Éminence; mais pour vous dire ingénument ce que je pense de toutes vos procédures, j'estime que vous avez suffisamment puni le pauvre M. Corneille de ses vanités, et que ses foibles défenses ne demandoient pas des armes si fortes et si pénétrantes que les vôtres. Vous verrez un de ces jours son *Cid* assez malmené par les sentiments de l'Académie; l'impression en est déjà bien avancée, et si vous ne venez à Paris dans ce mois, je vous l'envoirai. Cependant conservez-moi, s'il vous plaît, quelque place dans le souvenir de M. de Belin; faites-moi de plus l'honneur de lui témoigner que je prends grande part à son affliction, et que je suis autant touché que pas un de ses serviteurs, de la perte qu'il a fait[1]. Si j'avois l'esprit assez libre, je le lui témoignerois à lui-même; mais je me console quand je pense que ma douleur sera plus éloquente en votre bouche qu'en la mienne, et que vous n'oublierez rien pour témoigner les véritables sentiments de celui qui est avec passion,

« Monsieur,

« Votre très-humble et très-fidèle serviteur

« Boisrobert. »

Depuis le jour où le Cardinal eut ainsi fait connaître ses intentions, on ne publia plus rien que les remercîments adressés par Scudéry à l'Académie. Ils parurent dans un petit recueil portant le titre suivant : *Lettre de Mr de Balzac à Mr de Scudery, sur ses Obseruations du Cid. Et la response de Mr de Scudery à Mr de Balzac. Auec la lettre de Mr de Scudery à*

---

1. Il y a *fait*, et non *faite*, dans l'édition originale. Voyez des exemples analogues dans la prose de Malherbe, tome II de l'édition de M. Lalanne, p. 436, 442, 576, etc.

Messieurs de l'Academie françoise, sur le iugement qu'ils ont fait du Cid et de ses Obseruations[1].

La lettre de Balzac est charmante. Espérant l'attirer dans son parti, Scudéry lui avait adressé ce qu'il avait écrit contre *le Cid;* mais Balzac, tout en approuvant les principes qui avaient guidé son jeune ami, atténue ses critiques par de si nombreuses et de si importantes restrictions, que Scudéry dut se trouver assez mal satisfait d'avoir provoqué un semblable jugement.

« Considérez néanmoins, Monsieur, que toute la France entre en cause avec lui, et que peut-être il n'y a pas un des juges dont vous êtes convenus ensemble[2] qui n'ait loué ce que vous desirez qu'il condamne : de sorte que, quand vos arguments seroient invincibles et que votre adversaire y acquiesceroit, il auroit toujours de quoi se consoler glorieusement de la perte de son procès, et vous dire que c'est quelque chose de plus d'avoir satisfait tout un royaume que d'avoir fait une pièce régulière. Il n'y a point d'architecte d'Italie qui ne trouve des défauts en la structure de Fontainebleau et qui ne l'appelle un monstre de pierre : ce monstre néanmoins est la belle demeure des rois, et la cour y loge commodément.

« Il y a des beautés parfaites qui sont effacées par d'autres qui ont plus d'agrément et moins de perfection ; et parce que l'acquis n'est pas si noble que le naturel, ni le travail des hommes que les dons du ciel, on vous pourroit encore dire que savoir l'art de plaire ne vaut pas tant que savoir plaire sans art. Aristote blâme *la Fleur* d'Agathon, quoiqu'il die qu'elle

---

1. *A Paris, chez Anthoine de Sommaville. Au Palais, dans la petite Sale, à l'Escu de France.* M.CD.XXXVIII (*sic*, 1638), in-8° de 34 pages. Ce recueil a paru dès le commencement de l'année ou même, malgré son millésime, à la fin de 1637. Chapelain écrit le 25 janvier 1638 à Balzac, en lui parlant de sa lettre sur *le Cid :* « On l'a imprimée en papier volant, avec la mauvaise réponse de.... (*Scudéry*) et le remercîment du même à l'Académie. » (*Histoire de la vie et des ouvrages de Corneille*, par M. J. Taschereau, 2ᵉ édition, p. 312.)

2. Une édition, publiée à part, de la *Lettre de Monsieur de Balzac à Monsieur de Scudery, touchant ses Obseruations sur le Cid* (in-8° de 8 pages), offre ici une variante; on y lit : « des juges devant qui vous l'avez appelé. » — Au sujet du passage auquel s'applique cette variante, voyez plus loin, p. 47 et 48.

fut agréable[1], et l'*OEdipe* peut-être n'agréoit pas, quoique Aristote l'approuve. Or, s'il est vrai que la satisfaction des spectateurs soit la fin que se proposent les spectacles, et que les maîtres mêmes du métier ayant quelquefois appelé de César au peuple, *le Cid* du poëte françois ayant plu aussi bien que *la Fleur* du poëte grec, ne seroit-il point vrai qu'il a obtenu la fin de la représentation, et qu'il est arrivé à son but, encore que ce ne soit pas par le chemin d'Aristote ni par les adresses de sa poétique ? Mais vous dites, Monsieur, qu'il a ébloui les yeux du monde, et vous l'accusez de charme et d'enchantement : je connois beaucoup de gens qui feroient vanité d'une telle accusation ; et vous me confesserez vous-même que, si la magie étoit une chose permise, ce seroit une chose excellente : ce seroit, à vrai dire, une belle chose de pouvoir faire des prodiges innocemment, de faire voir le soleil quand il est nuit, d'apprêter des festins sans viandes ni officiers, de changer en pistoles les feuilles de chêne et le verre en diamants ; c'est ce que vous reprochez à l'auteur du *Cid*, qui vous avouant qu'il a violé les règles de l'art, vous oblige de lui avouer qu'il a un secret, qu'il a mieux réussi que l'art même ; et ne vous niant pas qu'il a trompé toute la cour et tout le peuple, ne vous laisse conclure de là sinon qu'il est plus fin que toute la cour et tout le peuple, et que la tromperie qui s'étend à un si grand nombre de personnes est moins une fraude qu'une conquête. Cela étant, Monsieur, je ne doute pas que Messieurs de l'Académie ne se trouvent bien empêchés dans le jugement de votre procès, et que d'un côté vos raisons ne les ébranlent, et de l'autre l'approbation publique ne les retienne. Je serois en la même peine, si j'étois en la même délibération, et si de bonne fortune je ne venois de trouver votre arrêt dans les registres de l'antiquité. Il a été prononcé, il y a plus de quinze cents ans, par un philosophe de la famille stoïque, mais un philosophe dont la dureté n'étoit pas impénétrable à la joie, de qui il nous reste des jeux et des tragédies, qui vivoit sous le règne d'un empereur poëte et comédien, au siècle des vers et de la musique. Voici les termes de cet authentique arrêt, et je vous le laisse interpréter à vos dames, pour lesquelles vous

1. Voyez tome I, p. 14, note 6.

avez bien entrepris une plus longue et plus difficile traduction[1]. *Illud multum est primo aspectu oculos occupasse, etiam si contemplatio diligens inventura est quod arguat. Si me interrogas, major ille est qui judicium abstulit quam qui meruit*[2]. Votre adversaire y trouve son compte par ce favorable mot de *major est*; et vous avez aussi ce que vous pouvez desirer, ne desirant rien, à mon avis, que de prouver que *judicium abstulit*. Ainsi vous l'emportez dans le cabinet, et il a gagné au théâtre. Si *le Cid* est coupable, c'est d'un crime qui a eu récompense; s'il est puni, ce sera après avoir triomphé; s'il faut que Platon le bannisse de sa république, il faut qu'il le couronne de fleurs en le bannissant, et ne le traite pas plus mal qu'il a traité autrefois Homère. »

Trop attachée à la sévérité des règles, trop soucieuse surtout de complaire aux moindres fantaisies du Cardinal, l'Académie rendit un jugement plus sévère à l'égard de Corneille, et partant plus agréable à Scudéry, qui l'en remercia avec effusion. L'Académie s'empressa de lui faire répondre en ces termes, par l'organe de Chapelain, son secrétaire : « Monsieur, moins la Compagnie que vous avez prise pour arbitre de votre différend a affecté la qualité de juge, plus se doit-elle sentir obligée de la déférence que vous témoignez pour ses *Sentiments*. Je sais qu'en les donnant au public pour vous satisfaire, sa principale intention a été de tenir la balance droite et de ne faire pas d'une chose sérieuse un compliment ni une civilité; mais je sais aussi qu'après cette intention, elle n'a essayé de faire rien avec plus de soin que de s'exprimer avec modération et de dire ses raisons sans blesser personne. Je souhaite que vous soyez bien persuadé de cela, ou plutôt je me réjouis de ce que vous l'êtes, et qu'ayant reçu d'elle, en cette rencontre, le moins favorable traitement que vous en puissiez jamais attendre, vous ne laissez pas de lui faire justice en reconnoissant

---

1. *Les Harangues ou discours académiques* de Jean-Baptiste Mangini. Paris, Augustin Courbé, 1642, in-8°.

2. « C'est beaucoup de s'être emparé des yeux de prime abord, quoique ensuite un examen attentif trouve des critiques à faire. Si tu me demandes mon sentiment, l'homme qui enlève les suffrages est plus grand que celui qui les mérite. » (*Épître* c, § 3.)

qu'elle est juste. A l'avenir j'espère qu'elle se revanchera de votre équité, et qu'aux occasions où il lui sera permis d'être obligeante, vous n'aurez rien à desirer d'elle et reconnoîtrez qu'elle sait estimer votre mérite et votre vertu. De moi je ne vous dis rien pour ce que je crois vous dire tout en vous assurant que je suis, Monsieur, votre, etc. De Paris, ce 19 décembre 1637[1]. »

En somme *les Sentiments de l'Academie sur le Cid*, si impatiemment attendus, n'eurent aucun des résultats qu'on en espérait : ils ne satisfirent entièrement ni la jalousie de Richelieu, ni la basse envie de Scudéry; ils ne diminuèrent en rien le légitime orgueil de Corneille, ni l'admiration générale, et Boileau put résumer plus tard la discussion par ces excellents vers :

> En vain contre *le Cid* un ministre se ligue :
> Tout Paris pour Chimène a les yeux de Rodrigue.
> L'Académie en corps a beau le censurer :
> Le public révolté s'obstine à l'admirer[2].

Lorsque cette grande querelle littéraire fut calmée, Corneille, après avoir pardonné à ceux qui s'étaient déclarés contre lui, conserva néanmoins le désir de constater en toute occasion qu'il n'avait pas accepté de plein gré le jugement de l'Académie. En 1640, ayant appris que Balzac préparait un recueil de ses lettres, il s'efforça de lui faire supprimer le passage que contient sur ce point celle que nous avons citée.

« Corneille m'est venu voir, écrit Chapelain à Balzac le 17 novembre 1640, et m'a demandé en grâce que j'obtinsse de vous d'ôter dans votre lettre à Seudéry ces termes : *les juges dont vous êtes convenus*, pour ce qu'il nie d'être jamais convenu de notre compétence sur l'affaire du *Cid*. Cependant vous ne lui pouvez complaire en cela sans choquer Scudéry, qui en

---

1. Cette lettre a été ainsi reproduite, d'après le recueil manuscrit de lettres de Chapelain appartenant à M. Sainte-Beuve dans l'*Histoire de la vie et des ouvrages de P. Corneille*, par M. J. Taschereau, 2ᵉ édition (p. 308 et 309, note 17). Pellisson l'avait donnée, mais en abrégé et sous forme indirecte, dans sa *Relation contenant l'histoire de l'Académie françoise*, p. 205 et 206.
2. Satire IX, vers 231-234.

garde l'original comme une relique, qui croiroit que vous eussiez changé d'inclination pour lui. Mon sens seroit que vous m'écrivissiez que vous n'imprimeriez plutôt pas la lettre que de leur déplaire à l'un et à l'autre. Voyez toutefois si, *por bien de paz*[1], vous voulez vous abaisser jusque-là et priver votre volume d'un si grand ornement[2]. »

Nous n'avons pas la réponse de Balzac, mais une autre lettre de Chapelain, du 8 décembre suivant, nous en fait connaître le contenu : « Le tempérament que vous avez trouvé pour satisfaire l'esprit bourru de Corneille le doit tellement contenter que, s'il ne le reçoit pas avec mille joies, je suis d'avis que vous laissiez l'endroit comme il étoit. Je lui dirai que vous avez eu la bonté de vouloir imprimer ce lieu de la sorte : *les juges dont on m'a dit que vous êtes convenus*, car des deux c'est celle qui me semble la meilleure[3].... »

Balzac préféra une rédaction encore moins explicite; on lit dans le recueil de ses lettres : « Il n'y a pas un des juges dont le bruit est que vous êtes convenus ensemble[4]. »

Cela n'empêcha pas Corneille de protester très-vivement contre ce bruit dans son avertissement de 1648, où il se montre d'ailleurs pénétré de reconnaissance envers Balzac.

A Paris l'attention publique ne reste pas fort longtemps fixée sur les mêmes choses, si belles qu'elles puissent être. Au bruit qu'avait causé *le Cid* pendant plus d'une année, succéda peu à peu le silence, et, si l'on s'en rapportait aux vers suivants, on croirait qu'en 1644 il n'était plus du bel air d'oser encore admirer cet ouvrage :

J'en voyois là[5] beaucoup passer pour gens d'esprit,
Et faire encore état de Chimène et du Cid,

1. Mots espagnols signifiant : « pour le bien de la paix. »
2. Recueil manuscrit de lettres de Chapelain appartenant à M. Sainte-Beuve, cité par M. Taschereau, *Histoire de la vie et des ouvrages de P. Corneille*, 2ᵉ édition, p. 104 et 105.
3. Même recueil, cité par M. Taschereau, p. 105.
4. *Lettres choisies du sieur Balzac*, Paris, 1647, in-8º, Iʳᵉ partie, p. 398. *Œuvres de Balzac*, in-fol., tome I, p. 542.
5. A Poitiers.

Estimer de tous deux la vertu sans seconde,
Qui passeroient ici pour gens de l'autre monde,
Et se feroient siffler si dans un entretien
Ils étoient si grossiers que d'en dire du bien [1].

Mais ces vers sont de Corneille, qui souffrait sans doute de ce que *le Cid*, quoique vivement admiré, avait cessé d'être le constant sujet de toutes les conversations. Il est évident d'ailleurs que le poëte ne tenait pas à être pris au mot, et en 1660 il eut le bon goût de supprimer cette allusion un peu trop personnelle.

Quoique tout le monde ait donné tort aux adversaires du *Cid*, leurs critiques ont exercé sur cet ouvrage une fâcheuse influence qui n'est pas encore dissipée. D'abord ils ont arraché à Corneille quelques vers malencontreux, qui, bien qu'inférieurs à ceux qu'ils étaient destinés à remplacer, ont dû nécessairement prendre place dans son texte définitif. Ensuite ils ont enhardi par leurs attaques les reviseurs, les correcteurs, gens qui n'ont pas besoin d'être encouragés.

En effet, aucun produit de l'intelligence humaine n'est d'une perfection absolue; est-ce une raison pour porter une main audacieuse sur tous les chefs-d'œuvre de notre littérature? Le cinquième acte d'*Horace* a été regardé avec assez de raison comme contenant une action nouvelle, différente de celle qui fait le sujet des quatre premiers; a-t-on cru pour cela devoir le supprimer? Quelques délicats ont blâmé les dénoûments des *Femmes savantes* et de *Tartufe*, mais ils ne se sont pas avisés d'en imaginer d'autres. Par quelle fatalité en a-t-il été différemment à l'égard du *Cid*, qui méritait à double titre d'être respecté, d'abord comme un poëme incomparable, puis comme un des plus précieux monuments de l'histoire de notre théâtre?

Cela ne peut tenir qu'à deux causes : à l'habitude dès longtemps contractée par le public de considérer *le Cid*, malgré toutes ses beautés, comme une pièce remplie d'imperfections, et peut-être aussi à la supériorité même des principales scènes, qui fait paraître le reste froid et languissant. On voulut rendre à Corneille le fâcheux service de supprimer de son ouvrage tout ce qui n'atteignait pas au sublime. En 1734 parut un petit volume de format in-12, intitulé : *Pièces dramatiques*

---

1. *Le Menteur*, acte I, scène I. Variante des éditions de 1644-1656.

choisies et restituées par Monsieur***, et portant pour adresse : *A Amsterdam, chez F. Changuion*. Ce recueil, composé d'une manière assez bizarre, renferme *le Cid*, le *don Japhet* de Scarron, la *Mariane* de Tristan et *le Florentin* de la Fontaine. Rien de plus curieux que la façon dont l'éditeur, qui passe pour n'être autre que Jean-Baptiste Rousseau, *restitue* les pièces qu'il publie. Pour *Mariane*, il annonce que son travail n'a consisté « que dans le retranchement, la correction ou le supplément de cent cinquante ou cent soixante vers tout au plus. »

Il ne respecte pas plus Corneille que Tristan. Dans *le Cid*, il fait disparaître sans scrupule trois personnages, l'Infante, Léonor et le Page, et supprime par conséquent les nombreux passages du rôle de Chimène où celle-ci s'adresse à l'Infante. « Ce n'est point, dit-il, faire tort à un beau visage que d'en enlever une tache, et plus un ouvrage est digne d'estime, plus il mérite qu'on prenne soin d'en ôter ce qui le défigure. C'est ce qu'on a essayé de faire ici, et il n'en a coûté pour cela que le supplément de deux vers de liaison au second acte et de deux autres au cinquième, qu'il a fallu nécessairement y ajouter, et que, par respect pour le grand Corneille, on a pris soin de distinguer par ces virgules à qui les imprimeurs donnent le nom de guillemets, et qui se trouvent dans les éditions de Molière aux endroits de ses pièces, que les comédiens ont coutume de couper dans les représentations. »

Au deuxième acte, c'est en tête de la scène entre don Fernand, don Arias et don Sanche que se place, assez gauchement, la liaison ajoutée par l'éditeur :

« Quoi me braver encor après ce qu'il a fait !
Par la rebellion couronner son forfait ! »

Enfin, au commencement de la dernière scène de l'ouvrage, ces deux vers dits par l'Infante :

Sèche tes pleurs, Chimène, et reçois sans tristesse
Ce généreux vainqueur des mains de ta princesse,

sont remplacés par ceux-ci, que prononce don Fernand :

« Approche-toi, Rodrigue, et toi reçois, ma fille,
De la main de ton roi, l'appui de la Castille. »

Il est difficile d'imaginer des changements plus malheureux, et une telle poésie est bien indigne, non-seulement de Corneille, mais aussi de Jean-Baptiste Rousseau.

Toutefois ce texte fut généralement adopté pour la scène, et le public s'y accoutuma si bien, que le retour à la rédaction authentique parut toujours une innovation des plus hardies. Elle fut tentée, mais vainement, en 1737 et en 1741; enfin, le 1ᵉʳ juin 1806, l'Empereur voulut entendre à Saint-Cloud la pièce complète. Monvel joua don Diègue; Talma, Rodrigue; Mlle Duchesnois, Chimène; Lafon, le Roi; Mlle Georges, l'Infante. Malgré cette admirable composition de troupe, l'épreuve ne fut pas favorable, et l'Infante ne parut pas au Théâtre-Français.

La suppression si considérable que nous venons de rappeler ne fut pas la seule qui eut lieu dans *le Cid*. On avait pris l'habitude de retrancher la première scène entre Elvire et Chimène, et de commencer brusquement la pièce par ces vers que le Comte adresse à don Diègue.

> Enfin vous l'emportez, et la faveur du Roi
> Vous élève en un rang qui n'étoit dû qu'à moi[1].

Dans son commentaire, Voltaire déplore cette coutume des comédiens, qui, de son temps, passaient aussi le couplet célèbre :

> Paroissez, Navarrois[2]....

Toutefois il faut remarquer que, contrairement à l'assertion de M. Aimé Martin, la scène d'Elvire n'a pas été retranchée par Jean-Baptiste Rousseau; en effet, elle figure tout au long dans le recueil de 1734; mais depuis le moment où Voltaire nous signale sa suppression, jusqu'au 22 janvier 1842, jour où Mlle Rachel joua pour la première fois Chimène, elle n'a pas été remise au théâtre. En rendant compte de cette représentation dans la *Revue des Deux Mondes*, M. Charles Magnin félicite la Comédie-Française du rétablissement de la première scène de l'ouvrage. Une autre innovation importante signala encore cette reprise : Corneille dit dans l'*Examen* du *Cid* : « Tout s'y passe.... dans Séville, et garde ainsi quelque espèce d'unité de

---

1. Acte I, scène III, vers 151 et 152.
2. Vers 1559 et suivants.

lieu en général ; mais le lieu particulier change de scène en scène, et tantôt c'est le palais du Roi, tantôt l'appartement de l'Infante, tantôt la maison de Chimène et tantôt une rue ou place publique[1]. » Sur quoi Voltaire fait remarquer que « l'unité de lieu serait observée aux yeux des spectateurs si on avait eu des théâtres dignes de Corneille, semblables à celui de Vicence, qui représente une ville, un palais, des rues, une place, etc. » La Comédie-Française, qui ne dispose pas d'une scène aussi majestueuse, voulut du moins marquer le lieu précis de chaque partie de l'action, à l'aide de changements de décors. Malgré ce qu'avait d'abord d'un peu étrange la division des actes d'une tragédie de Corneille en *tableaux*, cet essai, qui, après tout, semble assez conforme aux intentions de l'auteur, réussit fort bien, et depuis lors ce mode de représentation fut définitivement adopté[2]. Il est regrettable qu'au moment où l'on changeait ainsi les habitudes du public, on n'ait pas rétabli dans toute son intégrité le texte du *Cid*, et remis au théâtre les trois rôles supprimés. Ne serait-ce pas là un bon essai à faire pour un anniversaire de naissance de Corneille, et M. Édouard Thierry, qui a fait preuve en plusieurs circonstances d'une intelligente initiative et d'un goût littéraire des plus exercés, ne sera-t-il pas disposé à attacher son nom à une *restitution* de ce genre, bien différente de celle qu'on attribue à Jean-Baptiste Rousseau ?

1. Voyez plus loin, p. 98.
2. Je dois une partie de ces renseignements, et beaucoup d'autres dont je compte faire usage dans les notices suivantes, aux obligeantes communications de M. Léon Guillard, bibliothécaire et archiviste de la Comédie-Française.

ÉCRITS EN FAVEUR DU *CID*,

ATTRIBUÉS A CORNEILLE PAR NICERON
OU PAR LES FRÈRES PARFAIT.

I. L'AMI DU CID A CLAVERET[1].

Il me semble que vous chantez bien haut, Monsieur Claveret. Hé quoi! pour une chose si juste et si raisonnable alléguée par M. Corneille à M. Scudéry : « Il n'a pas tenu à vous que du premier lieu où beaucoup d'honnêtes gens me placent, je ne sois descendu au-dessous de Claveret[2], » faut-il que vous preniez la mouche, et que vous perdiez un moment la mémoire de ce que vous avez été, de ce que vous êtes, et de ce que vous serez toute votre vie? Quelle révolution est-ce là? Vous parlerez contre *le Cid?* vous ferez l'homme de conséquence et d'esprit, et blâmerez impudemment et impunément tout ensemble celui dont vous devez honorer la personne et les ouvrages? Il ne seroit pas juste; et croyez-vous, Monsieur Claveret, être assez habile homme pour l'emporter sur tous les plus grands esprits de France qui se moquent des *Observations*, et de ceux qui suivent les sentiments de leur auteur? Pour moi, j'ai déjà répondu pour lui, comme je fais encore, que pour obscurcir son éclat, il falloit pour toutes observations faire une meilleure pièce. Que si la force des raisons dont M. de Scudéry prétend l'avoir combattu est condamnée même par ceux qu'il demande pour juges, considérez, de grâce, où vous vous allez engager. Vraiment cela est bien ridicule que vous, à qui vos parents ont laissé pour tout héritage la science de bien tirer des

---

1. « Corneille opposa à ces écrits une lettre qu'il intitula *l'Ami du Cid à Claveret*, in-8º, et dans laquelle il turlupina fort ce poëte. » (Niceron, *Mémoires pour servir à l'histoire des hommes illustres*, Paris, 1727-1745, in-12, tome XX, p. 90.) Voyez la *Notice*, p. 29.
2. *Lettre apologétique.*

bottes[1], vous vouliez écrire, et faire comparaison avec un des plus grands hommes de notre siècle pour le théâtre, et douter encore de l'approbation que *le Cid* a reçue au Louvre et à l'hôtel de Richelieu. Il paroît bien que votre règne n'est pas de ce monde ; voyez-le, Monsieur Claveret, et ouvrez vos oreilles bien grandes : vous entendrez ce qu'il y a de grands esprits en France de l'un et de l'autre sexe dire tout haut : « Voilà le plus bel ouvrage de théâtre que nous ayons vu jusqu'à présent. » Examinons un peu les vôtres en gros, car le détail n'en vaut pas la peine. Ne m'avouerez-vous pas que le voyage que vous faites faire aux Bons hommes à votre pèlerin amoureux[2] est une belle chose ? Je vous jure qu'il m'a pris cent fois envie de vous demander où votre fils Tadés et vous avez étudié, afin de me faire interpréter le langage de l'un, et apprendre les galimatias de l'autre ; car comme il arrive qu'il en échappe quelquefois sans y penser, j'aurois été ravi de les faire avec science comme vous. Je me serois bien mis auprès de Jodelet[3] pour le moins, et je m'assure qu'il s'en seroit servi mieux que les comédiens, qui n'ont jamais su faire valoir les vôtres, quelque art et quelque peine qu'ils y aient apportée. Votre *Place Royale* suit assez bien, et je vous confesse qu'elle fut trouvée si

1. « Le lecteur, disent les frères Parfait, est bien le maître d'expliquer au propre ou au figuré le titre que l'on donne ici à Claveret de *tireur de bottes*, car pour nous ce sont lettres closes et impénétrables. » (*Histoire du Théâtre françois*, tome IV, p. 452, note a.) Nous ignorons également à quoi cette phrase fait allusion et quel était l'état du père de Jean Claveret. Nous savons que ce dernier, originaire d'Orléans, portait le titre d'avocat, ce qui n'empêche pas l'auteur de la *Lettre pour M. de Corneille*, que nous reproduisons ci-après, de dire (voyez p. 57) que Claveret « dans ses plus grandes ambitions n'a jamais prétendu au delà de sommelier dans une médiocre maison. »

2. *Le Pèlerin amoureux* est une comédie non imprimée que les frères Parfait placent la seconde parmi les pièces de Claveret, mais dont ils ne donnent point l'analyse ; il est donc impossible de savoir à quoi se rapportent les observations critiques que nous trouvons ici. En 1634, c'est-à-dire à peu près à l'époque où dut être jouée la pièce de Claveret, Rotrou a fait représenter *la Pèlerine amoureuse*, tragi-comédie.

3. Voyez sur Geoffrin, dit Jodelet, la Notice du *Menteur*.

bonne à Forges, que Mondory et ses compagnons qui en avoient les eaux dans la saison du monde la plus propre pour les boire, n'en voulurent jamais goûter : tout le monde n'entendra pas ceci peut-être ; c'est que vous avez fait une pièce intitulée *les Eaux de Forges*, que vous leur donnâtes, où il ne manquoit chose du monde, sinon que le sujet, la conduite, et les vers ne valoient rien du tout. A cela près c'étoit une assez belle chose[1]. Je sais bien que vous n'avez pas vendu vos ouvrages : ce n'étoit pas manque de pauvreté, ni d'en avoir demandé beaucoup de fois de l'argent ; mais c'est que les comédiens ne vous en ont jamais rien voulu donner : c'est ce que vous avez fait jusques ici. Et pour couronnement de chef-d'œuvre, vous faites une mauvaise lettre où vous tranchez du censeur, et, si je ne me trompe, du vaillant. Taisez-vous, Monsieur Claveret, taisez-vous, et vous souvenez que vous ne pouvez être ni l'un ni l'autre, et que votre personne est si peu considérable que vous ne devez jamais croire que M. Corneille ait eu envie de vous choquer. Vous croyez peut-être avoir fait un beau coup de mail quand vous dites : *ou pour contenter les comédiens que vous servez*. Chacun sait bien de quel biais il faut prendre cette façon de parler. Et il est très-vrai que ses soins et ses veilles leur ont rendu de si bons et profitables services, que je leur ai ouï dire hautement que jusques ici ils doivent à lui seul ce que le théâtre peut donner de bien. Vous ne ferez jamais de même, Monsieur Claveret, et je ne m'étonne pas de vous entendre dire que vous ne vous piquez pas de faire des vers : je vous crois. Néanmoins vous dites au même temps que ce que vous avez produit ne vous a point fait rougir de honte : c'est seulement un témoignage de votre effronterie, plutôt que de la bonté de vos ouvrages. Après tout, orateur et poëte de balle, souvenez-vous de n'intéresser personne en votre affaire, et que quand M. Corneille a dit :

Je ne dois qu'à moi seul toute ma renommée[2],

il a parlé raisonnablement et véritablement. Songez seulement, comme je vous ai déjà dit, à ce que vous êtes ; que vous n'avez

1. Voyez la Notice de *la Place Royale*, tome II, p. 218, note 2.
2. *Excuse à Ariste*, vers 50.

jamais rien fait de bien que de vous être tu depuis quatre ans[1] ; que vous ne deviez pas rompre ce silence pour une si mauvaise chose ; que les sottises de votre lettre fâchent tous les honnêtes gens ; que cela vous rend bernable par tout pays ; que tout ce qu'elle contient est trop plat et trop peu fort pour donner la moindre atteinte au *Cid*, ni faire croire que M. Corneille en soit seulement le copiste, comme vous dites ; que je ne lui conseille pas de se donner la peine de vous répondre ; que vous êtes auprès de lui ce que le laquais est auprès du maître, et qu'un ami du *Cid* qui ne fit jamais profession d'écrire, et qui ne laisse pas de se connoître aux bonnes choses, n'a fait cette lettre que pour vous avertir de pratiquer un proverbe latin que vous vous ferez expliquer et qui dit : *Ne sutor ultra crepidam.* Adieu, Claveret : ne soyez pas curieux de savoir mon nom, de peur de l'apprendre.

II. LETTRE POUR M. DE CORNEILLE, CONTRE CES MOTS DE LA LETTRE SOUS LE NOM D'ARISTE :

Je fis donc résolution de guérir ces idolâtres[2].

CACHEZ-VOUS tant qu'il vous plaira, faites protestation de changer à tous moments de parti, on vous le pardonne : vous passez pour homme qui reçoit aisément toutes sortes d'impressions. On dit que vous avez eu au commencement du *Cid* les sentiments d'un homme raisonnable, et que vous n'avez pu lui dénier les louanges qu'il tiroit sans violence de tous les honnêtes gens ; pourquoi maintenant déférer au jugement de

---

1. Ceci est difficile à expliquer, car *la Place Royale* de Claveret a dû, comme celle de Corneille, être jouée en 1635.
2. Mairet classe cette pièce avant la *Reponse de **** (voyez ci-dessus, p. 40). Nous avons dû nous en rapporter à ce témoignage contemporain plutôt qu'au sentiment de Niceron, qui, comme on va le voir, intervertit cet ordre : « Corneille....continua ses turlupinades contre Claveret par une lettre qu'il intitula *Reponse de *** à *** sous le nom d'Ariste*, in-8°. Elle fut suivie d'une seconde qui parut sous ce titre : *Lettre pour M. de Corneille contre ces mots de la lettre sous le nom d'Ariste....* » (Niceron, *Mémoires*, tome XX, p. 91.)

l'observateur, à cause qu'il vous a témoigné approuver cinq ou six mauvaises pièces rimées que vous dites avoir faites? Jeune homme, assurez votre jugement devant que de l'exposer à la censure publique, et ne hasardez plus de libelles sans les avoir communiqués à d'autres moins passionnés que l'observateur. J'avoue qu'il vous doit beaucoup, mais il eût pu choisir un plus juste instrument de ses louanges que vous. Il est peu curieux de sa réputation. Je commence à désespérer de son parti, puisqu'il l'abandonne à des personnes qui le savent si mal soutenir ; c'est une preuve certaine de la fausseté d'une affaire, quand elle tombe entre les mains d'un ignorant. Aussi n'avons-nous point vu d'autres personnes embrasser ses intérêts. Claveret a été le premier qui s'est éveillé, qui dans ses plus grandes ambitions n'a jamais prétendu au delà de sommelier dans une médiocre maison : encore je lui fais beaucoup d'honneur. Celui que j'attaque est un peu plus fortuné de biens ; mais il faut apporter de la foi quand il s'agit de son origine (j'aime mieux paroître obscur que médisant). Il eût pu réussir du temps des comparaisons ; sa misérable éloquence me fait pitié, je ne peux consentir qu'un tel personnage se veuille dire du nombre des auteurs et qu'il se mêle aujourd'hui de juger de la bonté ou de la fausseté d'une pièce. Voyez le raisonnement de ce visage, il se vante de vouloir guérir des idolâtres. Monsieur le médecin, vous apportez de fort mauvais remèdes ; et si vous étiez aussi peu versé dans le reste de votre doctrine, il est périlleux de tomber entre vos mains. Vous avez produit de si mauvaises raisons que vous n'avez pas commencé à me persuader, bien éloigné de me convaincre. Si vous me priez, je donnerai quelque chose à l'obligation que vous avez à la maison de M. de Scudéry. Puisque vous portez ses intérêts au delà d'un homme désintéressé, il paroît que vous en avez reçu quelque sensible plaisir. Il est vrai que vous êtes de sa maison, et que vous assistez souvent aux conférences qui s'y traitent : vous n'en revenez point qu'avec de nouvelles lumières ; et ce grand amas de belles figures que vous prostituez dans votre petit papier, valent bien que vous l'en remerciiez ; mais gardez bien qu'en voulant fuir le vice de méconnoissant, vous ne choquiez absolument la plus saine partie du monde. M. de Corneille a satisfait tout le monde raisonnable ; vous avez affecté avec trop de violence et d'animosité la diminution du crédit qu'il avoit acquis ; et si vous eussiez eu assez de pouvoir, vous eussiez terni la gloire d'un homme duquel vous avez autrefois recherché l'amitié, et de laquelle il vous avoit honoré : vous ne la méritiez pas, puisque vous prenez si peu de soin à la conserver.

Au reste, je vous veux avertir encore une fois d'un point qui ne vous sera pas inutile, Monsieur l'auteur, c'est de vous défaire de vos comparaisons, lesquelles paroissent fort souvent dans votre lettre, et choquent beaucoup de personnes. Vous êtes jeune, il y a espérance que vous vous guérirez de vos erreurs, et direz un jour que je n'ai pas peu contribué à votre avancement. Adieu, beau corps plein de plaies[1], et si tu veux savoir mon nom, je ne fus jamais renégat. Adieu, console-toi.

MARTIALIS (Epigr. lib. IX, épigr. 82)[2].

Lector et auditor nostros probat, Aule, libellos ;
Sed quidam exactos esse poeta negat :
Non nimium curo, nam coenae fercula nostrae
Malim convivis quam placuisse coquis.

TRADUCTION, A MONSIEUR CORNEILLE.

Les vers de ce grand *Cid*, que tout le monde admire,
Charmants à les entendre, et charmants à les lire[3],
Un poëte seulement les trouve irréguliers.
Corneille, moque-toi de sa jalouse envie :
Quand le festin agrée à ceux que l'on convie,
Il importe fort peu qu'il plaise aux cuisiniers.

1. Allusion à ce passage de la *Lettre à *** sous le nom d'Ariste* (p. 4) : « Encore qu'il (*Scudéry*) ait remarqué huit cents plaies sur ce beau corps, je trouve toutefois qu'il en a négligé pour le moins huit cents autres qui méritoient bien d'être sondées. »
2. Cette épigramme et sa traduction, ainsi que la réponse qui vient après, ont été imprimées, dans l'édition originale, à la suite de la *Lettre* précédente.
3. A la suite de la *Lettre apologétique* (voyez ci-dessus, p. 24, note 2), ce vers est un peu différent :

Et charmants à les voir, et charmants à les lire.

ÉPIGRAMME.

Si les vers du grand *Cid*, que tout le monde admire,
Charment à les ouïr, mais non pas à les lire,
Pourquoi le traducteur des quatre vers latins
Les a-t-il comparés aux mets de nos festins?
   J'avoue avec lui, s'il arrive
  Qu'un mets soit au goût du convive,
Qu'il importe bien peu qu'il plaise au cuisinier;
Mais les vers qu'il défend d'autres raisons demandent :
C'est peu qu'ils soient au goût de ceux qui les entendent,
S'ils ne plaisent encore aux maîtres du métier.

III. RÉPONSE DE *** A *** SOUS LE NOM D'ARISTE.

NE vous étonnez point du procédé que l'on pratique aujourd'hui contre vous : on veut réveiller une guerre qui a fait trembler tous les bons esprits de son temps, et qui n'en a laissé pas un dans le pouvoir de se dire neutre. Les partisans de l'observateur reconnoissent sa foiblesse, et pour rendre son parti plus nombreux, ils veulent attirer à lui des personnes qui ne se souviennent plus de leurs dissensions, et qui ne songent qu'au dessein qu'ils ont fait de ne plus tomber dans une faute publique. Je crois que M. de Balzac n'approuvera jamais l'orgueil qu'on tâche de lui attribuer. Et je ne doute point aussi que vous n'ayez été marri de vous voir mêlé dedans une dispute particulière, et que vous n'ayez tous deux eu en horreur le dessein de l'anonyme, qui veut embarrasser des âmes désintéressées, et faire entrer dans la lice deux personnes toutes fraîches, afin de faire esquiver son ami qui n'en peut plus. Il me permettra de lui dire qu'il n'a pas assez bien agi en ceci, et qu'il devoit ou s'attaquer absolument à vous, ou médire seulement de M. Corneille, sans par un galimatias qui ne veut rien dire, et par une confusion absurde, vous adresser le commencement d'une lettre injurieuse, et la poursuivre par des railleries et des impostures qui s'adressent directement à votre ami. Puisque je lui en eusse voulu, j'eusse bouffonné sur *Mélite*, et eusse dit que ce ne fut jamais qu'une pièce fort foible, puisqu'elle n'eut la peine que d'effacer le peu de réputation que s'étoit acquis le bonhomme Hardy, et que les pièces qui furent de son temps ne valoient pas la peine d'être écoutées. Car la *Sylvie* et la *Chriséide*, par exemple, étoient les saillies d'un jeune écolier qui craignoit encore le fouet[1]; et le *Ligdamon*[2] partoit d'une plume qui n'avoit jamais été tranchée qu'à coups d'épée. J'eusse dit que *la Galerie du Palais* n'étoit pas bonne, parce que le nom en étoit trop commun ; que *la Place Royale* n'étoit pas meilleure, puisqu'il en avoit dérobé le titre à ce très-fameux et très-célèbre auteur, MONSEIGNEUR CLAVERET[3] : et que *la Suivante* étoit une pièce qu'on ne pouvoit goûter, parce que l'on n'en avoit jamais vu une qui fût faite avec de si grandes régularités. Mais aussi n'eussé-je pas oublié les éloges de tous les poëmes qui furent représentés dedans les mêmes temps. Et surtout j'eusse fait une apologie pour la pauvre *Silvanire*, dont les exemplaires ne périront jamais. J'eusse loué *le Duc d'Ossonne*, et eusse dit que l'esprit de l'auteur y est miraculeux, puisque toute la pièce (qui est assez longue) n'a pourtant rien de plus achevé que ce qu'on voit dans un premier acte, et qu'il a voulu par le même poëme bannir les honnêtes femmes de la comédie, qui n'ont pu jamais souffrir les paroles ni les actions de ses deux héroïnes. Mais après aussi j'eusse examiné sa *Virginie*, et ayant laissé à Ragueneau le soin de faire une satire contre le coup fourré qui a fait rire tout le monde, j'eusse admiré la force d'esprit de son héros, qui méprise une princesse qui l'aime, et fait même le semblant de ne la pas entendre quand elle se déclare à lui : et le tout à cause qu'il aime sa sœur. Mais je n'aurois garde d'enfoncer sur leur amour, de peur d'y faire voir ou de l'inceste, ou de

1. Mairet a parlé fort modestement de ses premières pièces dans l'*Épître* qu'il a placée en tête des *Galanteries du duc d'Ossonne :* « Je composai, dit-il, ma *Criséide* à seize ans, au sortir de philosophie, et c'est de celle-là, et de *Silvie* qui la suivit un an après, que je dirois volontiers à tout le monde : *Delicta juventutis meæ ne reminiscaris* (*Psaume* XXIV, verset 7). Je fis la *Silvanire* à vingt et un, *le Duc d'Ossonne* à vingt-trois, *Virginie* à vint-quatre, *Sophonisbe* à vingt-cinq. » Il cite immédiatement après Corneille avec éloge. Voyez tome I, p. 129.

2. Pièce de Scudéry.

3. Voyez tome II, p. 218.

la brutalité, et de dire qu'un inconnu, qu'il veut faire passer pour honnête homme, ne voulût pas avoir de l'amour pour une belle fille, à cause qu'il a de l'amitié pour une autre qui est bien moins scrupuleuse que lui. Après je passerois à la *Sophonisbe*[1], que j'entends plaindre avec autant de justice que Didon se plaint chez un ancien de ce qu'on la fait moins honnête qu'elle ne fut. Je tâcherois à recouvrir l'honneur de Syphax, qui fait moins pitié par le débris de sa fortune et par le bouleversement de son trône, que parce qu'il surprend un poulet que sa femme a envoyé à Massinisse. J'aurois blâmé toute l'importunité du second acte, où Sophonisbe paroît toujours; et passant plus avant pour imiter les écrivains du temps, je me serois écrié à la scène où Massinisse apprend d'elle quand il commença d'en être aimé : « O raison de l'auteur, que faisiez-vous alors? Qu'étoit devenu ce jugement dont vous n'avez que l'apparence dans toutes vos pièces[2]? Massinisse avoit-il pas raison de craindre qu'on ne lui rendît ce qu'il avoit prêté? et quand Sophonisbe en verroit quelqu'un de meilleure mine, qu'elle ne l'estimât plus que lui, puisque c'étoit le sujet pourquoi elle l'avoit estimé plus que Syphax? » Enfin je n'écouterois point l'excuse qu'il allègue, puisqu'elle ne vaut rien, et aimerois mieux qu'il eût traité l'histoire comme elle s'est passée, que comme elle a dû se passer, au moins à ce qu'il dit. Mais je ne vois pas que je fais presque la même chose que celui que je blâme et qui vous adresse sa lettre, puisque je fais revivre des fautes que j'avois pris tant de peine d'oublier. Vous connoîtrez pourtant que j'en use avec plus de raison que lui, qui va troubler le repos d'un religieux jusque dans sa cellule[3]. Pour moi qui suis au monde, et qui ai toujours loué en lui ce qui n'a pas été blâmable, je vous avoue que le voyant hors du sens, j'ai commencé à perdre la bonne opinion que j'en avois conçue; et sachant de plus qu'il fait son pos-

---

1. Sur la *Sophonisbe* de Mairet, voyez la Notice de la *Sophonisbe* de Corneille.
2. Allusion à ce passage des *Observations* de Scudéry (édition en 96 pages, p. 52) : « O jugement de l'auteur, à quoi songez-vous? O raison de l'auditeur, qu'êtes-vous devenue? »
3. Voyez ci-dessus, p. 29-31.

sible pour fomenter la discorde, je l'ai considéré comme ces méchants politiques qui n'étant pas assez puissants pour subsister d'eux-mêmes, tâchent de brouiller les affaires, afin d'établir des fondements à leur fortune sur les ruines de ceux qu'ils n'eussent osé choquer ouvertement. Il fait battre deux ennemis forts et redoutables (au moins par ses conseils il tâche de vouloir relever celui qui est presque abattu), et ne considère pas que celui qui a déjà de l'avantage, parce qu'il s'est tu, en aura encore de plus grands quand il voudra parler. Et puisqu'il juge un bon esprit indigne de sa colère, il verra celui-ci avec un si grand mépris, qu'il ne voudra jamais penser à lui, puisqu'il ne songe qu'aux choses excellentes. Imitez-le, Ariste, et laissez aux honnêtes gens le soin de répondre à la calomnie.

IV. LETTRE DU DÉSINTÉRESSÉ AU SIEUR MAIRET[1].

Monsieur,

Il faut que *le Cid* de M. Corneille soit fait sous une étrange constellation, puisqu'il a mis tout le Parnasse en rumeur, et que presque tous les poëtes sont réduits à la prose. Je veux quasi mal à son trop de mérite, puisqu'il est cause d'un si grand désordre. Au commencement (il est vrai) que je vis jeter cette pomme de discorde, je ne fus pas fâché de voir naître un peu de jalousie en votre esprit, et j'espérois que le feu de la colère donneroit plus de force à vos vers, à vous une honnête émulation, et que par de nouveaux efforts vous tâcheriez d'atteindre à la course celui qui avoit pris les devants. Néanmoins, soit que vous reconnoissiez vos forces trop petites pour un dessein si haut, ou que l'envie ne vous inspire que de lâches résolutions, vous serez satisfait en apparence si vous pouvez faire

---

1. « Corneille, sans se nommer, fit tomber toutes ces critiques par une *Lettre du désintéressé au sieur Mayret*, in-8°. » (Niceron, *Mémoires*, tome XX, p. 92.) — Cet ouvrage est aussi mentionné comme étant de Corneille dans Barbier, *Dictionnaire des ouvrages anonymes et pseudonymes*, 2ᵉ édition, Paris, 1823, tome II, p. 242, n° 9617.

descendre M. Corneille du lieu où beaucoup d'honnêtes gens l'ont placé, parce que vous n'y pouvez pas monter. Vous l'appelez Icare parce qu'il vole au-dessus de vous. Il vous fera voir à la pièce qu'il prépare, que ses ailes sont assez fortes pour le soutenir, et que n'étant pas de cire, vous n'êtes pas aussi le soleil qui les lui fera fondre. Ce n'est pas de vous qu'il doit attendre le coup mortel. Je croyois qu'après les vains efforts de l'observateur du *Cid*, personne n'auroit jamais la vanité d'attaquer la renommée de ce fameux ouvrage, et qu'à l'exemple de M. de Scudéry, qui pour tout fruit de ses veilles n'a remporté que le titre d'envieux, tous ceux à qui son éclat fait mal aux yeux seroient sages à l'avenir, et ne s'attireroient plus l'aversion des honnêtes gens par de nouvelles calomnies. Mais peut-être vous êtes-vous cru plus considérable, et qu'après avoir attiré M. Corneille au combat, vous seriez assez puissant pour le ruiner, et faire voir à tous ceux qui ont estimé *le Cid*, que leur ignorance est la cause de leur approbation, et qu'à vous seul l'aventure étoit due de rompre le charme qui nous silloit les yeux, et nous faire voir la vérité cachée. Après cela, beau lyrique, pouvez-vous accuser un autre de la présomption d'Icare? Si *le Cid* n'eût pas été assez fort de lui-même pour soutenir de si foibles assauts que ceux qu'on lui a livrés, et qu'il peut attendre de vous, son auteur l'eût fortifié par un ouvrage digne de lui. Mais le mérite de sa cause avoit trop intéressé d'honnêtes gens à son parti, pour qu'il lui fût nécessaire d'entreprendre sa défense. Ses heures sont trop précieuses au public, puisqu'il les emploie si dignement, pour souhaiter de lui qu'il les perde à vous répondre. Vous êtes de ces ennemis qui emploient la ruse, après avoir eu du désavantage par la force ouverte. Vous feriez un grand coup d'État pour vous autres, si par vos adresses vous obligiez M. Corneille à répondre à M. Claveret, et si par de petites escarmouches vous amusiez un si puissant ennemi; vous dissiperiez un nuage qui se forme en Normandie, et qui vous menace d'une furieuse tempête pour cet hiver. Cela vous doit être d'autant plus sensible, que votre jugement est assez net pour prévoir votre ruine, et votre esprit trop foible pour l'empêcher. Je trouve un peu étrange la comparaison que vous faites avec lui; je veux bien m'en servir contre vous-mêmes, n'ayant pas dessein d'employer de meilleures armes que les vôtres pour vous battre. Vous le feignez réduit au déplorable état où vous êtes, et voulez que pour se sauver il s'accroche à tout ce qu'il rencontre. Je ne puis juger que le succès du *Cid*, et de ses autres pièces, lui ait été si désavantageux, qu'il ait été obligé de se bâtir une réputation sur la ruine de la vôtre, et ne pouvant se sauver que par votre perte, il ait tâché d'obscurcir votre nom qui ne lui donna jamais d'ombrage. Il eût été à plaindre si pour avoir de l'estime, il eût été contraint d'employer de si lâches moyens. S'il a fait profit de son étude, et qu'il ait habillé à la françoise quelque belle pensée espagnole, le devez-vous appeler voleur, et lui faire son procès ? Si la charité vous oblige à l'avertir publiquement de ses défauts, que ne faites-vous justice à vous-même ? Vous passeriez pour corneilles déplumées, si vous aviez retranché de vos ouvrages tout ce que vous avez emprunté des étrangers. Je ne blâme point M. de Scudéry de savoir si bien son cavalier Marin[1]. C'est une source publique où il est permis à tout le monde de boire ; sans lui il ne nous auroit pas fait voir un *Prince déguisé*[2], qui a passé pour la plus agréable de ses pièces. Le *Pastor fido* même n'a pas eu moins d'estime dans l'Italie, pour avoir emprunté des pages entières de Virgile. Les livres sont des trésors ouverts à tout le monde, où il est permis de s'enrichir sans être sujet à restitution, non plus que les abeilles qui picorent sur les fleurs. Ce n'est pas qu'il se faille indifféremment charger la mémoire de toutes choses : au contraire, la plus grande partie ne mérite pas d'être lue ; c'est à la raison de faire le choix des bonnes, et M. Corneille les connoît trop pour les aller chercher chez M. Claveret. Je m'étonne de ce que vous le voulez faire passer pour un si célèbre voleur, et que vous le faites arrêter à piller où il y a si peu de butin. Ce n'est pas que je veuille mépriser M. Claveret : au contraire, j'estime ceux qui comme lui s'efforcent à se tirer de la boue, et se veulent élever au-dessus de leur naissance. Mais aussi ne faut-il pas qu'il se donne trop de vanité. Il a

1. Voyez tome II, p. 22, note 2.
2. *Le Prince déguisé*, tragi-comédie de Scudéry, fut représenté en 1635 avec un grand succès. Le spectacle en était fort beau. (*Histoire du Théâtre françois* par les frères Parfait, tome V, p. 126 et suivantes.)

bonne grâce à se donner l'estrapade¹, pour mettre M. Corneille au-dessous de lui, et à reprocher aux Normands que pour être accoutumés au cidre, ils s'enivrent facilement lorsqu'ils boivent du vin². Il sait le contraire par expérience, après en avoir versé plusieurs fois à M. Corneille³ : ce qu'il ne peut pas nier, non plus que ç'a été l'envie qui lui a mis la main à la plume, puisqu'il avoue que l'auteur du *Cid* en l'attaquant avoit perdu sa réputation, comme les mouches qui perdent leur aiguillon en piquant. Confesse-t-il pas que la seule gloire de M. Corneille a fait prendre l'essor à sa plume? Que je le tiendrois heureux si ce noble aiguillon lui étoit demeuré, et s'il s'étoit enrichi d'une si belle dépouille! Il doit remercier celui qui l'a mis au nombre des poëtes, quoiqu'il l'aye mis au dernier rang : c'est plus qu'il ne devoit prétendre raisonnablement. Je ne touche point son extraction, et je ne tiens pas qu'un honnête homme doive offenser toute une famille pour la querelle d'un particulier. Il est ici question seulement du mérite d'un poëme, et vous avez fort mauvaise grâce à quitter votre sujet pour dire des injures, et des reproches que l'on vous peut faire sans injustice. Puisque vous avez parlé de vos pièces de théâtre, souffrez que je me serve de la même liberté dont vous avez usé avec M. Corneille ; et quoiqu'elle vous soit autant injurieuse, trouvez bon que je vous détrompe et que je vous dise vos vérités. Vous ne devez pas faire d'excuses qu'à vous-même, d'avoir osé mettre en parallèle votre apprentissage avec *le Cid*. La différence y est si grande que qui n'y en mettroit pas s'accuseroit d'ignorance, et vous ne le pouvez sans être présomptueux. Mais s'il est du Parnasse comme du paradis, où l'on ne peut avoir d'entrée avec du bien mal acquis, tombez d'accord avec tout le monde que vous en êtes exclus⁴, si vous ne restituez la plus grande partie de votre ré-

---

1. « On dit figurément : *donner l'estrapade à son esprit*, quand on lui fait faire une violente application pour inventer quelque chose difficile à trouver. » (*Dictionnaire universel de Furetière*.)

2. « Ceux de votre pays, pour être accoutumés à ne boire que du cidre, s'enivrent facilement lorsqu'ils boivent du vin. » (*Lettre du sieur Claveret à M. de Corneille*, p. 3.)

3. Voyez ci-dessus, p. 54, note 1.

4. « S'il est du Parnasse comme du paradis, où l'on ne peut espérer d'entrée avec des biens mal acquis, tombez d'accord avec moi

putation à un maître qui par excès de bonté ne s'est pas contenté de vous receveoir chez lui généreusement au fort de vos misères, mais qui, par son approbation et par l'honneur qu'il vous a fait en vous regardant d'assez bon œil, a obligé tous ses amis à dire du bien de vos ouvrages. C'est de lui seul que vous tenez le peu d'estime que vous possédez, non du mérite de vos œuvres, qui ne sont pas si parfaites que tout le monde n'y ait remarqué de grands défauts. Vous faites bien de prendre du temps pour justifier la *Silvanire*, *le Duc d'Ossonne*, la *Virginie* et la *Sophonisbe*[1]; si vous le faites, j'avoue que l'ouvrage sera bien considérable, puisque par lui vous ferez l'impossible. A tout hasard, je ne vous conseille pas de les porter à la censure de l'Académie, de peur d'une trop grande confusion. Une pareille crainte n'a jamais empêché M. Corneille de se soumettre au jugement d'une si célèbre compagnie[2]. C'est une déférence qu'il a toujours rendue à ses amis, et n'a jamais eu honte d'avouer ses fautes quand on les lui a fait connoître. Il fera beaucoup moins de difficulté de subir le jugement de tant d'excellentes personnes, quand ils se voudront donner la peine d'examiner ce qu'il a donné au public, et ne manquera jamais à rendre le respect qu'il doit à la dignité de leur chef. Mais puisque vous avouez que les injures mal fondées sont les armes des harangères, je vous conseille de ne vous en plus servir, et de vous taire aussi bien que M. Corneille, du depuis que ses envieux ont fait leurs efforts à le faire parler. Quoiqu'on lui veuille attribuer beaucoup de petites pièces qui ont été faites en sa faveur, je sais de bonne part qu'il n'en connoît pas les auteurs. Puisqu'il garde si religieusement le silence, imitez-le en la modération de son esprit, si vous ne le pouvez en ses poëmes. Fuyez la trop grande ambition, que vous condamnez

que nous en sommes exclus, si nous ne restituons publiquement la réputation illégitime que ces deux pièces (la *Silvie* et *le Cid*) nous ont donnée. » (*Épître familière du sieur Mairet*, p. 12.)

1. « J'essayerai néanmoins de lui justifier la *Silvanire*, *le Duc d'Ossonne*; la *Virginie* et la *Sophonisbe*, dans un ouvrage plus considérable que cestui-ci. » (*Ibidem*, p. 8.)

2. Ce n'est assurément pas Corneille qui a écrit ou même inspiré ce passage, car il se défend avec énergie d'avoir accepté des juges. Voyez ci-dessus, p. 47 et 48, et ci-après, p. 83.

aux autres, et qui a déjà pensé causer votre ruine entière. Ne trouvez pas mauvais la franchise de mon discours ; je ne suis pas moins votre serviteur si je vous dis vos vérités. *Amicus Plato, amicus Socrates, sed magis amica veritas.*

V. AVERTISSEMENT AU BESANÇONNOIS MAIRET[1].

Il n'étoit nullement besoin de vous donner la gêne deux mois durant à fagoter une malheureuse lettre, pour nous apprendre que vous êtes aussi savant en injures que votre ami Claveret et tous les crocheteurs de Paris. Cette belle poésie que vous nous aviez envoyée du Mans ne nous permettoit pas d'en douter ; et bien que vous y fissiez parler un auteur espagnol, dont vous ne saviez pas le nom, la foiblesse de votre style vous découvroit assez. Ainsi vous aviez beau vous cacher sous ce méchant masque, on ne laissoit pas de vous connoître, et le rondeau qui vous répondit parloit de vous sans se contredire. Que si l'épithète de *Fou solennel* vous y déplaît, vous pouvez la changer, et mettre en sa place *Innocent le Bel*, qui est le nom de guerre que vous ont donné les comiques. Défaites-vous cependant de la pensée que M. Corneille vous ait fait l'honneur d'écrire contre vos ouvrages : s'il daignoit les entreprendre, il y montreroit bien d'autres défauts que n'a fait celui qui s'en est raillé en passant ; et certes en ce cas il prendroit une peine bien superflue, puisque pour les trouver mauvais, il ne faut que se donner la patience de les lire. C'est un emploi trop indigne de lui pour s'y arrêter, et tous les vains efforts de vos calomnies ne le sauroient réduire à cette honteuse nécessité d'abaisser votre réputation pour soutenir la sienne. Un homme qui écrit doit être en bien mauvaise posture quand il est forcé d'en venir là. *Nemo*, dit Heinsius, dont l'observateur fait son évangéliste, *de aliena reprehensione laudem quærit, nisi qui de propria desperat*[2].

[1]. Attribué à Corneille par les frères Parfait, qui considèrent à tort cet *Avertissement* comme une réponse à l'*Apologie pour M. Mairet* (*Histoire du Théâtre françois*, tome V, p. 270). Voyez ci-dessus, p. 41.

[2]. « Personne ne cherche à tirer sa gloire de la critique d'autrui, si ce n'est celui qui désespère de sa gloire propre. »

Mais vous ne vous contentez pas de lui attribuer les deux réponses au libelle que vous désavouez : vous tâchez de lui faire des ennemis dans sa province, en expliquant la première sur une personne de haute condition que vous n'osez nommer de peur de ses ressentiments contre une explication si impertinente. Ne recourez point à cette artificieuse imposture ; je puis assurer que j'ai vu depuis deux jours écrit de sa main, qu'il n'a fait aucune des deux, et que non-seulement il ne sait qui c'est que son ami dépeint dans la première, ni de qui vous parlez dans la vôtre, mais qu'il tient même pour certain que cette réponse n'attaque personne de la province.

Pour moi je ne puis soupçonner qu'elle s'adresse à un autre qu'à vous : le galant homme dont elle est partie témoigne être particulièrement instruit de vos qualités. Il vous taxe de jeunesse : c'est de quoi vous vous vantez dans votre épître du *Duc d'Ossonne*[1]. Il vous accuse de manque de jugement : il ne vous fait pas grand tort ; ce seroit vous flatter s'il vous traitoit d'autre façon. Vous ne refuserez pas la compagnie du seigneur Claveret qu'il vous donne : c'est un homme à chérir, il peut faire fortune, et son horoscope lui promet beaucoup, puisque vous aspirez déjà à être un jour de ses domestiques. Sous ombre de la soie dont la poésie vous a couvert, vous voulez passer pour honnête homme d'origine : il faut de la foi pour le croire, vu qu'on sait le contraire. Il vous donne avis de vous défaire de vos belles figures : vous eussiez bien fait d'en user ; on n'eût pas vu dans votre lettre ces insolentes comparaisons de M. Corneille avec des domestiques dont vous ne nommez point le maître, et avec votre ami Claveret, qui me forcent à en faire maintenant de plus véritables, et à vous dire que celui que vous offensez s'est assis sur les fleurs de lis[2] avant que Claveret portât de manteau, et que vous n'êtes pas de meilleure maison que son valet de chambre. Il vous avoit autrefois honoré de son amitié, dont vous vous êtes montré fort indigne. On n'entend rien de plus familier en vos discours, sinon que *le Cid* est un

---

1. « J'ai commencé de si bonne heure à faire parler de moi, qu'à ma vingt-sixième année je me trouve aujourd'hui le plus ancien de tous nos poëtes dramatiques. » Voyez encore ci-dessus, p. 60, note 1.
2. Voyez la *Notice biographique*, et ci-dessus, p. 10, note 3.

beau corps plein de plaies, un bel enchantement, la dupe des sots, une beauté fardée, etc. Vous pouvez juger à toutes ces marques si le galant homme vous connoissoit parfaitement.

Il n'y a qu'un point qui me pourroit laisser quelque difficulté : c'est qu'il vous fait plus riche que Claveret. Quoique vous soyez de loin, on sait fort bien que la fortune ne vous a pas avantagé plus que lui, et que les présents qu'elle vous a faits à votre naissance, ne sont pas si grands qu'on ne les puisse cacher dans le creux d'un violon. Aussi vous n'êtes point en peine de faire des caravanes de Besançon à Paris : vos affaires ne vous rappellent point à votre pays, et vous gouvernez aisément par procureur le bien que vous y avez laissé.

Pour confirmer ces vérités, je n'aurois qu'à nommer le maître que vous voulûtes servir, lorsque après avoir importuné quatre jours les comédiens pour votre *Chriséide*, ils vous jetèrent un écu d'or afin de se défaire de vous ; mais je m'en veux taire pour l'honneur des vers. Passons à votre lettre.

Vous êtes toujours sur les comparaisons, et après avoir proposé ce ridicule parallèle de la *Silvie* et du *Cid*, vous ajoutez que quelque éclat qu'elle ait eu quatre ans durant, vous ne l'avez point appelée votre chef-d'œuvre ni votre ouvrage immortel : vous avez bien fait pis. Son succès vous enfla tellement, que vous eûtes l'effronterie de prendre la chaire et de mettre un art poétique au devant de votre *Silvanire*[1]. Jeune homme, il faut apprendre avant que d'enseigner, et à moins que d'être un Scaliger ou un Heinsius, cela n'est pas supportable. Il est vrai que vous en faites maintenant réparation au public en avouant que toute cette belle doctrine n'est qu'ignorance, puisque vous reconnoissez des défauts aux poëmes que vous avez produits après ; vous promettez toutefois de les justifier : accordez-vous avec vous-même, beau poëte, et soutenez-les sans tache, ou n'en entreprenez pas la justification. Mais donnons un coup d'œil à ce bel art poétique.

Dès le commencement vous vous échappez et faites une définition du poëte à votre mode. « Le poëte, dites-vous, est proprement celui qui doué d'une fureur divine, explique en

---

1. La *Silvanire* est précédée d'une *Preface en forme de discours poetique*, à Monsieur le comte de Carmail.

beaux vers des pensées qui semblent ne pouvoir être produites du seul esprit humain[1]. » O l'excellent philosophe, qui découvre bien la nature des choses ! Je ne m'étonne plus s'il ne fait point conscience de manquer de jugement en toutes ses pièces : il croit la fureur de l'essence du poëte ; voilà un parfait raisonnement. Si je voulois bien l'empêcher, je lui demanderois ce que c'est qu'une fureur divine ; mais je me contenterai de le prier, puisqu'il prétend avoir droit à l'héritage du Parnasse, qu'il nous cite quelques-unes de ses pensées aussi hautes comme il définit devoir être celles du véritable poëte. Quant à moi, j'en remarque beaucoup dans ses livres qui ne peuvent être produites de l'esprit humain, tant elles sont extravagantes, mais je n'y en ai point encore découvert qui passent la portée d'un esprit médiocre, foible et rampant comme le sien.

Cependant il nous étale pour poëmes dramatiques parfaitement beaux : le *Pastor fido*, la *Filis de Scire*, et cette malheureuse *Silvanire* que le coup d'essai de M. Corneille terrassa dès sa première représentation[2]. Il excuse encore fort adroitement la longueur du cinquième acte de cette admirable pièce, sur ce qu'elle étoit faite pour l'hôtel de Montmorency plutôt que pour celui de Bourgogne, comme si les mauvaises choses y étoient mieux reçues[3]. Sans doute il s'est imaginé qu'elle

1. La première division de cette préface, intitulée : *Du poete et de ses parties*, commence ainsi : « Poëte proprement est celui-là qui doué d'une excellence d'esprit et poussé d'une fureur divine, explique en beaux vers des pensées qui semblent ne pouvoir pas être produites du seul esprit humain. »

2. « Disons donc que les anciens nous ont laissé des poëmes beaucoup moins remplis à la vérité que ne sont les nôtres, tant pour la raison que je viens d'apporter, que pour quelque autre à nous inconnue, et qu'on n'infère pas de là que la rigueur de notre règle en ait été la principale cause, comme veulent quelques-uns de ces Messieurs, qui n'ont point envie de la recevoir. D'autant que nous ne pouvons croire cela sans faire tort à ces grands esprits de l'antiquité, qui sembleroient avoir eu moins d'invention en la composition de leurs sujets, que nos modernes dramatiques, qui, nonobstant la difficulté de cette loi, n'ont pas laissé d'en imaginer de parfaitement beaux et parfaitement agréables, tels que sont par exemple le *Pastor fido*, la *Filis de Scire* et, sans aller plus loin, la *Silvanire ou la Morte vive*. »

3. « Pour son étendue, il est vrai qu'elle passe un peu au delà de

seroit immortelle, parce qu'il n'y pouvoit trouver de fin ; et c'est sur cette croyance que pour conserver la mémoire d'un homme illustre, il a fait planter sur le frontispice de ce grand ouvrage un marmouset qui lui ressemble, et graver autour de cette vénérable médaille : JEAN MAIRET DE BESANÇON. C'est ce qu'il a fait de plus à propos en sa vie, que de nous avertir par là qu'il n'est pas né François[1], afin qu'on lui pardonne les fautes qu'il fait à tous moments contre la langue.

Revenons à votre lettre, Monsieur Mairet. N'est-ce pas une belle chose que l'histoire que vous nous contez d'un libraire de Rouen qui mourut, à votre très-grand regret, pour avoir imprimé votre *Chriséide*[2]? Nous espérions qu'ensuite vous nous en donneriez l'épitaphe, pour témoignage de cette violente affliction : vous avez frustré le lecteur de ce consentement ; mais pour suppléer à votre défaut, en voici un dont les vers ne valent guère mieux que les vôtres :

> Ci-dessous gît Jacques Besogne,
> Qui s'étant mis trop en besogne
> Pour le beau poëte Jean Mairet,
> Mourut à son très-grand regret.

Après cette belle histoire vous perdez tellement le respect et le sens commun, que vous avez l'insolence de préférer votre

---

l'ordinaire, et que l'ayant plutôt faite pour l'hôtel de Montmorency que pour l'hôtel de Bourgogne, je ne me suis pas beaucoup soucié de la longueur, qui paroît principalement au dernier acte, à cause de la foule des effets qu'il y faut nécessairement démêler : si c'est un défaut, c'est pour les impatients et non pour les habiles. » La *Silvanire* est dédiée à Madame la duchesse de Montmorency.

1. Voyez p. 76, note 2.
2. « Pour la *Chriséide*, il me suffira de lui dire qu'elle n'a jamais vu le jour de mon consentement ; qu'étant pleine des propres fautes de mon enfance et de celles que le peu de soin de l'imprimeur y laissa glisser, je fis ce que je pus pour en empêcher la distribution, jusque-là même qu'un de vos compatriots, nommé Jacques Besogne, qui l'avoit mise sous la presse, fut obligé par les poursuites de François Targa, votre libraire, à qui j'en avois laissé procuration, de faire un voyage en cette ville, où le pauvre homme mourut subitement, à mon très-grand regret ; ce sont des circonstances assez remarquables pour vérifier ce que je dis. » (*Épître familière du Sr Mairet*, p. 9.)

Silvie aux œuvres de MM. de Racan et Théophile, au dernier desquels vous êtes si étroitement obligé, que sans lui vous suivriez encore la déplorable condition des vôtres. Ce n'est pas faire en homme généreux que de payer d'ingratitude tant de bienfaits reçus. On sait que le dialogue qui a tant plu à la cour et qui avoit couru plus de deux ans avant qu'on sût qu'il y eût une *Silvie* au monde, étoit de la façon de Théophile; ainsi vous vous pariez d'un habillement emprunté, et ce bel enchantement que vous nommez le *Pastor fido* des Allemands, doit à ce grand homme si peu qu'il eut de grâce.

C'est à ces mêmes Allemands que vous pensez parler, quand vous nous assurez si magnifiquement que *le Cid* a perdu à la lecture une bonne partie de l'estime qu'il avoit acquise à la représentation. Quelle impudence! Les extravagances de Virginie, les impudicités du duc d'Ossonne et les coquetteries de Sophonisbe ont mérité l'impression, si l'on vous en croit, et celle du *Cid* devoit être différée pour cent et un an! Ne donnez point à M. Corneille les mauvais conseils de vos tailles-douces, qui n'ont servi dans votre *Silvanire* qu'à incommoder votre libraire[1], et ne faites plus sonner si haut ces grands coups d'épée que M. de Scudéry a donnés au *Cid* tout au travers du corps. Après en avoir reçu deux mille de pareils, on se porte encore fort bien, et ceux que ses raisons de paille ont convertis (si toutefois elles ont converti quelques-uns) avoient grande envie de l'être.

Au reste, nous voyons maintenant ce qui vous pique : vous vous fâchez de ce qu'on a découvert vos brigues et les artifices que vous mettez en usage pour mendier un peu de réputation. Vous vous plaignez de ce que dit M. Corneille :

> Que son ambition pour faire plus de bruit
> Ne quête point les voix de réduit en réduit[2].

On sait le petit commerce que vous pratiquez, et que vous

---

1. La *Silvanire* est ornée d'un frontispice gravé, avec portrait de J. *Mairet de Besançon*, et de cinq planches de Michel Lasne.
2. *Excuse à Ariste*, vers 39 et 40. Le texte exact est :

> Et mon ambition, pour faire plus de bruit,
> Ne les va point quêter (*les voix*) de réduit en réduit.

n'avez point d'applaudissements que vous ne gagniez à force de sonnets et de révérences. Si vous envoyiez vos pièces de Besançon, comme M. Corneille envoie les siennes de Rouen, sans intéresser personne en leur succès, vous tomberiez bien bas, et je m'assure que quelque adresse que vous apportiez à faire valoir votre traduction du *Soliman* italien, qui a déjà couru les ruelles dix-huit mois et qu'on réserve pour cet hiver, le bruit de cette importante pièce de batterie ne fera point faire retraite au *Cid*[1].

Criez tant qu'il vous plaira, et donnez aux acteurs ce qui n'est dû qu'au poëte; servez-vous du témoignage de M. de Balzac, il ne vous sera point avantageux. Ne traite-t-il pas Massinisse et Brutus de même que Jason, qu'il nomme le premier, pour montrer qu'il estime plus son auteur que vous[2]? Et véritablement vous avez été toujours tellement au-dessous de lui, dès qu'il a pris la plume, qu'il n'avoit pas besoin de faire un *Cid* pour passer devant vous : tant de beaux poëmes dont il a enrichi le théâtre vous laissoient déjà loin derrière. Parlez en homme désintéressé, et on vous écoutera. Si le malheur a voulu que la *Mariane* et *le Cid* aient étouffé le débit de toutes vos rimes, il faut prendre patience, et ne murmurer point contre les nouvelles grâces qu'on a trouvées au *Cid* depuis qu'il a été imprimé.

Vous vous plaignez de ce que M. Corneille ne s'est pas soumis au jugement de l'Académie. Pour le mettre en tort, il faudroit que vous et l'observateur y soumissiez vos ouvrages; ce n'est pas la raison qu'il soit censuré tout seul, jamais il ne refusera de prendre ces Messieurs pour juges entre *Médée* et *Sophonisbe*, et même entre *Clitandre* et *Virginie*, mais non pas entre *le Cid* et un libelle.

1. En 1639 a paru : *Le grand et dernier Solyman ou la Mort de Mustapha*, tragédie par M. Mairet. Représenté par la troupe Royalle. Paris, A. Courbé, in-4º. On lit dans l'*Avertissement au lecteur* : « Je t'avertis que le *Solyman* qu'on mit en lumière il y a deux ans n'est pas de moi. » En effet, le *Soliman* publié en 1637 est de d'Alibray. Les deux ouvrages sont imités de la pièce italienne du comte Bonarelli de la Rovère.

2. Voyez la Notice sur *Médée*, tome II, p. 330 et 331, et ci-dessus, p. 8 et 9, et note 1 de cette dernière page.

Je finirois si vous ne m'aviez obligé à lire votre épître du *Duc d'Ossonne :* vous nous y renvoyez pour y voir votre modestie qui est si grande, que dès le titre vous traitez le procureur général de votre parlement comme vous feriez un procureur fiscal de quelqu'une de vos hautes justices[1]. Cette arrogante familiarité avec un des principaux magistrats de votre pays débutoit assez bien, et vous eût fait passer pour homme de marque, si dans votre épître la bassesse de votre inclination n'eût découvert celle de votre naissance. Ce souhait famélique d'être reçu au Louvre avec des hécatombes de Poissy[2], tient fort de votre pauvreté originelle ; et puisque vous êtes si affamé, vous serez aisé à accorder sur ce point avec M. Corneille, qui se contentera toujours de ces honorables fumées du cabinet dont vous êtes si dégoûté, cependant qu'on vous enverra dans les offices vous soûler de cette viande délicate pour qui vous avez tant d'appétit.

Le reste de cette épître n'est que vanité : vous vous perdez dans la réflexion de vos grandes productions, et vous vantez d'avoir été l'idée universelle des grands génies que vous nommez, comme s'il étoit à croire qu'ils vous eussent considéré[3].

1. Cette dédicace est intitulée : « *A tres-docte et tres-ingenieux Anthoine Brun, procureur general au Parlement de Dole, epitre dedicatoire, comique et familiere,* » et elle commence par ces mots : « Monsieur mon tres-cher ami. »

2. « Il est vrai qu'on nous fait au Louvre des sacrifices de louanges et de fumées, comme si nous étions les dieux de l'antiquité les plus délicats, où nous aurions besoin qu'on nous traitât plus grossièrement, et qu'on nous offrît plutôt de bonnes hécatombes de Poissy, avec une large effusion de vin d'Arbois, de Beaune et de Coindrieux. »

3. « Il est très-vrai que si mes premiers ouvrages ne furent guère bons, au moins ne peut-on nier qu'ils n'ayent été l'heureuse semence de beaucoup d'autres meilleurs, produits par les fécondes plumes de MM. de Rotrou, de Scudéry, Corneille et du Ryer, que je nomme ici suivant l'ordre du temps qu'ils ont commencé d'écrire après moi, et de quelques autres, dont la réputation ira quelque jour jusques à vous ; particulièrement de deux jeunes auteurs des tragédies de *Cléopatre* et de *Mithridate,* de qui l'apprentissage est un demi-chef-d'œuvre qui donne de merveilleuses espérances des belles choses qu'ils pourront faire à l'avenir. »

Mais n'avez-vous pas bonne grâce un peu après de traiter d'inférieurs, et quasi de petits garçons, les auteurs de *Cléopatre*[1] et de *Mithridate*[2], pour qui vous faites une classe à part ? Vous ne sauriez nier que cette *Cléopatre* a enseveli la vôtre, que le *Mithridate* a paru sur le théâtre autant qu'aucune de vos pièces, et que l'une et l'autre à la lecture l'emportent bien haut sur tout ce que vous avez fait. Votre style n'est qu'une jolie prose rimée, foible et basse presque partout, et bien éloignée de la vigueur des vers de ces Messieurs, sur qui M. Corneille seroit bien marri de prétendre aucune prééminence.

Cet acte de la pastorale héroïque qui vous fut donné à faire il y a quelque temps[3], est la preuve indubitable de la foiblesse de style que je vous reproche : votre or (pour user de vos termes) y fut trouvé de si bas aloi et votre poésie si chétive, que même on ne vous jugea pas capable de la corriger. La commission en fut donnée à trois Messieurs de l'Académie, qui n'y laissèrent que vingt-cinq de vos vers. C'est un préjugé fort désavantageux pour vous, et qui vous doit empêcher, si vous êtes sage, d'exposer vos fureurs divines au jugement de cette illustre compagnie.

Je ne parlerai point de l'irrévérence avec laquelle vous déclamez dans cette épître contre les grands du siècle, qui ne reconnoissent pas assez votre mérite, ni du repentir que vous témoignez de leur avoir dédié vos chefs-d'œuvre; le mal que je vous veux ne va pas jusqu'à vous faire criminel. Je vous donnerai seulement un mot d'avis avant que d'achever, qui est de ne mêler plus d'impiétés dans les prostitutions de vos héroïnes ; les signes de croix de votre Flavie et les anges de

1. *Cléopatre*, tragédie de Benserade, représentée en 1635.
2. *La Mort de Mithridate*, tragédie de la Calprenède, représentée en 1635.
3. Nous ne savons de quel ouvrage il s'agit ici. Serait-ce de *la Grande Pastorale* qui, suivant Pellisson, renfermait cinq cents vers de la façon du Cardinal, et à l'impression de laquelle il renonça après avoir pris connaissance des observations de Chapelain, que lui communiqua Boisrobert (voyez la *Relation contenant l'histoire de l'Académie françoise*, p. 179 et suivantes)? C'est probable ; remarquons toutefois que Pellisson ne dit mot de la collaboration de Mairet.

lumière de votre Duc[1] sont des profanations qui font horreur à tout le monde.

Adieu, beau lyrique, et souvenez-vous que M. Corneille montrera toujours par véritables effets sur le théâtre, qu'il en sait mieux les règles et la bienséance que ceux qui lui en veulent faire leçon; que malgré vos impostures *le Cid* sera toujours *le Cid*, et que tant qu'on fera des pièces de cette force, vous ne serez prophète que parmi vos Allemands[2].

---

1. Voici le passage des *Galanteries du duc d'Ossonne* auquel il est fait allusion ici.

FLAVIE.
O ma sœur! sous quelle étrange forme
Abusez-vous mes yeux et mes sens à la fois?
LE DUC.
Madame, réservez tous ces signes de croix
Pour l'apparition de ces mauvais fantômes,
Qui meuvent, ce dit-on, des corps d'air et d'atomes.
FLAVIE.
Dieu! c'est bien un démon véritable et trompeur,
Puisqu'il m'ôte la voix.
LE DUC.
Non, n'ayez point de peur.
Si j'étois un esprit de l'infernale suite,
Tant de signes de croix m'eussent donné la fuite,
Et puis étant vous-même un ange de clarté,
Votre divin aspect m'eût-il pas écarté?
(Acte III, scène II.)

2. On sait que Besançon, patrie de Mairet, et la Franche-Comté tout entière n'étaient pas encore françaises: elles avaient appartenu à l'empire d'Allemagne et faisaient alors partie des possessions de la ligne espagnole de la maison d'Autriche.

ÉPÎTRE.

A MADAME DE COMBALET[1].

Madame,

Ce portrait vivant que je vous offre représente un héros assez reconnoissable aux lauriers dont il est couvert. Sa vie a été une suite continuelle de victoires; son corps, porté dans son armée, a gagné des batailles après sa mort; et son nom, au bout de six cents ans, vient encore de triompher en France[2]. Il y a trouvé une réception trop favorable pour se repentir d'être sorti de son pays, et d'avoir appris à parler une autre langue que la sienne. Ce succès a passé mes plus ambitieuses espérances, et m'a surpris d'abord; mais il a cessé de m'étonner depuis que j'ai vu la satisfaction que vous avez témoignée quand il a paru devant vous. Alors j'ai osé me promettre de lui tout ce qui en est arrivé[3], et j'ai cru qu'après les éloges dont vous l'avez honoré, cet applaudissement universel ne lui pouvoit manquer. Et véritablement, Madame, on ne

1. L'épître dédicatoire est adressée : A madame la duchesse d'Aiguillon, dans les éditions de 1648-56. — Marie-Madeleine de Vignerot, nièce de Richelieu, avait épousé Antoine de Beauvoir, marquis du Roure, seigneur de Combalet, qui fut tué en 1621 devant Montauban. Le Cardinal la plaça près de la Reine, en qualité de dame d'honneur, et fit revivre pour elle en 1638 le duché d'Aiguillon. Toutefois ces mots : *A Madame de Combalet*, subsistèrent en tête de la présente dédicace, dans les éditions du *Cid*, jusqu'en 1644 inclusivement. On y substitua plus tard, comme nous venons de le dire : *A Madame la duchesse d'Aiguillon*, dans les recueils des *Œuvres*, jusqu'en 1660, époque à laquelle Corneille supprima les dédicaces et les avertissements. La duchesse mourut en 1675. Voyez ci-dessus, p. 18 et 19.
2. Var. (édit. de 1654 et 56) : vient encore triompher.
3. Ce membre de phrase manque dans l'édition de 1637 in-12, qui porte simplement : « alors j'ai cru qu'après les éloges, etc. »

peut douter avec raison de ce que vaut une chose qui a le bonheur de vous plaire : le jugement que vous en faites est la marque assurée de son prix ; et comme vous donnez toujours libéralement aux véritables beautés l'estime qu'elles méritent, les fausses n'ont jamais le pouvoir de vous éblouir. Mais votre générosité ne s'arrête pas à des louanges stériles pour les ouvrages qui vous agréent ; elle prend plaisir à s'étendre utilement sur ceux qui les produisent, et ne dédaigne point d'employer en leur faveur ce grand crédit que votre qualité et vos vertus vous ont acquis. J'en ai ressenti des effets qui me sont trop avantageux pour m'en taire, et je ne vous dois pas moins de remercîments pour moi que pour *le Cid*. C'est une reconnoissance qui m'est glorieuse, puisqu'il m'est impossible de publier que je vous ai de grandes obligations, sans publier en même temps que vous m'avez assez estimé pour vouloir que je vous en eusse. Aussi, Madame, si je souhaite quelque durée pour cet heureux effort de ma plume, ce n'est point pour apprendre mon nom à la postérité, mais seulement pour laisser des marques éternelles de ce que je vous dois, et faire lire à ceux qui naîtront dans les autres siècles la protestation que je fais d'être toute ma vie,

  MADAME,

    Votre très-humble, très-obéissant et très-obligé serviteur,

              Corneille.

MARIANA.

Lib. IX°, de la *Historia d'España*, cap. v° [1].

« Avia pocos dias antes hecho campo con don Gomez conde de Gormaz. Vencióle y dióle la muerte. Lo que resultó deste caso, fué que casó con doña Ximena, hija y heredera del mismo conde. Ella misma requirió al Rey que se le diesse por marido, ca estaba muy prendada de sus partes, o le castigasse conforme a las leyes, por la muerte que dió a su padre. Hizóse el casamiento, que a todos estaba a cuento, con el qual por el gran dote de su esposa, que se allegó al estado que el tenia de su padre, se aumentó en poder y riquezas [2]. »

1. Cet extrait et les remarques qui le suivent ne se trouvent que dans les éditions de 1648-56. — Au lieu de « lib. IX°, cap. v°, » on lit dans les éditions données du vivant de Corneille : « lib. IV°, cap. 5°. » Dans les impressions les plus récentes, à la faute IV°, pour IX°, il s'en est joint une seconde : 5o pour 5°.

2. « Il avait eu peu de jours auparavant* un duel avec don Gomèz, comte de Gormaz. Il le vainquit et lui donna la mort. Le résultat de cet événement fut qu'il se maria avec doña Chimène, fille et héritière de ce seigneur. Elle-même demanda au Roi qu'il le lui donnât pour mari (car elle était fort éprise de ses qualités), ou qu'il le châtiât conformément aux lois, pour avoir donné la mort à son père. Le mariage, qui agréait à tous, s'accomplit ; ainsi grâce à la dot considérable de son épouse, qui s'ajouta

* Afin de pouvoir, sans paraître se donner trop de licence, ramener toute l'histoire à un seul jour, Corneille se sert un peu artificieusement du texte de Mariana, dont les mots : *pocos dias antes* (dans la rédaction latine : *non multo antea*) viennent immédiatement après une phrase où il est parlé de l'âge de trente ans qu'avait alors Rodrigue ; cette phrase fait partie du récit d'une querelle que faisait au roi Fernand l'empereur Henri II. Dans les romances, il y a un assez long intervalle entre le duel et le mariage. Il paraît même que Chimène était encore une enfant lors du duel et ne fit sa démarche auprès du Roi qu'après un certain nombre d'années.

Voilà ce qu'a prêté l'histoire à D. Guillen de Castro, qui a mis ce fameux événement sur le théâtre avant moi. Ceux qui entendent l'espagnol y remarqueront deux circonstances : l'une, que Chimène ne pouvant s'empêcher de reconnoître et d'aimer les belles qualités qu'elle voyoit en don Rodrigue, quoiqu'il eût tué son père (*estaba prendada de sus partes*), alla proposer elle-même au Roi cette généreuse alternative, ou qu'il le lui donnât pour mari, ou qu'il le fît punir suivant les lois; l'autre, que ce mariage se fit au gré de tout le monde (*a todos estaba a cuento*). Deux chroniques du Cid[1] ajoutent qu'il fut célébré par l'archevêque de Séville, en présence du Roi et de toute sa cour; mais je me suis contenté du texte de l'historien, parce que toutes les deux ont quelque chose qui sent le roman, et peuvent ne persuader pas davantage que celles que nos

aux biens qu'il tenait de son père, il grandit en pouvoir et en richesses. »

L'*Historia general d'España**, d'où Corneille a tiré le fragment qui précède son Avertissement, n'est qu'une traduction libre, faite par le P. Mariana lui-même, de son histoire latine, intitulée *Historiæ de rebus Hispaniæ libri XXX*, dont les diverses parties ont paru en 1592, 1595 et 1616. Voici le passage qui correspond, dans l'ouvrage original, au fragment espagnol cité par Corneille :

Gormatii comitem Gometium non multo antea, in privata contentione, adacto in viscera gladio peremerat (Rodericus Diacius). Occisi patris, pro quo supplicium debebatur, merces Semenæ filiæ conjugium fuit; quum illa juvenis virtutem admirata, sibi virum dari, aut lege in eum agi regem postulasset. Rodericus, ad paternam ditionem, dotali principatu occisi soceri auctus, viribus et potentia validus, etc.

(Mariana, *Historiæ de rebus Hispaniæ* lib. IX, cap. v.)

1. Corneille a-t-il ici en vue les deux chroniques dont parle M. Damas-Hinard (*Romancero*, tome II, p. 52), ou bien les deux ouvrages connus sous les noms de *Chronique rimée* et de *Poëme* ou *Chanson du Cid*, dont il est question au chapitre 1, p. 3, des *Documents relatifs à l'histoire du Cid*, publiés par M. Hippolyte Lucas?

* Publiée pour la première fois en 1601, à Tolède, chez Pedro Rodriguez, 2 vol. in-folio.

François ont faites de Charlemagne et de Roland. Ce que j'ai rapporté de Mariana suffit pour faire voir l'état qu'on fit de Chimène et de son mariage dans son siècle même, où elle vécut en un tel éclat, que les rois d'Aragon et de Navarre tinrent à honneur d'être ses gendres, en épousant ses deux filles[1]. Quelques-uns ne l'ont pas si bien traitée dans le nôtre; et sans parler de ce qu'on a dit de la Chimène du théâtre, celui qui a composé l'histoire d'Espagne en françois l'a notée dans son livre de s'être tôt et aisément consolée de la mort de son père[2], et a voulu taxer de légèreté une action qui fut imputée à grandeur de courage par ceux qui en furent les témoins. Deux romances espagnols, que je vous donnerai ensuite de cet *Avertissement*, parlent encore plus en sa faveur. Ces sortes de petits poëmes sont comme des originaux décousus de leurs anciennes histoires; et je serois ingrat envers la mémoire de cette héroïne, si, après l'avoir fait connoître en France, et m'y être fait connoître par elle, je ne tâchois de la tirer de la honte qu'on lui a voulu faire, parce qu'elle a passé par mes mains. Je vous donne donc ces pièces justificatives de la réputation où elle a

---

1. Doña Elvire, fille aînée du Cid, épousa le roi don Ramire de Navarre, et doña Sol, la cadette, l'infant don Sanche d'Aragon.
2. « Ce Cid Ruis eut querelle avec D. Gomès, seigneur du lieu de Gormès, qui avoit été conquêté par le roi D. Fernand sur les Maures, peu d'années auparavant : tellement que entrant en combat eux deux, D. Gomès fut tué. De lui resta une fille nommée D. Ximena Gomès, laquelle faisoit grandes et continuelles plaintes de la mort de son père; mais il ne passa longtemps qu'elle-même pria le Roi de faire le mariage d'elle et du Cid, ce qu'il fit, et ainsi demeura cette dame toute consolée. » (*Histoire générale d'Espagne.... par* Loys de Mayerne Turquet. Édition de Lyon, 1587, in-fol., p. 334; édition de Paris, 1635, 2 vol. in-fol., tome I, p. 297.) On lit en marge en manchette : « Fille tôt consolée de la mort de son père. » Évidemment c'est surtout à cette indication que se rapporte la remarque de Corneille.

vécu, sans dessein de justifier la façon dont je l'ai fait parler françois. Le temps l'a fait pour moi, et les traductions qu'on en a faites en toutes les langues qui servent aujourd'hui à la scène, et chez tous les peuples où l'on voit des théâtres, je veux dire en italien, flamand et anglois[1], sont d'assez glorieuses apologies contre tout ce qu'on en a dit. Je n'y ajouterai pour toute chose qu'environ une douzaine de vers espagnols qui semblent faits exprès pour la défendre. Ils sont du même auteur qui l'a traitée avant moi, D. Guillen de Castro, qui, dans une autre comédie qu'il intitule *Engañarse engañando*[2], fait dire à une princesse de Béarn :

A mirar
bien el mundo, que el tener
apetitos que vencer,
y ocasiones que dexar,
Examinan el valor
en la muger, yo dixera
lo que siento[3], *porque fuera*
luzimiento de mi honor.
Pero malicias fundadas

1. Sur ces traductions, voyez, au tome I, le passage de la *Notice biographique* de Corneille où il est question de ses livres. Nous savons par Fontenelle qu'il eut plus tard aussi dans sa bibliothèque la version espagnole. Il n'en parle pas ici. Son silence s'accorde avec ce qui est dit dans la *Notice du Cid* (p. 4 et suivantes) au sujet de la traduction ou plutôt de l'imitation de Diamante.

2. *Comedia del* Engañarse engañando, *jornada segunda;* la pièce n'est pas divisée en scènes. Elle a été imprimée en 1625, dans la *Segunda parte de las Comedias de don Guillem de Castro. Valencia, por Miguel Sorolla.* — Le titre espagnol, qui signifie *se tromper en trompant*, rappelle par la pensée et par la forme ce vieux proverbe, regretté de la Fontaine (livre IV, fable XI) :

Tel, comme dit Merlin, cuide engeigner autrui,
Qui souvent s'engeigne soi-même.

3. L'édition espagnole de 1625, indiquée à la note précédente, donne *tengo,* au lieu de *siento,* et au dernier vers *vencer,* au lieu de *resistir.*

AVERTISSEMENT.

en honras mal entendidas,
de tentaciones vencidas
hacen culpas declaradas :
 Y asi, la que el desear
 con el resistir apunta,
 vence dos veces, si junta
 con el resistir el callar[1].

C'est, si je ne me trompe, comme agit Chimène dans mon ouvrage, en présence du Roi et de l'Infante. Je dis en présence du Roi et de l'Infante, parce que quand elle est seule, ou avec sa confidente, ou avec son amant, c'est une autre chose. Ses mœurs sont inégalement égales[2], pour parler en termes de notre Aristote, et changent suivant les circonstances des lieux, des personnes, des temps et des occasions, en conservant toujours le même principe.

Au reste, je me sens obligé de désabuser le public de deux erreurs qui s'y sont glissées touchant cette tragédie, et qui semblent avoir été autorisées par mon silence. La première est que j'aye convenu de juges touchant son mérite[3], et m'en sois rapporté au sentiment de ceux qu'on a priés d'en juger. Je m'en tairois encore, si ce faux bruit n'avoit été jusque chez M. de Balzac dans sa province, ou, pour me servir de ses paroles mêmes, dans son désert[4],

---

1. « Si le monde a raison de dire que ce qui éprouve le mérite d'une femme, c'est d'avoir des désirs à vaincre, des occasions à rejeter, je n'aurais ici qu'à exprimer ce que je sens : mon honneur n'en deviendrait que plus éclatant. Mais une malignité qui se prévaut de notions d'honneur mal entendues convertit volontiers en un aveu de faute ce qui n'est que la tentation vaincue. Dès lors la femme qui désire et qui résiste également, vaincra deux fois, si en résistant elle sait encore se taire. »

2. Voyez tome I, p. 38. — 3. Voyez ci-dessus, p. 47, 48 et 66.

4. « Le désert ne m'a pas rendu si sauvage que je ne sois touché des raretés qu'on nous apporte du monde, » dit Balzac dans sa lettre à Scudéry.

et si je n'en avois vu depuis peu les marques dans cette admirable lettre qu'il a écrite sur ce sujet, et qui ne fait pas la moindre richesse des deux derniers trésors qu'il nous a donnés[1]. Or comme tout ce qui part de sa plume regarde toute la postérité, maintenant que mon nom est assuré de passer jusqu'à elle dans cette lettre incomparable, il me seroit honteux qu'il y passât avec cette tache, et qu'on pût à jamais me reprocher d'avoir compromis de ma réputation. C'est une chose qui jusqu'à présent est sans exemple; et de tous ceux qui ont été attaqués comme moi, aucun que je sache n'a eu assez de foiblesse pour convenir d'arbitres avec ses censeurs; et s'ils ont laissé tout le monde dans la liberté publique d'en juger, ainsi que j'ai fait, ç'a été sans s'obliger, non plus que moi, à en croire personne; outre que dans la conjoncture où étoient lors les affaires du *Cid*, il ne falloit pas être grand devin pour prévoir ce que nous en avons vu 'river. A moins que d'être tout à fait stupide, on ne pouvoit pas ignorer que comme les questions de cette nature ne concernent ni la religion ni l'État, on en peut décider par les règles de la prudence humaine, aussi bien que par celles du théâtre, et tourner sans scrupule le sens du bon Aristote du côté de la politique[2]. Ce n'est pas que je sache si ceux qui ont jugé du *Cid* en ont jugé suivant leur sentiment ou non, ni même que je veuille dire qu'ils en ayent bien ou mal jugé, mais seulement que ce n'a ja-

---

1. Allusion aux *Lettres choisies du Sieur de Balzac*. Paris, Augustin Courbé, 1647, in-8º, 2 parties. La lettre à Scudéry figure à la p. 394 de la Iʳᵉ partie. — Il faut se souvenir que cet *Avertissement* a paru pour la première fois dans l'édition de 1648 : voyez ci-dessus, p. 79, note 1.

2. « Tourner sans scrupule le sens du bon Aristote du côté de la politique » paraît signifier, d'après l'ensemble du passage, « tourner le sens d'Aristote du côté de la politique de celui qui l'interprète, de ses opinions, de ses intérêts, de ses passions. »

mais été de mon consentement qu'ils en ont jugé, et que peut-être je l'aurois justifié sans beaucoup de peine, si la même raison qui les a fait parler ne m'avoit obligé à me taire. Aristote ne s'est pas expliqué si clairement dans sa *Poétique*, que nous n'en puissions faire ainsi que les philosophes, qui le tirent chacun à leur parti dans leurs opinions contraires ; et comme c'est un pays inconnu pour beaucoup de monde, les plus zélés partisans du *Cid* en ont cru ses censeurs sur leur parole, et se sont imaginé avoir pleinement satisfait à toutes leurs objections, quand ils ont soutenu qu'il importoit peu qu'il fût selon les règles d'Aristote, et qu'Aristote en avoit fait pour son siècle et pour des Grecs, et non pas pour le nôtre et pour des François.

Cette seconde erreur, que mon silence a affermie, n'est pas moins injurieuse à Aristote qu'à moi. Ce grand homme a traité la poétique avec tant d'adresse et de jugement, que les préceptes qu'il nous en a laissés[1] sont de tous les temps et de tous les peuples ; et bien loin de s'amuser au détail des bienséances[2] et des agréments, qui peuvent être divers selon que ces deux circonstances sont diverses, il a été droit aux mouvements de l'âme, dont la nature ne change point. Il a montré quelles passions la tragédie doit exciter dans celles de ses auditeurs ; il a cherché quelles conditions sont nécessaires, et aux personnes qu'on introduit, et aux événements qu'on représente, pour les y faire naître ; il en a laissé des moyens qui auroient produit leur effet partout dès la création du monde, et qui seront capables de le produire encore partout, tant qu'il y aura des théâtres et des acteurs ; et pour

1. Var. (édit. de 1654 et de 1656) : les préceptes qu'il nous en a donnés.
2. Var. (édit. de 1654 et de 1656) : et bien loin de s'amuser au travail des bienséances

le reste, que les lieux et les temps peuvent changer, il l'a négligé, et n'a pas même prescrit le nombre des actes, qui n'a été réglé que par Horace beaucoup après lui[1].

Et certes, je serois le premier qui condamnerois *le Cid*, s'il péchoit contre ces grandes et souveraines maximes que nous tenons de ce philosophe; mais bien loin d'en demeurer d'accord, j'ose dire que cet heureux poëme n'a si extraordinairement réussi que parce qu'on y voit les deux maîtresses conditions (permettez-moi cet[2] épithète) que demande ce grand maître aux excellentes tragédies, et qui se trouvent si rarement assemblées dans un même ouvrage, qu'un des plus doctes commentateurs de ce divin traité qu'il en a fait, soutient que toute l'antiquité ne les a vues se rencontrer que dans le seul *OEdipe*[3]. La première est que celui qui souffre et est persécuté ne soit ni tout méchant ni tout vertueux, mais un homme plus vertueux que méchant, qui par quelque trait de foiblesse humaine qui ne soit pas un crime, tombe dans un malheur qu'il ne mérite pas; l'autre, que la persécution et le péril ne viennent point d'un ennemi, ni d'un indifférent, mais d'une personne qui doive aimer celui qui souffre et en être aimée[4]. Et voilà, pour en parler sainement, la véritable et seule cause de tout le succès du *Cid*, en qui l'on ne peut méconnoître ces deux conditions, sans s'aveugler soi-même pour lui faire injustice. J'achève donc en m'acquittant de ma parole; et après vous avoir dit en passant ces deux mots pour le

---

1. Voyez l'*Art poétique* d'Horace, vers 189 et 190.
2. *Cet* est au masculin dans les impressions de 1648-1656, c'est-à-dire dans toutes les éditions publiées par Corneille qui donnent cet *Avertissement*. Voyez ci-dessus, p. 22, ligne 5.
3. Corneille veut parler de Robortel qu'il nomme dans un passage du *Discours de la tragédie* où il a déjà exposé les idées sur lesquelles il revient ici. Voyez tome I, p. 59 et p. 33.
4. Var. (édit. de 1654 et de 1656) : celui qui souffre en être aimé.

AVERTISSEMENT.

Cid du théâtre, je vous donne, en faveur de la Chimène de l'histoire, les deux romances que je vous ai promis[1].

J'oubliois[2] à vous dire que quantité de mes amis ayant jugé à propos que je rendisse compte au public' de ce que j'avois emprunté de l'auteur espagnol dans cet ouvrage, et m'ayant témoigné le souhaiter, j'ai bien voulu leur donner cette satisfaction. Vous trouverez donc tout ce que j'en ai traduit imprimé d'une autre lettre[3], avec un chiffre au commencement, qui servira de marque de renvoi pour trouver les vers espagnols au bas de la même page. Je garderai ce même ordre dans *la Mort de Pompée*, pour les vers de Lucain, ce qui n'empêchera pas que je ne continue aussi ce même changement de lettre toutes les fois que nos acteurs rapportent quelque chose qui s'est dit ailleurs que sur le théâtre[4], où vous n'imputerez rien qu'à moi si vous n'y voyez ce chiffre pour marque, et le texte d'un autre auteur au-dessous.

ROMANCE PRIMERO.

Delante el rey de Leon
doña Ximena una tarde
se pone á pedir justicia
por la muerte de su padre.

---

1. Ces romances font partie tous deux du *Romancero general*. On les trouve dans le *Romancero espagnol*.... traduction complète par M. Damas-Hinard, 2 vol. in-18, tome II, p. 24 et 27.
2. Ce dernier alinéa a été supprimé dans les éditions de 1654 et de 1656, auxquelles il ne pouvait s'appliquer : elles ne contiennent pas les extraits de Guillem de Castro dont parle ici Corneille, et que l'on trouvera dans notre édition à l'*Appendice* qui suit la pièce.
3. C'est-à-dire en lettres italiques.
4. Corneille, dans ses diverses éditions, et après lui son frère, dans celle de 1692, impriment en italiques les discours directs, les paroles

Para contra el Cid la pide,
don Rodrigo de Bivare,
que huerfana la dexó,
niña, y de muy poca edade.
  Si tengo razon, ó non,
bien, Rey, lo alcanzas y sabes,
que los negocios de honra
no pueden disimularse.
  Cada dia que amanece,
veo al lobo de mi sangre,
caballero en un caballo,
por darme mayor pesare.
  Mandale, buen rey, pues puedes,
que no me ronde mi calle :
que no se venga en mugeres
el hombre que mucho vale.
  Si mi padre afrentó al suyo,
bien ha vengado á su padre,
que si honras pagaron muertes,
para su disculpa basten.
  Encomendada me tienes,
no consientas que me agravien,
que el que á mi se fiziere,
á tu corona se faze.
  — *Calledes, doña Ximena,*
que me dades pena grande,
que yo daré buen remedio
para todos vuestros males.
  Al Cid no le he de ofender,
que es hombre que mucho vale,

d'autrui rapportées par les acteurs, paroles qu'on met plus ordinairement aujourd'hui entre guillemets. Ainsi dans *le Cid* (acte V, scène I) :

> On dira seulement : *Il adoroit Chimène,*
> *Il n'a pas voulu vivre,* etc.;

et dans la scène VI du même acte :

> *Ne crains rien,* m'a-t-il dit, quand il m'a désarmé;
> *Je laisserois plutôt,* etc.

AVERTISSEMENT.

y me defiende mis reynos,
y quiero que me los guarde.
Pero yo faré un partido
con el, que no os esté male,
de tomalle la palabra
para que con vos se case.
Contenta quedó Ximena
con la merced que le faze,
que quien huerfana la fizo
aquesse mismo la ampare[1].

---

1. « Par-devant le roi de Léon, un soir se présente doña Chimène, demandant justice pour la mort de son père.

« Elle demande justice contre le Cid, don Rodrigue de Bivar, qui l'a rendue orpheline dès son enfance, quand elle comptait encore bien peu d'années.

« Si j'ai raison d'agir ainsi, ô Roi, tu le comprends, tu le sais
« bien : les devoirs de l'honneur ne se laissent point méconnaître.

« Chaque jour que le matin ramène, je vois celui qui s'est repu
« comme un loup de mon sang, passer pour renouveler mes cha-
« grins, chevauchant sur un destrier.

« Ordonne-lui, bon roi, car tu le peux, de ne plus aller et ve-
« nir par la rue que j'habite : un homme de valeur n'exerce pas sa
« vengeance contre une femme.

« Si mon père fit affront au sien, il l'a bien vengé, et si la mort
« a payé le prix de l'honneur, que cela suffise à le tenir quitte.

« J'appartiens à ta tutelle, ne permets pas que l'on m'offense :
« l'offense qu'on peut me faire s'adresse à ta couronne.

« — Taisez-vous, doña Chimène : vous m'affligez vivement. Mais
« je saurai bien remédier à toutes vos peines.

« Je ne saurais faire du mal au Cid; car c'est un homme de
« grande valeur, il est le défenseur de mes royaumes, et je veux
« qu'il me les conserve.

« Mais je ferai avec lui un accommodement dont vous ne vous
« trouverez point mal : c'est de prendre sa parole pour qu'il se ma-
« rie avec vous. »

« Chimène demeure satisfaite, agréant cette merci du Roi, qui lui destine pour protecteur celui qui l'a faite orpheline. »

ROMANCE SEGUNDO.

*A Ximena y á Rodrigo
prendió el Rey palabra y mano,
de juntarlos para en uno
en presencia de Layn Calvo.
 Las enemistades viejas
con amor se conformaron,
que donde preside el amor
se olvidan muchos agravios....
 Llegaron juntos los novios,
y al dar la mano, y abraço,
el Cid mirando á la novia,
le dixo todo turbado :
 Maté á tu padre, Ximena,
pero no á desaguisado,
matéle de hombre á hombre,
para vengar cierto agravio.*
 *Maté hombre, y hombre doy :
aquí estoy á tu mandado,
y en lugar del muerto padre
cobraste un marido honrado.
 A todos pareció bien;
su discrecion alabaron,
y asi se hizieron las bodas
de Rodrigo el Castellano*[1].

1. De Rodrigue et de Chimène le Roi prit la parole et la main, afin de les unir ensemble en présence de Layn Calvo.

« Les inimitiés anciennes furent réconciliées par l'amour; car où préside l'amour, bien des torts s'oublient. . . . .

« Les fiancés arrivèrent ensemble et, au moment de donner la main et le baiser, le Cid, regardant la mariée, lui dit tout troublé :

« J'ai tué ton père, Chimène, mais non en trahison : je l'ai tué « d'homme à homme, pour venger une réelle injure.

« J'ai tué un homme, et je te donne un homme : me voici pour faire « droit à ton grief, et au lieu du père mort tu reçois un époux honoré. »

« Cela parut bien à tous; ils louèrent son prudent propos, et ainsi se firent les noces de Rodrigue le Castillan. »

EXAMEN.

CE poëme a tant d'avantages du côté du sujet et des pensées brillantes dont il est semé, que la plupart de ses auditeurs n'ont pas voulu voir les défauts de sa conduite, et ont laissé enlever leurs suffrages au plaisir que leur a donné sa représentation. Bien que ce soit celui de tous mes ouvrages réguliers où je me suis permis le plus de licence, il passe encore pour le plus beau auprès de ceux qui ne s'attachent pas à la dernière sévérité des règles; et depuis cinquante ans[1] qu'il tient sa place sur nos théâtres, l'histoire ni l'effort de l'imagination n'y ont rien fait voir qui en aye effacé l'éclat. Aussi a-t-il les deux grandes conditions que demande Aristote aux tragédies parfaites, et dont l'assemblage se rencontre si rarement chez les anciens ni chez les modernes[2]; il les assemble même plus fortement et plus noblement que les espèces que pose ce philosophe. Une maîtresse que son devoir force à poursuivre la mort de son amant, qu'elle tremble d'obtenir, a les passions plus vives et plus allumées que tout ce qui peut se passer entre un mari et sa femme, une mère et son fils, un frère et sa sœur[3]; et la haute vertu dans un naturel sensible à ces passions, qu'elle dompte sans les affoiblir, et à qui elle laisse toute

1. VAR. (édit. de 1660-1663) : et depuis vingt-trois ans; — (édit. de 1664) et depuis vingt-huit ans; — (édit. de 1668) et depuis trente-cinq ans. — Ces dates sont peu précises : en 1682 il y avait, non pas cinquante ans, mais seulement quarante-six, que *le Cid* avait été représenté. Il y a d'autres inexactitudes de ce genre dans les écrits de Corneille. Nous avons vu Claveret lui reprocher de s'être vanté en 1637, dans la *Lettre apologétique*, de ses « trente années d'études. » Voyez tome I, p. 129 et 130.
2. VAR. (édit. de 1660-1668) : chez les anciens et les modernes.
3. VAR. (édit. de 1660-1664) : entre un mari et une femme, une mère et un fils, un frère et une sœur. — Voyez tome I, p. 65.

leur force pour en triompher plus glorieusement, a quelque chose de plus touchant, de plus élevé et de plus aimable que cette médiocre bonté, capable d'une foiblesse, et même d'un crime, où nos anciens étoient contraints d'arrêter le caractère le plus parfait des rois et des princes dont ils faisoient leurs héros, afin que ces taches et ces forfaits, défigurant ce qu'ils leur laissoient de vertu, s'accommodassent au goût et aux souhaits de leurs spectateurs, et fortifiassent[1] l'horreur qu'ils avoient conçue de leur domination et de la monarchie.

Rodrigue suit ici son devoir sans rien relâcher de sa passion; Chimène fait la même chose à son tour, sans laisser ébranler son dessein par la douleur où elle se voit abîmée par là; et si la présence[2] de son amant lui fait faire quelque faux pas, c'est une glissade dont elle se relève à l'heure même; et non-seulement elle connoît si bien sa faute qu'elle nous en avertit, mais elle fait un prompt désaveu de tout ce qu'une vue si chère lui a pu arracher. Il n'est point besoin qu'on lui reproche qu'il lui est honteux de souffrir l'entretien de son amant après qu'il a tué son père; elle avoue que c'est la seule prise que la médisance aura sur elle. Si elle s'emporte jusqu'à lui dire qu'elle veut bien qu'on sache qu'elle l'adore et le poursuit, ce n'est point une résolution si ferme, qu'elle l'empêche de cacher son amour de tout son possible lorsqu'elle est en la présence du Roi. S'il lui échappe de l'encourager au combat contre don Sanche par ces paroles :

Sors vainqueur d'un combat dont Chimène est le prix[3],

1. Toutes les éditions, jusqu'à celle de 1692, qui, la première, met les deux verbes au pluriel, donnent *s'accommodast.... et fortifiast.*
2. Var. (édit. de 1660) : par la douleur où il l'abîme; et si la présence, etc.
3. Vers 1556.

elle ne se contente pas de s'enfuir de honte au même moment; mais sitôt qu'elle est avec Elvire, à qui elle ne déguise rien de ce qui se passe dans son âme, et que la vue de ce cher objet ne lui fait plus de violence, elle forme un souhait plus raisonnable, qui satisfait sa vertu et son amour tout ensemble, et demande au ciel que le combat se termine

Sans faire aucun des deux ni vaincu ni vainqueur[1].

Si elle ne dissimule point qu'elle penche du côté de Rodrigue, de peur d'être à don Sanche, pour qui elle a de l'aversion, cela ne détruit point la protestation qu'elle a faite un peu auparavant, que malgré la loi de ce combat, et les promesses que le Roi a faites à Rodrigue, elle lui fera mille autres ennemis, s'il en sort victorieux. Ce grand éclat même qu'elle laisse faire à son amour après qu'elle le croit mort, est suivi d'une opposition vigoureuse à l'exécution de cette loi qui la donne à son amant, et elle ne se tait qu'après que le Roi l'a différée, et lui a laissé lieu d'espérer qu'avec le temps il y pourra survenir quelque obstacle. Je sais bien que le silence passe d'ordinaire pour une marque de consentement; mais quand les rois parlent, c'en est une de contradiction : on ne manque jamais à leur applaudir quand on entre dans leurs sentiments; et le seul moyen de leur contredire avec le respect qui leur est dû, c'est de se taire, quand leurs ordres ne sont pas si pressants qu'on ne puisse remettre à s'excuser de leur obéir lorsque le temps en sera venu, et conserver cependant une espérance légitime d'un empêchement, qu'on ne peut encore déterminément prévoir.

Il est vrai que dans ce sujet il faut se contenter de

---

1. Vers 1667.

tirer Rodrigue de péril, sans le pousser jusqu'à son mariage avec Chimène. Il est historique, et a plu en son temps ; mais bien sûrement il déplairoit au nôtre ; et j'ai peine à voir que Chimène y consente chez l'auteur espagnol, bien qu'il donne plus de trois ans de durée à la comédie qu'il en a faite. Pour ne pas contredire l'histoire, j'ai cru ne me pouvoir dispenser d'en jeter quelque idée, mais avec incertitude de l'effet ; et ce n'étoit que par là que je pouvois accorder la bienséance du théâtre avec la vérité de l'événement.

Les deux visites que Rodrigue fait à sa maîtresse[1] ont quelque chose qui choque cette bienséance de la part de celle qui les souffre ; la rigueur du devoir vouloit qu'elle refusât de lui parler, et s'enfermât dans son cabinet, au lieu de l'écouter ; mais permettez-moi de dire avec un des premiers esprits de notre siècle, « que leur conversation est remplie de si beaux sentiments, que plusieurs n'ont pas connu ce défaut, et que ceux qui l'ont connu l'ont toléré. » J'irai plus outre, et dirai que tous presque ont souhaité que ces entretiens se fissent ; et j'ai remarqué aux premières représentations qu'alors que ce malheureux amant se présentoit devant elle, il s'élevoit un certain frémissement dans l'assemblée, qui marquoit une curiosité merveilleuse, et un redoublement d'attention pour ce qu'ils avoient à se dire dans un état si pitoyable. Aristote dit qu'il y a des absurdités qu'il faut laisser dans un poëme, quand on peut espérer qu'elles seront bien reçues ; et il est du devoir du poëte, en ce cas, de les couvrir de tant de brillants, qu'elles puissent éblouir[2]. Je laisse au jugement de mes auditeurs si je me suis assez bien acquitté de ce devoir pour justifier par là ces

---

1. Voyez la scène IV de l'acte III, et la scène I de l'acte V.
2. Voyez la *Poétique*, fin du chapitre XXIV.

deux scènes. Les pensées de la première des deux sont quelquefois trop spirituelles pour partir de personnes fort affligées; mais outre que je n'ai fait que la paraphraser de l'espagnol[1], si nous ne nous permettions quelque chose de plus ingénieux que le cours ordinaire de la passion, nos poëmes ramperoient souvent, et les grandes douleurs ne mettroient dans la bouche de nos acteurs que des exclamations et des hélas. Pour ne déguiser rien, cette offre que fait Rodrigue de son épée à Chimène, et cette protestation de se laisser tuer par don Sanche, ne me plairoient pas maintenant. Ces beautés étoient de mise en ce temps-là, et ne le seroient plus en celui-ci. La première est dans l'original espagnol, et l'autre est tirée sur ce modèle. Toutes les deux ont fait leur effet en ma faveur; mais je ferois scrupule d'en étaler de pareilles à l'avenir sur notre théâtre.

J'ai dit ailleurs ma pensée touchant l'Infante et le Roi[2]; il reste néanmoins quelque chose à examiner sur la manière dont ce dernier agit, qui ne paroît pas assez vigoureuse, en ce qu'il ne fait pas arrêter le Comte après le soufflet donné, et n'envoie pas des gardes à don Diègue et à son fils. Sur quoi on peut considérer que don Fernand étant le premier roi de Castille, et ceux qui en avoient été maîtres auparavant lui n'ayant eu titre que de comtes, il n'étoit peut-être pas assez absolu sur les grands seigneurs de son royaume pour le pouvoir faire.

1. Voyez *las Mocedades del Cid*, au premier tiers de la seconde journée; la pièce n'est pas divisée en scènes distinguées par des chiffres.

2. Corneille a remarqué dans le *Discours du Poëme dramatique* (tome I, p. 48) que l'amour de l'Infante est un épisode détaché, et dans l'*Examen* de *Clitandre* (tome I, p. 272), que don Fernand agit seulement en qualité de juge et que ce roi « remplit assez mal la dignité d'un si grand titre. » Il revient encore sur ces deux personnages dans l'*Examen* d'*Horace*.

Chez don Guillen de Castro, qui a traité ce sujet avant moi, et qui devoit mieux connoître que moi quelle étoit l'autorité de ce premier monarque de son pays, le soufflet se donne en sa présence et en celle de deux ministres d'État[1], qui lui conseillent, après que le Comte s'est retiré fièrement et avec bravade, et que don Diègue a fait la même chose en soupirant, de ne le pousser point à bout, parce qu'il a quantité d'amis dans les Asturies, qui se pourroient révolter, et prendre parti avec les Maures dont son État est environné. Ainsi il se résout d'accommoder l'affaire sans bruit, et recommande le secret à ces deux ministres, qui ont été seuls témoins de l'action. C'est sur cet exemple que je me suis cru bien fondé à le faire agir plus mollement qu'on ne feroit en ce temps-ci, où l'autorité royale est plus absolue. Je ne pense pas non plus qu'il fasse une faute bien grande de ne jeter point[2] l'alarme de nuit dans sa ville, sur l'avis incertain qu'il a du dessein des Maures, puisqu'on faisoit bonne garde sur les murs et sur le port; mais il est inexcusable de n'y donner aucun ordre après leur arrivée, et de laisser tout faire à Rodrigue. La loi du combat qu'il propose à Chimène avant que de le permettre à don Sanche contre Rodrigue, n'est pas si injuste que quelques-uns ont voulu le dire, parce qu'elle est plutôt une menace pour la faire dédire de la demande de ce combat, qu'un arrêt qu'il lui veuille faire exécuter. Cela paroît en ce qu'après la victoire de Rodrigue il n'en exige pas précisément l'effet de sa parole, et la laisse en état d'espérer que cette condition n'aura point de lieu.

Je ne puis dénier que la règle des vingt et quatre

1. Voyez *las Mocedades del Cid*, au premier tiers de la première journée.
2. Var. (édit. de 1660-1663) : Je ne pense pas non plus qu'il manque beaucoup à ne jeter point, etc.

heures[1] presse trop les incidents de cette pièce. La mort du Comte et l'arrivée des Maures s'y pouvoient entre-suivre d'aussi près qu'elles font, parce que cette arrivée est une surprise qui n'a point de communication, ni de mesures à prendre avec le reste ; mais il n'en va pas ainsi du combat de don Sanche, dont le Roi étoit le maître, et pouvoit lui choisir un autre temps que deux heures après la fuite des Maures. Leur défaite avoit assez fatigué Rodrigue toute la nuit, pour mériter deux ou trois jours de repos, et même il y avoit quelque apparence qu'il n'en étoit pas échappé sans blessures, quoique je n'en aye rien dit, parce qu'elles n'auroient fait que nuire à la conclusion de l'action.

Cette même règle presse aussi trop Chimène de demander justice au Roi la seconde fois. Elle l'avoit fait le soir d'auparavant, et n'avoit aucun sujet d'y retourner le lendemain matin pour en importuner le Roi, dont elle n'avoit encore aucun lieu de se plaindre, puisqu'elle ne pouvoit encore dire qu'il lui eût manqué de promesse. Le roman lui auroit donné sept ou huit jours de patience avant que de l'en presser de nouveau ; mais les vingt et quatre heures ne l'ont pas permis[2] : c'est l'incommodité de la règle.

Passons à celle de l'unité de lieu, qui ne m'a pas donné moins de gêne en cette pièce. Je l'ai placé dans Séville, bien que don Fernand n'en aye jamais été le maître ; et j'ai été obligé à cette falsification, pour former quelque vraisemblance à la descente des Maures, dont l'armée ne pouvoit venir si vite par terre que par eau. Je ne voudrois pas assurer toutefois que le flux de la mer monte

---

1. VAR. (édit. de 1660) : que la règle des vingt-quatre heures.
2. VAR. (édit. de 1660) : mais les vingt-quatre heures ne l'ont pas permis.

effectivement jusque-là[1]; mais comme dans notre Seine il fait encore plus de chemin qu'il ne lui en faut faire sur le Guadalquivir pour battre les murailles de cette ville, cela peut suffire à fonder quelque probabilité parmi nous, pour ceux qui n'ont point été sur le lieu même.

Cette arrivée des Maures ne laisse pas d'avoir ce défaut, que j'ai marqué ailleurs[2], qu'ils se présentent d'eux-mêmes, sans être appelés dans la pièce, directement ni indirectement, par aucun acteur du premier acte. Ils ont plus de justesse dans l'irrégularité de l'auteur espagnol : Rodrigue, n'osant plus se montrer à la cour, les va combattre sur la frontière[3]; et ainsi le premier acteur les va chercher, et leur donne place dans le poëme, au contraire de ce qui arrive ici, où ils semblent se venir faire de fête exprès pour en être battus, et lui donner moyen de rendre à son roi un service d'importance[4], qui lui fasse obtenir sa grâce. C'est une seconde incommodité de la règle dans cette tragédie.

Tout s'y passe donc dans Séville, et garde ainsi quelque espèce d'unité de lieu en général; mais le lieu particulier change de scène en scène, et tantôt c'est le palais du Roi, tantôt l'appartement de l'Infante, tantôt la maison de Chimène, et tantôt une rue ou place publique. On le détermine aisément pour les scènes détachées; mais pour celles qui ont leur liaison ensemble, comme les quatre dernières du premier acte, il est malaisé d'en choisir un

1. Corneille aurait pu l'assurer. Madoz dit que le flux se fait sentir jusqu'à dix ou douze lieues au-dessus de Séville. (*Diccionario geografico-estadistico-historico de España*. Madrid, 1847, gr. in-8º, tome IX, p. 22.)
2. Voyez tome I, p. 43.
3. Voyez *las Moçedades del Çid*, deuxième journée.
4. Var. (édit. de 1660 et de 1663) : de rendre un service d'importance à son roi.

qui convienne à toutes[1]. Le Comte et don Diègue se querellent au sortir du palais; cela se peut passer dans une rue; mais après le soufflet reçu, don Diègue ne peut pas demeurer en cette rue à faire ses plaintes, attendant que son fils survienne, qu'il ne soit tout aussitôt environné de peuple, et ne reçoive l'offre de quelques amis. Ainsi il seroit plus à propos qu'il se plaignît dans sa maison, où le met l'Espagnol[2], pour laisser aller ses sentiments en liberté; mais en ce cas il faudroit délier les scènes comme il a fait. En l'état où elles sont ici, on peut dire qu'il faut quelquefois aider au théâtre, et suppléer favorablement ce qui ne s'y peut représenter. Deux personnes s'y arrêtent pour parler, et quelquefois il faut présumer qu'ils marchent, ce qu'on ne peut exposer sensiblement à la vue, parce qu'ils échapperoient aux yeux avant que d'avoir pu dire ce qu'il est nécessaire qu'ils fassent savoir à l'auditeur. Ainsi, par une fiction de théâtre, on peut s'imaginer que don Diègue et le Comte, sortant du palais du Roi, avancent toujours en se querellant, et sont arrivés devant la maison de ce premier lorsqu'il reçoit le

---

1. Ailleurs Corneille a déjà dit la même chose, mais en précisant un peu plus : « *Le Cid* multiple encore davantage les lieux particuliers sans quitter Séville; et comme la liaison de scènes n'y est pas gardée, le théâtre, dès le premier acte, est la maison de Chimène, l'appartement de l'Infante dans le palais du Roi, et la place publique; le second y ajoute la chambre du Roi; et sans doute il y a quelque excès dans cette licence. » (*Discours des trois unités*, tome I, p. 120.) On doit bien penser que Scudéry ne manqua pas d'insister sur cette irrégularité : « Le théâtre, dit-il, en est si mal entendu, qu'un même lieu représentant l'appartement du Roi, celui de l'Infante, la maison de Chimène et la rue, presque sans changer de face, le spectateur ne sait le plus souvent où en sont les acteurs. » (*Fautes remarquées dans la tragi-comédie du Cid*, p. 29.) — Actuellement on change les décorations. Voyez la *Notice*, p. 52.

2. Voyez *las Mocedades del Cid*, au deuxième tiers de la première journée.

soufflet qui l'oblige à y entrer pour y chercher du secours. Si cette fiction poétique ne vous satisfait point, laissons-le dans la place publique, et disons que le concours du peuple autour de lui après cette offense, et les offres de service que lui font les premiers amis qui s'y rencontrent, sont des circonstances que le roman ne doit pas oublier; mais que ces menues actions ne servant de rien à la principale, il n'est pas besoin que le poëte s'en embarrasse sur la scène. Horace l'en dispense par ces vers :

*Hoc amet, hoc spernat promissi carminis auctor;
Pleraque negligat*[1].

Et ailleurs :

Semper ad eventum festinet[2].

C'est ce qui m'a fait négliger, au troisième acte, de donner à don Diègue, pour aide à chercher son fils, aucun des cinq cents amis qu'il avoit chez lui. Il y a grande apparence que quelques-uns d'eux l'y accompagnoient, et même que quelques autres le cherchoient pour lui d'un autre côté; mais ces accompagnements inutiles de personnes qui n'ont rien à dire, puisque celui qu'ils accompagnent a seul tout l'intérêt à l'action, ces sortes d'accompagnements, dis-je, ont toujours mauvaise grâce au théâtre, et d'autant plus que les comédiens n'emploient à ces personnages muets que leurs moucheurs de chandelles et leurs valets, qui ne savent quelle posture tenir.

1. Voici le vrai texte de ce passage (*Art poétique*, vers 44 et 45) :

*Pleraque differat, et præsens in tempus omittat;
Hoc amet, hoc spernat promissi carminis auctor.*

2. Ici Corneille a changé le mode du verbe pour faire mieux concorder les deux citations. Il y a dans l'*Art poétique* (vers 148) :

Semper ad eventum festinat.

EXAMEN.

Les funérailles du Comte étoient encore une chose fort embarrassante, soit qu'elles se soient faites avant la fin de la pièce, soit que le corps aye demeuré en présence dans son hôtel, attendant qu'on y donnât ordre[1]. Le moindre mot que j'en eusse laissé dire, pour en prendre soin, eût rompu toute la chaleur de l'attention, et rempli l'auditeur d'une fâcheuse idée. J'ai cru plus à propos de les dérober à son imagination par mon silence, aussi bien que le lieu précis de ces quatre scènes du premier acte dont je viens de parler; et je m'assure que cet artifice m'a si bien réussi, que peu de personnes ont pris garde à l'un ni à l'autre, et que la plupart des spectateurs, laissant emporter leurs esprits à ce qu'ils ont vu et entendu de pathétique en ce poëme, ne se sont point avisés de réfléchir sur ces deux considérations.

J'achève par une remarque sur ce que dit Horace, que ce qu'on expose à la vue touche bien plus que ce qu'on n'apprend que par un récit[2].

C'est sur quoi je me suis fondé pour faire voir le soufflet que reçoit don Diègue, et cacher aux yeux la mort du Comte, afin d'acquérir et conserver à mon premier acteur l'amitié des auditeurs, si nécessaire pour réussir au

---

1. Scudéry revient à deux reprises sur ce point : « Rodrigue y paroît d'abord (*dans le troisième acte*) chez Chimène, avec une épée qui fume encore du sang tout chaud qu'il vient de faire répandre à son père; et par cette extravagance si peu attendue, il donne de l'horreur à tous les judicieux qui le voient, et qui savent que ce corps est encore dans la maison. » (*Fautes remarquées*, p. 22.) — « Rodrigue vient en plein jour revoir Chimène.... Si je ne craignois de faire le plaisant mal à propos, je lui demanderois volontiers s'il a donné de l'eau bénite en passant à ce pauvre mort qui vraisemblablement est dans la salle. » (P. 27.)

2. *Segnius irritant animos demissa per aurem,*
Quam quæ sunt oculis subjecta fidelibus....
(*Art poétique*, vers 180 et 181.)

théâtre. L'indignité d'un affront fait à un vieillard, chargé d'années et de victoires, les jette aisément dans le parti de l'offensé; et cette mort, qu'on vient dire au Roi tout simplement sans aucune narration touchante, n'excite point en eux la commisération qu'y eût fait naître le spectacle de son sang, et ne leur donne aucune aversion pour ce malheureux amant, qu'ils ont vu forcé par ce qu'il devoit à son honneur d'en venir à cette extrémité, malgré l'intérêt et la tendresse de son amour.

LISTE DES ÉDITIONS QUI ONT ÉTÉ COLLATIONNÉES POUR LES VARIANTES DU CID.

ÉDITIONS SÉPARÉES.

1637 in-4°, Paris, F. Targa (Bibliothèque impériale, Y, 5664 + A);

1637 in-4°, Paris, A. Courbé (Bibliothèque impériale, Y, 5664 + A);

1637 in-4°, Paris, F. Targa (Bibliothèque de l'Institut et Bibliothèque de Versailles[1]);

1637 in-12 (deux exemplaires identiques);

1638 in-12, Paris;

1638 in-12, Leyden, édition précédée d'un avis *Aux amateurs du langage françois*, signé J. P.[2];

1639 in-4°;

1644 in-4°;

1644 in-12;

1. Nous avons confronté plusieurs exemplaires de l'édition originale, parce qu'ils ne sont pas tous identiques : en les comparant, nous avons constaté, comme on pourra le voir aux variantes, plusieurs différences, dont une est très-notable : voyez vers 312-314, p. 122.

2. Nous avons fait réimprimer cet avis à la fin de notre *Appendice du Cid*.

RECUEILS.

1648 in-12;	1660 in-8°;
1652 in-12;	1663 in-fol.;
1654 in-12;	1664 in-8°;
1655 in-12;	1668 in-12;
1656 in-12;	1682 in-12.

N. B. — Quand il sera besoin de distinguer les uns des autres les divers exemplaires de l'édition de 1637, in-4°, nous désignerons ceux de la Bibliothèque impériale de Paris par la lettre P., ceux des Bibliothèques de l'Institut et de Versailles par un I. (Les deux exemplaires de la Bibliothèque impériale sont constamment identiques; l'exemplaire de Versailles est partout semblable à celui de l'Institut.) — Nous distinguerons de même par les lettres P. et L. nos deux éditions in-12 de 1638, de Paris et de Leyde.

ACTEURS.

DON FERNAND[1], premier roi de Castille.
DOÑA URRAQUE, infante de Castille.
DON DIÈGUE, père de don Rodrigue.
DON GOMÈS, comte de Gormas, père de Chimène.
DON RODRIGUE, amant de Chimène[2].
DON SANCHE, amoureux de Chimène.
DON ARIAS,   }
DON ALONSE, } gentilshommes castillans.
CHIMÈNE, fille de don Gomès[3].
LÉONOR, gouvernante de l'Infante.
ELVIRE, gouvernante de Chimène[4].
UN PAGE de l'Infante.

La scène est à Séville.

1. *Fernand* ou Ferdinand Ier, dit le Grand, mourut en 1075. *Doña Urraque* est aussi un nom historique : les deux filles que laissa le roi Fernand s'appelaient, l'une *doña Urraca*, l'autre *doña Elvira*. Nous avons vu plus haut (p. 79), dans l'extrait de Mariana, *don Gomès*, *Chimène*, et *don Rodrigue* (ou *Ruy Diaz de Bivar*, surnommé *le Cid*). Le père de don Rodrigue est appelé par le même historien (livre IX, chapitre v) *don Diego Laynez*. Quant à *don Arias*, qu'il nomme *don Arias Gonzalès*, il parle de lui comme d'un vieil officier qui avait longtemps servi sous le roi don Fernand. Les autres noms de ses acteurs, Corneille les a trouvés également, à l'exception peut-être de celui de *Léonor*, soit dans le livre IX de Mariana, soit dans don Guillem de Castro ; seulement il a donné ceux de *don Sanche* et de *don Alonse* à d'autres personnages que ceux à qui ils appartiennent dans l'histoire ou chez le poëte espagnol.

2. VAR. (édit. de 1637-1656) : DON RODRIGUE, fils de don Diègue et amant de Chimène.

3. VAR. (édit. de 1637-1644) : CHIMÈNE, maîtresse de don Rodrigue et de don Sanche.

4. VAR. (édit. de 1637-1656) : ELVIRE, suivante de Chimène.

LE CID,

TRAGÉDIE[1].

ACTE I.

SCÈNE PREMIÈRE[2].
CHIMÈNE, ELVIRE[3].

CHIMÈNE.
Elvire, m'as-tu fait un rapport bien sincère?
Ne déguises-tu rien de ce qu'a dit mon père?
ELVIRE.
Tous mes sens à moi-même en sont encor charmés :
Il estime Rodrigue autant que vous l'aimez,
Et si je ne m'abuse à lire dans son âme,   5

---

1. *Var.* TRAGI-COMÉDIE. (1637-44)
2. Voyez la *Notice*, p. 51.
3. *Var.*   SCÈNE PREMIÈRE.
           LE COMTE, ELVIRE (*a*).
   ELV. Entre tous ces amants dont la jeune ferveur
   Adore votre fille et brigue ma faveur,
   Don Rodrigue et don Sanche à l'envi font paroltre (*b*)

(*a*) ELVIRE, LE COMTE. (1638 P.)
(*b*) Dans l'édition originale, et dans plusieurs de celles qui l'ont suivie, il y a *parestre*, et à l'autre vers *naistre*. Nous avons signalé une rime semblable : *cognestre* et *naistre*, dans *la Comédie des Tuileries* (voyez tome II, p. 315, note 1). Dans l'intérieur des vers, les éditions les plus anciennes donnent tantôt *parestre* (par exemple, à la variante du vers 1250), tantôt *paroistre* (à la variante du vers 1419).

Il vous commandera de répondre à sa flamme.
CHIMÈNE.
Dis-moi donc, je te prie, une seconde fois
Ce qui te fait juger qu'il approuve mon choix :
Apprends-moi de nouveau quel espoir j'en dois prendre ;
Un si charmant discours ne se peut trop entendre ; 10
Tu ne peux trop promettre aux feux de notre amour
La douce liberté de se montrer au jour.
Que t'a-t-il répondu sur la secrète brigue
Que font auprès de toi don Sanche et don Rodrigue ?
N'as-tu point trop fait voir quelle inégalité 15
Entre ces deux amants me penche d'un côté ?
ELVIRE.
Non ; j'ai peint votre cœur dans une indifférence
Qui n'enfle d'aucun d'eux ni détruit l'espérance¹,
Et sans les voir d'un œil trop sévère ou trop doux,
Attend l'ordre d'un père à choisir un époux. 20
Ce respect l'a ravi, sa bouche et son visage
M'en ont donné sur l'heure un digne témoignage²,
Et puisqu'il vous en faut encor faire un récit,
Voici d'eux et de vous ce qu'en hâte il m'a dit :
« Elle est dans le devoir ; tous deux sont dignes d'elle, 25
Tous deux formés d'un sang noble, vaillant, fidèle,
Jeunes, mais qui font lire aisément dans leurs yeux

    Le beau feu qu'en leurs cœurs ses beautés ont fait naître.
    Ce n'est pas que Chimène écoute leurs soupirs,
    Ou d'un regard propice anime leurs desirs :
    Au contraire, pour tous dedans l'indifférence,
    Elle n'ôte à pas un ni donne d'espérance,
    Et sans les voir d'un œil trop sévère ou trop doux,
    C'est de votre seul choix qu'elle attend un époux.
  LE COMTE. [Elle est dans le devoir ; tous deux sont dignes d'elle (a).]
1. *Var.* Qui n'enfle de pas un ni détruit l'espérance,   (1637-56)
    Et sans rien voir d'un œil trop sévère ou trop doux. (1660)
2. *Var.* M'en ont donné tous deux un soudain témoignage. (1660)

(a) On voit que, dans ses premières éditions, Corneille faisait dire au Comte lui-même ce qu'à partir de 1660 Elvire rapporte comme un discours du Comte.

L'éclatante vertu de leurs braves aïeux.
Don Rodrigue surtout n'a trait en son visage[1]
Qui d'un homme de cœur ne soit la haute image,　　30
Et sort d'une maison si féconde en guerriers,
Qu'ils y prennent naissance au milieu des lauriers.
La valeur de son père, en son temps sans pareille,
Tant qu'a duré sa force, a passé pour merveille;
Ses rides sur son front ont gravé ses exploits[2],　　35
Et nous disent encor ce qu'il fut autrefois.
Je me promets du fils ce que j'ai vu du père;
Et ma fille, en un mot, peut l'aimer et me plaire[3]. »

    1. *Var.* Don Rodrigue surtout n'a trait de son visage. (1637 in-12)
    2. « J'ai vu feu M. Corneille fort en colère contre M. Racine pour une bagatelle, tant les poëtes sont jaloux de leurs ouvrages. M. Corneille.... avoit dit en parlant de don Diègue :

          Ses rides sur son front ont gravé ses exploits;

M. Racine, par manière de parodie, s'en joua dans ses *Plaideurs*, où il dit d'un sergent, acte I, scène 1 :

          Ses rides sur son front gravoient tous ses exploits.

« Quoi! disoit M. Corneille, ne tient-il qu'à un jeune homme de venir tourner « en ridicule les plus beaux vers des gens? » (*Ménagiana*, édition de 1715, tome III, p. 306 et 307.)
    3. *Var.* [Et ma fille, en un mot, peut l'aimer et me plaire.]
      Va l'en entretenir; mais dans cet entretien
      Cache mon sentiment et découvre le sien.
      Je veux qu'à mon retour nous en parlions ensemble;
      L'heure à présent m'appelle au conseil qui s'assemble :
      Le Roi doit à son fils choisir un gouverneur,
      Ou plutôt (*a*) m'élever à ce haut rang d'honneur;
      Ce que pour lui mon bras chaque jour exécute,
      Me défend de penser qu'aucun me le dispute.

SCÈNE II (*b*).
CHIMÈNE, ELVIRE (*c*).

    ELVIRE, *seule* (*d*). Quelle douce nouvelle à ces jeunes amants!
Et que tout se dispose à leurs contentements!

    (*a*) L'édition de 1638 P. porte : « Au plutôt, » ce qui est sans doute une faute.
    (*b*) Les scènes se trouvent ainsi reculées d'un rang, jusqu'à la fin de l'acte, dans les éditions de 1637-56. — L'édition de 1638 P. numérote partout les scènes en nombres ordinaux : SCÈNE DEUXIÈME, SCÈNE TROISIÈME, etc.
    (*c*) ELVIRE, CHIMÈNE. (1638 P.)
    (*d*) Le mot *seule* manque dans les éditions de 1638 P. et de 1644 in-12.

Il alloit au conseil, dont l'heure qui pressoit¹
A tranché ce discours qu'à peine il commençoit ; 40
Mais à ce peu de mots je crois que sa pensée
Entre vos deux amants n'est pas fort balancée.
Le Roi doit à son fils élire un gouverneur,
Et c'est lui que regarde un tel degré d'honneur :
Ce choix n'est pas douteux, et sa rare vaillance 45
Ne peut souffrir qu'on craigne aucune concurrence.
Comme ses hauts exploits le rendent sans égal,
Dans un espoir si juste il sera sans rival ;
Et puisque don Rodrigue a résolu son père
Au sortir du conseil à proposer l'affaire, 50
Je vous laisse à juger s'il prendra bien son temps,
Et si tous vos desirs seront bientôt contents.

CHIMÈNE.

Il semble toutefois que mon âme troublée
Refuse cette joie, et s'en trouve accablée :
Un moment donne au sort des visages divers, 55
Et dans ce grand bonheur je crains un grand revers.

ELVIRE.

Vous verrez cette crainte heureusement déçue².

CHIMÈNE.

Allons, quoi qu'il en soit, en attendre l'issue.

CHIM. Eh bien ! Elvire, enfin que faut-il que j'espère ?
Que dois-je devenir, et que t'a dit mon père ?
ELV. Deux mots dont tous vos sens doivent être charmés :
[Il estime Rodrigue autant que vous l'aimez.]
CHIM. L'excès de ce bonheur me met en défiance :
Puis-je à de tels discours donner quelque croyance ?
ELV. Il passe bien plus outre, il approuve ses feux,
Et vous doit commander de répondre à ses vœux.
Jugez après cela, puisque tantôt son père
Au sortir du conseil doit proposer l'affaire,
S'il pouvoit avoir lieu de mieux prendre son temps,
[Et si tous vos desirs seront bientôt contents.] (1637-56)
1. *Var.* Il alloit au conseil, dont l'heure qu'il pressoit. (1660)
2. *Var.* Vous verrez votre crainte heureusement déçue. (1637-56)

SCÈNE II.

L'INFANTE, LÉONOR, PAGE[1].

L'INFANTE[2].

Page, allez avertir Chimène de ma part[3]
Qu'aujourd'hui pour me voir elle attend un peu tard, 60
Et que mon amitié se plaint de sa paresse.
(Le Page rentre[4].)

LÉONOR.

Madame, chaque jour même desir vous presse;
Et dans son entretien je vous vois chaque jour[5]
Demander en quel point se trouve son amour[6].

L'INFANTE.

Ce n'est pas sans sujet : je l'ai presque forcée[7] 65
A recevoir les traits dont son âme est blessée.
Elle aime don Rodrigue, et le tient de ma main,
Et par moi don Rodrigue a vaincu son dédain :
Ainsi de ces amants ayant formé les chaînes,
Je dois prendre intérêt à voir finir leurs peines[8]. 70

LÉONOR.

Madame, toutefois parmi leurs bons succès
Vous montrez un chagrin qui va jusqu'à l'excès[9].

---

1. *Var.* LE PAGE. (1638 P. et 44 in-12)
2. *Var.* L'INFANTE, au Page. (1637-60)
3. *Var.* Va-t'en trouver Chimène, et lui dis de ma part. (1637-44)
   Var. Va-t'en trouver Chimène, et dis-lui de ma part. (1648-56)
4. Ce jeu de scène manque dans les éditions de 1637 in-12 et de 1638 L. — Il se trouve trois vers plus loin dans l'édition de 1644 in-12.
5. *Var.* Et je vous vois pensive et triste chaque jour. (1637-56)
6. *Var.* L'informer (a) avec soin comme va son amour. (1637-44)
   Var. Demander avec soin comme va son amour. (1648-56)
7. *Var.* J'en dois bien avoir soin : je l'ai presque forcée
   A recevoir les coups dont son âme est blessée (b). (1637-56)
8. *Var.* Je dois prendre intérêt à la fin de leurs peines. (1637-56)
9. *Var.* On vous voit un chagrin qui va jusqu'à l'excès. (1637-56)

(a) Voyez tome I, p. 472, note 2, et tome II, p. 31, note 2.
(b) A recevoir le coup dont son âme est blessée. (1644 in-12)

Cet amour, qui tous deux les comble d'allégresse,
Fait-il de ce grand cœur la profonde tristesse,
Et ce grand intérêt que vous prenez pour eux 75
Vous rend-il malheureuse alors qu'ils sont heureux?
Mais je vais trop avant, et deviens indiscrète.

L'INFANTE.

Ma tristesse redouble à la tenir secrète.
Écoute, écoute enfin comme j'ai combattu,
Écoute quels assauts brave encor ma vertu[1]. 80
  L'amour est un tyran qui n'épargne personne :
Ce jeune cavalier[2], cet amant que je donne[3],
Je l'aime[4].

LÉONOR.

  Vous l'aimez!

L'INFANTE.

  Mets la main sur mon cœur,
Et vois comme il se trouble au nom de son vainqueur,
Comme il le reconnoît.

LÉONOR.

  Pardonnez-moi, Madame, 85
Si je sors du respect pour blâmer cette flamme[5].
Une grande princesse à ce point s'oublier
Que d'admettre en son cœur un simple cavalier[6]!
Et que diroit le Roi? que diroit la Castille[7]?

---

1. *Var.* Et plaignant ma foiblesse, admire ma vertu. (1637 in-4° et 39-56)
   Var. Et plaignant ma tristesse, admire ma vertu. (1637 in-12 et 38)
2. Voyez le *Lexique*, au mot *Cavalier*.
3. *Var.* Ce jeune chevalier, cet amant que je donne.
   (1637 in-4°, 38 P. et 39-44)
4. « L'Infante dans *le Cid* avoue à Léonor l'amour secret qu'elle a pour lui, et l'auroit pu faire un an ou six mois plus tôt. » (Corneille, *Examen de Polyeucte*.)
5. *Var.* Si je sors du respect pour blâmer votre flamme. (1637 in-12 et 38 L.)
6. *Var.* Choisir pour votre amant un simple chevalier!
   (1637 in-4°, 38 P. et 39-44)
   Var. Choisir pour votre amant un simple cavalier!
   (1637 in-12, 38 L. et 48-56)
7. *Var.* Et que dira le Roi? que dira la Castille?

ACTE I, SCÈNE II.

Vous souvient-il encor de qui vous êtes fille ? 90

L'INFANTE.

Il m'en souvient si bien que j'épandrai mon sang
Avant que je m'abaisse à démentir mon rang.
Je te répondrois bien que dans les belles âmes
Le seul mérite a droit de produire des flammes ;
Et si ma passion cherchoit à s'excuser, 95
Mille exemples fameux pourroient l'autoriser ;
Mais je n'en veux point suivre où ma gloire s'engage ;
La surprise des sens n'abat point mon courage[1] ;
Et je me dis toujours qu'étant fille de roi[2],
Tout autre qu'un monarque est indigne de moi. 100
Quand je vis que mon cœur ne se pouvoit défendre,
Moi-même je donnai ce que je n'osois prendre.
Je mis, au lieu de moi, Chimène en ses liens,
Et j'allumai leurs feux pour éteindre les miens.
Ne t'étonne donc plus si mon âme gênée 105
Avec impatience attend leur hyménée :
Tu vois que mon repos en dépend aujourd'hui.
Si l'amour vit d'espoir, il périt avec lui[3] :
C'est un feu qui s'éteint, faute de nourriture ;
Et malgré la rigueur de ma triste aventure, 110
Si Chimène a jamais Rodrigue pour mari,
Mon espérance est morte, et mon esprit guéri[4].
Je souffre cependant un tourment incroyable :
Jusques à cet hymen Rodrigue m'est aimable ;

Vous souvenez-vous point de qui vous êtes fille (*a*)?
L'INF. Oui, oui, je m'en souviens, et j'épandrai mon sang
Plutôt que de rien faire indigne de mon rang. (1637-56)
1. *Var.* Si j'ai beaucoup d'amour, j'ai bien plus de courage. (1637-56)
2. *Var.* Un noble orgueil m'apprend qu'étant fille de roi.
(1637, 38, 44 in-12 et 48-56)
Var. Un noble orgueil m'apprend qu'étant fille du Roi. (1639 et 44 in-4°)
3. *Var.* Si l'amour vit d'espoir, il meurt avecque lui. (1637-56)
4. L'édition de 1637 in-12 porte *guart*, pour *guéri*.

(*a*) Vous souvenez-vous bien de qui vous êtes fille? (1638 L.)

Je travaille à le perdre, et le perds à regret ; 115
Et de là prend son cours mon déplaisir secret.
Je vois avec chagrin que l'amour me contraigne¹
A pousser des soupirs pour ce que je dédaigne ;
Je sens en deux partis mon esprit divisé :
Si mon courage est haut, mon cœur est embrasé ; 120
Cet hymen m'est fatal, je le crains, et souhaite :
Je n'ose en espérer qu'une joie imparfaite².
Ma gloire et mon amour ont pour moi tant d'appas,
Que je meurs s'il s'achève ou ne s'achève pas.

LÉONOR.

Madame, après cela je n'ai rien à vous dire, 125
Sinon que de vos maux avec vous je soupire :
Je vous blâmois tantôt, je vous plains à présent ;
Mais puisque dans un mal si doux et si cuisant
Votre vertu combat et son charme et sa force,
En repousse l'assaut, en rejette l'amorce, 130
Elle rendra le calme à vos esprits flottants.
Espérez donc tout d'elle, et du secours du temps ;
Espérez tout du ciel : il a trop de justice
Pour laisser la vertu dans un si long supplice³.

L'INFANTE.

Ma plus douce espérance est de perdre l'espoir. 135

LE PAGE.

Par vos commandements Chimène vous vient voir.

L'INFANTE, à Léonor⁴.

Allez l'entretenir en cette galerie.

LÉONOR.

Voulez-vous demeurer dedans la rêverie ?

1. *Var.* Je suis au désespoir que l'amour me contraigne. (1637-60)
2. *Var.* Je ne m'en promets rien qu'une joie imparfaite.
   Ma gloire et mon amour ont tous deux tant d'appas,
   Que je meurs s'il s'achève et ne s'achève pas. (1637-56)
3. *Var.* Pour souffrir la vertu si longtemps au supplice. (1637-56)
4. Les mots *à Léonor* manquent dans les éditions de 1637-44.

ACTE I, SCÈNE II.

L'INFANTE.
Non, je veux seulement, malgré mon déplaisir,
Remettre mon visage un peu plus à loisir. 140
Je vous suis.
                Juste ciel, d'où j'attends mon remède,
Mets enfin quelque borne au mal qui me possède :
Assure mon repos, assure mon honneur.
Dans le bonheur d'autrui je cherche mon bonheur :
Cet hyménée à trois également importe ; 145
Rends son effet plus prompt, ou mon âme plus forte.
D'un lien conjugal joindre ces deux amants,
C'est briser tous mes fers, et finir mes tourments.
Mais je tarde un peu trop : allons trouver Chimène,
Et par son entretien soulager notre peine. 150

SCÈNE III.

LE COMTE, DON DIÈGUE.

LE COMTE.
Enfin vous l'emportez, et la faveur du Roi
Vous élève en un rang qui n'étoit dû qu'à moi :
Il vous fait gouverneur du prince de Castille.

DON DIÈGUE.
Cette marque d'honneur qu'il met dans ma famille
Montre à tous qu'il est juste, et fait connoître assez 155
Qu'il sait récompenser les services passés.

LE COMTE.
Pour grands que soient les rois, ils sont ce que nous sommes :
Ils peuvent se tromper comme les autres hommes ;
Et ce choix sert de preuve à tous les courtisans
Qu'ils savent mal payer les services présents. 160

DON DIÈGUE.
Ne parlons plus d'un choix dont votre esprit s'irrite :

La faveur l'a pu faire autant que¹ le mérite ;
Mais on doit ce respect au pouvoir absolu²,
De n'examiner rien quand un roi l'a voulu.
A l'honneur qu'il m'a fait ajoutez-en un autre³ ;   165
Joignons d'un sacré nœud ma maison à la vôtre :
Vous n'avez qu'une fille, et moi je n'ai qu'un fils⁴ ;
Leur hymen nous peut rendre à jamais plus qu'amis :
Faites-nous cette grâce, et l'acceptez pour gendre.

LE COMTE.

A des partis plus hauts ce beau fils doit prétendre ;   170
Et le nouvel éclat de votre dignité
Lui doit enfler le cœur d'une autre vanité⁵.

Exercez-la, Monsieur, et gouvernez le Prince :
Montrez-lui comme il faut régir une province,
Faire trembler partout les peuples sous sa loi⁶,   175
Remplir les bons d'amour, et les méchants d'effroi.
Joignez à ces vertus celles d'un capitaine :
Montrez-lui comme il faut s'endurcir à la peine,
Dans le métier de Mars se rendre sans égal,
Passer les jours entiers et les nuits à cheval,   180
Reposer tout armé, forcer une muraille,
Et ne devoir qu'à soi le gain d'une bataille.
Instruisez-le d'exemple, et rendez-le parfait⁷,
Expliquant à ses yeux vos leçons par l'effet.

---

1. L'édition de 1637 in-12 porte *avant que*, pour *autant que*.
2. *Var.* Vous choisissant peut-être on eût pu mieux choisir ;
   Mais le Roi m'a trouvé plus propre à son desir. (1637-56)
3. *Var.* A l'honneur qu'on m'a fait ajoutez-en un autre. (1660 et 63)
4. *Var.* Rodrigue aime Chimène, et ce digne sujet
   De ses affections est le plus cher objet :
   Consentez-y, Monsieur, et l'acceptez pour gendre.
   LE COMTE. A de plus hauts partis Rodrigue doit prétendre. (1637-56)
5. *Var.* Lui doit bien mettre au cœur une autre vanité. (1637-56)
6. L'édition de 1682 porte, par erreur, *sous la loi*, pour *sous sa loi*.
7. *Var.* Instruisez-le d'exemple, et vous ressouvenez
   Qu'il faut faire à ses yeux ce que vous enseignez. (1637-56)

ACTE I, SCÈNE III.

DON DIÈGUE.

Pour s'instruire d'exemple, en dépit de l'envie, 185
Il lira seulement l'histoire de ma vie.
  Là, dans un long tissu de belles actions¹,
Il verra comme il faut dompter des nations,
Attaquer une place, ordonner une armée²,
Et sur de grands exploits bâtir sa renommée. 190

LE COMTE.

Les exemples vivants sont d'un autre pouvoir³ ;
Un prince dans un livre apprend mal son devoir.
Et qu'a fait après tout ce grand nombre d'années,
Que ne puisse égaler une de mes journées?
Si vous fûtes vaillant, je le suis aujourd'hui, 195
Et ce bras du royaume est le plus ferme appui.
Grenade et l'Aragon tremblent quand ce fer brille ;
Mon nom sert de rempart à toute la Castille :
Sans moi, vous passeriez bientôt sous d'autres lois,
Et vous auriez bientôt vos ennemis pour rois⁴. 200
Chaque jour, chaque instant, pour rehausser ma gloire,
Met lauriers sur lauriers, victoire sur victoire.
Le Prince à mes côtés feroit dans les combats
L'essai de son courage à l'ombre de mon bras ;
Il apprendroit à vaincre en me regardant faire ; 205

---

1. *Var.* Là, dans un long tissu des belles actions. (1639 et 44 in-4°)
2. *Var.* Attaquer une place et ranger une armée. (1660-64)
3. *Var.* Les exemples vivants ont bien plus de pouvoir. (1637-56)
4. *Var.* Et si vous ne m'aviez, vous n'auriez plus de rois.
   Chaque jour, chaque instant entasse pour ma gloire
   Laurier dessus laurier, victoire sur victoire (*a*).
   Le Prince, pour essai de générosité,
   Gagneroit des combats marchant à mon côté ;
   Loin des froides leçons qu'à mon bras on préfère,
   [Il apprendroit à vaincre en me regardant faire.]
   DON DIÈG. Vous me parlez en vain de ce que je connoi (*b*) :
   [Je vous ai vu combattre et commander sous moi.] (1637-56)

(*a*) Lauriers dessus lauriers, victoire sur victoire. (1648-56)
(*b*) Voyez tome I, p. 421, note 3.

Et pour répondre en hâte à son grand caractère,
Il verroit....
                    DON DIÈGUE.
            Je le sais, vous servez bien le Roi :
Je vous ai vu combattre et commander sous moi.
Quand l'âge dans mes nerfs a fait couler sa glace,
Votre rare valeur a bien rempli ma place ;   210
Enfin, pour épargner les discours superflus,
Vous êtes aujourd'hui ce qu'autrefois je fus.
Vous voyez toutefois qu'en cette concurrence
Un monarque entre nous met quelque différence[1].
                    LE COMTE.
Ce que je méritois, vous l'avez emporté.   215
                    DON DIÈGUE.
Qui l'a gagné sur vous l'avoit mieux mérité.
                    LE COMTE.
Qui peut mieux l'exercer en est bien le plus digne.
                    DON DIÈGUE.
En être refusé n'en est pas un bon signe.
                    LE COMTE.
Vous l'avez eu par brigue, étant vieux courtisan.
                    DON DIÈGUE.
L'éclat de mes hauts faits fut mon seul partisan.   220
                    LE COMTE.
Parlons-en mieux, le Roi fait honneur à votre âge[2].
                    DON DIÈGUE.
Le Roi, quand il en fait, le mesure au courage[3].
                    LE COMTE.
Et par là cet honneur n'étoit dû qu'à mon bras.
                    DON DIÈGUE.
Qui n'a pu l'obtenir ne le méritoit pas.

1. *Var.* Un monarque entre nous met de la différence. (1637-56)
2. *Var.* Parlons-en mieux, le Roi fait l'honneur à votre âge. (1644 in-4°)
3. *Var.* Le Roi, quand il en fait, les mesure au courage. (1648-56)

ACTE I, SCÈNE III.

LE COMTE.

Ne le méritoit pas! Moi?

DON DIÈGUE.

Vous.

LE COMTE.

Ton impudence, 225
Téméraire vieillard, aura sa récompense.

(Il lui donne un soufflet[1].)

DON DIÈGUE, mettant l'épée à la main[2].

Achève, et prends ma vie après un tel affront,
Le premier dont ma race ait vu rougir son front.

LE COMTE.

Et que penses-tu faire avec tant de foiblesse?

DON DIÈGUE.

O Dieu! ma force usée en ce besoin me laisse[3]! 230

LE COMTE.

Ton épée est à moi; mais tu serois trop vain,
Si ce honteux trophée avoit chargé ma main.
  Adieu : fais lire au Prince, en dépit de l'envie,
Pour son instruction, l'histoire de ta vie :

---

1. « On ne donnerait pas aujourd'hui un soufflet sur la joue d'un héros. Les acteurs mêmes sont très-embarrassés à donner ce soufflet, ils font le semblant. Cela n'est plus même souffert dans la comédie, et c'est le seul exemple qu'on en ait sur le théâtre tragique. Il est à croire que c'est une des raisons qui firent intituler *le Cid* tragi-comédie. Presque toutes les pièces de Scudéry et de Boisrobert avaient été des tragi-comédies. On avait cru longtemps en France qu'on ne pouvait supporter le tragique continu sans mélange d'aucune familiarité. Le mot de *tragi-comédie* est très-ancien : Plaute l'emploie (*a*) pour désigner son *Amphitryon*, parce que si l'aventure de Sosie est comique, Amphitryon est très-sérieusement affligé. » (*Voltaire.*)

2. Ce jeu de scène manque dans les éditions de 1637 in-12 et de 1638. Les autres impressions de 1637-48 ont à la place, soit en marge, soit au-dessous du nom de DON DIÈGUE : *Ils mettent l'épée à la main.*

3. *Var.* O Dieu! ma force usée à ce besoin me laisse! (1637-56)

(*a*) Dans le Prologue d'*Amphitryon* (vers 59 et 63), Plaute désigne la pièce par le nom de *tragicocomœdia*, non pour la raison que donne ici Voltaire, mais parce qu'on voit figurer ensemble dans ce drame, d'une part des dieux et des rois, personnages de la tragédie, et de l'autre des esclaves, personnages de la comédie.

D'un insolent discours ce juste châtiment 235
Ne lui servira pas d'un petit ornement¹.

SCÈNE IV.

DON DIÈGUE².

O rage! ô désespoir! ô vieillesse ennemie!
N'ai-je donc tant vécu que pour cette infamie?
Et ne suis-je blanchi dans les travaux guerriers
Que pour voir en un jour flétrir tant de lauriers? 240
Mon bras, qu'avec respect toute l'Espagne admire,
Mon bras, qui tant de fois a sauvé cet empire,
Tant de fois affermi le trône de son roi,
Trahit donc ma querelle, et ne fait rien pour moi?
O cruel souvenir de ma gloire passée! 245
Œuvre de tant de jours en un jour effacée!
Nouvelle dignité, fatale à mon bonheur!
Précipice élevé d'où tombe mon honneur!
Faut-il de votre éclat voir triompher le Comte,
Et mourir sans vengeance, ou vivre dans la honte? 250
Comte, sois de mon prince à présent gouverneur :
Ce haut rang n'admet point un homme sans honneur;
Et ton jaloux orgueil, par cet affront insigne,
Malgré le choix du Roi, m'en a su rendre indigne.
Et toi, de mes exploits glorieux instrument, 255
Mais d'un corps tout de glace inutile ornement,
Fer, jadis tant à craindre, et qui, dans cette offense,

1. *Var.* [Ne lui servira pas d'un petit ornement.]
DON DIÈG. Épargnes-tu mon sang ? LE COMTE. Mon âme est satisfaite,
Et mes yeux à ma main reprochent ta défaite.
DON DIÈG. Tu dédaignes ma vie ! LE COMTE. En arrêter le cours
Ne seroit que hâter la Parque de trois jours (*a*). (1637-56)
2. *Var.* DON DIÈGUE, *seul*. (1637-60)
(*a*) Ce vers termine la scène dans les éditions indiquées.

ACTE I, SCÈNE IV.

M'as servi de parade, et non pas de défense,
Va, quitte désormais le dernier des humains,
Passe, pour me venger, en de meilleures mains[1]. 260

SCÈNE V.
DON DIÈGUE, DON RODRIGUE.

DON DIÈGUE.
Rodrigue, as-tu du cœur?
DON RODRIGUE.
Tout autre que mon père
L'éprouveroit sur l'heure.
DON DIÈGUE.
Agréable colère!
Digne ressentiment à ma douleur bien doux!
Je reconnois mon sang à ce noble courroux;
Ma jeunesse revit en cette ardeur si prompte. 265
Viens, mon fils, viens, mon sang, viens réparer ma honte;
Viens me venger.
DON RODRIGUE.
De quoi?
DON DIÈGUE.
D'un affront si cruel,
Qu'à l'honneur de tous deux il porte un coup mortel:
D'un soufflet. L'insolent en eût perdu la vie;
Mais mon âge a trompé ma généreuse envie: 270
Et ce fer que mon bras ne peut plus soutenir,
Je le remets au tien pour venger et punir.

---

1. *Var.* [Passe, pour me venger, en de meilleures mains]
Si Rodrigue est mon fils, il faut que l'amour cède,
Et qu'une ardeur plus haute à ses flammes succède:
Mon honneur est le sien, et le mortel affront
Qui tombe sur mon chef rejaillit sur son front (*a*). (1637-56)

(*a*) Ce vers termine la scène dans les éditions indiquées.

Va contre un arrogant éprouver ton courage :
Ce n'est que dans le sang qu'on lave un tel outrage ;
Meurs ou tue. Au surplus, pour ne te point flatter,   275
Je te donne à combattre un homme à redouter :
Je l'ai vu, tout couvert de sang et de poussière[1],
Porter partout l'effroi dans une armée entière.
J'ai vu par sa valeur cent escadrons rompus ;
Et pour t'en dire encor quelque chose de plus,   280
Plus que brave soldat, plus que grand capitaine,
C'est....

>> DON RODRIGUE.
De grâce, achevez.

>> DON DIÈGUE.
Le père de Chimène.

>> DON RODRIGUE.
Le....

>> DON DIÈGUE.
Ne réplique point, je connois ton amour ;
Mais qui peut vivre infâme est indigne du jour.
Plus l'offenseur est cher, et plus grande est l'offense.   285
Enfin tu sais l'affront, et tu tiens la vengeance :
Je ne te dis plus rien. Venge-moi, venge-toi ;
Montre-toi digne fils d'un père tel que moi[2].
Accablé des malheurs où le destin me range,
Je vais les déplorer : va, cours, vole, et nous venge[3].   290

---

1. *Var.* Je l'ai vu tout sanglant, au milieu des batailles,
   Se faire un beau rempart de mille funérailles.
   DON RODR. Son nom ? c'est perdre temps en propos superflus.
   DON DIÈG. Donc pour te dire encor quelque chose de plus. (1637-56)
2. *Var.* Montre-toi digne fils d'un tel père que moi. (1637-56)
3. *Var.* Je m'en vais les pleurer : va, cours, vole, et nous venge. (1637-56)

SCÈNE VI[1].

DON RODRIGUE[2].

Percé jusques au fond du cœur[3]
D'une atteinte imprévue aussi bien que mortelle,
Misérable vengeur d'une juste querelle,
Et malheureux objet d'une injuste rigueur,
    Je demeure immobile, et mon âme abattue   295
        Cède au coup qui me tue.
    Si près de voir mon feu récompensé,
        O Dieu, l'étrange peine !

1. « On mettait alors des stances dans la plupart des tragédies, et on en voit dans *Médée*. On les a bannies du théâtre. On a pensé que les personnages qui parlent en vers d'une mesure déterminée ne devaient jamais changer cette mesure, parce que s'ils s'expliquaient en prose, ils devraient toujours continuer à parler en prose. Or les vers de six pieds étant substitués à la prose, le personnage ne doit pas s'écarter de ce langage convenu. Les stances donnent trop l'idée que c'est le poëte qui parle. Cela n'empêche pas que ces stances du *Cid* ne soient fort belles et ne soient encore écoutées avec beaucoup de plaisir. » (*Voltaire.*) — D'Aubignac a fait dans sa *Pratique du théâtre* (p. 345 et 346) des réflexions analogues sur ces stances : « Pour rendre.... vraisemblable qu'un homme récite des stances, c'est-à-dire qu'il fasse des vers sur le théâtre, il faut qu'il y ait une couleur ou raison pour autoriser ce changement de langage.... Souvent nos poëtes ont mis des stances en la bouche d'un acteur parmi les plus grandes agitations de son esprit, comme s'il étoit vraisemblable qu'un homme en cet état eût la liberté de faire des chansons. C'est ce que les plus entendus au métier ont très-justement condamné dans le plus fameux de nos poëmes, où nous avons vu un jeune seigneur, recevant un commandement qui le réduisoit au point de ne savoir que penser, que dire, ni que faire, et qui divisoit son esprit par une égale violence entre sa passion et sa générosité, faire des stances au lieu même où il étoit, c'est-à-dire composer à l'improviste une chanson au milieu d'une rue. Les stances en étoient fort belles, mais elles n'étoient pas bien placées; il eût fallu donner quelque loisir pour composer cette agréable plainte. » D'Aubignac constate du reste le succès de ce morceau : « Les stances de Rodrigue, où son esprit délibère entre son amour et son devoir, ont ravi toute la cour, et tout Paris » (p. 402).

2. *Var.* DON RODRIGUE, *seul.* (1637-60).

3. L'édition de 1682 porte par erreur : « Percé jusqu'au fond du cœur. »

En cet affront mon père est l'offensé,
Et l'offenseur le père de Chimène! 300

Que je sens de rudes combats!
Contre mon propre honneur mon amour s'intéresse :
Il faut venger un père, et perdre une maîtresse :
L'un m'anime le cœur, l'autre retient mon bras¹.
Réduit au triste choix ou de trahir ma flamme, 305
Ou de vivre en infâme,
Des deux côtés mon mal est infini.
O Dieu, l'étrange peine!
Faut-il laisser un affront impuni?
Faut-il punir le père de Chimène? 310

Père, maîtresse, honneur, amour,
Noble et dure contrainte, aimable tyrannie²,
Tous mes plaisirs sont morts, ou ma gloire ternie.
L'un me rend malheureux, l'autre indigne du jour.
Cher et cruel espoir d'une âme généreuse, 315
Mais ensemble amoureuse,
Digne ennemi de mon plus grand bonheur³,
Fer qui causes ma peine⁴,
M'es-tu donné pour venger mon honneur?
M'es-tu donné pour perdre ma Chimène? 320

Il vaut mieux courir au trépas.
Je dois à ma maîtresse aussi bien qu'à mon père :

---

1. *Var.* L'un échauffe mon cœur, l'autre retient mon bras. (1637-55)
2. *Var.* Illustre tyrannie, adorable contrainte,
   Par qui de ma raison la lumière est éteinte,
   A mon aveuglement rendez un peu de jour (a). (1637 in-4° P. et 44 in-12)
   Var. Impitoyable loi, cruelle tyrannie. (1637 in-12, 38 et 44 in-4°
3. *Var.* Noble ennemi de mon plus grand bonheur. (1637-48)
4. *Var.* Qui fais toute ma peine. (1637-56)

(a) Tel est le texte des deux éditions in-4° de 1637 qui appartiennent à la Bibliothèque impériale. L'édition de l'Institut et celle de la Bibliothèque de Versailles sont, pour ces trois vers, conformes à l'édition de 1682.

J'attire en me vengeant sa haine et sa colère[1] ;
J'attire ses mépris en ne me vengeant pas.
A mon plus doux espoir l'un me rend infidèle,   325
  Et l'autre indigne d'elle.
 Mon mal augmente à le vouloir guérir ;
  Tout redouble ma peine.
 Allons, mon âme ; et puisqu'il faut mourir,
 Mourons du moins sans offenser Chimène.   330

  Mourir sans tirer ma raison !
Rechercher un trépas si mortel à ma gloire !
Endurer que l'Espagne impute à ma mémoire
D'avoir mal soutenu l'honneur de ma maison !
Respecter un amour dont mon âme égarée   335
  Voit la perte assurée !
 N'écoutons plus ce penser suborneur,
  Qui ne sert qu'à ma peine.
 Allons, mon bras, sauvons du moins l'honneur[2],
 Puisqu'après tout il faut perdre Chimène.   340

  Oui, mon esprit s'étoit déçu[3].
Je dois tout à mon père avant qu'à ma maîtresse[4] :
Que je meure au combat, ou meure de tristesse,

---

1. *Var.* Qui venge cet affront irrite sa colère,
 Et qui peut le souffrir ne la mérite pas (a).
Prévenons la douleur d'avoir failli contre elle,
 Qui nous seroit mortelle.
 Tout m'est fatal, rien ne me peut guérir,
  Ni soulager ma peine. (1637-56)
2. *Var.* Allons, mon bras, du moins sauvons l'honneur,
Puisqu'aussi bien il faut perdre Chimène. (1637-56)
3. L'édition de 1637 in-12 porte par erreur : « Oui, mon esprit est déçu. »
4. *Var.* Dois-je pas à mon père avant qu'à ma maîtresse ? (1637-48)
 Var. Dois-je pas à mon père autant qu'à ma maîtresse ? (1652-56)

(a) Et qui peut la souffrir ne la mérite pas. (1637 in-12 et 38)
— L'édition de 1644 in-12 porte : « ne le mérite pas, » au lieu de : « ne la mérite pas. »

Je rendrai mon sang pur comme je l'ai reçu.
Je m'accuse déjà de trop de négligence : 345
 Courons à la vengeance ;
 Et tout honteux d'avoir tant balancé¹,
 Ne soyons plus en peine,
Puisqu'aujourd'hui mon père est l'offensé,
Si l'offenseur est père de Chimène. 350

1. *Var.* Et tous honteux d'avoir tant balancé. (1637, 38 L. et 39)

FIN DU PREMIER ACTE.

ACTE II.

SCÈNE PREMIÈRE.
DON ARIAS, LE COMTE[1].

LE COMTE.
Je l'avoue entre nous, mon sang un peu trop chaud[2]
S'est trop ému d'un mot, et l'a porté trop haut;
Mais puisque c'en est fait, le coup est sans remède.

DON ARIAS.
Qu'aux volontés du Roi ce grand courage cède :
Il y prend grande part, et son cœur irrité   355
Agira contre vous de pleine autorité.
Aussi vous n'avez point de valable défense :
Le rang de l'offensé, la grandeur de l'offense,
Demandent des devoirs et des submissions
Qui passent le commun des satisfactions.   360

LE COMTE.
Le Roi peut à son gré disposer de ma vie[3].

DON ARIAS.
De trop d'emportement votre faute est suivie.
Le Roi vous aime encore; apaisez son courroux.
Il a dit : « Je le veux; » désobéirez-vous?

---

1. *Var.* LE COMTE, DON ARIAS. (1638 P.)
2. *Var.* Je l'avoue entre nous, quand je lui fis l'affront,
   J'eus le sang un peu chaud et le bras un peu prompt. (1637-56)
3. *Var.* Qu'il prenne donc ma vie, elle est en sa puissance.
   DON ARIAS. Un peu moins de transport et plus d'obéissance :
   D'un prince qui vous aime apaisez le courroux. (1637-56)

126   LE CID.

LE COMTE.

Monsieur, pour conserver tout ce que j'ai d'estime¹, 365
Désobéir un peu n'est pas un si grand crime ;
Et quelque grand qu'il soit, mes services présents²
Pour le faire abolir sont plus que suffisants³.

DON ARIAS.

Quoi qu'on fasse d'illustre et de considérable,
Jamais à son sujet un roi n'est redevable.   370
Vous vous flattez beaucoup, et vous devez savoir
Que qui sert bien son roi ne fait que son devoir.
Vous vous perdrez, Monsieur, sur cette confiance.

LE COMTE.

Je ne vous en croirai qu'après l'expérience.

DON ARIAS.

Vous devez redouter la puissance d'un roi.   375

LE COMTE.

Un jour seul ne perd pas un homme tel que moi.
Que toute sa grandeur s'arme pour mon supplice,
Tout l'État périra, s'il faut que je périsse⁴.

DON ARIAS.

Quoi! vous craignez si peu le pouvoir souverain....

LE COMTE.

D'un sceptre qui sans moi tomberoit de sa main⁵.   380
Il a trop d'intérêt lui-même en ma personne,
Et ma tête en tombant feroit choir sa couronne.

DON ARIAS.

Souffrez que la raison remette vos esprits.
Prenez un bon conseil.

---

1. *Var.* Monsieur, pour conserver ma gloire et mon estime. (1637-56)
2. *Var.* Et quelque grand qu'il fût, mes services présents. (1637-56)
3. Voyez la Notice du *Cid*, p. 17 et note 2.
4. *Var.* Tout l'État périra plutôt que je périsse. (1637-56)
5. Dans les premières éditions, il y a un point d'interrogation à la fin de ce vers et du précédent.

LE COMTE.
Le conseil en est pris.
DON ARIAS.
Que lui dirai-je enfin? je lui dois rendre conte¹.   385
LE COMTE.
Que je ne puis du tout consentir à ma honte.
DON ARIAS.
Mais songez que les rois veulent être absolus.
LE COMTE.
Le sort en est jeté, Monsieur, n'en parlons plus.
DON ARIAS.
Adieu donc, puisqu'en vain je tâche à vous résoudre :
Avec tous vos lauriers, craignez encor le foudre².   390
LE COMTE.
Je l'attendrai sans peur.
DON ARIAS.
Mais non pas sans effet.
LE COMTE.
Nous verrons donc par là don Diègue satisfait.
(Il est seul³.)
Qui ne craint point la mort ne craint point les menaces⁴.
J'ai le cœur au-dessus des plus fières disgrâces ;
Et l'on peut me réduire à vivre sans bonheur,   395
Mais non pas me résoudre à vivre sans honneur.

1. Voyez tome I, p. 150, note 1, a.
2. *Var.* Tout couvert de lauriers, craignez encor la foudre. (1637-56)
3. Il n'y a point ici de jeu de scène dans les éditions de 1637 in-12 et de 1638. Dans celles de 1637 in-4° et de 1638-60, on lit : *Don Arias rentre*, au lieu de : *Il est seul.*
4. *Var.* Je m'étonne fort peu de menaces pareilles (*a*) :
Dans les plus grands périls je fais plus de merveilles ;
Et quand l'honneur y va, les plus cruels trépas
Présentés à mes yeux ne m'ébranleroient pas. (1637-56)

(*a*) L'édition de 1644 in-12 porte, par erreur :
Je m'étonne fort peu de pareilles menaces.

Cette transposition fortuite a cela de remarquable qu'elle donne au vers la rime qu'il aura à partir de 1660.

SCÈNE II.

LE COMTE, DON RODRIGUE[1].

DON RODRIGUE.

A moi, Comte, deux mots.

LE COMTE.

Parle.

DON RODRIGUE.

Ôte-moi d'un doute.
Connois-tu bien don Diègue?

LE COMTE.

Oui.

DON RODRIGUE.

Parlons bas; écoute.
Sais-tu que ce vieillard fut la même vertu,
La vaillance et l'honneur de son temps? le sais-tu?   400

LE COMTE.

Peut-être.

DON RODRIGUE.

Cette ardeur que dans les yeux je porte,
Sais-tu que c'est son sang? le sais-tu?

LE COMTE.

Que m'importe?

DON RODRIGUE.

A quatre pas d'ici je te le fais savoir.

LE COMTE.

Jeune présomptueux!

DON RODRIGUE.

Parle sans t'émouvoir.

---

1. *Var.* DON RODRIGUE, LE COMTE. (1638 P.)

ACTE II, SCÈNE II.

Je suis jeune, il est vrai; mais aux âmes bien nées 405
La valeur n'attend point le nombre des années[1].

LE COMTE.

Te mesurer à moi! qui t'a rendu si vain[2],
Toi qu'on n'a jamais vu les armes à la main?

DON RODRIGUE.

Mes pareils à deux fois ne se font point connoître,
Et pour leurs coups d'essai veulent des coups de maître. 410

LE COMTE.

Sais-tu bien qui je suis?

DON RODRIGUE.

Oui; tout autre que moi
Au seul bruit de ton nom pourroit trembler d'effroi.
Les palmes dont je vois ta tête si couverte[3]
Semblent porter écrit le destin de ma perte.
J'attaque en téméraire un bras toujours vainqueur; 415
Mais j'aurai trop de force, ayant assez de cœur.
A qui venge son père il n'est rien impossible.
Ton bras est invaincu, mais non pas invincible.

LE COMTE.

Ce grand cœur qui paroît aux discours que tu tiens,
Par tes yeux, chaque jour, se découvroit aux miens; 420
Et croyant voir en toi l'honneur de la Castille,

---

1. *Var.* La valeur n'attend pas le nombre des années. (1637 in-12 et 38)
— Cicéron a dit dans la cinquième *Philippique*, chapitre XVII : « C. Cæsar ineunte œtate docuit ab excellenti eximiaque virtute progressum œtatis exspectari non oportere; » et du Vair dans sa quatorzième *Harangue funèbre*, en parlant de Louis XIII enfant : « Ne nous promet-il pas que nous verrons, et bientôt, la vengeance de ce terrible assassinat? Ce sera son apprentissage, ce seront ses premiers faits d'armes que la vengeance de son père. Ne mesurez pas sa puissance par ses ans : la vertu aux âmes héroïques n'attend pas les années ; elle fait son progrès tout à coup. » (*OEuvres de messire Guill. du Vair*. Paris, Séb. Cramoisy, 1641, in-fol., p. 715.) Corneille, qui dans *Polyeucte* paraît s'être rappelé un autre passage de du Vair, pourrait bien s'être souvenu ici de celui que nous venons de citer. Voyez aussi l'*Appendice* du *Cid*, II, p. 214.
2. *Var.* Mais t'attaquer à moi! qui t'a rendu si vain? (1637-56)
3. *Var.* Mille et mille lauriers dont ta tête est couverte. (1637-56)

Mon âme avec plaisir te destinoit ma fille.
Je sais ta passion, et suis ravi de voir
Que tous ses mouvements cèdent à ton devoir;
Qu'ils n'ont point affoibli cette ardeur magnanime; 425
Que ta haute vertu répond à mon estime;
Et que voulant pour gendre un cavalier parfait[1],
Je ne me trompois point au choix que j'avois fait;
Mais je sens que pour toi ma pitié s'intéresse;
J'admire ton courage, et je plains ta jeunesse. 430
Ne cherche point à faire un coup d'essai fatal;
Dispense ma valeur d'un combat inégal;
Trop peu d'honneur pour moi suivroit cette victoire :
A vaincre sans péril, on triomphe sans gloire[2].
On te croiroit toujours abattu sans effort; 435
Et j'aurois seulement le regret de ta mort.

DON RODRIGUE.

D'une indigne pitié ton audace est suivie :
Qui m'ose ôter l'honneur craint de m'ôter la vie?

LE COMTE.

Retire-toi d'ici.

DON RODRIGUE.

Marchons sans discourir.

LE COMTE.

Es-tu si las de vivre?

---

1. *Var.* Et que voulant pour gendre un chevalier parfait.
(1637 in-4°, 38 P., 39 et 44.)

2. Corneille se rappelle sans doute ici ce passage de Sénèque : « Ignominiam judicat gladiator cum inferiore componi, et scit cum sine gloria vinci qui sine periculo vincitur. » (*De Providentia*, cap. III.) Plus tard, dans son *Arminius*, représenté en 1642, et imprimé seulement en 1644, Scudéry a reproduit presque textuellement (acte I, scène III) le vers de Corneille :

Les lâches seulement dérobent la victoire,
Et vaincre sans péril seroit vaincre sans gloire;

et par une singulière erreur, plusieurs critiques, confondant les dates, ont voulu, à cette occasion, faire de Corneille un plagiaire de Scudéry.

DON RODRIGUE.
   As-tu peur de mourir ? 440
  LE COMTE.
Viens, tu fais ton devoir, et le fils dégénère
Qui survit un moment à l'honneur de son père.

SCÈNE III.
L'INFANTE, CHIMÈNE, LÉONOR.

L'INFANTE.
Apaise, ma Chimène, apaise ta douleur :
Fais agir ta constance en ce coup de malheur.
Tu reverras le calme après ce foible orage; 445
Ton bonheur n'est couvert que d'un peu de nuage[1],
Et tu n'as rien perdu pour le voir différer.
CHIMÈNE.
Mon cœur outré d'ennuis n'ose rien espérer.
Un orage si prompt qui trouble une bonace
D'un naufrage certain nous porte la menace : 450
Je n'en saurois douter, je péris dans le port.
J'aimois, j'étois aimée, et nos pères d'accord;
Et je vous en contois la charmante nouvelle[2],
Au malheureux moment que naissoit leur querelle,
Dont le récit fatal, sitôt qu'on vous l'a fait, 455
D'une si douce attente a ruiné l'effet.
 Maudite ambition, détestable manie,
Dont les plus généreux souffrent la tyrannie!
Honneur impitoyable à mes plus chers desirs[3],
Que tu me vas coûter de pleurs et de soupirs! 460

---

1. *Var.* Ton bonheur n'est couvert que d'un petit nuage. (1637-56)
2. *Var.* Et je vous en contois la première nouvelle. (1637-56)
3. *Var.* Impitoyable honneur, mortel à mes plaisirs. (1637-56)

L'INFANTE.

Tu n'as dans leur querelle aucun sujet de craindre :
Un moment l'a fait naître, un moment va l'éteindre.
Elle a fait trop de bruit pour ne pas s'accorder,
Puisque déjà le Roi les veut accommoder;
Et tu sais que mon âme, à tes ennuis sensible[1], 465
Pour en tarir la source y fera l'impossible.

CHIMÈNE.

Les accommodements ne font rien en ce point[2] :
De si mortels affronts ne se réparent point[3].
En vain on fait agir la force ou la prudence[4] :
Si l'on guérit le mal, ce n'est qu'en apparence. 470
La haine que les cœurs conservent au dedans
Nourrit des feux cachés, mais d'autant plus ardents.

L'INFANTE.

Le saint nœud qui joindra don Rodrigue et Chimène
Des pères ennemis dissipera la haine;
Et nous verrons bientôt votre amour le plus fort 475
Par un heureux hymen étouffer ce discord.

CHIMÈNE.

Je le souhaite ainsi plus que je ne l'espère :
Don Diègue est trop altier, et je connois mon père.
Je sens couler des pleurs que je veux retenir;
Le passé me tourmente, et je crains l'avenir. 480

L'INFANTE.

Que crains-tu ? d'un vieillard l'impuissante foiblesse[5] ?

CHIMÈNE.

Rodrigue a du courage.

---

1. *Var.* Et de ma part mon âme, à tes ennuis sensible. (1637-56)
2. *Var.* Les accommodements ne sont rien en ce point. (1638 P.)
3. *Var.* Les affronts à l'honneur ne se réparent point. (1637-56)
4. *Var.* En vain on fait agir la force et la prudence. (1637 in-12, 38 et 44 in-4°)
5. Ce vers, dans l'édition de 1682, a une ponctuation différente et qui change le sens :

   Que crains-tu d'un vieillard l'impuissante foiblesse ?

ACTE II, SCÈNE III.

L'INFANTE.
Il a trop de jeunesse.
CHIMÈNE.
Les hommes valeureux le sont du premier coup.
L'INFANTE.
Tu ne dois pas pourtant le redouter beaucoup :
Il est trop amoureux pour te vouloir déplaire, 485
Et deux mots de ta bouche arrêtent sa colère.
CHIMÈNE.
S'il ne m'obéit point, quel comble à mon ennui!
Et s'il peut m'obéir, que dira-t-on de lui?
Étant né ce qu'il est, souffrir un tel outrage[1]!
Soit qu'il cède ou résiste au feu qui me l'engage, 490
Mon esprit ne peut qu'être ou honteux ou confus,
De son trop de respect, ou d'un juste refus.
L'INFANTE.
Chimène a l'âme haute, et quoiqu'intéressée[2],
Elle ne peut souffrir une basse pensée;
Mais si jusques au jour de l'accommodement 495
Je fais mon prisonnier de ce parfait amant,
Et que j'empêche ainsi l'effet de son courage,
Ton esprit amoureux n'aura-t-il point d'ombrage?
CHIMÈNE.
Ah! Madame, en ce cas je n'ai plus de souci[3].

---

1. *Var.* Souffrir un tel affront, étant né gentilhomme !
Soit qu'il cède ou résiste au feu qui le consomme. (1637-44)
2. *Var.* Chimène est généreuse, et quoiqu'intéressée,
Elle ne peut souffrir une lâche pensée. (1637-56)
3. *Var.* Ah! Madame, en ce cas je n'ai point de souci. (1637 in-12)

SCÈNE IV.

L'INFANTE, CHIMÈNE, LÉONOR, LE PAGE[1].

L'INFANTE.

Page, cherchez Rodrigue, et l'amenez ici. 500

LE PAGE.

Le comte de Gormas et lui....

CHIMÈNE.

Bon Dieu! je tremble.

L'INFANTE.

Parlez.

LE PAGE.

De ce palais ils sont sortis ensemble[2].

CHIMÈNE.

Seuls?

LE PAGE.

Seuls, et qui sembloient tout bas se quereller.

CHIMÈNE.

Sans doute ils sont aux mains, il n'en faut plus parler.
Madame, pardonnez à cette promptitude. 505

1. *Var.* L'INFANTE, LE PAGE, CHIMÈNE, LÉONOR. (1638 P.)
2. *Var.*   Hors de la ville ils sont sortis ensemble. (1637 in-12)

SCÈNE V.
L'INFANTE, LÉONOR.

L'INFANTE.

Hélas! que dans l'esprit je sens d'inquiétude!
Je pleure ses malheurs, son amant me ravit;
Mon repos m'abandonne, et ma flamme revit.
Ce qui va séparer Rodrigue de Chimène
Fait renaître à la fois mon espoir et ma peine[1];   510
Et leur division, que je vois à regret,
Dans mon esprit charmé jette un plaisir secret.

LÉONOR.

Cette haute vertu qui règne dans votre âme
Se rend-elle sitôt à cette lâche flamme?

L'INFANTE.

Ne la nomme point lâche, à présent que chez moi   515
Pompeuse et triomphante elle me fait la loi :
Porte-lui du respect, puisqu'elle m'est si chère.
Ma vertu la combat, mais malgré moi j'espère ;
Et d'un si fol espoir mon cœur mal défendu
Vole après un amant que Chimène a perdu.   520

LÉONOR.

Vous laissez choir ainsi ce glorieux courage,
Et la raison chez vous perd ainsi son usage?

L'INFANTE.

Ah! qu'avec peu d'effet on entend la raison,
Quand le cœur est atteint d'un si charmant poison!
Et lorsque le malade aime sa maladie[2],   525
Qu'il a peine à souffrir que l'on y remédie[3]!

---

1. *Var.* Avecque mon espoir fait renaître ma peine. (1637-56)
2. *Var.* Alors que le malade aime sa maladie. (1637-44)
   Var. Sitôt que le malade aime sa maladie. (1648-60)
3. *Var.* Il ne peut plus souffrir que l'on y remédie. (1637-56)

LÉONOR.

Votre espoir vous séduit, votre mal vous est doux;
Mais enfin ce Rodrigue est indigne de vous¹.

L'INFANTE.

Je ne le sais que trop; mais si ma vertu cède,
Apprends comme l'amour flatte un cœur qu'il possède. 530
  Si Rodrigue une fois sort vainqueur du combat,
Si dessous sa valeur ce grand guerrier s'abat,
Je puis en faire cas, je puis l'aimer sans honte.
Que ne fera-t-il point, s'il peut vaincre le Comte?
J'ose m'imaginer qu'à ses moindres exploits 535
Les royaumes entiers tomberont sous ses lois;
Et mon amour flatteur déjà me persuade
Que je le vois assis au trône de Grenade,
Les Mores² subjugués trembler en l'adorant,
L'Aragon recevoir ce nouveau conquérant, 540
Le Portugal se rendre, et ses nobles journées
Porter delà les mers ses hautes destinées,
Du sang des Africains arroser ses lauriers³ :
Enfin tout ce qu'on dit des plus fameux guerriers⁴,
Je l'attends de Rodrigue après cette victoire, 545
Et fais de son amour un sujet de ma gloire.

LÉONOR.

Mais, Madame, voyez où vous portez son bras,
Ensuite d'un combat qui peut-être n'est pas.

---

1. *Var.* Mais toujours ce Rodrigue est indigne de vous. (1637-56)
2. Telle est partout l'orthographe du mot dans les éditions publiées du vivant de Corneille, et encore dans celle de 1692, et cela sans doute afin de rendre certaines rimes plus satisfaisantes pour l'œil, comme par exemple celle-ci (vers 1177 et 1178) :

   L'espérance et l'amour d'un peuple qui l'adore,
   Le soutien de Castille, et la terreur du More.

Mais dans les *Discours* et les *Examens* Corneille écrit *les Maures*.
3. *Var.* Au milieu de l'Afrique arborer ses lauriers. (1637-56)
4. *Var.* Et faire ses sujets des plus braves guerriers. (1637 in-12)

ACTE II, SCÈNE V.

L'INFANTE.

Rodrigue est offensé; le Comte a fait l'outrage;
Ils sont sortis ensemble : en faut-il davantage? 550

LÉONOR.

Eh bien! ils se battront, puisque vous le voulez[1];
Mais Rodrigue ira-t-il si loin que vous allez?

L'INFANTE.

Que veux-tu? je suis folle, et mon esprit s'égare :
Tu vois par là quels maux cet amour me prépare[2].
Viens dans mon cabinet consoler mes ennuis, 555
Et ne me quitte point dans le trouble où je suis.

SCÈNE VI.

DON FERNAND, DON ARIAS, DON SANCHE[3].

DON FERNAND.

Le Comte est donc si vain et si peu raisonnable!
Ose-t-il croire encor son crime pardonnable?

DON ARIAS.

Je l'ai de votre part longtemps entretenu;
J'ai fait mon pouvoir, Sire, et n'ai rien obtenu. 560

DON FERNAND.

Justes cieux! ainsi donc un sujet téméraire
A si peu de respect et de soin de me plaire!
Il offense don Diègue, et méprise son roi!
Au milieu de ma cour il me donne la loi!
Qu'il soit brave guerrier, qu'il soit grand capitaine, 565

---

1. *Var.* Je veux que ce combat demeure pour certain,
   Votre esprit va-t-il point bien vite pour sa main? (1637-56)
2. *Var.* Mais c'est le moindre mal que l'amour me prépare. (1637-56)
3. *Var.* LE ROI, DON ARIAS, DON SANCHE, DON ALONSE. (1637-56) — LE ROI, DON ARIAS, DON SANCHE. (1660) — Les éditions de 1637-60 portent partout : LE ROI, au lieu de DON FERNAND.

Je saurai bien rabattre une humeur si hautaine¹.
Fût-il la valeur même, et le dieu des combats,
Il verra ce que c'est que de n'obéir pas.
Quoi qu'ait pu mériter une telle insolence²,
Je l'ai voulu d'abord traiter sans violence; 570
Mais puisqu'il en abuse, allez dès aujourd'hui,
Soit qu'il résiste ou non, vous assurer de lui³.

DON SANCHE.

Peut-être un peu de temps le rendroit moins rebelle :
On l'a pris tout bouillant encor de sa querelle;
Sire, dans la chaleur d'un premier mouvement, 575
Un cœur si généreux se rend malaisément.
Il voit bien qu'il a tort, mais une âme si haute⁴
N'est pas sitôt réduite à confesser sa faute.

DON FERNAND.

Don Sanche, taisez-vous, et soyez averti
Qu'on se rend criminel à prendre son parti. 580

DON SANCHE.

J'obéis, et me tais; mais de grâce encor, Sire,
Deux mots en sa défense.

DON FERNAND.
                        Et que pouvez-vous dire⁵?

DON SANCHE.

Qu'une âme accoutumée aux grandes actions
Ne se peut abaisser à des submissions ;
Elle n'en conçoit point qui s'expliquent⁶ sans honte; 585
Et c'est à ce mot seul qu'a résisté le Comte⁷.

---

1. *Var.* Je lui rabattrai bien cette humeur si hautaine. (1637-56)
2. *Var.* Je sais trop comme il faut dompter cette insolence. (1637-56)
3. Dans les éditions de 1637 in-4° et de 1639-56 : *Don Alonse rentre.*
4. *Var.* On voit bien qu'on a tort, mais une âme si haute. (1637-48)
5. *Var.*   Et que pourrez-vous dire? (1637 in-4°, 38 P. et 39-68)
6. Les éditions de 1637 in-12 et de 1638 portent : « qui s'explique, » au singulier.
7. *Var.* Et c'est contre ce mot qu'a résisté le Comte. (1637-56)

ACTE II, SCÈNE VI.

Il trouve en son devoir un peu trop de rigueur,
Et vous obéiroit, s'il avoit moins de cœur.
Commandez que son bras, nourri dans les alarmes,
Répare cette injure à la pointe des armes ; 590
Il satisfera, Sire ; et vienne qui voudra,
Attendant qu'il l'ait su, voici qui répondra.

DON FERNAND.

Vous perdez le respect ; mais je pardonne à l'âge,
Et j'excuse l'ardeur en un jeune courage[1].
   Un roi dont la prudence a de meilleurs objets 595
Est meilleur ménager du sang de ses sujets :
Je veille pour les miens, mes soucis les conservent,
Comme le chef a soin des membres qui le servent.
Ainsi votre raison n'est pas raison pour moi :
Vous parlez en soldat ; je dois agir en roi[2] ; 600
Et quoi qu'on veuille dire, et quoi qu'il ose croire[3],
Le Comte à m'obéir ne peut perdre sa gloire.
D'ailleurs l'affront me touche : il a perdu d'honneur
Celui que de mon fils j'ai fait le gouverneur ;
S'attaquer à mon choix, c'est se prendre à moi-même[4],

---

1. *Var.* Et j'estime l'ardeur en un jeune courage. (1637-56)
2. *Var.* Vous parlez en soldat ; je dois régir en roi. (1638)
3. *Var.* Et quoi qu'il faille dire, et quoi qu'il veuille croire. (1637-48)
4. *Var.* Et par ce trait hardi d'une insolence extrême,
  Il s'est pris à mon choix, il s'est pris à moi-même.
  C'est moi qu'il satisfait en réparant ce tort.
  N'en parlons plus. Au reste on nous menace fort ;
  Sur un avis reçu je crains une surprise.
  DON ARIAS. Les Mores contre vous font-ils quelque entreprise ?
  S'osent-ils préparer à des efforts nouveaux ?
  LE ROI. Vers la bouche du fleuve on a vu leurs vaisseaux,
  [Et vous n'ignorez pas qu'avec fort peu de peine
  Un flux de pleine mer jusqu'ici les amène (*a*).]
  DON ARIAS. Tant de combats perdus leur ont ôté le cœur
  D'attaquer désormais un si puissant vainqueur.
  LE ROI. N'importe, ils ne sauroient qu'avecque jalousie
  Voir mon sceptre aujourd'hui régir l'Andalousie,

a) Ces deux vers sont un peu plus bas dans les éditions de 1660-82.

Et faire un attentat sur le pouvoir suprême.
N'en parlons plus. Au reste, on a vu dix vaisseaux
De nos vieux ennemis arborer les drapeaux;
Vers la bouche du fleuve ils ont osé paroître.

DON ARIAS.

Les Mores ont appris par force à vous connoître, 610
Et tant de fois vaincus, ils ont perdu le cœur
De se plus hasarder contre un si grand vainqueur.

DON FERNAND.

Ils ne verront jamais sans quelque jalousie
Mon sceptre, en dépit d'eux, régir l'Andalousie;
Et ce pays si beau, qu'ils ont trop possédé, 615
Avec un œil d'envie est toujours regardé.
C'est l'unique raison qui m'a fait dans Séville
Placer depuis dix ans le trône de Castille[1],
Pour les voir de plus près, et d'un ordre plus prompt
Renverser aussitôt ce qu'ils entreprendront. 620

DON ARIAS.

Ils savent aux dépens de leurs plus dignes têtes[2]
Combien votre présence assure vos conquêtes :
Vous n'avez rien à craindre.

DON FERNAND.

      Et rien à négliger :
Le trop de confiance attire le danger;
Et vous n'ignorez pas qu'avec fort peu de peine[3] 625

 Et ce pays si beau que j'ai conquis sur eux
 Réveille à tous moments leurs desseins généreux.
 [C'est l'unique raison qui m'a fait dans Séville.] (1637-56)
1. Voyez ci-dessus, p. 97.
2. *Var.* Sire, ils ont trop appris aux dépens de leurs têtes. (1637-56)
3. *Var.* Et le même ennemi que l'on vient de détruire,
 S'il sait prendre son temps, est capable de nuire.
 Don Alonse revient (*a*). (1637-56)

(*a*) Ce jeu de scène manque dans les éditions de 1637 in-12 et de 1638.
— Il se trouve six vers plus bas dans l'édition de 1644 in-12.

ACTE II, SCÈNE VI.

Un flux de pleine mer jusqu'ici les amène[1].
Toutefois j'aurois tort de jeter dans les cœurs,
L'avis étant mal sûr, de paniques terreurs.
L'effroi que produiroit cette alarme inutile,
Dans la nuit qui survient troubleroit trop la ville : 630
Faites doubler la garde aux murs et sur le port[2].
C'est assez pour ce soir[3].

SCÈNE VII.
DON FERNAND, DON SANCHE, DON ALONSE.

DON ALONSE.
            Sire, le Comte est mort :
Don Diègue, par son fils, a vengé son offense.
DON FERNAND.
Dès que j'ai su l'affront, j'ai prévu la vengeance[4];
Et j'ai voulu dès lors prévenir ce malheur. 635
DON ALONSE.
Chimène à vos genoux apporte sa douleur;
Elle vient toute[5] en pleurs vous demander justice.
DON FERNAND.
Bien qu'à ses déplaisirs mon âme compatisse[6],
Ce que le Comte a fait semble avoir mérité
Ce digne châtiment de sa témérité[7]. 640
Quelque juste pourtant que puisse être sa peine,

---

1. Voyez ci-dessus, p. 97 et 98.
2. *Var.* Puisqu'on fait bonne garde aux murs et sur le port,
    Il suffit pour ce soir (*a*). (1637-56)
3. Voyez ci-dessus, p. 96.
4. Voyez ci-dessus, p. 95.
5. Les éditions de 1639, de 1644 in-4° et de 1648 portent : « toute en pleurs. »
6. *Var.* Bien qu'à ses déplaisirs mon amour compatisse. (1652-60)
7. *Var.* Ce juste châtiment de sa témérité. (1637-56)

(*a*) Il n'y a pas ici de distinction de scène dans les éditions indiquées.

Je ne puis sans regret perdre un tel capitaine.
Après un long service à mon État rendu,
Après son sang pour moi mille fois répandu,
A quelques sentiments que son orgueil m'oblige,   645
Sa perte m'affoiblit, et son trépas m'afflige.

SCÈNE VIII.
DON FERNAND, DON DIÈGUE, CHIMÈNE, DON SANCHE, DON ARIAS, DON ALONSE.

CHIMÈNE.

Sire, Sire, justice!

DON DIÈGUE.

Ah! Sire, écoutez-nous.

CHIMÈNE.

Je me jette à vos pieds.

DON DIÈGUE.

J'embrasse vos genoux.

CHIMÈNE.

Je demande justice.

DON DIÈGUE.

Entendez ma défense[1].

CHIMÈNE.

D'un jeune audacieux punissez l'insolence :   650
Il a de votre sceptre abattu le soutien,
Il a tué mon père.

DON DIÈGUE.

Il a vengé le sien.

CHIMÈNE.

Au sang de ses sujets un roi doit la justice.

---

1. *Var.* [DON DIÈG. Entendez ma défense.]
CHIM. Vengez-moi d'une mort.... DON DIÈG. Qui punit l'insolence.
CHIM. Rodrigue, Sire.... DON DIÈG. A fait un coup d'homme de bien.
CHIM. [Il a tué mon père.] (1637-56)

ACTE II, SCÈNE VIII.

DON DIÈGUE.
Pour la juste vengeance il n'est point de supplice¹.
DON FERNAND.
Levez-vous l'un et l'autre, et parlez à loisir.   655
Chimène, je prends part à votre déplaisir;
D'une égale douleur je sens mon âme atteinte².
Vous parlerez après; ne troublez pas sa plainte.
CHIMÈNE.
Sire, mon père est mort; mes yeux³ ont vu son sang
Couler à gros bouillons de son généreux flanc;   660
Ce sang qui tant de fois garantit vos murailles,
Ce sang qui tant de fois vous gagna des batailles,
Ce sang qui tout sorti fume encor de courroux
De se voir répandu pour d'autres que pour vous,
Qu'au milieu des hasards n'osoit verser la guerre,   665
Rodrigue en votre cour vient d'en couvrir la terre⁴.
J'ai couru sur le lieu, sans force et sans couleur :
Je l'ai trouvé sans vie. Excusez ma douleur,
Sire, la voix me manque à ce récit funeste;
Mes pleurs et mes soupirs vous diront mieux le reste.   670
DON FERNAND.
Prends courage, ma fille, et sache qu'aujourd'hui
Ton roi te veut servir de père au lieu de lui.

1. *Var.* Une vengeance juste est sans peur du supplice (*a*). (1637-44)
   Var. Une juste vengeance est sans peur du supplice. (1648-56)
2. Entre ce vers et le suivant, on lit dans l'édition de 1692 : *à don Diègue*.
3. L'édition de 1637 in-12 porte, par erreur, *vos yeux*, pour *mes yeux*.
4. *Var.* [Rodrigue en votre cour vient d'en couvrir la terre,]
   Et pour son coup d'essai son indigne attentat
   D'un si ferme soutien a privé votre État,
   De vos meilleurs soldats abattu l'assurance,
   Et de vos ennemis relevé l'espérance.
   J'arrivai sur le lieu sans force et sans couleur :
   Je le trouvai sans vie. Excusez ma douleur (*b*). (1637-56)

(*a*) Les éditions de 1637 in-12 et de 1638 donnent *de supplice*, pour *du supplice*.
(*b*) Je le treuvai sans vie. Excusez ma douleur. (1644 in-12)

—Les deux derniers vers de cette variante se trouvent aussi dans l'édition de 1660.

CHIMÈNE.

Sire, de trop d'honneur ma misère est suivie.
Je vous l'ai déjà dit, je l'ai trouvé sans vie¹;
Son flanc étoit ouvert; et pour mieux m'émouvoir², 675
Son sang sur la poussière écrivoit mon devoir;
Ou plutôt sa valeur en cet état réduite
Me parloit par sa plaie, et hâtoit ma poursuite;
Et pour se faire entendre au plus juste des rois,
Par cette triste bouche elle empruntoit ma voix. 680
    Sire, ne souffrez pas que sous votre puissance
Règne devant vos yeux une telle licence;
Que les plus valeureux, avec impunité,
Soient exposés aux coups de la témérité;
Qu'un jeune audacieux triomphe de leur gloire, 685
Se baigne dans leur sang, et brave leur mémoire.
Un si vaillant guerrier qu'on vient de vous ravir³
Éteint, s'il n'est vengé, l'ardeur de vous servir.
Enfin mon père est mort, j'en demande vengeance,
Plus pour votre intérêt que pour mon allégeance. 690
Vous perdez en la mort d'un homme de son rang :
Vengez-la par une autre, et le sang par le sang⁴.
Immolez, non à moi, mais à votre couronne⁵,
Mais à votre grandeur, mais à votre personne;
Immolez, dis-je, Sire, au bien de tout l'État 695
Tout ce qu'enorgueillit un si haut attentat.

1. *Var.* J'arrivai donc sans force, et le trouvai sans vie. (1637-60)
2. *Var.* Il ne me parla point, mais pour mieux m'émouvoir. (1637-56)
3. *Var.* Un si vaillant guerrier qu'on vous vient de ravir. (1644 in-12)
   Var. Un si vaillant guerrier qu'on vient de nous ravir. (1654 et 56)
4. L'édition de 1637 in-4° I., et les éditions de 1638 L., de 1639, de 1644 in-4° et de 1648 portent :

    Vengez-la par un autre, et le sang par le sang.

5. *Var.* Sacrifiez don Diègue et toute sa famille
    A vous, à votre peuple, à toute la Castille :
    Le soleil qui voit tout ne voit rien sous les cieux
    Qui vous puisse payer un sang si précieux. (1637-56)

DON FERNAND.

Don Diègue, répondez.

DON DIÈGUE.

Qu'on est digne d'envie
Lorsqu'en perdant la force on perd aussi la vie[1],
Et qu'un long âge apprête aux hommes généreux,
Au bout de leur carrière, un destin malheureux!   700
Moi, dont les longs travaux ont acquis tant de gloire,
Moi, que jadis partout a suivi la victoire,
Je me vois aujourd'hui, pour avoir trop vécu,
Recevoir un affront et demeurer vaincu.
Ce que n'a pu jamais combat, siége, embuscade,   705
Ce que n'a pu jamais Aragon ni Grenade,
Ni tous vos ennemis, ni tous mes envieux[2],
Le Comte en votre cour l'a fait presque à vos yeux[3],
Jaloux de votre choix, et fier de l'avantage
Que lui donnoit sur moi l'impuissance de l'âge.   710
    Sire, ainsi ces cheveux blanchis sous le harnois,
Ce sang pour vous servir prodigué tant de fois,
Ce bras, jadis l'effroi d'une armée ennemie,
Descendoient au tombeau tous chargés d'infamie,
Si je n'eusse produit un fils digne de moi,   715
Digne de son pays et digne de son roi.
Il m'a prêté sa main, il a tué le Comte;
Il m'a rendu l'honneur, il a lavé ma honte.
Si montrer du courage et du ressentiment,
Si venger un soufflet mérite un châtiment,   720
Sur moi seul doit tomber l'éclat de la tempête :

---

1. *Var.* Quand avecque la force on perd aussi la vie,
   Sire, et que l'âge apporte aux hommes généreux
   Avecque sa foiblesse un destin malheureux! (1637-56)
2. *Var.* Ni tous mes ennemis, ni tous mes envieux. (1637 in-12)
3. *Var.* L'orgueil dans votre cour l'a fait presque à vos yeux,
   Et souillé sans respect l'honneur de ma vieillesse,
   Avantagé de l'âge, et fort de ma foiblesse. (1637-56)

Quand le bras a failli, l'on en punit la tête.
Qu'on nomme crime, ou non, ce qui fait nos débats[1],
Sire, j'en suis la tête, il n'en est que le bras.
Si Chimène se plaint qu'il a tué son père,   725
Il ne l'eût jamais fait si je l'eusse pu faire.
Immolez donc ce chef que les ans vont ravir,
Et conservez pour vous le bras qui peut servir.
Aux dépens de mon sang satisfaites Chimène :
Je n'y résiste point, je consens à ma peine;   730
Et loin de murmurer d'un rigoureux décret[2],
Mourant sans déshonneur, je mourrai sans regret.

DON FERNAND.

L'affaire est d'importance, et, bien considérée,
Mérite en plein conseil d'être délibérée.
   Don Sanche, remettez Chimène en sa maison.   735
Don Diègue aura ma cour et sa foi pour prison.
Qu'on me cherche son fils. Je vous ferai justice.

CHIMÈNE.

Il est juste, grand Roi, qu'un meurtrier périsse.

DON FERNAND.

Prends du repos, ma fille, et calme tes douleurs.

CHIMÈNE.

M'ordonner du repos, c'est croître mes malheurs.   740

1. *Var.* Du crime glorieux qui cause nos débats. (1637-56)
2. *Var.* Et loin de murmurer d'un injuste décret. (1637-56)

FIN DU SECOND ACTE.

ACTE III.

SCÈNE PREMIÈRE.
DON RODRIGUE, ELVIRE[1].

ELVIRE.
Rodrigue, qu'as-tu fait? où viens-tu, misérable?
DON RODRIGUE.
Suivre le triste cours de mon sort déplorable.
ELVIRE.
Où prends-tu cette audace et ce nouvel orgueil,
De paroître en des lieux que tu remplis de deuil?
Quoi? viens-tu jusqu'ici braver l'ombre du Comte? 745
Ne l'as-tu pas tué?
DON RODRIGUE.
Sa vie étoit ma honte :
Mon honneur de ma main a voulu cet effort.
ELVIRE.
Mais chercher ton asile en la maison du mort!
Jamais un meurtrier en fit-il son refuge?
DON RODRIGUE.
Et je n'y viens aussi que m'offrir à mon juge[2]. 750
Ne me regarde plus d'un visage étonné;
Je cherche le trépas après l'avoir donné.
Mon juge est mon amour, mon juge est ma Chimène :
Je mérite la mort de mériter sa haine,

1. ELVIRE, DON RODRIGUE. (1638 P.)
2. *Var.* Jamais un meurtrier s'offrit-il à son juge? (1637-56)

Et j'en viens recevoir, comme un bien souverain, 755
Et l'arrêt de sa bouche, et le coup de sa main.

ELVIRE.

Fuis plutôt de ses yeux, fuis de sa violence;
A ses premiers transports dérobe ta présence :
Va, ne t'expose point aux premiers mouvements
Que poussera l'ardeur de ses ressentiments. 760

DON RODRIGUE.

Non, non, ce cher objet à qui j'ai pu déplaire
Ne peut pour mon supplice avoir trop de colère;
Et j'évite cent morts qui me vont accabler[1],
Si pour mourir plus tôt je puis la redoubler.

ELVIRE.

Chimène est au palais, de pleurs toute baignée, 765
Et n'en reviendra point que bien accompagnée.
Rodrigue, fuis, de grâce : ôte-moi de souci.
Que ne dira-t-on point si l'on te voit ici?
Veux-tu qu'un médisant, pour comble à sa misère[2],
L'accuse d'y souffrir l'assassin de son père? 770
Elle va revenir; elle vient, je la voi :
Du moins, pour son honneur, Rodrigue, cache-toi[3].

SCÈNE II.

DON SANCHE, CHIMÈNE, ELVIRE.

DON SANCHE.

Oui, Madame, il vous faut de sanglantes victimes :
Votre colère est juste, et vos pleurs légitimes;

---

1. *Var.* Et d'un heur sans pareil je me verrai combler,
   Si pour mourir plus tôt je la puis redoubler. (1637-56)
2. *Var.* Veux-tu qu'un médisant l'accuse en sa misère
   D'avoir reçu chez soi l'assassin de son père? (1637-56)
3. Dans les éditions de 1637 in-4° et de 1639-56 : *Il se cache.*

ACTE III, SCÈNE II.

Et je n'entreprends pas, à force de parler, 775
Ni de vous adoucir, ni de vous consoler.
Mais si de vous servir je puis être capable,
Employez mon épée à punir le coupable;
Employez mon amour à venger cette mort :
Sous vos commandements mon bras sera trop fort. 780

CHIMÈNE.

Malheureuse!

DON SANCHE.

De grâce, acceptez mon service[1].

CHIMÈNE.

J'offenserois le Roi, qui m'a promis justice.

DON SANCHE.

Vous savez qu'elle marche avec tant de langueur,
Qu'assez souvent le crime échappe à sa longueur[2];
Son cours lent et douteux fait trop perdre de larmes. 785
Souffrez qu'un cavalier vous venge par les armes[3] :
La voie en est plus sûre, et plus prompte à punir.

CHIMÈNE.

C'est le dernier remède; et s'il y faut venir,
Et que de mes malheurs cette pitié vous dure,
Vous serez libre alors de venger mon injure. 790

DON SANCHE.

C'est l'unique bonheur où mon âme prétend;
Et pouvant l'espérer, je m'en vais trop content.

1. *Var.*   Madame, acceptez mon service. (1637-60
2. *Var.* Que bien souvent le crime échappe à sa longueur. (1637-56)
3. *Var.* Souffrez qu'un chevalier vous venge par les armes.
(1637 in-4°, 38 P., 39 et 44

SCÈNE III.
CHIMÈNE, ELVIRE.

CHIMÈNE.

Enfin je me vois libre, et je puis sans contrainte
De mes vives douleurs te faire voir l'atteinte ;
Je puis donner passage à mes tristes soupirs ; 795
Je puis t'ouvrir mon âme et tous mes déplaisirs.
 Mon père est mort, Elvire ; et la première épée
Dont s'est armé Rodrigue, a sa trame coupée.
Pleurez, pleurez, mes yeux, et fondez-vous en eau !
La moitié de ma vie a mis l'autre au tombeau, 800
Et m'oblige à venger, après ce coup funeste,
Celle que je n'ai plus sur celle qui me reste.

ELVIRE.

Reposez-vous, Madame.

CHIMÈNE.

 Ah ! que mal à propos
Dans un malheur si grand tu parles de repos[1] !
Par où sera jamais ma douleur apaisée[2], 805
Si je ne puis haïr la main qui l'a causée ?
Et que dois-je espérer qu'un tourment éternel,
Si je poursuis un crime, aimant le criminel ?

ELVIRE.

Il vous prive d'un père, et vous l'aimez encore !

CHIMÈNE.

C'est peu de dire aimer, Elvire : je l'adore ; 810
Ma passion s'oppose à mon ressentiment ;

---

1. *Var.* Ton avis importun m'ordonne du repos ! (1637-60)
2. *Var.* Par où sera jamais mon âme satisfaite,
   Si je pleure ma perte et la main qui l'a faite ?
   Et que puis-je espérer qu'un tourment éternel. (1637-56)

ACTE III, SCÈNE III.

Dedans mon ennemi je trouve mon amant;
Et je sens qu'en dépit de toute ma colère,
Rodrigue dans mon cœur combat encor mon père :
Il l'attaque, il le presse, il cède, il se défend, 815
Tantôt fort, tantôt foible, et tantôt triomphant;
Mais en ce dur combat de colère et de flamme,
Il déchire mon cœur sans partager mon âme;
Et quoi que mon amour ait sur moi de pouvoir[1],
Je ne consulte point pour suivre mon devoir : 820
Je cours sans balancer où mon honneur m'oblige.
Rodrigue m'est bien cher, son intérêt m'afflige;
Mon cœur prend son parti; mais malgré son effort[2],
Je sais ce que je suis, et que mon père est mort.

ELVIRE.

Pensez-vous le poursuivre?

CHIMÈNE.

Ah! cruelle pensée! 825
Et cruelle poursuite où je me vois forcée!
Je demande sa tête, et crains de l'obtenir :
Ma mort suivra la sienne, et je le veux punir!

ELVIRE.

Quittez, quittez, Madame, un dessein si tragique;
Ne vous imposez point de loi si tyrannique. 830

CHIMÈNE.

Quoi! mon père étant mort, et presque entre mes bras[3],
Son sang criera vengeance, et je ne l'orrai pas[4]!

---

1. Les éditions de 1637 in-12, de 1638 P., de 1644 et de 1682 portent *du pouvoir*, pour *de pouvoir* : c'est sans doute une faute.

2. *Var.* Mon cœur prend son parti; mais contre leur effort,
Je sais que je suis fille, et que mon père est mort. (1637-56)
Var. Mon cœur prend son parti; mais malgré leur effort. (1660)

3. *Var.* Quoi! j'aurai vu mourir mon père entre mes bras. (1637-56)

4. *Var.* Son sang criera vengeance, et je ne l'aurai pas (*a*)!
(1637 in-12, 38 et 44 in-4°

(*a*) Une confusion analogue entre *aura* et *orra* a eu lieu dans un passage de Malherbe. Voyez l'édition de M. Lalanne, tome I, p. 72.

Mon cœur, honteusement surpris par d'autres charmes,
Croira ne lui devoir que d'impuissantes larmes !
Et je pourrai souffrir qu'un amour suborneur   835
Sous un lâche silence étouffe mon honneur[1] !

ELVIRE.

Madame, croyez-moi, vous serez excusable
D'avoir moins de chaleur contre un objet aimable[2],
Contre un amant si cher : vous avez assez fait,
Vous avez vu le Roi ; n'en pressez point l'effet,   840
Ne vous obstinez point en cette humeur étrange.

CHIMÈNE.

Il y va de ma gloire, il faut que je me venge ;
Et de quoi que nous flatte un desir amoureux,
Toute excuse est honteuse aux esprits généreux.

ELVIRE.

Mais vous aimez Rodrigue, il ne vous peut déplaire.   845

CHIMÈNE.

Je l'avoue.

ELVIRE.

Après tout, que pensez-vous donc faire ?

CHIMÈNE.

Pour conserver ma gloire et finir mon ennui,
Le poursuivre, le perdre, et mourir après lui.

---

1. *Var.* Dans un lâche silence étouffe mon honneur ! (1637-56)
2. *Var.* De conserver pour vous un homme incomparable,
Un amant si chéri : vous avez assez fait. (1637-56)

SCÈNE IV.

DON RODRIGUE, CHIMÈNE, ELVIRE.

DON RODRIGUE.

Eh bien! sans vous donner la peine de poursuivre,
Assurez-vous l'honneur de m'empêcher de vivre[1].   850

CHIMÈNE.

Elvire, où sommes-nous, et qu'est-ce que je voi?
Rodrigue en ma maison! Rodrigue devant moi!

DON RODRIGUE.

N'épargnez point mon sang : goûtez sans résistance
La douceur de ma perte et de votre vengeance.

CHIMÈNE.

Hélas!

DON RODRIGUE.

Écoute-moi.

CHIMÈNE.

Je me meurs.

DON RODRIGUE.

Un moment.   855

CHIMÈNE.

Va, laisse-moi mourir.

DON RODRIGUE.

Quatre mots seulement :
Après ne me réponds qu'avecque cette épée.

CHIMÈNE.

Quoi! du sang de mon père encor toute trempée!

DON RODRIGUE.

Ma Chimène....

---

1. *Var.* Soûlez-vous du plaisir de m'empêcher de vivre.
(1637-44 in-4° et 48-56)
Var. Soûlez-vous du desir de m'empêcher de vivre. (1644 in-12)

CHIMÈNE.
Ote-moi cet objet odieux,
Qui reproche ton crime et ta vie à mes yeux.

DON RODRIGUE.
Regarde-le plutôt pour exciter ta haine,
Pour croître ta colère, et pour hâter ma peine.

CHIMÈNE.
Il est teint de mon sang.

DON RODRIGUE.
Plonge-le dans le mien,
Et fais-lui perdre ainsi la teinture du tien.

CHIMÈNE.
Ah! quelle cruauté, qui tout en un jour tue
Le père par le fer, la fille par la vue!
Ote-moi cet objet, je ne le puis souffrir :
Tu veux que je t'écoute, et tu me fais mourir!

DON RODRIGUE.
Je fais ce que tu veux, mais sans quitter l'envie
De finir par tes mains ma déplorable vie;
Car enfin n'attends pas de mon affection
Un lâche repentir d'une bonne action.
L'irréparable effet d'une chaleur trop prompte[1]
Déshonoroit mon père, et me couvroit de honte.
Tu sais comme un soufflet touche un homme de cœur;
J'avois part à l'affront, j'en ai cherché l'auteur :
Je l'ai vu, j'ai vengé mon honneur et mon père;
Je le ferois encor, si j'avois à le faire.
Ce n'est pas qu'en effet contre mon père et moi
Ma flamme assez longtemps n'ait combattu pour toi;
Juge de son pouvoir : dans une telle offense
J'ai pu délibérer si j'en prendrois vengeance[2].

1. *Var.* De la main de ton père un coup irréparable
Déshonoroit du mien la vieillesse honorable. (1637-56)
2. *Var.* J'ai pu douter encor si j'en prendrois vengeance. (1637-60)

ACTE III, SCÈNE IV.

Réduit à te déplaire, ou souffrir un affront,
J'ai pensé qu'à son tour mon bras étoit trop prompt¹;
Je me suis accusé de trop de violence;   885
Et ta beauté sans doute emportoit la balance,
A moins que d'opposer à tes plus forts appas²
Qu'un homme sans honneur ne te méritoit pas;
Que malgré cette part que j'avois en ton âme³,
Qui m'aima généreux me haïroit infâme;   890
Qu'écouter ton amour, obéir à sa voix,
C'étoit m'en rendre indigne et diffamer ton choix.
Je te le dis encore; et quoique j'en soupire⁴,
Jusqu'au dernier soupir je veux bien le redire :
Je t'ai fait une offense, et j'ai dû m'y porter   895
Pour effacer ma honte, et pour te mériter;
Mais quitte envers l'honneur, et quitte envers mon père,
C'est maintenant à toi que je viens satisfaire :
C'est pour t'offrir mon sang qu'en ce lieu tu me vois.
J'ai fait ce que j'ai dû⁵, je fais ce que je dois.   900
Je sais qu'un père mort t'arme contre mon crime;
Je ne t'ai pas voulu dérober ta victime :
Immole avec courage au sang qu'il a perdu
Celui qui met sa gloire à l'avoir répandu.

CHIMÈNE.

Ah! Rodrigue, il est vrai, quoique ton ennemie,   905
Je ne puis te blâmer d'avoir fui l'infamie⁶;
Et de quelque façon qu'éclatent mes douleurs,
Je ne t'accuse point, je pleure mes malheurs.

---

1. *Var.* J'ai retenu ma main, j'ai cru mon bras trop prompt. (1637-56)
2. *Var.* Si je n'eusse opposé contre tous tes appas. (1637-56)
3. *Var.* Qu'après m'avoir chéri quand je vivois sans blâme. (1637-56)
4. *Var.* Je te le dis encore, et veux, tant que j'expire,
Sans cesse le penser et sans cesse le dire. (1637-56)
5. On lit dans l'édition de 1660 : « J'y fais ce que j'ai dû, » ce qui est sans doute une faute d'impression.
6. *Var.* Je ne te puis blâmer d'avoir fui l'infamie. (1637-44 in-4° et 48-56)

Je sais ce que l'honneur, après un tel outrage,
Demandoit à l'ardeur d'un généreux courage : 910
Tu n'as fait le devoir que d'un homme de bien;
Mais aussi, le faisant, tu m'as appris le mien.
Ta funeste valeur m'instruit par ta victoire;
Elle a vengé ton père et soutenu ta gloire :
Même soin me regarde, et j'ai, pour m'affliger, 915
Ma gloire à soutenir, et mon père à venger.
Hélas! ton intérêt ici me désespère :
Si quelque autre malheur m'avoit ravi mon père,
Mon âme auroit trouvé dans le bien de te voir
L'unique allégement qu'elle eût pu recevoir; 920
Et contre ma douleur j'aurois senti des charmes,
Quand une main si chère eût essuyé mes larmes.
Mais il me faut te perdre après l'avoir perdu;
Cet effort sur ma flamme à mon honneur est dû[1];
Et cet affreux devoir, dont l'ordre m'assassine, 925
Me force à travailler moi-même à ta ruine.
Car enfin n'attends pas de mon affection
De lâches sentiments pour ta punition.
De quoi qu'en ta faveur notre amour m'entretienne,
Ma générosité doit répondre à la tienne : 930
Tu t'es, en m'offensant, montré digne de moi;
Je me dois, par ta mort, montrer digne de toi.

DON RODRIGUE.

Ne différe donc plus ce que l'honneur t'ordonne :
Il demande ma tête, et je te l'abandonne;
Fais-en un sacrifice à ce noble intérêt : 935
Le coup m'en sera doux, aussi bien que l'arrêt.
Attendre après mon crime une lente justice,

---

1. *Var.* Et pour mieux tourmenter mon esprit éperdu,
   Avec tant de rigueur mon astre me domine,
   Qu'il me faut travailler moi-même à ta ruine. (1637-56)

C'est reculer ta gloire autant que mon supplice.
Je mourrai trop heureux, mourant d'un coup si beau.

CHIMÈNE.

Va, je suis ta partie, et non pas ton bourreau.   940
Si tu m'offres ta tête, est-ce à moi de la prendre?
Je la dois attaquer, mais tu dois la défendre[1];
C'est d'un autre que toi qu'il me faut l'obtenir,
Et je dois te poursuivre, et non pas te punir.

DON RODRIGUE.

De quoi qu'en ma faveur notre amour t'entretienne,   945
Ta générosité doit répondre à la mienne;
Et pour venger un père emprunter d'autres bras,
Ma Chimène, crois-moi, c'est n'y répondre pas :
Ma main seule du mien a su venger l'offense,
Ta main seule du tien doit prendre la vengeance.   950

CHIMÈNE.

Cruel! à quel propos sur ce point t'obstiner?
Tu t'es vengé sans aide, et tu m'en veux donner!
Je suivrai ton exemple, et j'ai trop de courage
Pour souffrir qu'avec toi ma gloire se partage.
Mon père et mon honneur ne veulent rien devoir   955
Aux traits de ton amour ni de ton désespoir.

DON RODRIGUE.

Rigoureux point d'honneur! hélas! quoi que je fasse,
Ne pourrai-je à la fin obtenir cette grâce?
Au nom d'un père mort, ou de notre amitié,
Punis-moi par vengeance, ou du moins par pitié.   960
Ton malheureux amant aura bien moins de peine
A mourir par ta main qu'à vivre avec ta haine.

CHIMÈNE.

Va, je ne te hais point.

---

1. *Var.* Je la dois attaquer, mais tu la dois défendre. (1648-56)

DON RODRIGUE.
    Tu le dois.
CHIMÈNE.
            Je ne puis.
DON RODRIGUE.
Crains-tu si peu le blâme, et si peu les faux bruits?
Quand on saura mon crime, et que ta flamme dure, 965
Que ne publieront point l'envie et l'imposture!
Force-les au silence, et sans plus discourir,
Sauve ta renommée en me faisant mourir.
CHIMÈNE.
Elle éclate bien mieux en te laissant la vie[1];
Et je veux que la voix de la plus noire envie 970
Élève au ciel ma gloire et plaigne mes ennuis,
Sachant que je t'adore et que je te poursuis.
Va-t'en, ne montre plus à ma douleur extrême
Ce qu'il faut que je perde, encore que je l'aime.
Dans l'ombre de la nuit cache bien ton départ : 975
Si l'on te voit sortir, mon honneur court hasard.
La seule occasion qu'aura la médisance,
C'est de savoir qu'ici j'ai souffert ta présence :
Ne lui donne point lieu d'attaquer ma vertu.
DON RODRIGUE.
Que je meure!
CHIMÈNE.
        Va-t'en.
DON RODRIGUE.
            A quoi te résous-tu? 980
CHIMÈNE.
Malgré des feux si beaux, qui troublent ma colère[2],
Je ferai mon possible à bien venger mon père;
Mais malgré la rigueur d'un si cruel devoir,

1. *Var.* Elle éclate bien mieux en te laissant en vie. (1637-52 et 55)
2. *Var.* Malgré des feux si beaux, qui rompent ma colère. (1637-56)

ACTE III, SCÈNE IV.

Mon unique souhait est de ne rien pouvoir.
DON RODRIGUE.
O miracle d'amour!
CHIMÈNE.
            O comble de misères[1]!
DON RODRIGUE.
Que de maux et de pleurs nous coûteront nos pères!
CHIMÈNE.
Rodrigue, qui l'eût cru?
DON RODRIGUE.
            Chimène, qui l'eût dit?
CHIMÈNE.
Que notre heur fût si proche et sitôt se perdît?
DON RODRIGUE.
Et que si près du port, contre toute apparence[2],
Un orage si prompt brisât notre espérance?
CHIMÈNE.
Ah! mortelles douleurs!
DON RODRIGUE.
            Ah! regrets superflus!
CHIMÈNE.
Va-t'en, encore un coup, je ne t'écoute plus.
DON RODRIGUE.
Adieu : je vais traîner une mourante vie,
Tant que par ta poursuite elle me soit ravie.
CHIMÈNE.
Si j'en obtiens l'effet, je t'engage ma foi[3]
De ne respirer pas un moment après toi.
Adieu : sors, et surtout garde bien qu'on te voie.
ELVIRE.
Madame, quelques maux que le ciel nous envoie....

---

1. *Var.*   Mais comble de misères! (1637-44)
2. L'édition de 1639 porte, par erreur, *espérance*, pour *apparence*.
3. *Var.* Si j'en obtiens l'effet, je te donne ma foi. (1637-56)

CHIMÈNE.

Ne m'importune plus, laisse-moi soupirer,
Je cherche le silence et la nuit pour pleurer.

SCÈNE V.

DON DIÈGUE[1].

Jamais nous ne goûtons de parfaite allégresse :
Nos plus heureux succès sont mêlés de tristesse ;
Toujours quelques soucis en ces événements
Troublent la pureté de nos contentements.
Au milieu du bonheur mon âme en sent l'atteinte :
Je nage dans la joie, et je tremble de crainte.
J'ai vu mort l'ennemi qui m'avoit outragé ;
Et je ne saurois voir la main qui m'a vengé.
En vain je m'y travaille, et d'un soin inutile,
Tout cassé que je suis, je cours toute la ville :
Ce peu que mes vieux ans m'ont laissé de vigueur[2]
Se consume sans fruit à chercher ce vainqueur[3].
A toute heure, en tous lieux, dans une nuit si sombre,
Je pense l'embrasser, et n'embrasse qu'une ombre ;
Et mon amour, déçu par cet objet trompeur,
Se forme des soupçons qui redoublent ma peur.
Je ne découvre point de marques de sa fuite ;
Je crains du Comte mort les amis et la suite ;
Leur nombre[4] m'épouvante, et confond ma raison.
Rodrigue ne vit plus, ou respire en prison.
Justes cieux ! me trompé-je encore à l'apparence,
Ou si je vois enfin mon unique espérance ?

1. DON DIÈGUE, *seul.* (1637-60)
2. *Var.* Si peu que mes vieux ans m'ont laissé de vigueur. (1637-56)
3. *Var.* Se consomme sans fruit à chercher ce vainqueur. (1637-44)
4. On lit *leur ombre*, pour *leur nombre*, dans l'édition de 1644 in-4°.

ACTE III, SCÈNE V.

C'est lui, n'en doutons plus; mes vœux sont exaucés,
Ma crainte est dissipée, et mes ennuis cessés.

SCÈNE VI.
DON DIÈGUE, DON RODRIGUE.

DON DIÈGUE.

Rodrigue, enfin le ciel permet que je te voie[1]!   1025

DON RODRIGUE.

Hélas!

DON DIÈGUE.

   Ne mêle point de soupirs à ma joie[2];
Laisse-moi prendre haleine afin de te louer.
Ma valeur n'a point lieu de te désavouer :
Tu l'as bien imitée, et ton illustre audace
Fait bien revivre en toi les héros de ma race :   1030
C'est d'eux que tu descends, c'est de moi que tu viens :
Ton premier coup d'épée égale tous les miens ;
Et d'une belle ardeur ta jeunesse animée
Par cette grande épreuve atteint ma renommée.
Appui de ma vieillesse, et comble de mon heur,   1035
Touche ces cheveux blancs à qui tu rends l'honneur,
Viens baiser cette joue, et reconnois la place
Où fut empreint l'affront que ton courage efface[3].

DON RODRIGUE.

L'honneur vous en est dû : je ne pouvois pas moins,

---

1. Par une erreur singulière, les éditions de 1660-64 portent :
   Rodrigue, enfin le ciel promet que je te voie!
2. *Var.* DON RODR. Hélas! c'est triomphant, mais avec peu de joie. (1638)
3. *Var.* Où fut jadis l'affront que ton courage efface (*a*).
   DON RODR. L'honneur vous en est dû : les cieux me sont témoins

(*a*) Où fut l'indigne affront que ton courage efface. (1637 in-4° I.)

Étant sorti de vous et nourri par vos soins.   1040
Je m'en tiens trop heureux, et mon âme est ravie
Que mon coup d'essai plaise à qui je dois la vie;
Mais parmi vos plaisirs ne soyez point jaloux
Si je m'ose à mon tour satisfaire après vous¹.
Souffrez qu'en liberté mon désespoir éclate;   1045
Assez et trop longtemps votre discours le flatte.
Je ne me repens point de vous avoir servi;
Mais rendez-moi le bien que ce coup m'a ravi.
Mon bras, pour vous venger, armé contre ma flamme,
Par ce coup glorieux m'a privé de mon âme;   1050
Ne me dites plus rien; pour vous j'ai tout perdu :
Ce que je vous devois, je vous l'ai bien rendu.

DON DIÈGUE.

Porte, porte plus haut le fruit de ta victoire² :
Je t'ai donné la vie, et tu me rends ma gloire;
Et d'autant que l'honneur m'est plus cher que le jour,
D'autant plus maintenant je te dois de retour.
Mais d'un cœur magnanime éloigne ces foiblesses³;
Nous n'avons qu'un honneur, il est tant de maîtresses⁴!
L'amour n'est qu'un plaisir, l'honneur est un devoir⁵.

DON RODRIGUE.

Ah! que me dites-vous?

Qu'étant sorti de vous je ne pouvois pas moins.
Je me tiens trop heureux, et mon âme est ravie (*a*). (1637-56)
1. *Var.* Si j'ose satisfaire à moi-même après vous. (1637-60)
2. *Var.* Porte encore plus haut le fruit de ta victoire. (1637-56)
3. *Var.* Mais d'un si brave cœur éloigne ces foiblesses. (1637-56)
4. Les maximes de ce genre sur la facilité avec laquelle on remplace un amant ou une maîtresse sont fréquentes dans le théâtre de Corneille :

En la mort d'un amant vous ne perdez qu'un homme,
Dont la perte est facile à réparer dans Rome.
(*Horace*, acte IV, scène III.)
Vous trouverez dans Rome assez d'autres maîtresses.
(*Polyeucte*, acte II, scène I.)

5. *Var.* L'amour n'est qu'un plaisir, et l'honneur un devoir. (1637-56)

(*a*) L'édition de 1644 in-4° porte : « et mon âme ravie. »

ACTE III, SCÈNE VI.

DON DIÈGUE.
    Ce que tu dois savoir. 1060
DON RODRIGUE.
Mon honneur offensé sur moi-même se venge ;
Et vous m'osez pousser à la honte du change !
L'infamie est pareille, et suit également
Le guerrier sans courage et le perfide amant.
A ma fidélité ne faites point d'injure ; 1065
Souffrez-moi généreux sans me rendre parjure :
Mes liens sont trop forts pour être ainsi rompus ;
Ma foi m'engage encor si je n'espère plus ;
Et ne pouvant quitter ni posséder Chimène,
Le trépas que je cherche est ma plus douce peine. 1070
DON DIÈGUE.
Il n'est pas temps encor de chercher le trépas :
Ton prince et ton pays ont besoin de ton bras.
La flotte qu'on craignoit, dans ce grand fleuve entrée,
Croit surprendre la ville et piller la contrée[1].
Les Mores vont descendre, et le flux et la nuit 1075
Dans une heure à nos murs les amène[2] sans bruit.
La cour est en désordre, et le peuple en alarmes :
On n'entend que des cris, on ne voit que des larmes.
Dans ce malheur public mon bonheur a permis
Que j'ai trouvé chez moi cinq cents de mes amis, 1080
Qui sachant mon affront, poussés d'un même zèle[3],
Se venoient tous offrir à venger ma querelle[4].
Tu les a prévenus ; mais leurs vaillantes mains
Se tremperont bien mieux au sang des Africains.

1. *Var.* Vient surprendre la ville et piller la contrée. (1637-56)
2. Il y a *amène* au singulier dans toutes les éditions publiées du vivant de Corneille. Celle de 1692 donne *amènent*.
3. *Var.* Qui sachant mon affront, touchés d'un même zèle. (1660)
4. *Var.* Venoient m'offrir leur vie à venger ma querelle.
            (1637-44 in-4° et 48-56)
 Var. Venoient m'offrir leur sang à venger ma querelle. (1644 in-12)

Va marcher à leur tête où l'honneur te demande :   1085
C'est toi que veut pour chef leur généreuse bande.
De ces vieux ennemis va soutenir l'abord :
Là, si tu veux mourir, trouve une belle mort;
Prends-en l'occasion, puisqu'elle t'est offerte;
Fais devoir à ton roi son salut à ta perte;   1090
Mais reviens-en plutôt les palmes sur le front.
Ne borne pas ta gloire à venger un affront;
Porte-la plus avant : force par ta vaillance¹
Ce monarque au pardon, et Chimène au silence²;
Si tu l'aimes, apprends que revenir vainqueur³,   1095
C'est l'unique moyen de regagner son cœur.
Mais le temps est trop cher pour le perdre en paroles;
Je t'arrête en discours, et je veux que tu voles.
Viens, suis-moi, va combattre, et montrer à ton roi
Que ce qu'il perd au Comte il le recouvre en toi.   1100

1. *Var.* Pousse-la plus avant : force par ta vaillance. (1637-60)
2. *Var.* La justice au pardon, et Chimène au silence. (1637-56)
3. *Var.* Si tu l'aimes, apprends que retourner vainqueur. (1637-60)

FIN DU TROISIÈME ACTE.

ACTE IV.

SCÈNE PREMIÈRE.
CHIMÈNE, ELVIRE.

CHIMÈNE.
N'est-ce point un faux bruit? le sais-tu bien, Elvire?
ELVIRE.
Vous ne croiriez jamais comme chacun l'admire,
Et porte jusqu'au ciel, d'une commune voix,
De ce jeune héros les glorieux exploits.
Les Mores devant lui n'ont paru qu'à leur honte;   1105
Leur abord fut bien prompt, leur fuite encor plus prompte.
Trois heures de combat laissent à nos guerriers
Une victoire entière et deux rois prisonniers.
La valeur de leur chef ne trouvoit point d'obstacles.
CHIMÈNE.
Et la main de Rodrigue a fait tous ces miracles?   1110
ELVIRE.
De ses nobles efforts ces deux rois sont le prix :
Sa main les a vaincus, et sa main les a pris.
CHIMÈNE.
De qui peux-tu savoir ces nouvelles étranges?
ELVIRE.
Du peuple, qui partout fait sonner ses louanges[1],
Le nomme de sa joie et l'objet et l'auteur,   1115

---

1. L'édition de 1682 porte, par erreur, *les louanges*, pour *ses louanges*.

166 LE CID.

Son ange tutélaire, et son libérateur.
CHIMÈNE.
Et le Roi, de quel œil voit-il tant de vaillance?
ELVIRE.
Rodrigue n'ose encor paroître en sa présence;
Mais don Diègue ravi lui présente enchaînés,
Au nom de ce vainqueur, ces captifs couronnés, 1120
Et demande pour grâce à ce généreux prince
Qu'il daigne voir la main qui sauve la province¹.
CHIMÈNE.
Mais n'est-il point blessé?
ELVIRE.
      Je n'en ai rien appris.
Vous changez de couleur! reprenez vos esprits.
CHIMÈNE.
Reprenons donc aussi ma colère affoiblie : 1125
Pour avoir soin de lui faut-il que je m'oublie?
On le vante, on le loue, et mon cœur y consent!
Mon honneur est muet, mon devoir impuissant!
Silence, mon amour, laisse agir ma colère :
S'il a vaincu deux rois, il a tué mon père²; 1130
Ces tristes vêtements, où je lis mon malheur,
Sont les premiers effets qu'ait produits³ sa valeur;
Et quoi qu'on die ailleurs d'un cœur si magnanime⁴,
Ici tous les objets me parlent de son crime.
 Vous qui rendez la force à mes ressentiments, 1135
Voiles⁵, crêpes, habits, lugubres ornements,
Pompe que me prescrit sa première victoire⁶,
Contre ma passion soutenez bien ma gloire;

---

1. *Var.* Qu'il daigne voir la main qui sauve sa province. (1637-56)
2. *Var.* S'il a vaincu les rois, il a tué mon père. (1637 in-12)
3. Toutes les éditions portent : *qu'ait produit*, sans accord.
4. *Var.* Et combien que pour lui tout un peuple s'anime. (1637-56)
5. *Voile* est au singulier dans les éditions antérieures à 1664.
6. *Var.* Pompe où m'ensevelit sa première victoire. (1637-56)

ACTE IV, SCÈNE I.

Et lorsque mon amour prendra trop de pouvoir[1],
Parlez à mon esprit de mon triste devoir, 1140
Attaquez sans rien craindre une main triomphante.

ELVIRE.

Modérez ces transports, voici venir l'Infante.

SCÈNE II.

L'INFANTE, CHIMÈNE, LÉONOR, ELVIRE.

L'INFANTE.

Je ne viens pas ici consoler tes douleurs;
Je viens plutôt mêler mes soupirs à tes pleurs.

CHIMÈNE.

Prenez bien plutôt part à la commune joie, 1145
Et goûtez le bonheur que le ciel vous envoie,
Madame : autre que moi n'a droit de soupirer.
Le péril dont Rodrigue a su nous retirer[2],
Et le salut public que vous rendent ses armes,
A moi seule aujourd'hui souffrent encor les larmes[3] : 1150
Il a sauvé la ville, il a servi son roi;
Et son bras valeureux n'est funeste qu'à moi.

L'INFANTE.

Ma Chimène, il est vrai qu'il a fait des merveilles.

CHIMÈNE.

Déjà ce bruit fâcheux a frappé mes oreilles;
Et je l'entends partout publier hautement 1155
Aussi brave guerrier que malheureux amant.

L'INFANTE.

Qu'a de fâcheux pour toi ce discours populaire?
Ce jeune Mars qu'il loue a su jadis te plaire :

---

1. *Var.* Et lorsque mon amour prendra plus de pouvoir.
(1637 in-12 et 44 in-4°)
2. *Var.* Le péril dont Rodrigue a su vous retirer. (1637-56)
3. *Var.* A moi seule aujourd'hui permet encor les larmes. (1637-56)

Il possédoit ton âme, il vivoit sous tes lois ;
Et vanter sa valeur, c'est honorer ton choix.　　　1160

CHIMÈNE.

Chacun peut la vanter avec quelque justice¹ ;
Mais pour moi sa louange est un nouveau supplice.
On aigrit ma douleur en l'élevant si haut :
Je vois ce que je perds quand je vois ce qu'il vaut.
Ah ! cruels déplaisirs à l'esprit d'une amante !　　1165
Plus j'apprends son mérite, et plus mon feu s'augmente :
Cependant mon devoir est toujours le plus fort,
Et malgré mon amour, va poursuivre sa mort.

L'INFANTE.

Hier² ce devoir te mit en une haute estime ;
L'effort que tu te fis parut si magnanime,　　1170
Si digne d'un grand cœur, que chacun à la cour
Admiroit ton courage et plaignoit ton amour.
Mais croirois-tu l'avis d'une amitié fidèle ?

CHIMÈNE.

Ne vous obéir pas me rendroit criminelle.

L'INFANTE.

Ce qui fut juste alors ne l'est plus aujourd'hui³.　　1175
Rodrigue maintenant est notre unique appui,
L'espérance et l'amour d'un peuple qui l'adore,
Le soutien de Castille, et la terreur du More⁴.
Le Roi même est d'accord de cette vérité⁵,

---

1. *Var.* J'accorde que chacun la vante avec justice. (1637 et 39-56)
   Var. J'accorde que chacun le vante avec justice. (1638 P.)
2. « Cet *hier* fait voir que la pièce dure deux jours dans Corneille : l'unité de temps n'était pas encore une règle bien reconnue. Cependant, si la querelle du Comte et sa mort arrivent la veille au soir, et si le lendemain tout est fini à la même heure, l'unité de temps est observée. Les événements ne sont point aussi pressés qu'on l'a reproché à Corneille, et tout est assez vraisemblable. » (*Voltaire*.)
3. *Var.* Ce qui fut bon alors ne l'est plus aujourd'hui. (1637-44)
4. Voyez ci-dessus, p. 136, note 2.
5. *Var.* Ses faits nous ont rendu ce qu'ils nous ont ôté,
   Et ton père en lui seul se voit ressuscité. (1637-56)

ACTE IV, SCÈNE II.

Que ton père en lui seul se voit ressuscité ; 1180
Et si tu veux enfin qu'en deux mots je m'explique,
Tu poursuis en sa mort la ruine publique.
Quoi! pour venger un père est-il jamais permis
De livrer sa patrie aux mains des ennemis?
Contre nous ta poursuite est-elle légitime, 1185
Et pour être punis avons-nous part au crime?
Ce n'est pas qu'après tout tu doives épouser
Celui qu'un père mort t'obligeoit d'accuser :
Je te voudrois moi-même en arracher l'envie;
Ote-lui ton amour, mais laisse-nous sa vie. 1190

CHIMÈNE.

Ah! ce n'est pas à moi d'avoir tant de bonté[1];
Le devoir qui m'aigrit n'a rien de limité.
Quoique pour ce vainqueur mon amour s'intéresse,
Quoiqu'un peuple l'adore et qu'un roi le caresse,
Qu'il soit environné des plus vaillants guerriers, 1195
J'irai sous mes cyprès accabler ses lauriers.

L'INFANTE.

C'est générosité quand pour venger un père
Notre devoir attaque une tête si chère;
Mais c'en est une encor d'un plus illustre rang,
Quand on donne au public les intérêts du sang. 1200
Non, crois-moi, c'est assez que d'éteindre ta flamme;
Il sera trop puni s'il n'est plus dans ton âme.
Que le bien du pays t'impose cette loi :
Aussi bien, que crois-tu que t'accorde le Roi?

CHIMÈNE.

Il peut me refuser, mais je ne puis me taire[2]. 1205

---

1. *Var.* Ah! Madame, souffrez qu'avecque liberté
   Je pousse jusqu'au bout ma générosité.
   Quoique mon cœur pour lui contre moi s'intéresse. (1637-56)
   Var. Ah! ce n'est pas à moi d'avoir cette bonté. (1660)
2. *Var.* Il peut me refuser, mais je ne me puis taire. (1637-56)

L'INFANTE.

Pense bien, ma Chimène, à ce que tu veux faire.
Adieu : tu pourras seule y penser à loisir[1].

CHIMÈNE.

Après mon père mort, je n'ai point à choisir.

SCÈNE III.

DON FERNAND, DON DIÈGUE, DON ARIAS,
DON RODRIGUE, DON SANCHE.

DON FERNAND.

Généreux héritier d'une illustre famille,
Qui fut toujours la gloire et l'appui de Castille,   1210
Race de tant d'aïeux en valeur signalés,
Que l'essai de la tienne a sitôt égalés,
Pour te récompenser ma force est trop petite;
Et j'ai moins de pouvoir que tu n'as de mérite.
Le pays délivré d'un si rude ennemi,   1215
Mon sceptre dans ma main par la tienne affermi,
Et les Mores défaits avant qu'en ces alarmes
J'eusse pû donner ordre à repousser leurs armes,
Ne sont point des exploits qui laissent à ton roi
Le moyen ni l'espoir de s'acquitter vers toi.   1220
Mais deux rois tes captifs feront ta récompense[2].
Ils t'ont nommé tous deux leur Cid en ma présence :
Puisque Cid en leur langue est autant que seigneur[3],
Je ne t'envierai pas ce beau titre d'honneur.
  Sois désormais le Cid : qu'à ce grand nom tout cède;
Qu'il comble d'épouvante et Grenade et Tolède[4],

1. *Var.* Adieu : tu pourras seule y songer à loisir. (1637-60)
2. *Var.* Mais deux rois, tes captifs, seront ta récompense. (1637 in-12 et 44)
3. Voyez le *Lexique*.
4. *Var.* Qu'il devienne l'effroi de Grenade et Tolède. (1637-56)

ACTE IV, SCÈNE III.

Et qu'il marque à tous ceux qui vivent sous mes lois
Et ce que tu me vaux, et ce que je te dois.

DON RODRIGUE.

Que Votre Majesté, Sire, épargne ma honte.
D'un si foible service elle fait trop de conte[1], 1230
Et me force à rougir devant un si grand roi
De mériter si peu l'honneur que j'en reçoi.
Je sais trop que je dois au bien de votre empire,
Et le sang qui m'anime, et l'air que je respire ;
Et quand je les perdrai pour un si digne objet, 1235
Je ferai seulement le devoir d'un sujet.

DON FERNAND.

Tous ceux que ce devoir à mon service engage
Ne s'en acquittent pas avec même courage ;
Et lorsque la valeur ne va point dans l'excès,
Elle ne produit point de si rares succès. 1240
Souffre donc qu'on te loue, et de cette victoire
Apprends-moi plus au long la véritable histoire.

DON RODRIGUE.

Sire, vous avez su qu'en ce danger pressant,
Qui jeta dans la ville un effroi si puissant,
Une troupe d'amis chez mon père assemblée 1245
Sollicita mon âme encor toute troublée....
Mais, Sire, pardonnez à ma témérité,
Si j'osai l'employer sans votre autorité :
Le péril approchoit ; leur brigade étoit prête ;
Me montrant à la cour, je hasardois ma tête[2] ; 1250
Et s'il falloit la perdre, il m'étoit bien plus doux
De sortir de la vie en combattant pour vous.

---

1. *Var.* D'un si foible service elle a fait trop de conte. (1637 in-12)
2. *Var.* Et paroître à la cour eût hasardé ma tête,
   Qu'à défendre l'État j'aimois bien mieux donner,
   Qu'aux plaintes de Chimène ainsi l'abandonner. (1637-56)

LE CID.

DON FERNAND.

J'excuse ta chaleur à venger ton offense[1] ;
Et l'État défendu me parle en ta défense :
Crois que dorénavant Chimène a beau parler, 1255
Je ne l'écoute plus que pour la consoler.
Mais poursuis.

DON RODRIGUE.

Sous moi donc cette troupe s'avance,
Et porte sur le front une mâle assurance.
Nous partîmes cinq cents ; mais par un prompt renfort
Nous nous vîmes trois mille en arrivant au port, 1260
Tant, à nous voir marcher avec un tel visage[2],
Les plus épouvantés reprenoient de courage[3] !
J'en cache les deux tiers, aussitôt qu'arrivés,
Dans le fond des vaisseaux qui lors furent trouvés ;
Le reste, dont le nombre augmentoit à toute heure,
Brûlant d'impatience autour de moi demeure,
Se couche contre terre, et sans faire aucun bruit,
Passe une bonne part d'une si belle nuit.
Par mon commandement la garde en fait de même,
Et se tenant cachée, aide à mon stratagème[4] ; 1270
Et je feins hardiment d'avoir reçu de vous
L'ordre qu'on me voit suivre et que je donne à tous.

Cette obscure clarté qui tombe des étoiles
Enfin avec le flux nous fait voir trente voiles[5] ;
L'onde s'enfle dessous, et d'un commun effort 1275
Les Mores et la mer montent jusques au port.

1. *Var.* J'excuse ta chaleur à venger une offense. (1638 L.)
2. *Var.* Tant, à nous voir marcher en si bon équipage. (1637-56)
3. *Var.* Les plus épouvantés reprenoient le courage ! (1638 L., 39 et 44 in-4°)
   Var. Les plus épouvantés reprenoient du courage ! (1644 in-12)
4. *Var.* Et se tenant cachée, aide mon stratagème. (1637 in-12)
5. *Var.* Enfin avec le flux nous fit voir trente voiles ;
   L'onde s'enfloit dessous, et d'un commun effort
   Les Mores et la mer entrèrent dans le port. (1637-60)

ACTE IV, SCÈNE III. 173

On les laisse passer; tout leur paroît tranquille;
Point de soldats au port, point aux murs de la ville.
Notre profond silence abusant leurs esprits,
Ils n'osent plus douter de nous avoir surpris; 1280
Ils abordent sans peur, ils ancrent, ils descendent,
Et courent se livrer aux mains qui les attendent.
Nous nous levons alors, et tous en même temps
Poussons jusques au ciel mille cris éclatants.
Les nôtres, à ces cris, de nos vaisseaux répondent[1]; 1285
Ils paroissent armés, les Mores se confondent,
L'épouvante les prend à demi descendus;
Avant que de combattre, ils s'estiment perdus.
Ils couroient au pillage, et rencontrent la guerre;
Nous les pressons sur l'eau, nous les pressons sur terre,
Et nous faisons courir des ruisseaux de leur sang,
Avant qu'aucun résiste ou reprenne son rang.
Mais bientôt, malgré nous, leurs princes les rallient;
Leur courage renaît, et leurs terreurs s'oublient:
La honte de mourir sans avoir combattu 1295
Arrête leur désordre, et leur rend leur vertu[2].
Contre nous de pied ferme ils tirent leurs alfanges[3],
De notre sang au leur font d'horribles mélanges[4];
Et la terre, et le fleuve, et leur flotte, et le port,
Sont des champs de carnage où triomphe la mort[5]. 1300
O combien d'actions, combien d'exploits célèbres
Sont demeurés sans gloire au milieu des ténèbres[6],

1. *Var.* Les nôtres, au signal, de nos vaisseaux répondent. (1637-56)
2. *Var.* Rétablit leur désordre, et leur rend leur vertu. (1637-56)
3. Sorte de cimeterres. Voyez le *Lexique*.
4. *Var.* Contre nous de pied ferme ils tirent les épées;
   Des plus braves soldats les trames sont coupées (*a*). (1637-63)
5. *Var.* Sont les champs de carnage où triomphe la mort. (1644 in-4º)
6. *Var.* Furent ensevelis dans l'horreur des ténèbres. (1637-56)

(*a*) Jolly fait remarquer, dans l'avertissement de l'édition de 1738 (p. xx), que les comédiens ont ici toujours adopté la variante de préférence au texte, sans doute afin d'éviter le mot *alfange*. Ils font encore de même aujourd'hui.

Où chacun, seul témoin des grands coups qu'il donnoit,
Ne pouvoit discerner où le sort inclinoit!
J'allois de tous côtés encourager les nôtres,   1305
Faire avancer les uns, et soutenir les autres,
Ranger ceux qui venoient, les pousser à leur tour,
Et ne l'ai pu savoir jusques au point du jour¹.
Mais enfin sa clarté montre notre avantage :
Le More voit sa perte, et perd soudain courage;   1310
Et voyant un renfort qui nous vient secourir,
L'ardeur de vaincre cède à la peur de mourir.
Ils gagnent leurs vaisseaux, ils en coupent les câbles²,
Poussent jusques aux cieux des cris épouvantables³,
Font retraite en tumulte, et sans considérer   1315
Si leurs rois avec eux peuvent se retirer⁴.
Pour souffrir ce devoir leur frayeur est trop forte⁵ :
Le flux les apporta; le reflux les remporte⁶,
Cependant que leurs rois, engagés parmi nous,
Et quelque peu des leurs, tous percés de nos coups⁷, 1320
Disputent vaillamment et vendent bien leur vie.
A se rendre moi-même en vain je les convie :
Le cimeterre au poing ils ne m'écoutent pas ;
Mais voyant à leurs pieds tomber tous leurs soldats,

---

1. *Var.* Et n'en pus rien savoir jusques au point du jour.
   Mais enfin sa clarté montra notre avantage :
   Le More vit sa perte, et perdit le courage,
   Et voyant un renfort qui nous vint secourir,
   Changea l'ardeur de vaincre à la peur de mourir (*a*). (1637-56)
2. Toutes les éditions portent *chables*, excepté celles de 1644 in-12 et de 1660-64, qui donnent *câbles*.
3. *Var.* Nous laissent pour adieux des cris épouvantables. (1637-56)
4. *Var.* Si leurs rois avec eux ont pu se retirer. (1637 et 39-56)
   Var. Si les rois avec eux ont pu se retirer. (1638)
5. *Var.* Ainsi leur devoir cède à la frayeur plus forte. (1637-56)
6. *Var.* Le flux les apporta; le reflux les emporte. (1637 in-12 et 44 in-4°)
7. *Var.* Et quelque peu des leurs, tous chargés de nos coups. (1638)

(*a*) Change l'ardeur de vaincre à la peur de mourir. (1637 in-12 et 44 in-4°)

ACTE IV, SCÈNE III.

Et que seuls désormais en vain ils se défendent,   1325
Ils demandent le chef : je me nomme, ils se rendent.
Je vous les envoyai tous deux en même temps ;
Et le combat cessa faute de combattants.

C'est de cette façon que, pour votre service....

SCÈNE IV.

DON FERNAND, DON DIÈGUE, DON RODRIGUE,
DON ARIAS, DON ALONSE, DON SANCHE.

DON ALONSE.
Sire, Chimène vient vous demander justice.   1330
DON FERNAND.
La fâcheuse nouvelle, et l'importun devoir !
Va, je ne la veux pas obliger à te voir.
Pour tous remercîments il faut que je te chasse ;
Mais avant que sortir, viens, que ton roi t'embrasse.
(Don Rodrigue rentre[1].)
DON DIÈGUE.
Chimène le poursuit, et voudroit le sauver.   1335
DON FERNAND.
On m'a dit qu'elle l'aime, et je vais l'éprouver[2].
Montrez un œil plus triste[3].

---

1. Ce jeu de scène manque dans les éditions de 1637 in-12 et de 1638 L. — Il se trouve quatre vers plus haut dans les éditions de 1638 P., de 1639 et de 1644 in-4°.
2. *Var.* On me dit qu'elle l'aime, et je vais l'èprouver. (1637 in-12)
3. *Var.* Contrefaites le triste. (1637-56)

SCÈNE V.

DON FERNAND, DON DIÈGUE, DON ARIAS, DON SANCHE, DON ALONSE, CHIMÈNE, ELVIRE.

DON FERNAND.

Enfin soyez contente,
Chimène, le succès répond à votre attente :
Si de nos ennemis Rodrigue a le dessus,
Il est mort à nos yeux des coups qu'il a reçus ;   1340
Rendez grâces au ciel, qui vous en a vengée.
(A don Diègue¹.)
Voyez comme déjà sa couleur est changée.

DON DIÈGUE.

Mais voyez qu'elle pâme, et d'un amour parfait,
Dans cette pâmoison, Sire, admirez l'effet.
Sa douleur a trahi les secrets de son âme,   1345
Et ne vous permet plus de douter de sa flamme.

CHIMÈNE.

Quoi ! Rodrigue est donc mort ?

DON FERNAND.

Non, non, il voit le jour,
Et te conserve encore un immuable amour :
Calme cette douleur qui pour lui s'intéresse².

CHIMÈNE.

Sire, on pâme de joie, ainsi que de tristesse :   1350
Un excès de plaisir nous rend tous languissants,
Et quand il surprend l'âme, il accable les sens.

---

1. Ce jeu de scène manque dans les éditions de 1637-56.
2. *Var.* Tu le posséderas, reprends ton allégresse. (1637-56)

ACTE IV, SCÈNE V.

DON FERNAND.
Tu veux qu'en ta faveur nous croyions[1] l'impossible?
Chimène, ta douleur a paru trop visible[2].

CHIMÈNE.
Eh bien! Sire, ajoutez ce comble à mon malheur,   1355
Nommez ma pâmoison l'effet de ma douleur :
Un juste déplaisir à ce point m'a réduite.
Son trépas déroboit sa tête à ma poursuite;
S'il meurt des coups reçus pour le bien du pays,
Ma vengeance est perdue et mes desseins trahis :   1360
Une si belle fin m'est trop injurieuse.
Je demande sa mort, mais non pas glorieuse,
Non pas dans un éclat qui l'élève si haut,
Non pas au lit d'honneur, mais sur un échafaud;
Qu'il meure pour mon père, et non pour la patrie;   1365
Que son nom soit taché, sa mémoire flétrie.
Mourir pour le pays n'est pas un triste sort;
C'est s'immortaliser par une belle mort.
    J'aime donc sa victoire, et je le puis sans crime;
Elle assure l'État, et me rend ma victime,   1370
Mais noble, mais fameuse entre tous les guerriers,
Le chef, au lieu de fleurs, couronné de lauriers;
Et pour dire en un mot ce que j'en considère,
Digne d'être immolée aux mânes de mon père....
    Hélas! à quel espoir me laissé-je emporter!   1375
Rodrigue de ma part n'a rien à redouter :
Que pourroient contre lui des larmes qu'on méprise?
Pour lui tout votre empire est un lieu de franchise;
Là, sous votre pouvoir, tout lui devient permis;

---

1. On lit *crayons*, pour *croyions*, dans les éditions de 1637-44 et de 1652-56.
2. *Var.* Ta tristesse, Chimène, a paru trop visible.
CHIM. Eh bien! Sire, ajoutez ce comble à mes malheurs,
Nommez ma pâmoison l'effet de mes douleurs. (1637-56)

CORNEILLE. III

Il triomphe de moi comme des ennemis. 1380
Dans leur sang répandu la justice étouffée[1]
Aux crimes du vainqueur sert d'un nouveau trophée :
Nous en croissons la pompe, et le mépris des lois
Nous fait suivre son char au milieu de deux rois.

DON FERNAND.

Ma fille, ces transports ont trop de violence. 1385
Quand on rend la justice, on met tout en balance :
On a tué ton père, il étoit l'agresseur;
Et la même équité m'ordonne la douceur.
Avant que d'accuser ce que j'en fais paroître,
Consulte bien ton cœur : Rodrigue en est le maître, 1390
Et ta flamme en secret rend grâces à ton roi,
Dont la faveur conserve un tel amant pour toi.

CHIMÈNE.

Pour moi! mon ennemi! l'objet de ma colère!
L'auteur de mes malheurs! l'assassin de mon père!
De ma juste poursuite on fait si peu de cas 1395
Qu'on me croit obliger en ne m'écoutant pas!
  Puisque vous refusez la justice à mes larmes,
Sire, permettez-moi de recourir aux armes;
C'est par là seulement qu'il a su m'outrager,
Et c'est aussi par là que je me dois venger. 1400
A tous vos cavaliers je demande sa tête[2] :
Oui, qu'un d'eux me l'apporte, et je suis sa conquête;
Qu'ils le combattent, Sire; et le combat fini,
J'épouse le vainqueur, si Rodrigue est puni.
Sous votre autorité souffrez qu'on le public. 1405

DON FERNAND.

Cette vieille coutume en ces lieux établie,
Sous couleur de punir un injuste attentat,

---

1. *Var.* Dans leur sang épandu la justice étouffée. (1637, 39 et 48-56)
2. *Var.* A tous vos chevaliers je demande sa tête. (1637 in-4°, 38 P., 39 et 44

Des meilleurs combattants affoiblit un État;
Souvent de cet abus le succès déplorable
Opprime l'innocent, et soutient le coupable.   1410
J'en dispense Rodrigue : il m'est trop précieux
Pour l'exposer aux coups d'un sort capricieux;
Et quoi qu'ait pu commettre un cœur si magnanime,
Les Mores en fuyant ont emporté son crime.

DON DIÈGUE.

Quoi! Sire, pour lui seul vous renversez des lois   1415
Qu'a vu toute la cour observer tant de fois!
Que croira votre peuple, et que dira l'envie,
Si sous votre défense il ménage sa vie,
Et s'en fait un prétexte à ne paroître pas[1]
Où tous les gens d'honneur cherchent un beau trépas?   1420
De pareilles faveurs terniroient trop sa gloire[2] :
Qu'il goûte sans rougir les fruits de sa victoire.
Le Comte eut de l'audace; il l'en a su punir :
Il l'a fait en brave homme, et le doit maintenir[3].

DON FERNAND.

Puisque vous le voulez, j'accorde qu'il le fasse;   1425
Mais d'un guerrier vaincu mille prendroient la place,
Et le prix que Chimène au vainqueur a promis
De tous mes cavaliers feroit ses ennemis[4].
L'opposer seul à tous seroit trop d'injustice :
Il suffit qu'une fois il entre dans la lice.   1430
   Choisis qui tu voudras, Chimène, et choisis bien;
Mais après ce combat ne demande plus rien.

DON DIÈGUE.

N'excusez point par là ceux que son bras étonne :

---

1. *Var.* Et s'en sert d'un prétexte à ne paroître pas. (1637-56)
2. *Var.* Sire, ôtez ces faveurs, qui terniroient sa gloire. (1637-56)
3. *Var.* Il l'a fait en brave homme, et le doit soutenir.
                     (1637 in-4°, 38-44 in-4° et 48-56)
  Var. Il a fait en brave homme, et le doit soutenir. (1637 in-12 et 44 in-12)
4. *Var.* De tous mes chevaliers feroit ses ennemis. (1637 in-4°, 38 P., 39 et 44)

Laissez un champ ouvert, où n'entrera personne¹.
Après ce que Rodrigue a fait voir aujourd'hui,　　1435
Quel courage assez vain s'oseroit prendre à lui?
Qui se hasarderoit contre un tel adversaire?
Qui seroit ce vaillant, ou bien ce téméraire?

DON SANCHE.

Faites ouvrir le champ : vous voyez l'assaillant² ;
Je suis ce téméraire, ou plutôt ce vaillant.　　1440
　　Accordez cette grâce à l'ardeur qui me presse,
Madame : vous savez quelle est votre promesse.

DON FERNAND.

Chimène, remets-tu ta querelle en sa main?

CHIMÈNE.

Sire, je l'ai promis.

DON FERNAND.

　　Soyez prêt à demain.

DON DIÈGUE.

Non, Sire, il ne faut pas différer davantage :　　1445
On est toujours trop prêt quand on a du courage.

DON FERNAND.

Sortir d'une bataille, et combattre à l'instant !

DON DIÈGUE.

Rodrigue a pris haleine en vous la racontant.

DON FERNAND.

Du moins une heure ou deux je veux qu'il se délasse³.
Mais de peur qu'en exemple un tel combat ne passe,　　1450
Pour témoigner à tous qu'à regret je permets

---

1. *Var.* Laissez un camp ouvert, où n'entrera personne. (1637-56)
2. *Var.* Faites ouvrir le camp : vous voyez l'assaillant. (1637-56)
3. « Je me suis toujours repenti d'avoir fait dire au Roi, dans *le Cid*, qu'il vouloit que Rodrigue se délassât une heure ou deux après la défaite des Maures avant que de combattre don Sanche : je l'avois fait pour montrer que la pièce étoit dans les vingt-quatre heures ; et cela n'a servi qu'à avertir les spectateurs de la contrainte avec laquelle je l'y ai réduite. » (*Discours de la tragédie*, tome I, p. 96.)

ACTE IV, SCÈNE V.

Un sanglant procédé qui ne me plut jamais,
De moi ni de ma cour il n'aura la présence.
(Il parle à don Arias[1].)
Vous seul des combattants jugerez la vaillance :
Ayez soin que tous deux fassent en gens de cœur, 1455
Et le combat fini, m'amenez le vainqueur.
Qui qu'il soit, même prix est acquis à sa peine[2] :
Je le veux de ma main présenter à Chimène,
Et que pour récompense il reçoive sa foi.

CHIMÈNE.
Quoi! Sire, m'imposer une si dure loi[3]! 1460
DON FERNAND.
Tu t'en plains ; mais ton feu, loin d'avouer ta plainte,
Si Rodrigue est vainqueur, l'accepte sans contrainte.
Cesse de murmurer contre un arrêt si doux :
Qui que ce soit des deux, j'en ferai ton époux.

---

1. Ce jeu de scène manque dans les éditions de 1637 in-12, de 1638 et de 1644 in-12.
2. *Var.* Quel qu'il soit, même prix est acquis à sa peine. (1637-64)
3. *Var.* Sire, c'est me donner une trop dure loi. (1637-44)

FIN DU QUATRIÈME ACTE.

ACTE V.

SCÈNE PREMIÈRE.

DON RODRIGUE, CHIMÈNE[1].

CHIMÈNE.

Quoi! Rodrigue, en plein jour! d'où te vient cette audace?
Va, tu me perds d'honneur; retire-toi, de grâce.
DON RODRIGUE.
Je vais mourir, Madame, et vous viens en ce lieu,
Avant le coup mortel, dire un dernier adieu[2] :
Cet immuable amour qui sous vos lois m'engage[3]
N'ose accepter ma mort sans vous en faire hommage. 1470
CHIMÈNE.
Tu vas mourir!
DON RODRIGUE.
Je cours à ces heureux moments
Qui vont livrer ma vie à vos ressentiments.
CHIMÈNE.
Tu vas mourir! Don Sanche est-il si redoutable
Qu'il donne l'épouvante à ce cœur indomptable?
Qui t'a rendu si foible, ou qui le rend si fort? 1475
Rodrigue va combattre, et se croit déjà mort!

---

1. *Var.* CHIMÈNE, DON RODRIGUE. (1638 P.)
2. *Var.* Avant ce coup mortel, dire un dernier adieu. (1644 in-4°)
3. *Var.* Mon amour vous le doit, et mon cœur qui soupire
N'ose sans votre aveu sortir de votre empire.
[CHIM. Tu vas mourir!] DON RODR. J'y cours, et le Comte est vengé,
Aussitôt que de vous j'en aurai le congé. (1637-56)

Celui qui n'a pas craint les Mores, ni mon père,
Va combattre don Sanche, et déjà désespère !
Ainsi donc au besoin ton courage s'abat !

DON RODRIGUE.

Je cours à mon supplice, et non pas au combat ; 1480
Et ma fidèle ardeur sait bien m'ôter l'envie,
Quand vous cherchez ma mort, de défendre ma vie.
J'ai toujours même cœur ; mais je n'ai point de bras
Quand il faut conserver ce qui ne vous plaît pas ;
Et déjà cette nuit m'auroit été mortelle, 1485
Si j'eusse combattu pour ma seule querelle ;
Mais défendant mon roi, son peuple et mon pays[1],
A me défendre mal je les aurois trahis.
Mon esprit généreux ne hait pas tant la vie,
Qu'il en veuille sortir par une perfidie. 1490
Maintenant qu'il s'agit de mon seul intérêt,
Vous demandez ma mort, j'en accepte l'arrêt.
Votre ressentiment choisit la main d'un autre
(Je ne méritois pas de mourir de la vôtre) :
On ne me verra point en repousser les coups ; 1495
Je dois plus de respect à qui combat pour vous ;
Et ravi de penser que c'est de vous qu'ils viennent,
Puisque c'est votre honneur que ses armes soutiennent,
Je vais lui présenter mon estomac ouvert[2],
Adorant en sa main la vôtre qui me perd. 1500

CHIMÈNE.

Si d'un triste devoir la juste violence,
Qui me fait malgré moi poursuivre ta vaillance,
Prescrit à ton amour une si forte loi
Qu'il te rend sans défense à qui combat pour moi,
En cet aveuglement ne perds pas la mémoire 1505

---

1. *Var.* Mais défendant mon roi, son peuple et le pays. (1637-56)
2. *Var.* Je lui vais présenter mon estomac ouvert. (1637-56)

Qu'ainsi que de ta vie il y va de ta gloire,
Et que dans quelque éclat que Rodrigue ait vécu,
Quand on le saura mort, on le croira vaincu.
    Ton honneur t'est plus cher que je ne te suis chère[1],
Puisqu'il trempe tes mains dans le sang de mon père[2], 1510
Et te fait renoncer, malgré ta passion,
A l'espoir le plus doux de ma possession :
Je t'en vois cependant faire si peu de conte,
Que sans rendre combat tu veux qu'on te surmonte.
Quelle inégalité ravale ta vertu ?   1515
Pourquoi ne l'as-tu plus, ou pourquoi l'avois-tu ?
Quoi ? n'es-tu généreux que pour me faire outrage ?
S'il ne faut m'offenser, n'as-tu point de courage ?
Et traites-tu mon père avec tant de rigueur,
Qu'après l'avoir vaincu tu souffres un vainqueur ? 1520
Va, sans vouloir mourir, laisse-moi te poursuivre[3],
Et défends ton honneur, si tu ne veux plus vivre.

DON RODRIGUE.

Après la mort du Comte, et les Mores défaits,
Faudroit-il à ma gloire encor d'autres effets[4] ?
Elle peut dédaigner le soin de me défendre :   1525
On sait que mon courage ose tout entreprendre,
Que ma valeur peut tout, et que dessous les cieux,
Auprès de mon honneur, rien ne m'est précieux[5].
Non, non, en ce combat, quoi que vous veuilliez[6] croire,
Rodrigue peut mourir sans hasarder sa gloire,   1530
Sans qu'on l'ose accuser d'avoir manqué de cœur,

    1. *Var.* L'honneur te fut plus cher que je ne te suis chère. (1637-60)
    2. *Var.* Puisqu'il trempa tes mains dans le sang de mon père,
        Et te fit renoncer, malgré ta passion. (1637-56)
    3. *Var.* Non, sans vouloir mourir, laisse-moi te poursuivre. (1637-56)
    4. *Var.* Mon honneur appuyé sur de si grands effets
        Contre un autre ennemi n'a plus à se défendre. (1637-56)
    5. *Var.* Quand mon honneur y va, rien ne m'est précieux. (1637-56)
    6. Le mot est écrit ainsi dans les éditions de 1637-64 ; celles de 1668 et de 1682 ont *veuillez* sans i ; celle de 1692 donne *vouliez*.

Sans passer pour vaincu, sans souffrir un vainqueur.
On dira seulement : « Il adoroit Chimène;
Il n'a pas voulu vivre et mériter sa haine;
Il a cédé lui-même à la rigueur du sort   1535
Qui forçoit sa maîtresse à poursuivre sa mort :
Elle vouloit sa tête; et son cœur magnanime,
S'il l'en eût refusée, eût pensé faire un crime.
Pour venger son honneur il perdit son amour,
Pour venger sa maîtresse il a quitté le jour,   1540
Préférant, quelque espoir qu'eût son âme asservie¹,
Son honneur à Chimène, et Chimène à sa vie. »
Ainsi donc vous verrez ma mort en ce combat,
Loin d'obscurcir ma gloire, en rehausser l'éclat;
Et cet honneur suivra mon trépas volontaire,   1545
Que tout autre que moi n'eût pu vous satisfaire.

CHIMÈNE.

Puisque, pour t'empêcher de courir au trépas,
Ta vie et ton honneur sont de foibles appas,
Si jamais je t'aimai, cher Rodrigue, en revanche,
Défends-toi maintenant pour m'ôter à don Sanche;   1550
Combats pour m'affranchir d'une condition
Qui me donne à l'objet de mon aversion².
Te dirai-je encor plus? va, songe à ta défense,
Pour forcer mon devoir, pour m'imposer silence;
Et si tu sens pour moi ton cœur encore épris³,   1555
Sors vainqueur d'un combat dont Chimène est le prix.
Adieu : ce mot lâché me fait rougir de honte.

DON RODRIGUE⁴.

Est-il quelque ennemi qu'à présent je ne dompte?
Paroissez, Navarrois, Mores et Castillans,

1. *Var.* Préférant, en dépit de son âme ravie. (1637 in-4° I., 37 in-12 et 38)
2. *Var.* Qui me livre à l'objet de mon aversion. (1637-56)
3. *Var.* Et si jamais l'amour échauffa tes esprits. (1637-56)
4. Dans les éditions de 1637-60 et dans celle de 1692 : DON RODRIGUE, *seul.*

Et tout ce que l'Espagne a nourri de vaillants ; 1560
Unissez-vous ensemble, et faites une armée,
Pour combattre une main de la sorte animée :
Joignez tous vos efforts contre un espoir si doux ;
Pour en venir à bout, c'est trop peu que de vous.

SCÈNE II.

L'INFANTE.

T'écouterai-je encor, respect de ma naissance, 1565
    Qui fais un crime de mes feux ?
T'écouterai-je, amour, dont la douce puissance
Contre ce fier tyran fait révolter mes vœux[1] ?
    Pauvre princesse, auquel des deux
    Dois-tu prêter obéissance ? 1570
Rodrigue, ta valeur te rend digne de moi ;
Mais pour être vaillant, tu n'es pas fils de roi.

    Impitoyable sort, dont la rigueur sépare
    Ma gloire d'avec mes desirs !
Est-il dit que le choix d'une vertu si rare 1575
Coûte à ma passion de si grands déplaisirs ?
    O cieux ! à combien de soupirs
    Faut-il que mon cœur se prépare,
Si jamais il n'obtient sur un si long tourment[2]
Ni d'éteindre l'amour, ni d'accepter l'amant ! 1580

Mais c'est trop de scrupule, et ma raison s'étonne[3]
    Du mépris d'un si digne choix :
Bien qu'aux monarques seuls ma naissance me donne,

---

1. *Var.* Contre ce fier tyran fait rebeller mes vœux ? (1637-60)
2. *Var.* S'il ne peut obtenir dessus mon sentiment. (1637-56)
3. *Var.* Mais ma honte m'abuse, et ma raison s'étonne. (1637-60)

Rodrigue, avec honneur je vivrai sous tes lois.
   Après avoir vaincu deux rois,   1585
   Pourrois-tu manquer de couronne?
Et ce grand nom de Cid que tu viens de gagner
Ne fait-il pas trop voir sur qui tu dois régner[1]?

Il est digne de moi, mais il est à Chimène;
   Le don que j'en ai fait me nuit.   1590
Entre eux la mort d'un père a si peu mis de haine[2],
Que le devoir du sang à regret le poursuit :
   Ainsi n'espérons aucun fruit
   De son crime, ni de ma peine,
Puisque pour me punir le destin a permis   1595
Que l'amour dure même entre deux ennemis.

SCÈNE III.

L'INFANTE, LÉONOR.

L'INFANTE.

Où viens-tu, Léonor?

LÉONOR.

     Vous applaudir, Madame[3],
Sur le repos qu'enfin a retrouvé votre âme.

L'INFANTE.

D'où viendroit ce repos dans un comble d'ennui?

LÉONOR.

Si l'amour vit d'espoir, et s'il meurt avec lui,   1600
Rodrigue ne peut plus charmer votre courage.
Vous savez le combat où Chimène l'engage :

---

1. *Var.* Marque-t-il pas déjà sur qui tu dois régner? (1637-56)
2. *Var.* Entre eux un père mort sème si peu de haine. (1637-60)
3. *Var.*   Vous témoigner, Madame,
 L'aise que je ressens du repos de votre âme. (1637-56)

Puisqu'il faut qu'il y meure, ou qu'il soit son mari,
Votre espérance est morte, et votre esprit guéri.
                L'INFANTE.
Ah! qu'il s'en faut encor¹!
                    LÉONOR.
                        Que pouvez-vous prétendre?
                L'INFANTE.
Mais plutôt quel espoir me pourrois-tu défendre?
Si Rodrigue combat sous ces conditions,
Pour en rompre l'effet, j'ai trop d'inventions.
L'amour, ce doux auteur de mes cruels supplices,
Aux esprits des amants apprend trop d'artifices.   1610
                LÉONOR.
Pourrez-vous quelque chose, après qu'un père mort
N'a pu dans leurs esprits allumer de discord?
Car Chimène aisément montre par sa conduite
Que la haine aujourd'hui ne fait pas sa poursuite.
Elle obtient un combat, et pour son combattant   1615
C'est le premier offert qu'elle accepte à l'instant :
Elle n'a point recours à ces mains généreuses²
Que tant d'exploits fameux rendent si glorieuses;
Don Sanche lui suffit, et mérite son choix³,
Parce qu'il va s'armer pour la première fois.   1620
Elle aime en ce duel son peu d'expérience;
Comme il est sans renom, elle est sans défiance;
Et sa facilité vous doit bien faire voir⁴
Qu'elle cherche un combat qui force son devoir,

---

1. *Var.* Oh! qu'il s'en faut encor! (1637-56)
2. *Var.* Elle ne choisit point de ces mains généreuses. (1637-56)
3. *Var.* Don Sanche lui suffit : c'est la première fois
    Que ce jeune seigneur endosse (*a*) le harnois. (1637-56)
4. *Var.* Un tel choix et si prompt vous doit bien faire voir. (1637-56)

(*a*) L'édition de 1644 in 12 porte *endossa*, pour *endosse*.

Qui livre à son Rodrigue une victoire aisée[1], 1625
Et l'autorise enfin à paroître apaisée.

L'INFANTE.

Je le remarque assez, et toutefois mon cœur
A l'envi de Chimène adore ce vainqueur.
A quoi me résoudrai-je, amante infortunée ?

LÉONOR.

A vous mieux souvenir de qui vous êtes née[2] : 1630
Le ciel vous doit un roi, vous aimez un sujet !

L'INFANTE.

Mon inclination a bien changé d'objet.
Je n'aime plus Rodrigue, un simple gentilhomme ;
Non, ce n'est plus ainsi que mon amour le nomme[3] :
Si j'aime, c'est l'auteur de tant de beaux exploits, 1635
C'est le valeureux Cid, le maître de deux rois.

Je me vaincrai pourtant, non de peur d'aucun blâme,
Mais pour ne troubler pas une si belle flamme ;
Et quand pour m'obliger on l'auroit couronné,
Je ne veux point reprendre un bien que j'ai donné. 1640
Puisqu'en un tel combat sa victoire est certaine,
Allons encore un coup le donner à Chimène.
Et toi, qui vois les traits dont mon cœur est percé,
Viens me voir achever comme j'ai commencé.

SCÈNE IV.

CHIMÈNE, ELVIRE.

CHIMÈNE.

Elvire, que je souffre, et que je suis à plaindre ! 1645
Je ne sais qu'espérer, et je vois tout à craindre ;

---

1. *Var.* Et livrant à Rodrigue une victoire aisée,
   Puisse l'autoriser à paroître apaisée. (1637-56)
2. *Var.* A vous ressouvenir de qui vous êtes née. (1637-56)
3. *Var.* Une ardeur bien plus digne à présent me consomme. (1637-44)

Aucun vœu ne m'échappe où j'ose consentir;
Je ne souhaite rien sans un prompt repentir[1].
A deux rivaux pour moi je fais prendre les armes :
Le plus heureux succès me coûtera des larmes;   1650
Et quoi qu'en ma faveur en ordonne le sort,
Mon père est sans vengeance, ou mon amant est mort.

ELVIRE.

D'un et d'autre côté je vous vois soulagée :
Ou vous avez Rodrigue, ou vous êtes vengée;
Et quoi que le destin puisse ordonner de vous,   1655
Il soutient votre gloire, et vous donne un époux.

CHIMÈNE.

Quoi! l'objet de ma haine ou de tant de colère[2]!
L'assassin de Rodrigue ou celui de mon père!
De tous les deux côtés on me donne un mari
Encor tout teint du sang que j'ai le plus chéri;   1660
De tous les deux côtés mon âme se rebelle :
Je crains plus que la mort la fin de ma querelle.
Allez, vengeance, amour, qui troublez mes esprits,
Vous n'avez point pour moi de douceurs à ce prix;
Et toi, puissant moteur du destin qui m'outrage,   1665
Termine ce combat sans aucun avantage,
Sans faire aucun des deux ni vaincu ni vainqueur.

ELVIRE.

Ce seroit vous traiter avec trop de rigueur.
Ce combat pour votre âme est un nouveau supplice,
S'il vous laisse obligée à demander justice,   1670
A témoigner toujours ce haut ressentiment,
Et poursuivre toujours la mort de votre amant.
Madame, il vaut bien mieux que sa rare vaillance[3],

1. *Var.* Et mes plus doux souhaits sont pleins d'un repentir. (1637-56)
2. *Var.* Quoi!! l'objet de ma haine ou bien de ma colère! (1637-64)
3. *Var.* Non, non, il vaut bien mieux que sa rare vaillance,
   Lui gagnant un laurier, vous impose silence. (1637-56)

ACTE V, SCÈNE IV.

Lui couronnant le front, vous impose silence;
Que la loi du combat étouffe vos soupirs,   1675
Et que le Roi vous force à suivre vos desirs.

CHIMÈNE.

Quand il sera vainqueur, crois-tu que je me rende?
Mon devoir est trop fort, et ma perte trop grande;
Et ce n'est pas assez, pour leur faire la loi,
Que celle du combat et le vouloir du Roi.   1680
Il peut vaincre don Sanche avec fort peu de peine,
Mais non pas avec lui la gloire de Chimène;
Et quoi qu'à sa victoire un monarque ait promis,
Mon honneur lui fera mille autres ennemis.

ELVIRE.

Gardez, pour vous punir de cet orgueil étrange,   1685
Que le ciel à la fin ne souffre qu'on vous venge.
Quoi! vous voulez encor refuser le bonheur
De pouvoir maintenant vous taire avec honneur?
Que prétend ce devoir, et qu'est-ce qu'il espère?
La mort de votre amant vous rendra-t-elle un père?   1690
Est-ce trop peu pour vous que d'un coup de malheur?
Faut-il perte sur perte, et douleur sur douleur?
Allez, dans le caprice où votre humeur s'obstine,
Vous ne méritez pas l'amant qu'on vous destine;
Et nous verrons du ciel l'équitable courroux[1]   1695
Vous laisser, par sa mort, don Sanche pour époux.

CHIMÈNE.

Elvire, c'est assez des peines que j'endure,
Ne les redouble point de ce funeste augure[2].
Je veux, si je le puis, les éviter tous deux;
Sinon, en ce combat Rodrigue a tous mes vœux :   1700

---

1. *Var.* Et le ciel, ennuyé de vous être si doux,
   Vous lairra, par sa mort, don Sanche pour époux. (1637-44)
   Var. Et nous verrons le ciel, mû d'un juste courroux. (1648-60)
2. *Var.* Ne les redouble point par ce funeste augure. (1637-68)

Non qu'une folle ardeur de son côté me penche ;
Mais s'il étoit vaincu, je serois à don Sanche :
Cette appréhension fait naître mon souhait.
Que vois-je, malheureuse? Elvire, c'en est fait.

SCÈNE V.

DON SANCHE, CHIMÈNE, ELVIRE.

DON SANCHE.
Obligé d'apporter à vos pieds cette épée[1].... 1705
CHIMÈNE.
Quoi? du sang de Rodrigue encor toute trempée?
Perfide, oses-tu bien te montrer à mes yeux,
Après m'avoir ôté ce que j'aimois le mieux?
Éclate, mon amour, tu n'as plus rien à craindre :
Mon père est satisfait, cesse de te contraindre. 1710
Un même coup a mis ma gloire en sûreté,
Mon âme au désespoir, ma flamme en liberté.
DON SANCHE.
D'un esprit plus rassis....
CHIMÈNE.
    Tu me parles encore,
Exécrable assassin d'un héros que j'adore[2]?
Va, tu l'as pris en traître; un guerrier si vaillant 1715
N'eût jamais succombé sous un tel assaillant[3].

---

1. *Var.* Madame, à vos genoux j'apporte cette épée. (1637-56)
2. Cette scène semble avoir fourni à Racine l'idée de l'admirable dialogue d'Oreste et d'Hermione dans *Andromaque* (acte V, scène III).
3. *Var.* [N'eût jamais succombé sous un tel assaillant.]
ELV. Mais, Madame, écoutez. CHIM. Que veux-tu que j'écoute?
Après ce que je vois puis-je être encore en doute?
J'obtiens pour mon malheur ce que j'ai demandé,
Et ma juste poursuite a trop bien succédé.
Pardonne, cher amant, à sa rigueur sanglante ;

ACTE V, SCÈNE V.

N'espère rien de moi, tu ne m'as point servie :
En croyant me venger, tu m'as ôté la vie.
DON SANCHE.
Étrange impression, qui loin de m'écouter....
CHIMÈNE.
Veux-tu que de sa mort je t'écoute vanter, 1720
Que j'entende à loisir avec quelle insolence
Tu peindras son malheur, mon crime et ta vaillance[1]?

SCÈNE VI.

DON FERNAND, DON DIÈGUE, DON ARIAS, DON SANCHE, DON ALONSE, CHIMÈNE, ELVIRE.

CHIMÈNE.
Sire, il n'est plus besoin de vous dissimuler
Ce que tous mes efforts ne vous ont pu celer.
J'aimois, vous l'avez su; mais pour venger mon père[2],
J'ai bien voulu proscrire[3] une tête si chère :

<small>Songe que je suis fille aussi bien comme amante :
Si j'ai vengé mon père aux dépens de ton sang,
Du mien pour te venger j'épuiserai mon flanc ;
Mon âme désormais n'a rien qui la retienne ;
Elle ira recevoir ce pardon de la tienne.
Et toi qui me prétends acquérir par sa mort,
Ministre déloyal de mon rigoureux sort,
[N'espère rien de moi, tu ne m'as point servie.] (1637-56)</small>

1. *Var.* [Tu peindras son malheur, mon crime et ta vaillance?]
<small>Qu'à tes yeux ce récit tranche mes tristes jours?
Va, va, je mourrai bien sans ce cruel secours (*a*) ;
Abandonne mon âme au mal qui la possède :
Pour venger mon amant, je ne veux point qu'on m'aide (*b*). (1637-56)</small>
2. *Var.* J'aimois, vous l'avez su; mais pour venger un père. (1637-44 in-4°)
   Var. J'aimois, vous le savez ; mais pour venger un père. (1644 in-12)
3. Les éditions de 1637 I., de 1638 P., de 1639 et de 1644 in-4° portent par erreur *prescrire*, pour *proscrire*.

(*a*) Va, va, je mourrai bien sans ton cruel secours. (1644 in-12)
(*b*) Ce vers termine la scène dans les éditions indiquées.

Votre Majesté, Sire, elle-même a pu voir
Comme j'ai fait céder mon amour au devoir.
Enfin Rodrigue est mort, et sa mort m'a changée
D'implacable ennemie en amante affligée. 1730
J'ai dû cette vengeance à qui m'a mise au jour,
Et je dois maintenant ces pleurs à mon amour.
Don Sanche m'a perdue en prenant ma défense,
Et du bras qui me perd je suis la récompense!
    Sire, si la pitié peut émouvoir un roi, 1735
De grâce, révoquez une si dure loi;
Pour prix d'une victoire où je perds ce que j'aime,
Je lui laisse mon bien; qu'il me laisse à moi-même;
Qu'en un cloître sacré je pleure incessamment,
Jusqu'au dernier soupir, mon père et mon amant. 1740

DON DIÈGUE.

Enfin elle aime, Sire, et ne croit plus un crime
D'avouer par sa bouche un amour légitime[1].

DON FERNAND.

Chimène, sors d'erreur, ton amant n'est pas mort,
Et don Sanche vaincu t'a fait un faux rapport.

DON SANCHE.

Sire, un peu trop d'ardeur malgré moi l'a déçue : 1745
Je venois du combat lui raconter l'issue.
Ce généreux guerrier, dont son cœur est charmé :
« Ne crains rien, m'a-t-il dit, quand il m'a désarmé;
Je laisserois plutôt la victoire incertaine,
Que de répandre un sang hasardé pour Chimène; 1750
Mais puisque mon devoir m'appelle auprès du Roi,
Va de notre combat l'entretenir pour moi,
De la part du vainqueur lui porter ton épée[2]. »

1. *Var.* D'avouer par sa bouche une amour légitime.
    (1637 P., 37 in-12 et 38)
— L'édition de 1644 porte *un amant*, pour *un amour*.
2. *Var.* Offrir à ses genoux ta vie et ton épée. (1637-56)

ACTE V, SCÈNE VI.

Sire, j'y suis venu : cet objet l'a trompée ;
Elle m'a cru vainqueur, me voyant de retour, 1755
Et soudain sa colère a trahi son amour
Avec tant de transport et tant d'impatience,
Que je n'ai pu gagner un moment d'audience.
　　Pour moi, bien que vaincu, je me répute heureux ;
Et malgré l'intérêt de mon cœur amoureux, 1760
Perdant infiniment, j'aime encor ma défaite,
Qui fait le beau succès d'une amour si parfaite.

DON FERNAND.

Ma fille, il ne faut point rougir d'un si beau feu,
Ni chercher les moyens d'en faire un désaveu.
Une louable honte en vain t'en sollicite¹ : 1765
Ta gloire est dégagée, et ton devoir est quitte ;
Ton père est satisfait, et c'étoit le venger
Que mettre tant de fois ton Rodrigue en danger.
Tu vois comme le ciel autrement en dispose.
Ayant tant fait pour lui, fais pour toi quelque chose,
Et ne sois point rebelle à mon commandement,
Qui te donne un époux aimé si chèrement.

SCÈNE VII².

DON FERNAND, DON DIÈGUE, DON ARIAS, DON
RODRIGUE, DON ALONSE, DON SANCHE, L'IN-
FANTE, CHIMÈNE, LÉONOR, ELVIRE.

L'INFANTE.

Sèche tes pleurs, Chimène, et reçois sans tristesse
Ce généreux vainqueur des mains de ta princesse.

DON RODRIGUE.

Ne vous offensez point, Sire, si devant vous 1775

---

1. *Var.* Une louable honte enfin t'en sollicite. (1637, 38 P., 39 et 44)
2. *Var.* SCÈNE DERNIÈRE. (1644 in-12)

Un respect amoureux me jette à ses genoux.
  Je ne viens point ici demander ma conquête :
Je viens tout de nouveau vous apporter ma tête,
Madame; mon amour n'emploiera point pour moi
Ni la loi du combat, ni le vouloir du Roi.   1780
Si tout ce qui s'est fait est trop peu pour un père,
Dites par quels moyens il vous faut satisfaire.
Faut-il combattre encor mille et mille rivaux,
Aux deux bouts de la terre étendre mes travaux,
Forcer moi seul un camp, mettre en fuite une armée,
Des héros fabuleux passer la renommée?
Si mon crime par là se peut enfin laver,
J'ose tout entreprendre, et puis tout achever;
Mais si ce fier honneur, toujours inexorable,
Ne se peut apaiser sans la mort du coupable,   1790
N'armez plus contre moi le pouvoir des humains :
Ma tête est à vos pieds, vengez-vous par vos mains;
Vos mains seules ont droit de vaincre un invincible;
Prenez une vengeance à tout autre impossible[1].
Mais du moins que ma mort suffise à me punir :   1795
Ne me bannissez point de votre souvenir;
Et puisque mon trépas conserve votre gloire,
Pour vous en revancher conservez ma mémoire,
Et dites quelquefois, en déplorant mon sort[2] :
« S'il ne m'avoit aimée, il ne seroit pas mort. »   1800

CHIMÈNE.

Relève-toi, Rodrigue. Il faut l'avouer, Sire,
Je vous en ai trop dit pour m'en pouvoir dédire[3].
Rodrigue a des vertus que je ne puis haïr;
Et quand un roi commande, on lui doit obéir[4].

---

1. *Var.* Prenez une vengeance à toute autre impossible. (1637 in-12)
2. *Var.* Et dites quelquefois, en songeant à mon sort. (1637-60)
3. *Var.* Mon amour a paru, je ne m'en puis dédire. (1637-56)
   Var. Je vous en ai trop dit pour oser m'en dédire. (1660)
4. *Var.* Et vous êtes mon roi, je vous dois obéir. (1637-56)

Mais à quoi que déjà vous m'ayez condamnée, 1805
Pourrez-vous à vos yeux souffrir cet hyménée¹?
Et quand de mon devoir vous voulez cet effort,
Toute votre justice en est-elle d'accord?
Si Rodrigue à l'État devient si nécessaire,
De ce qu'il fait pour vous dois-je être le salaire, 1810
Et me livrer moi-même au reproche éternel
D'avoir trempé mes mains dans le sang paternel?

DON FERNAND.

Le temps assez souvent a rendu légitime
Ce qui sembloit d'abord ne se pouvoir sans crime :
Rodrigue t'a gagnée, et tu dois être à lui. 1815
Mais quoique sa valeur t'ait conquise aujourd'hui,
Il faudroit que je fusse ennemi de ta gloire,
Pour lui donner sitôt le prix de sa victoire².
Cet hymen différé ne rompt point une loi
Qui sans marquer de temps, lui destine ta foi. 1820
Prends un an, si tu veux, pour essuyer tes larmes.
   Rodrigue, cependant il faut prendre les armes.
Après avoir vaincu les Mores sur nos bords,
Renversé leurs desseins, repoussé leurs efforts,
Va jusqu'en leur pays leur reporter la guerre, 1825
Commander mon armée, et ravager leur terre :
A ce nom seul de Cid ils trembleront d'effroi³;
Ils t'ont nommé seigneur, et te voudront pour roi.

---

1. *Var.* Sire, quelle apparence, à ce triste hyménée,
  Qu'un même jour commence et finisse mon deuil (*a*),
  Mette en mon lit Rodrigue et mon père au cercueil?
  C'est trop d'intelligence avec son homicide,
  Vers ses mânes sacrés c'est me rendre perfide,
  Et souiller mon honneur d'un reproche éternel. (1637-56)
2. Les deux éditions de 1638 portent *ta victoire*, pour *sa victoire*.
3. *Var.* A ce seul nom de Cid ils trembleront d'effroi. (1637 in-4° et 39-56)
  Var. A ce seul nom de Cid ils tomberont d'effroi. (1637 in-12 et 38)

(*a*) Les éditions de 1638 P., 39, 44, 48 et 56 écrivent *duell.* Voyez le *Lexique.*

Mais parmi tes hauts faits sois-lui toujours fidèle :
Reviens-en, s'il se peut, encor plus digne d'elle ; 1830
Et par tes grands exploits fais-toi si bien priser,
Qu'il lui soit glorieux alors de t'épouser.

DON RODRIGUE.

Pour posséder Chimène, et pour votre service,
Que peut-on m'ordonner que mon bras n'accomplisse ?
Quoi qu'absent de ses yeux il me faille endurer, 1835
Sire, ce m'est trop d'heur de pouvoir espérer.

DON FERNAND.

Espère en ton courage, espère en ma promesse ;
Et possédant déjà le cœur de ta maîtresse,
Pour vaincre un point d'honneur qui combat contre toi[1],
Laisse faire le temps, ta vaillance et ton roi. 1840

---

1. L'édition de 1637 in-12 donne *contre moi*, au lieu de *contre toi*.

FIN DU CINQUIÈME ET DERNIER ACTE.

APPENDICE.

I

PASSAGES DES *MOCEDADES DEL CID*[1]

DE GUILLEM DE CASTRO

IMITÉS PAR CORNEILLE ET SIGNALÉS PAR LUI[2].

Vers 185.   De mis hazañas escritas
daré al Príncipe un traslado,
y aprenderá en lo que hice,
si no aprende en lo que hago.
203. *Var.* Podrá para dalle exemplo
como yo mil veces hago...?

Rapprochement tronqué. Le passage est cité plus complet dans la deuxième section de cet *Appendice*, p. 209.

> 1. Les éditions de cette pièce sont nombreuses. Les premières remontent à 1621 (dans la première partie des *Comedias* de Guillem de Castro, *Valencia, Felipe Mey*), peut-être à 1618 (Valence, même imprimeur, mais cette date est douteuse). L'édition séparée dont nous nous sommes servi pour les citations espagnoles de l'*Appendice* est de 1796 (*Valencia, en la Imprenta de J. y T. de Orga*), in-4°, très-correcte. Le texte lu par Corneille devait contenir des incorrections et quelques légères variantes antérieures à une révision.
> 2. Les *Observations* de Scudéry contiennent une liste de rapprochements entre Guillem de Castro et Corneille, dressée avec l'intention avouée d'établir que notre poëte doit tout à son modèle espagnol. Loin de dissimuler ses emprunts, Corneille prit soin, dans ses éditions de 1648, 1652, 1656 (voyez p. 87, note 2, et p. 103), de compléter le travail de Scudéry, fit imprimer en caractères italiques tous ceux de ses vers qu'il regardait comme de véritables imitations, et plaça en note au bas des pages le texte espagnol. Par malheur, l'exiguïté de l'espace réservé à ces notes, le morcellement des citations, la mauvaise impression que Corneille devait avoir sous les yeux, l'inexpérience de ses propres imprimeurs, ont introduit dans ce travail une foule d'erreurs de tous genres; il importait de les corriger, d'adopter une orthographe plus

Vers 223. Yo lo merezco....
tambien como tú y mejor.

251. Llamadle, llamad al Conde,
que venga á exercer el cargo
de Ayo de vuestro hijo,
que podrá mas bien houtallo,
pues que yo sin honra quedo...

262. Ese sentimiento adoro,
esa cólera me agrada,
esa sangre alborotada
. . . .
. . . .
es la que me dió Castilla,
y la que te dí heredada.

267. Esta mancha de mi honor
que al tuyo se extiende, lava
con sangre, que sangre sola
quita semejantes manchas.

Cette phrase était transcrite avec quelques inexactitudes, qu'il est plus court de rectifier que de détailler. Dans les *Observations* de Scudéry on trouve le texte suivant :

Lava, lava con sangre,
porque el honor que se lava
con sangre se ha de lavar;

Mais ce n'est là bien probablement qu'un arrangement banal fait de mémoire sans se soucier du texte.

276. Poderoso es el contrario.

286. Aqui ofensa y allí espada,
no tengo mas que decirte.

289. Y voy a llorar afrentas
mientras tú tomas venganzas.

298. Mi padre el ofendido! estraña pena!
y el ofensor el padre de Ximena!

Fin de phrase qui ne donne pas la construction du texte.

uniforme, et de motiver, quand ils en valaient la peine, les changements rendus nécessaires par tant d'incorrections et de négligences. M. Viguier, à qui nous devons déjà la traduction des romances espagnols placés par Corneille à la suite de son *Avertissement*, a bien voulu s'offrir, comme lecteur curieux, et nous ajouterons très-fin et très-habile appréciateur, de Corneille et du théâtre espagnol, à nous seconder dans cette tâche délicate. Ce n'est là du reste que la moindre des obligations que nous lui avons. On en jugera en lisant l'examen comparatif des *Mocedades del Cid*, qui forme la deuxième section de cet *Appendice*, et qu'il a entrepris tout exprès pour en enrichir cette édition.

APPENDICE.

Vers 310. Yo he de matar al padre de Ximena.
344. Que mi sangre saldrá limpia.

Citation estropiée par Scudéry; voyez la deuxième section de l'*Appendice*, p. 221.

348.   Haviendo sido
mi padre el ofendido,
poco importa que fuese (amarga pena!)
el ofensor el padre de Ximena.

Corneille, en citant ceci, omet à tort la parenthèse *amarga pena!* dont il s'est inspiré.

351. Confieso que fué locura,
mas no la quiero enmendar.
373. Y con ella has de querer
perderte?

Le pronom *ella* représente *condicion de honrado* du vers précédent. C'est ce titre qui défend à don Gormas de réparer le tort qu'il a commis.

376. Que los hombres como yo
tienen mucho que perder.
378. Y ha de perderse Castilla
antes que yo.
398. Aquel viejo que está allí[1],
sabes quien es?
398. Habla baxo, escucha.
399. No sabes que fué despojos
de honra y valor?

Corneille a lu *despojo* dans une édition fautive.

401.   Sí seria.
401. Y que es sangre suya
la que yo tengo en el ojo?
Sabes!

Il faut lire d'après une meilleure édition :

Y que es sangre suya y mia
la que yo tengo en los ojos,
sabes?
402.   Y el sabello
qué ha de importar?

1. Voyez plus loin, p. 216, note 1.

Vers 403. Si vamos á otro lugar
sabrás lo mucho que importa.

Depuis le vers 398, des numéros trop multipliés dans les renvois de Corneille séparent souvent ce qui se suit dans le texte. Scudéry avait donné sans interruption tout ce dialogue en remontant un peu plus haut que Corneille :

Conde. — Quien es? — A esta parte
quiero decirte quien soy.
— Que me quieres? — Quiero hablarte.
— Aquel viejo que está á parte [*lisez* está allí],
sabes quien es? — Ya lo sé.
Por qué lo dices? — Por qué?
Habla baxo, escucha. — Dí.
— No sabes..., etc.

634. Como la ofensa sabía,
luego caí en la venganza.
647. Justicia, justicia pido.
648. Rey, á tus pies he llegado.
648. Rey, á tus pies he venido.
652. Señor, á mi padre han muerto.

Scudéry avait indiqué une autre source au vers :

« Il a tué mon père. — Il a vengé le sien. »

Señor, mi padre he perdido.
— Señor, mi honor he cobrado.
653. Havrá en los Reyes justicia.
654. Justa venganza he tomado.
659. Yo ví con mis proprios ojos
teñido el luciente acero.
667. Yo llegué casi sin vida.
676. Escrivió en este papel
con sangre mi obligacion.
678.   Me habló
con la boca de la herida.
719. Si la venganza me tocó,
y te toca la justicia,
hazla en mí, Rey soberano.
722. Castigar en la cabeza
los delitos de la mano.
724. Y solo fué mano mia
Rodrigo.
729. Con mi cabeza cortada
quede Ximena contenta.

APPENDICE.

Vers 739. Sosiégate, Ximena.
 740. Mi llanto crece.
 741. Qué has hecho, Rodrigo?
 746. No mataste al Conde?
 747. Importábale á mi honor.
 748.   Pues, señor,
   quando fué la casa del muerto
   sagrado del matador?
 752. .... Yo busco la muerte,
   en su casa.
 754. Y por ser justo,
   vengo á morir en sus manos,
   pues estoy muerto en su gusto.
 765.   [Ximena] está
   cerca Palacio, y vendrá
   acompañada.
 771. Ella vendrá, ya viene.
 800. La mitad de mi vida
   ha muerto la otra mitad.
 801.   [Y] al vengar
   de mi vida la una parte,
   sin las dos he de quedar.
 803. Descansad.
 805. Qué consuelo he de tomar?
 809. Siempre quieres á Rodrigo?
   Que mató á tu padre mira.
 810. Es mi adorado enemigo.
 825. Piensas perseguille?
 846. Pues como harás?
 848. Seguiréle hasta vengarme,
   y habré de matar muriendo.

Corneille a interverti l'ordre de ces vers, dont le second doit être le premier, comme fin d'une phrase antérieure.

 849. Mejor es que mi amor firme
   con rendirme,
   te dé el gusto de matarme
   sin la pena de seguirme.
 852. .... Rodrigo, Rodrigo,
   en mi casa!
         — Escucha.
             — Muero.
 — Solo quiero

Vers 873. que en oyendo lo que digo
respondas con este acero.
Tu padre el Conde Lozano
. . . .
puso en las canas del mio
la atrevida injusta mano.

879. Y aunque me ví sin honor,
se malogró mi esperanza,
en tal mudanza,
con tal fuerza que tu amor
puso en duda mi venganza.

Scudéry ajoute ici quatre vers qui relient la citation précédente à celle qui correspond aux vers 886 et suivants du texte français :

Mas en tan gran desventura,
lucharon á mi despecho,
contrapuestos en mi pecho,
mi afrenta con tu hermosura.

886. Y tú, señora, vencieras,
á no haver imaginado
que afrentado,
por infame aborrecieras
quien quisiste por honrado.

897. Cobré mi perdido honor,
mas luego á tu amor rendido
he venido,

900. porque no llames rigor
lo que obligacion ha sido

903. Haz con brio
la venganza de tu padre,
como la hice del mio.

908. No te doy la culpa á ti
de que desdichada soy.

911. Que en dar venganza á tu afrenta
como caballero hiciste.

Le premier vers n'est pas indiqué par Corneille, mais il est donné par Scudéry.

940. Mas soy parte,
para solo perseguirte,
pero no para matarte.

961. Considera
que el dexarme es la venganza,

APPENDICE.

     que el matarme no lo fuera.
Vers 963. Me aborreces?
        — No es posible.
  970. Disculpará mi decoro
     con quien piensa que te adoro
     el saber que te persigo.
  975. Vete, y mira á la salida
     no te vean....
  976. .... si es razon
     no quitarme la opinion
     quien me ha quitado la vida.

Corneille a omis ce dernier vers, qu'il faut nécessairement ajouter à la citation, car il contient le sujet du verbe *quitarme*.

  980. Mátame.
  980.   Déxame.
  980. Pues tu rigor qué hacer quiere?
  981. Por mi honor, aunque muger,
     he de hacer
     contra ti quanto pudiere,
     deseando no poder.
  987. Ay, Rodrigo, quien pensara....
  987. Ay, Ximena, quien dixera....
  988. Que mi dicha se acabara!
  993. Quédate, iréme muriendo.
  997. Vete, y mira á la salida
     no te vean.

Ce dernier rapprochement n'est pas de Corneille, mais de Scudéry.

  1025.   Es posible que me hallo....
     entre tus brazos?
  1027.   Hijo, aliento tomo
     para en tus alabanzas empleallo.
  1028. Bravamente provaste, bien lo hiciste,
     bien mis pasados brios imitaste.

Le premier de ces vers n'est donné que par Scudéry.

  1036. Toca las blancas canas que me honraste.
  1037. Llega la tierna boca á la mexilla
     donde la mancha de mi honor quitaste.

LE CID.

Vers 1039.   Alza la cabeza,
á quien como la causa se atribuia
si hay en mí algun valor, y fortaleza.

Entendez *á quien* comme s'il y avait *tú á quien*. Le vers précédent, que nous complétons,

Dame la mano, y alza la cabeza....

tient à un assez beau mouvement de scène, qui n'est que dans l'espagnol. Le père s'est dit fier de *s'incliner* devant la gloire de son fils : le fils lui répond de *relever la tête*, en même temps qu'il lui demande sa main à baiser, en fléchissant le genou selon l'usage. Don Diègue réplique par ce vers, que Corneille a omis, mais qui est indispensable pour entendre *suya* de la phrase suivante :

Con mas razon besara yo la tuya.

1054. Si yo te dí el ser naturalmente,
tú me le has vuelto á pura fuerza suya.

1085. Con quinientos hidalgos deudos mios
sal en campaña á exercitar tus brios.

1092. No dirán que la mano te ha servido
para vengar agravios solamente.

1222. REY DE CASTILLA. (*Inexact; c'est le jeune Prince qui fait cette remarque.*)
El mio Cid le ha llamado.
           REY MORO.
En mi lengua es mi Señor.
          REY DE CASTILLA.
Ese nombre le está bien.
          REY MORO.
Entre Moros le ha tenido.
          REY DE CASTILLA.
Pues allá le ha merecido,
en mis tierras se le den.

1225. Llamalle el Cid es razon.

1334. En premio destas victorias
ha de llevarse este abrazo.

1350. Tanto atribula un placer,
como congoxa un pesar.

1378. Son tus ojos sus espias,
tu retrete su sagrado,
tu favor sus alas libres.

1392. Si he guardado á Rodrigo,
quizá para vos le guardo.

APPENDICE.

Vers 1738. Conténtese en mi hacienda,
que mi persona, Señor,
llevaréla á un monasterio.

Ces deux derniers vers sont séparés dans le texte par celui-ci :

si no es que el Cielo la lleva,

vers qui n'est pas à dédaigner, et qui répond assez à ces mots : *jusqu'au dernier soupir.*

II

ANALYSE COMPARATIVE DU DRAME

DE GUILLEM DE CASTRO :

LA JEUNESSE DU CID

(*LAS MOCEDADES DEL CID*, PRIMERA PARTE [1]).

SOMMAIRE DE LA PREMIÈRE JOURNÉE [2].

1º SCÈNE DANS LE PALAIS *de Fernand I*er *à Burgos. Brillante introduction : le jeune Rodrigue reçoit l'ordre de chevalerie des mains du Roi et des princesses en présence de la cour et de Chimène.*

2º SÉANCE DU CONSEIL. *Le Roi motive et déclare le choix qu'il fait de don Diègue comme gouverneur de son fils. Arrogance et colère du comte Gormas; l'outrage fatal est infligé en présence du Roi.*

3º MAISON DE DON DIÈGUE. *Salle d'armes. Ses trois fils s'entretiennent au retour de la cérémonie. Don Diègue rentre, il les éloigne, et pour s'essayer à la vengeance il brandit la grande épée de Mudarra, devenue*

---

1. La seconde partie est un autre drame historique, tout à fait distinct, qui n'appartient plus précisément à la *jeunesse* du Cid ; *Mocedades* serait tout aussi bien traduit par *les Prouesses* du Cid. Le théâtre espagnol possède des *Mocedades de Roldan* (Roland), *de Bernardo del Carpio*, etc.

2. On sait que les trois *Journées* de ces drames sont de longs actes, non partagés en scènes à notre manière.

trop pesante pour ses mains; il lui faut pour vengeur l'un de ses fils; il les éprouve successivement : les deux plus jeunes ne savent que gémir quand il leur serre violemment la main; Rodrigue seul à qui il mord un doigt s'emporte et se montre capable du ressentiment que désire son père. Le vieillard, sans savoir son amour pour Chimène, lui confie l'épée et lui nomme son ennemi. Monologue de Rodrigue, sa douleur, sa résolution.

4° PLACE *devant le palais et devant la maison de don Diègue.* L'Infante et Chimène à une fenêtre du palais, s'entretenant de Rodrigue. Le fier Gormas passe; il confie à l'un de ses amis qu'il a quelque regret de sa violence, mais se montre résolu à ne point s'humilier par une amende honorable. Rodrigue armé le cherche; d'abord il se voit avec peine en présence des dames, obligé de répondre par des propos courtois aux compliments de l'Infante. Le Comte reparaît; provocation, de plus en plus animée : les dames, en les voyant de loin, s'alarment; don Diègue se montre debout devant sa porte, il échauffe de ses regards le courroux de Rodrigue. Le duel sur cette place même est rendu nécessaire par l'extrême insolence de Gormas. Le Comte, blessé à mort, tombe dans la coulisse. Chimène accourt avec des cris. Rodrigue résiste héroïquement à l'assaut de toute la suite du Comte, et l'Infante intervenant fait cesser ce combat.

REMARQUES.

Scène Ire*. L'appareil sacré, les formules, les propos rapides de cette foule de personnages propre au théâtre de Valence, le premier qui ait été construit en Espagne, ne convenaient guère à notre poëte. Il écartera donc de son plan et la Reine et le Prince royal à qui cette *histoire* (c'est le titre, comme on sait, de beaucoup de pièces de Shakspeare) réserve un rôle assez marqué. Il se dispensera de faire de don Arias et de Peranzules des conseillers de cour, unis par des liens de parenté l'un à don Diègue, l'autre au Comte. Il invente un seul personnage, le pâle rival de Rodrigue, réservé pour être le champion malheureux de Chimène, et il l'appelle, on ne sait pourquoi, *don Sanche*, quoique ce nom soit celui du jeune prince espagnol.

Quant à la scène en elle-même, cette pompe trop extérieure n'est point nécessaire à son dessein.

Scène IIe. Celle-ci au contraire devait certainement lui convenir. Nous oserions affirmer que les circonstances du temps, les sévérités de Richelieu contre le duel, l'humeur susceptible de Louis XIII, ont seules empêché Corneille de transporter la fière dispute et le

APPENDICE.

fatal soufflet dans l'intérieur du conseil et en présence de la majesté royale.

> . . . . . Conde tirano,
> . . . .
> la mano en mi padre pusisteis
> *delante el Rey* con furor.

Ce sont les paroles de Rodrigue (empruntées à un vieux romance par l'auteur de la pièce). Corneille dit seulement :

> « Ce que n'a pu jamais Aragon ni Grenade,
> « Ni tous vos ennemis, ni tous mes envieux,
> « Le Comte en votre cour l'a fait *presque* à vos yeux[1]. »

C'est une combinaison propre à Corneille d'avoir supposé les deux pères instruits de l'amour de leurs enfants et disposés à le favoriser. Il en a tiré quelques traits remarquables, et le nœud devient par là plus complexe dès le commencement. Quant à la grande donnée du drame, nullement historique en elle-même, cet amour des deux jeunes gens antérieur à la querelle, Castro en a le mérite, mais ne paraît pas en être le premier inventeur. C'est au moins ce que donne à penser un mot du passage cité de Mariana (voyez p. 79), peut-être aussi quelques romances de date peu ancienne relativement, mais pouvant remonter au commencement du dix-septième siècle, époque de cette composition dramatique.

Dans la pièce espagnole la dispute des deux rivaux pour la prééminence a lieu en présence du Roi; c'est à lui que leurs arguments sont d'abord adressés, et cette circonstance ajoute à l'intérêt. Les vers suivants, non traduits, mais imités, que Corneille met dans la bouche du Comte, peuvent être cités comme un emprunt de plus à Guillem de Castro :

> « Joignez à ces vertus celles d'un capitaine :
> « Montrez-lui comme il faut s'endurcir à la peine, etc.[2] »

> Y quando al Príncipe enseña
> lo que entre exercicios varios
> debe hacer un caballero
> en las plazas y en los campos,
> podrá para darle exemplo,
> como yo mil veces hago,
> hacer un lanza hastillas,
> desalentando un caballo ?

---

1. Acte II, scène VIII, vers 706-708. Dans les premières éditions (1637-56), au lieu de *le Comte*, on lit au dernier vers : *l'Orgueil*, souvenir du surnom de *Lozano* qu'avait le comte de Gormas.
2. Acte I, scène III, vers 177 et suivants.

Mais après la réponse de don Diègue, la querelle proprement dite n'occupe que six vers, d'un dialogue fort entrecoupé, entre les deux adversaires et le Roi qui les rappelle au respect. Cette vigueur et cette rapidité étaient d'un fort bon exemple, et n'ont point l'inconvénient de ce mot un peu excessif : *.... ne le méritoit pas*[1] ! qui donne au vieillard quelque tort de provocation.

Le jeu de scène qui doit suivre le soufflet n'est suffisamment indiqué ni dans l'un ni dans l'autre texte. Il est fâcheux que les grands maîtres ou leurs éditeurs (à remonter jusqu'aux Grecs) aient si souvent négligé ce genre d'indication. Dans *le Cid* de Corneille, la tradition théâtrale nous fait voir un duel à l'épée qui ne dure que quelques instants, le Comte faisant tomber tout d'abord l'arme des mains de don Diègue[2]. Celui-ci, dans l'espagnol, n'est pas armé peut-être, ou n'a pas recours à son épée. Il lève le bâton sur lequel il s'appuyait. Peranzules, cousin germain du Comte, lui retient le bras. Le Roi, indigné contre Gormas, appelle ses gardes, et ordonne qu'on l'arrête. Il nous faut continuer de deviner l'action scénique : Gormas ne se laisse pas arrêter, il tire probablement du fourreau son épée redoutable, et s'éloigne lentement en adressant au Roi des remontrances et des excuses hautaines, entre autres : « .... Pardonne à *cette épée* et à cette main de te manquer ici de respect. » Le Roi le laisse sortir, s'efforçant inutilement de le rappeler. « Oui, *rappelez, rappelez* le Comte, s'écrie énergiquement don Diègue, qu'il vienne remplir la charge de gouverneur de votre fils! etc. *Llamadle, llamad al Conde*..., etc. » Corneille cite ce mouvement sans expliquer comment il en a fait une éloquente apostrophe dans son fameux monologue : *Comte, sois de mon prince à présent gouverneur*...[3], etc.

« Achève, et prends ma vie après un tel affront,
« Le premier dont ma race ait vu rougir son front[4]. »

De ces deux vers, l'un est trouvé par Corneille, l'autre provient du

1. Acte I, scène III, vers 225.
2. Plusieurs des plus anciennes éditions n'ont pas même cette indication trop courte : DON DIÈGUE, *mettant l'épée à la main* ou *Ils mettent l'épée à la main* (voyez ci-dessus, p. 117 et la note 2) ; le lecteur n'est mis sur la voie que par ces mots : *Ton épée est à moi....* et plus loin, à la fin de la scène, par ce vers (supprimé à partir de 1660, voyez la note 1 de la p. 118) :

« Et mes yeux à ma main reprochent *ta défaite.* »

On peut remarquer du reste que ce *duel*, qui n'est pas dans Castro, eût été une impossibilité de plus pour Corneille, s'il eût dû avoir lieu *devant le Roi.*
3. Acte I, scène IV, vers 251 et suivants.
4. Acte I, scène III, vers 227 et 228.

romance *Pensativo estaba el Cid*, que Castro a transcrit presque entier, notamment les mots imprimés ici en lettres italiques :

> Todo le parece poco
> respecto de *aquel agravio*
> *el primero que se ha fecho*
> *á la sangre de Lain Calvo.*

La scène royale, dans la pièce de Castro, se termine d'une manière que Richelieu n'eût pas plus admise que ce qui précède. Don Diègue se retire à son tour, songeant déjà à sa vengeance, et n'est pas non plus retenu par l'ordre du Roi. Celui-ci se laisse persuader par ses deux autres conseillers de renoncer à faire justice, de peur de compromettre envers un puissant vassal sa propre puissance. Le scandale pourra d'ailleurs n'être pas ébruité, et il espère vaguement assoupir cette querelle.

Scène III. La salle d'armes de don Diègue. Nous n'avons pas besoin d'insister sur l'embarras et la difficulté d'illusion que s'impose Corneille en se refusant à déterminer les divers lieux de son action.

Don Diègue a *trois* fils; Rodrigue est l'aîné[1]. Les deux plus jeunes s'occupent à débarrasser le nouveau chevalier des armes qu'il a reçues, entre autres de l'épée du Roi, qu'il veut laisser suspendue au mur jusqu'à ce qu'il l'ait réellement gagnée par cinq batailles rangées. Dialogue élégant et paisible. Leur père arrive, sombre, égaré, tenant les deux fragments de son bâton qu'il a brisé. Son désordre émeut surtout Rodrigue, mais don Diègue ne veut point s'expliquer, et il exige que tous trois le laissent seul.

Son monologue fait penser, dès les premiers mots, à celui de Corneille[2] :

> Cielos! peno, muero, rabio....

Le second vers, quoique s'adressant au bâton brisé qu'il jette à terre, a visiblement suggéré aussi les beaux vers (v. 255 et suivants) : *Et toi, de mes exploits glorieux instrument*, etc.

> No más, báculo rompido!...

« Va-t'en, bâton brisé, qui n'as pu servir de soutien ni à mon honneur ni à ma colère.... » Suivent des traits d'un goût plus recherché. Le vieillard songe à se procurer une épée. Là est suspendue

---

1. Dans Corneille, Rodrigue est fils unique :
    « Vous n'avez qu'une fille, et moi *je n'ai qu'un fils.* »
    (Acte I, scène III, vers 167.)
2. Acte I, scène IV.

celle que lui transmit le fameux bâtard Mudarra, vengeur des sept infants de Lara, dans une héroïque histoire de l'âge antérieur. Ce glaive est un de ces grands espadons du moyen âge qui se manœuvrent à deux mains. Il le saisit dans l'espoir de l'employer à sa vengeance, et s'en escrime quelque temps avec de vains efforts : scène forte et naïve, à laquelle l'acteur pouvait donner un grand intérêt :

« Mais, ô ciel! je m'abusais.... à chaque coup de taille ou de revers, l'arme m'entraîne après elle.... ma main la tient bien ferme, mais par mes pieds elle est mal assurée.... Et voilà qu'elle me paraît de plomb.... et que ma force défaille¹.... et je tombe, et il me semble que le pommeau soit à la pointe. »

Si loin que nous soyons ici de Corneille, nous rencontrons toutefois des exclamations douloureuses dont il s'est souvenu :

O caduca edad cansada!
Estoy por pasarme el pecho....
Ah, tiempo ingrato, qué has hecho?

Il faut donc qu'il s'adresse à l'un de ses fils pour avoir un vengeur. Il les appelle successivement, les plus jeunes d'abord, pour les mettre à l'épreuve. Ce qu'il cherche en eux c'est l'énergie vindicative qu'il ne trouvera à son gré que chez Rodrigue. L'épreuve, pour Hernau Diaz, puis pour Bermudo, consiste à leur serrer les os de la main : les jeunes gens ne manifestent qu'une douleur plaintive, tandis que Rodrigue à qui son père mord le doigt, s'écrie : « Lâchez-moi, mon père, lâchez-moi à la malheure! Lâchez; si vous n'étiez pas mon père, je vous donnerais un soufflet. — *D. Diègue :* Et ce ne serait pas le premier! — *Rodrigue :* Comment? — *D. Diègue :* Fils de mon âme, voilà le ressentiment que j'adore, voilà la colère qui me plaît, la vaillance que je bénis.... » Cette tirade, qui se prolonge, est une des plus belles de Castro, et Corneille a reconnu son obligation², malgré le noble détour par lequel il a su épargner à son public français le naïf récit des romances. L'autorité en était si absolue pour les Espagnols, que Castro, ici et ailleurs, semble se plaire à en copier le texte littéralement; et que même, chose assez bizarre, le traducteur espagnol du *Cid* français, quarante ans environ après Castro, Diamante, qui destinait sa traduction à la scène, n'a pas cru pouvoir se

---

1. « Et ce *fer* que mon bras ne peut plus soutenir,
    « Je le remets au tien pour venger et punir. »
    (Acte I, scène v, vers 271 et 272.)

2 Voyez dans la première section de l'*Appendice*, p. 200, la citation relative aux vers 262 et suivants.

dispenser d'ajouter au dialogue de Corneille l'épreuve de la main serrée. Il traduit d'abord assez fidèlement le *Rodrigue, as-tu du cœur?*

DIEGO.
.... Tendrás valor?
RODRIGO.
Qualquiera otro que no fuera
mi padre, y tal preguntara,
bien presto hallára la prueba;

mais ensuite il imagine un long aparté de don Diègue pour motiver la nécessité de l'expérience corporelle; le vieillard demande pour *faire amitié* la main de son fils, qui s'agenouille; mais sentant sa main cruellement pressée, Rodrigue mord jusqu'au sang celle de son père. La traduction de Diamante se rattache ensuite à Corneille comme elle peut, mais en ayant bien soin de recommander l'épée de *Mudarra*. C'est ainsi qu'à cette époque on entendait le devoir des traducteurs; mais il faut s'en prendre aussi à l'exigence d'un public espagnol en un sujet consacré comme *le Cid*.

Revenons à l'œuvre intéressante de Castro[1].

Le petit vers: *Aqui ofensa y allí espada*, cité par Corneille comme emprunté par lui:

« Enfin *tu sais* l'affront, et *tu tiens* la vengeance[2], »

est un assez frappant exemple de la distance de l'action aux paroles qui sépare les deux poëtes. La vraie traduction de l'espagnol est dans le double geste du père, montrant d'abord sa joue visiblement meurtrie depuis le soufflet reçu, puis remettant aux mains de son fils l'épée de *Mudarra*. Nous ne pouvons plus savoir si pour réaliser le: *Tu tiens la vengeance*, Corneille conseillait à l'acteur de placer son

---

1. Nous n'examinons ce poëte que comparativement à Corneille, et nous craindrions de faire une digression en remarquant que la tradition, à laquelle il obéit tout en choisissant, a dû lui causer aussi quelque embarras. Il y a dans ces légendes, tant de fois remaniées, bien des tons divers, selon le caractère plus ou moins rude des siècles qui les ont traitées successivement. Les détails de chevalerie et de cour, et d'autres encore, risquaient de faire dissonnce et anachronisme avec des données plus anciennes et toujours accréditées. Un censeur *espagnol* qui aurait critiqué à ce point de vue Guillem de Castro aurait eu gain de cause. Il est curieux de remarquer que deux traditions contraires font de Rodrigue l'*aîné* ou le *plus jeune* des trois frères. Si le poëte Castro a eu de bonnes raisons pour faire de Rodrigue l'aîné, il faut convenir qu'il a rendu par là peu naturelle la conduite de don Diègue qui s'adresse d'abord à deux adolescents pour savoir s'il en fera ses champions contre Gormas. Un examen attentif ferait voir qu'en se résignant à cette faute, le poëte l'a fort bien sentie.

2. Acto I, scène v, vers 286.

épée dans la main de Rodrigue, comme un jeu de scène indiqué plus haut par ce vers :

« *Passe*, pour me venger, *en de meilleures mains*[1]. »

Quand le vieillard épuisé par sa véhémence quitte Rodrigue, dont *il ignore* l'amour pour la fille du Comte, il semble moins précipiter sa retraite que le don Diègue français, qui n'attend pas un mot de réplique à sa fatale révélation : *le père de Chimène*[2]. Tout cela est à considérer comme matière d'étude et non dans un injuste esprit de censure.

Le monologue en stances, *Percé jusques au fond du cœur*[3], réclamerait un attentif parallèle avec l'espagnol. Là nous lisons aussi trois stances d'une coupe soignée, d'un mouvement et d'un refrain semblables, avec des rimes croisées d'une manière analogue et un peu plus artificielle encore, par le privilége de la poésie lyrique méridionale. Corneille eût pu citer au bas de la page :

Suspenso de afligido
estoy....

représenté par :

« Je demeure immobile, et mon âme abattue
« Cède au coup qui me tue. »

En écrivant le vers :

« Et malheureux objet *d'une injuste rigueur*, »

notre poëte reste obscur ou inintelligible, là où l'espagnol est très-clair, puisqu'il entend parler de la rigueur injuste *de la Fortune*, dont il n'est rien dit dans le français.

.... Fortuna....
Tan en mi daño ha sido
tu mudanza,.... *et plus loin*,.... tu inclemencia....,

Rodrigue, après ce morceau lyrique, emprunte encore une trentaine de vers de romance, où il n'est plus question de son amour, mais où l'on aperçoit le germe du vers si connu :

« La valeur n'attend point le nombre des années[4]; »

. . . . . . pues que tengo
mas valor que pocos años.

Scène IVe. Le Comte, suivi de serviteurs armés, se promène avec

---

1. Acte I, scène IV, vers 260. — 2. Acte I, scène V, vers 282.
3. Acte I, scène VI, vers 291. — 4. Acte II, scène II, vers 406.

son cousin Peranzules. Il convient, comme chez Corneille il *avoue* à don Arias[1], qu'il a eu le sang un peu chaud dans la querelle ; mais il n'entend pas s'humilier en satisfactions.

Ici se place un emprunt que Corneille n'a pas dû signaler. Dans un temps où l'on punissait les duels, il ne pouvait conserver ces vers remarquables :

« Ces satisfactions n'apaisent point une âme :
« Qui les reçoit n'a rien, qui les fait se diffame,
« Et de pareils accords l'effet le plus commun
« Est de perdre d'honneur deux hommes au lieu d'un[2] ; »

et en effet il les supprima avant l'impression. Dans la pièce de Castro cette superbe doctrine est développée par don Gormas avec moins de précision, mais avec vigueur :

PERANZULES.
.... Y no es razon
el dar tú....
CONDE.
...., Satisfaccion ?
Ni darla, ni recibirla !
PERANZULES.
Por qué no ? No digas tal.
Qué düelo en su ley lo escribe ?
CONDE.
El que la da y la recibe
es muy cierto quedar mal :
porque el uno pierde honor,
y el otro no cobra nada.
El remitir á la espada
los agravios es mejor.

Suivent d'autres propos de raffiné duelliste : don Gormas compare toute excuse à une pièce de couleur douteuse, qui, recousue à l'honneur d'un homme, laisserait un trou à l'honneur d'un autre.

En somme, cette petite scène est toute d'emprunt dans Corneille. L'ami officieux agit, comme dans l'original, par commission du Roi, bien qu'ici le Roi n'ait pas été témoin de la querelle. Il reste à signaler certaines nuances qui caractérisent l'époque de Richelieu, soit dans ce vers de l'orgueilleux Gormas :

« Et *ma tête en tombant* feroit choir sa couronne[3]. »

---

1. Ceci est moins juste. Arias est parent de don Diègue, et de son parti ; mais Corneille préfère le nom le plus sonore, et un moindre nombre de personnages.
2. Voyez la Notice du *Cid*, p. 17 et 18.
3. Acte II, scène 1, vers 382.

soit dans l'utile correctif des maximes de don Arias sur l'obéissance due au pouvoir absolu des rois.

Vient immédiatement le défi de Rodrigue, imité par Corneille, mais avec choix, et avec autant de vigueur que d'élévation. Tout ce qu'il élimine d'incidents accessoires, de mouvements scéniques compliqués, est presque inimaginable dans nos habitudes théâtrales, soit que le théâtre espagnol, ennemi de l'austère simplicité tragique, fût plus exercé à la mise en scène, soit que son public docile se contentât, à peu de frais, de moyens assez grossiers d'illusion.

Il faut supposer complaisamment la place assez grande pour qu'on s'y promène et qu'on y agisse séparément de divers côtés. Le défi et le combat, solitaires dans Corneille, vont avoir le plus de témoins possible. Les dames sont toujours à la fenêtre du palais ; Chimène s'inquiète de l'air irrité de son père, puis s'alarme de la figure pâle de Rodrigue, qui survient en tenue de combat et armé de sa grande épée. Ignorant ce dont il s'agit, l'aimable Infante appelle l'amant de son amie, et l'engage en quelques propos de délicate galanterie qu'il interrompt par des aparté douloureux. C'est bien pis quand le Comte reparaît d'autre part, se promenant avec Peranzules et ses officiers (car il ne se soumet pas à l'ordre du Roi, qui lui a fait signifier de garder les arrêts dans sa maison). Déjà les regards courroucés se croisent *de loin* : nouvelles alarmes de Chimène ; le trouble de Rodrigue augmente, dans une hésitation qu'il se reproche, et bientôt, sur le seuil de sa demeure, apparaît morne et sombre le vieux don Diègue, tournant vers son fils chancelant ses yeux pleins de fureur et sa joue meurtrie. Son ami don Arias l'interroge en vain ; en vain de son côté Peranzules veut détourner le Comte de passer fièrement devant ses ennemis.... A ce moment Rodrigue se décide :

« (Pardonne, objet divin, si je vais, mourant, donner la mort!) Comte ! — Qui es-tu? — Par ici ; je veux te dire qui je suis. (*Chimène, à part* : Qu'est-ce donc? Ah, je meurs.) — Que me veux-tu? — Je veux te parler. Ce vieillard *qui est là*[1], quel est-il, le sais-tu? — Oui-da, je le sais. Pourquoi cette question? — Pourquoi? *Parle bas*[2]; écoute. — Dis. — Ne sais-tu pas qu'il fut un exemplaire d'honneur et de vaillance? — Soit. — Et que *ce sang dont mes yeux sont rougis*[3],

---

1. *Que está allí*, mots qui, dans la citation de Corneille (voyez ci-dessus, p. 201, vers 398), ne laissent pas d'être un peu embarrassants pour le lecteur.
2. Plus motivé par la situation que dans Corneille.
3. Par la colère :

> Y que es sangre suya y mia,
> la que yo tengo en los ojos,
> sabes?

— Voir l'interprétation détournée volontairement sans doute par Corneille, c'est le sien comme le mien, le sais-tu? — Et que je le sache (abrége ton propos), *qu'en résultera-t-il*[1]? — Passons seulement en un autre lieu, tu sauras tout ce qu'il en doit résulter. — Allons, jeune garçon, est-ce possible? Va, va, chevalier novice; va donc, et apprends d'abord à combattre et à vaincre : tu pourras ensuite te faire honneur de te voir vaincu par moi, *sans me laisser au regret et de te vaincre* et de te tuer. Pour à présent laisse là ton ressentiment ; car ce n'est pas aux vengeances sanglantes que peut réussir l'enfant dont les lèvres sont encore abreuvées de lait. — Non, c'est par toi que je veux commencer à combattre et à m'instruire. Tu verras si je sais vaincre, je verrai si tu sais tuer; mon épée conduite sans art te prouvera par l'effort de mon bras que le cœur est un maître en cette science non encore étudiée; et il suffira bien à mon ressentiment de mêler ce lait de mes lèvres et ce sang de ta poitrine. » Vives exclamations de Peranzules, d'Arias, de Chimène, de don Diègue brûlant d'impatience; car il paraît que Rodrigue a porté la main sur le Comte, soit en lui touchant la poitrine, soit en voulant l'empêcher d'avancer dans la direction qu'il a prise. « *Rodrigue :* L'ombre de cette demeure est inviolable et fermée pour toi.... (*Chimène :* Quoi, Monsieur, contre mon père!) — *Rodrigue :* Et c'est pourquoi je ne te tue point présentement. — (*Chimène :* Écoute-moi!) — *Rodrigue :* (Pardonnez, Madame; je suis le fils de mon père!) Suis-moi, Comte! — *Le Comte :* Adolescent, avec ton orgueil de géant, je te tuerai si tu te places devant moi. Va-t-en en paix : va-t-en, va, si tu ne veux que, comme en certaine occasion j'ai donné à ton père un soufflet, je te donne *mille coups de pied.* — *Rodrigue :* Ah, c'en est trop de ton insolence! » Interruptions rapides des divers témoins. « *D. Diègue :* Les longs discours émoussent l'épée. » Quand le combat commence, il s'écrie encore : « Mon fils, mon fils, en t'appelant ainsi, c'est mon affront et ma fureur que je t'envoie[2]. »

On passe en se battant dans la coulisse, d'où le Comte s'écrie : « Je suis mort! » Chimène a couru éperdue après son père. Mais une mêlée remplit de nouveau le théâtre; ce sont les gens du Comte réunis

vers 401 et 402, le sang porté aux yeux par la colère tenant à une locution tout espagnole.

1. C'est le vrai sens, plutôt que la réplique : *Que m'importe* (vers 402)?

Y el saberlo (acorta — razones) qué ha de importar?

2. Donnons cet exemple, entre tant d'autres, de la singulière rapidité d'expression si goûtée des Espagnols, qui resterait obscure si elle n'était un peu paraphrasée dans la traduction :

Hijo, hijo, con mi voz
te envio ardiendo mi afrenta.

pour le venger contre Rodrigue seul, mais terrible. L'Infante, de son balcon, fait entendre sa voix, et arrête les assaillants. Rodrigue s'arrête aussi en lui adressant des paroles de respect, poétiques et chevaleresques, qu'elle accueille gracieusement. Les spadassins intimidés refusent de suivre Rodrigue pour renouveler plus loin le combat, et se dispersent. « O valiente Castellano ! » s'écrie Urraque ; et ainsi finit la *première journée*.

SOMMAIRE DE LA DEUXIÈME JOURNÉE.

1° LE PALAIS DU ROI. *Chimène demande le châtiment de Rodrigue; don Diègue prend la défense de son fils.*

2° L'APPARTEMENT DE CHIMÈNE, *où Rodrigue ose pénétrer et se montrer à Chimène, revenue du palais.*

3° UN LIEU DÉSERT, *près de Burgos, où don Diègue revoit secrètement son fils, et lui confie une troupe des siens armée contre les Maures.*

4° UNE CAMPAGNE ET LE CHATEAU DE PLAISANCE *où l'Infante, le soir, au balcon, voit passer Rodrigue allant en guerre, et lui adresse de tendres encouragements, reçus avec une courtoisie délicate par l'amant de Chimène.*

5° LES MONTAGNES D'OCA, *au nord de Burgos, où la victoire du Cid sur les Maures est mise autant qu'il est possible en action.*

6° LE PALAIS DU ROI, *à Burgos, où d'abord le jeune prince don Sanche offre des traits singuliers de caractère, qui font prévoir son histoire future; puis arrive Rodrigue amenant le chef qu'il a fait prisonnier ; Chimène alors reparaît en deuil, demandant encore sa vengeance dans les termes mêmes de l'ancienne ballade. Le Roi la congédie avec égards, et bannit Rodrigue en l'embrassant.*

REMARQUES.

C'est ainsi que s'étend d'une manière illimitée le champ et le mouvement de l'action, que Corneille s'applique surtout à resserrer. C'est la lutte du poëme dramatique contre l'épopée. Corneille veut se conformer à des règles qu'il croit être celles de la raison et de l'antiquité, mais qui en réalité, comme on l'a compris seulement de nos jours, dérivent purement et simplement de la présence continuelle du chœur sur la scène grecque.

Scène Ière. Des six tableaux de la deuxième journée, le 1er termine le second acte de Corneille, le 2° et le 3° suffiront pour tout le troisième acte. Il faut bien convenir que notre poëte, en se refusant la grande représentation où tant de personnages sont en jeu, s'est condamné à relier son action par un certain nombre de petites scènes en quelque sorte de transition et un peu languissantes. Ainsi la nouvelle de la dispute des deux pères et celle du combat n'arrivent que successivement à Chimène et au Roi. Dans l'intervalle, Chimène, alarmée de la dispute, est faiblement consolée par l'Infante, trop intéressée, malgré son grand cœur, à la ruine des espérances de son amie. Le Roi dissimule à peine en un beau langage l'embarras de son autorité compromise. Un artifice manifeste fait intervenir dès lors le personnage de don Sanche, pour qu'il ne paraisse pas trop brusquement plus tard quand on en aura besoin. Même précaution pour faire annoncer par le Roi l'attaque probable des Maures, et de trop faibles dispositions de défense. Les deux poëtes vont se rejoindre au commencement de la *seconde journée*. Là, le Roi dans son palais vient à peine d'apprendre la catastrophe, qu'il voit entrer par deux portes différentes Chimène et don Diègue, l'une tenant à la main un mouchoir trempé du sang de son père, l'autre décoré des traces du même sang dont il a frotté sa joue pour en laver l'affront. Ce sont deux traits des anciennes coutumes. Les deux personnages ont pu se rencontrer auprès de la victime : c'est à l'orpheline de réclamer vengeance aux pieds du Roi, au père vengé de défendre son fils. Voilà une situation, un très-bel antagonisme dramatique et oratoire ; le triomphe appartient incontestablement à l'éloquence de Corneille ; mais il est juste de rapporter l'invention à Castro, car les romances n'offraient à celui-ci que des démarches isolées, réitérées de la part de Chimène auprès du Roi, avec les naïves doléances propres à l'épopée du moyen âge. Castro reproduira plus loin ces souvenirs disparates : ici il invente en une poésie âpre, sans ampleur quoique assez ampoulée, la dispute entre la vengeance invoquée et la vengeance satisfaite. Ce que Corneille a cité d'espagnol suffisait à sa loyauté ; mais nous cherchons dans le texte des *Mocedades* ce qui peut s'ajouter à ses citations, comme l'ayant inspiré, comme motif saisi par lui, et librement traité, corrigé hardiment.

> « Je l'ai trouvé sans vie. Excusez ma douleur,
> « Sire, la voix me manque à ce récit funeste ;
> « Mes pleurs et mes soupirs vous diront mieux le reste[1]. »

Cette douleur filiale manque chez Castro, où on la trouve absorbée tout entière dans l'esprit de vengeance, point d'honneur de la jeune fille espagnole. Chimène a pourtant des larmes, que le poëte français a épurées, comme on va voir. Elle présente le mouchoir sanglant : c'est d'abord ce qu'il faut noter pour entendre la citation *y escribió en este papel*, texte d'un heureux contre-sens : son sang *sur la pous-*

---

1. Acte II, scène VIII, vers 668-670.

sière[1].... Ce mouchoir est le testament écrit de son père, et elle dit au Roi en s'agenouillant : « Ces lettres qui sont empreintes dans mon âme, je veux les exposer à tes yeux : elles attirent dans les miens, comme un aimant, des *larmes* vengeresses, *des larmes d'acier :* »

> A tus ojos poner quiero
> letras que en mi alma están,
> y en los mios como iman
> sacan lágrimas de acero.

La phrase suivante de Castro eût assez bien comporté une citation textuelle de Corneille, car il n'a corrigé que tard, en 1660, l'imitation qu'il en avait faite.

> « Immolez, non à moi, mais à votre couronne
> . . . .
> « *Tout ce qu'enorgueillit* un si haut attentat[2]. »

Sa première leçon, longtemps conservée, disait :

> « Sacrifiez don Diègue et *toute sa famille,*
> « A vous, à votre peuple, à toute la Castille. »

C'était bien l'entraînement du texte espagnol :

> « Et dût, en sa poitrine, la forteresse (*de son cœur*) s'épuiser à force de saigner, chaque goutte de ce sang doit coûter une tête[3]. »

> Y aunque el pecho se desangre
> en su misma fortaleza,
> costar tiene una cabeza
> cada gota de esta sangre.

Rien de plus beau que la réplique de *notre* don Diègue, notamment le début : *Qu'on est digne d'envie,* etc...[4]. Et n'est-ce pas là aussi de l'invention?... Le don Diègue espagnol est tout à la joie d'avoir vu tuer son ennemi, et tout fier de sa joue frottée de sang. Il nous fournit un beau mouvement quand il invoque son droit d'offrir sa tête à la justice, en place de son fils; mais l'allure roide et sautillante de son rhythme étroit ne sera jamais comparable à l'ampleur des formes de Corneille. Si le poëte valencien se plaignait que son imitateur ne l'a cité que par petits lambeaux de phrase, il faut

---

1. Acte II, scène VIII, vers 676. — 2. *Ibidem,* vers 693-696.
3. Ici un faux sens est donné par l'intelligent traducteur la Beaumelle, d'après une édition fautive, qui devait être aussi celle de Corneille : « Et dût l'*État* perdre *ses plus précieux appuis....* » Il lisait probablement, ainsi que Corneille : « y aunque el *Reyno....* »
4. Acte II, scène VIII, vers 697.

convenir qu'il ne gagnerait pas souvent à être cité d'une manière plus complète. Cette fin est belle pourtant :

> Con mi cabeza cortada
> quede Ximena contenta,
> que mi sangre sin mi afrenta
> saldrá limpia, y saldrá honrada.

Corneille, qui s'est inspiré de ce discours un peu au delà des citations données, termine plus éloquemment par

> « Mourant sans déshonneur, je mourrai sans regret[1]. »

Après ce grand effort, la scène et l'acte sont naturellement terminés par le Roi, qui ajourne sa délibération, confie à don Sanche le soin de reconduire Chimène, et veut s'assurer de don Diègue ainsi que de son fils.

> « Don Diègue aura *ma cour et sa foi pour prison*[2]. »

Ce vers est le résumé de toute une scène qui, dans le texte espagnol, est la continuation de celle-ci, scène assez bien traitée, mais dont le caractère épisodique et familier n'entrait pas dans le plan de Corneille. La bonne Infante amène au secours de don Diègue son nouvel élève, le prince don Sanche, d'un caractère pétulant et volontaire, qui ne laisse pas arrêter son gouverneur, et qui obtient du Roi d'en être lui-même *le gardien* (*el alcayde*). Ainsi l'on se sépare, Chimène exprimant en aparté son tendre ressentiment contre Rodrigue, et l'Infante s'apprêtant à se rendre avec la Reine à une maison de plaisance où nous devons la retrouver.

Scène II. La scène où Rodrigue se présente à la suivante Elvire[3] est, dans l'espagnol, d'un ton plus familier, mais aussi plus naturel, comme préparation de ce qui va suivre. Seulement la suivante n'avait pas besoin de dire au public, après qu'elle a fait cacher Rodrigue :

> Peregrino fin promete
> ocasion tan peregrina.

Chimène rentre chez elle sous la protection de son oncle Peranzules, plus convenable que celle du jeune cavalier don Sanche. Elle demande et obtient plus tôt de rester seule, sans avoir à éluder l'offre intéressée de l'épée de don Sanche pour la venger.

Mais rien ne nous paraît plus délicat que la comparaison des deux

---

1. Acte II, scène VIII, vers 732. — 2. *Ibidem*, vers 736.
3. Acte III, scène I.

scènes suivantes chez les deux poëtes. Comment faire bien voir dans le texte étranger la légèreté un peu molle des touches lorsqu'elles sont justes, opposée à la vigueur des tons qui les reproduisent, et le tour un peu frivole de ces subtilités de sentiment qui, dans Corneille, s'élèvent jusqu'à une sorte de vérité passionnée en harmonie avec l'excès de la douleur et les perplexités d'une situation si étrange? Le poëte méridional et son auditeur cherchent avant tout dans cette étrange situation et dans ces antithèses un amusement auquel se mêle sans doute un peu de sympathie : le poëte normand et son spectateur veulent trouver en un tout autre tempérament d'esprit l'admiration et les larmes. Celui-ci soutient la grande déclamation tragique et la prolonge avec force, là où l'autre s'est borné à une élégante série de madrigaux, qui ont le malheur de rester jolis, même quand ils sont assez touchants.

Dans cette confidence éplorée que fait à Elvire la Chimène du *Cid* françois, il y a bien treize vers espagnols rapportés comme traduits; on peut y retrouver même une certaine littéralité, et c'est là pourtant que la différence se fait le mieux sentir. Contentons-nous d'une juste observation de la Beaumelle, en réponse à la plus fausse remarque de Voltaire, à cet endroit :

ELVIRE.

« .... Après tout, que pensez-vous donc faire?

CHIMÈNE.

« Pour conserver ma gloire et finir mon ennui,
« Le poursuivre, le perdre, et mourir après lui[1]. »

Les vers espagnols, cités en partie par Corneille, mais intervertis par lui à tort, sont ainsi disposés dans le texte :

ELVIRA.

Pues como harás, no lo entiendo,
estimando el matador
y el muerto? — XIM. Tengo valor,
y habré de matar muriendo[2].
Seguirèle hasta vengarme....

RODRIGO.

Mejor es que mi amor firme,
con rendirme,
te dé el gusto de matarme
sin la pena del seguirme.

---

1. Acte III, scène III, vers 846-848.
2. Ceci est la fin du couplet de *quatre* vers, qui est suivi périodiquement dans ce système d'un couplet de *cinq* vers, dont l'un est de trois ou quatre syllabes; le couplet de cinq vers commence ici à *Seguirèle*. La réponse de Chimène est interrompue par Rodrigue, qui vient s'agenouiller devant elle, et lui demander la mort.

Voltaire, dans son commentaire, cite l'espagnol uniquement d'après Corneille; en admirant le vers : *Le poursuivre, etc.*, il fait l'étrange remarque que voici : « Ce vers excellent, dit-il, renferme toute la pièce, et répond à toutes les critiques qu'on a faites sur le caractère de Chimène. *Puisque* ce vers *est* dans l'espagnol, l'original contenait les vraies beautés qui firent la fortune du *Cid* français. » Voltaire n'a jamais vu l'original, et c'est ce qu'il avoue ici implicitement; mais la Beaumelle lui objecte fort sensément que ce vers :

« *Le poursuivre, le perdre, et mourir après lui,* »

« a un sens bien autrement énergique, et une idée *qui n'est pas* dans l'ouvrage espagnol. *Morir matando*, et *matar muriendo*, sont des phrases faites qu'on rencontre à chaque page dans les poëtes castillans, et qui ne veulent dire autre chose que combattre en désespéré, combattre jusqu'à la mort. Le vers qui précède [*il fallait dire* qui suit] : *Je le poursuivrai jusqu'à ce que je sois vengée*, l'explique assez, et il y a loin de là au sublime *Mourir après lui*. »

Le Rodrigue espagnol vient donc inopinément se jeter aux pieds de Chimène; il ne songe pas, non plus que son imitateur français, à ces aveux de tendresse passionnée qu'il vient d'entendre et dont il pourrait encore se montrer heureux et transporté. Chimène n'aura pas non plus un moment de confusion de tout ce qu'il a entendu ainsi par surprise; même oubli dans le français, où elle a dit en termes plus énergiques qu'elle l'*adore*[1].

Le jeune homme ne porte plus vraisemblablement le grand espadon de Mudarra; aussi l'offre de *sa dague* qu'il va faire à Chimène ne saurait produire l'effet dramatique que l'on trouve dans Corneille, ni amener l'exclamation si émouvante :

« *Quoi? du sang de mon père encor toute trempée*[2]*!* »

et les subtilités qui s'accumulent durant quinze vers sur cette épée à la mode de la cour de Louis XIII, vers originaux sans contredit : admirons les suggestions diverses du *costume!* Voici la scène.

« *Rodrigue, se jetant à ses pieds :* Non, il vaut mieux que je me rende à toi, et que mon amour invariable te donne la satisfaction de m'immoler, en t'épargnant la peine de me poursuivre. — *Chimène :* Qu'as-tu osé? qu'as-tu fait? Est-ce une ombre, une vision? — Perce ce cœur : j'y renonce pour celui qui bat dans ton sein[3]. — Ciel! Rodrigue,

---

1. Acte III, scène IV, vers 972. — 2. *Ibidem*, vers 858.
3. Texte difficile :

> Pasa el mismo corazon,
> que pienso que está en tu pecho

Rodrigue en ma maison! — Écoute-moi. — Je me meurs. — Je veux seulement que tu entendes ce que j'ai à te dire, et que tu me répondes ensuite avec ce fer. (*Il lui donne sa dague*.) Ton père le comte Glorieux, comme on l'appelait dignement, porta sur les cheveux blancs[1] de mon père une main téméraire et coupable; et moi, j'avais beau me voir par là déshonoré, mon tendre espoir ainsi renversé se débattait avec tant de force que ton amour put faire hésiter ma vengeance. En un si cruel malheur, mon injure et tes charmes se livraient dans mon cœur une lutte obstinée :

> Et vous l'emportiez, Madame,
> Dans mon âme,
> S'il ne m'était souvenu
> Que vous haïriez infâme
> Qui noble vous avait plu[2].

C'est avec cette pensée, sans doute digne de toi, que je plongeai mon fer sanglant dans le sein de ton père. Ainsi j'ai recouvré mon honneur; mais aussitôt, amant soumis, je suis venu vers toi, pour que tu n'appelles pas cruauté ce qui pour moi fut devoir impérieux, pour que ma peine justifie à tes yeux ma conduite si nouvelle envers toi, pour que tu prennes ta vengeance dès que tu la desires. Saisis ce fer, et si nous ne devons avoir à nous deux qu'un même courage, une même conscience, accomplis avec résolution la vengeance de ton père, comme j'ai fait pour le mien.

— Rodrigue, Rodrigue! ah, malheureuse! Je l'avoue malgré ma douleur, en te chargeant de la vengeance de ton père, tu t'es conduit en chevalier. A toi je ne fais point reproche, si je suis malheureuse, si telle est ma destinée qu'il me faudra subir moi-même le trépas que je ne t'aurai pas donné. Mais une offense dont je t'accuse, c'est de te voir paraître à mes yeux quand ta main et ton épée sont encore chaudes de mon sang. Et ce n'est pas en amant soumis, c'est pour m'offenser que tu viens ici, trop assuré de n'être point haï de celle qui t'a tant aimé. Eh bien! va-t'en, va-t'en, Rodrigue.... pour ceux qui pensent que je t'adore, mon honneur sera justifié quand ils sauront que je te poursuis. J'aurais pu justement sans t'entendre te faire donner la mort; mais je ne suis ta partie que pour te poursuivre, et

---

1. Le mot *canas*, « cheveux blancs, » était noblement rendu par *vieillesse honorable*, dans cette leçon des premières éditions : *De la main de ton père**, etc., que Corneille a changée, à regret sans doute, à partir de 1660.
2. Qu'on veuille bien nous pardonner ces rimes, qui seraient un essai fort puéril, si elles n'étaient destinées à donner quelque idée du mètre employé dans cette scène, alternativement avec les quatrains rimés.

* Voyez ci-dessus, p. 154, la variante des vers 873 et 874.

non pour te tuer. Va-t'en, et fais en sorte de te retirer sans qu'on te voie. C'est bien assez de m'avoir ôté ma vie sans m'ôter encore ma renommée.

— Satisfais mon juste desir : frappe. — Laisse-moi. — Écoute : songe que me laisser ainsi est une dure vengeance; me tuer ne le serait pas. — Eh bien, cela même est ce que je veux. — Tu me désespères, cruelle! ainsi tu m'abhorres? — Je ne le puis : mon destin m'a trop enchaînée. — Dis-moi donc ce que ton ressentiment veut faire. — Quoique femme, pour ma gloire, je vais faire contre toi tout ce que je pourrai.... souhaitant de ne rien pouvoir. — Ah! qui eût dit, Chimène?... — Ah! Rodrigue, qui l'eût pensé?... — Que c'en était fait de ma félicité?... — Que mon bonheur allait périr?... Mais, ô ciel! je tremble qu'on ne te voie sortir.... (*Elle pleure*[1].) — Que vois-je?... — Pars, et laisse-moi à mes peines. — Adieu donc, je m'en vais mourant. »

On peut donc, et ce n'est que justice, reconnaître une rectitude de développement, une précision de dessin beaucoup plus marquées ici que dans Corneille.

« *Rodrigue en ma maison!* Rodrigue devant moi[2]! »

C'est le premier hémistiche qui seul est traduit : et remarquez en effet quelle plus grande place occupe dans la scène espagnole plus courte, cette préoccupation si convenable, cet effroi de la jeune fille, et même cette colère, d'être forcée de s'entretenir en un tel moment, dans sa maison, avec Rodrigue. Quand il lui dit :

« Quatre mots seulement :
« Après, ne me réponds qu'avecque cette épée[3], »

le sens, le motif de ces quatre mots, fort net dans l'espagnol, c'est qu'il veut d'abord se faire absoudre par sa maîtresse, et puis recevoir la mort de sa main. L'incident de *l'épée* dont nous avons parlé, et plusieurs autres détours, suspendent ou dénaturent un peu cette inspiration tendre et naïve. Cet incident s'achève sur les justes instances de Chimène, soit que l'odieuse épée rentre dans le fourreau, soit que l'acteur la jette au loin. (A défaut d'une note de l'auteur, la tradition est insuffisante.) Mais comment revenir à ces *quatre mots*

---

1. C'est ce dont le texte n'avertit point. Cette parenthèse est due à la Beaumelle; le cri : « Que vois-je? » n'a sans elle aucun sens. Corneille n'a pas trouvé cette indication de scène, ce mouvement de Rodrigue revenant sans doute sur ses pas; mais il a aussi mis beaucoup de larmes dans cette séparation, qui *alors* en faisait tant couler, en cette première jeunesse de nos émotions théâtrales. Les deux phrases entrecoupées qui précèdent n'ont tout leur sens qu'accompagnées de sanglots.
2. Acte III, scène IV, vers 852. — 3. *Ibidem*, vers 856 et 857.

qui ont été annoncés plus haut, à ce motif qui a amené Rodrigue et que Castro a si directement exprimé?

« Je fais ce que tu veux, mais sans quitter l'envie
« De finir par tes mains ma déplorable vie;
« Car enfin n'attends pas de mon affection
« Un lâche repentir d'une bonne action.
« De la main de ton père un coup irréparable
« Déshonoroit du mien la vieillesse honorable[1]. »

Le développement donné à la phrase rend l'unité de trait plus difficile ici et partout ailleurs, mais le spectateur charmé ne remarque pas des sutures adroites, ou des soudures un peu plus forcées, comme ce : *Car enfin n'attends pas...* ; plus loin : *Ce n'est pas qu'en effet*[2]...; et ces minutieuses observations n'empêchent pas le lecteur attentif d'être enlevé par une merveilleuse éloquence, après avoir goûté la beauté simple et plus réduite du motif original.

La réponse de Chimène présente les mêmes qualités, les mêmes défauts si l'on veut. On peut voir à quel point y est amplifié le *Como caballero hiciste*, et la haute obligation de le *poursuivre* pour l'acquit de son honneur, exprimée dans l'espagnol en une forme plus féminine. Continuons :

« Hélas! *ton intérêt ici me désespère :*
« Si quelque autre malheur m'avoit ravi mon père, etc.[3] »

C'est là une idée touchante, exclusivement propre à Corneille, et exprimée en vers admirables, sauf encore la transition : *ton intérêt....* très-hasardée logiquement, car il ne s'agit guère dans cette plainte que de *son* intérêt à elle-même :

« .... j'aurois senti des charmes,
« Quand une main si chère eût essuyé mes larmes[4]. »

Puis, pour rentrer dans l'idée dominante d'une vengeance de mort à obtenir, c'est encore, comme transition, le vers :

« Car enfin n'attends pas de mon affection[5], »

répété littéralement du discours précédent de Rodrigue.

---

1. Acte III, scène IV, vers 869-874. La fin, depuis : « De la main de ton père, » se lit dans les éditions de 1637 à 1656. L'avant-dernier vers, meilleur que celui qui l'a remplacé à partir de 1660, se rattache enfin au texte cité par Corneille : malheureusement le vers suivant aura paru faible par l'antithèse des mots *déshonoroit* et *honorable :* c'est la remarque d'un habile critique (M. Géruzez, *Théâtre choisi de Corneille*, p. 59).
2. Acte III, scène IV, vers 879.
3 *Ibidem*, vers 917 et suivants. — 4. *Ibidem*, vers 921 et 922.
5. *Ibidem*, vers 927 et 871.

L'inconvénient de l'argumentation oratoire, par laquelle Corneille ressemble souvent à Euripide, sans l'imiter, paraît mieux encore dans la discussion suivante, où Rodrigue veut prouver que Chimène doit le tuer, tandis que son amante veut éluder cette preuve. L'espagnol n'avait fait que glisser sur ce conflit; mais quiconque a lu et relu de telles scènes, sait quel est le privilége de notre Corneille, d'être réellement grand, émouvant et sublime, à travers toutes ses exagérations d'emphase et de dialectique[1].

Désormais nous ne trouverons plus les deux poëtes aussi près l'un de l'autre, si ce n'est dans une seule scène, qui suit immédiatement celle-ci dans la *deuxième journée*, et qui terminera notre *troisième acte*. Aussi, au delà, nous contenterons-nous de parcourir la fable, ou, si l'on veut, l'histoire de Castro, en observant que Corneille n'y emprunte plus que quelques circonstances, et qu'il en omet et dénature un bien plus grand nombre.

*Scène III*ᵉ. *Un lieu désert, la nuit (près de Burgos)*. Cet endroit écarté devait être absolument indiqué aux spectateurs de Corneille, quoiqu'il ne veuille en aucune manière violer ouvertement *la règle*, ou que du moins il suppose ce lieu dans l'enceinte même de Séville. Tout cela est mieux motivé dans l'espagnol. Il est naturel que Rodrigue ait à se cacher après une telle affaire, que son père soit convenu avec lui d'un lieu de rendez-vous pour aviser aux conséquences. Une louable intention de variété a fait composer ce monologue et le bel entretien qui suit en grands vers hendécasyllabes à triples rimes croisées, comme le *capitolo* de Dante par exemple. Ce mode, traité avec aisance et fermeté, se rapproche sensiblement de la grandeur du mode cornélien.

Corneille imite de près le ton inquiet du vieux père qui attend son fils. Il aurait même pu citer, en regard de ces vers :

« A toute heure, en tous lieux, dans une nuit si sombre,
« Je pense l'embrasser, et n'embrasse qu'une ombre[2], »

les vers de Castro :

Voy abrazando sombras descompuesto
entre la obscura noche que ha cerrado ;

et en regard de celui-ci :

« Rodrigue ne vit plus, ou respire en prison[3], »
Si es muerto, herido, ó preso? Ay, cielo santo !

---

1. Corneille, dans l'*Examen* du *Cid* (voyez ci-dessus, p. 94 et 95), fait sur cette scène et sur la première du cinquième acte, qui en est comme une variation, des réflexions candides et sages dont nous recommandons la lecture.
2. Acte III, scène v, vers 1013 et 1014. — 3. *Ibidem*, vers 1020.

Enfin il entend le galop d'un cheval, voit le cavalier mettre pied à terre, et Rodrigue paraît.

Ici nous devons une justice au poëte espagnol. Chacun sait combien sont véhéments et nobles dans Corneille les transports de don Diègue embrassant son vengeur. Castro est cité sans doute au bas de la page (voyez ci-dessus, p. 205 et 206); mais l'ensemble de sa tirade est d'une vigueur et d'une éloquence qui méritent qu'elle soit transcrite autrement que par fragments numérotés :

    Hijo! — Padre! — Es posible que me hallo
entre tus brazos?... Hijo!... Aliento tomo
para en tus alabanzas empleallo.
    Como tardaste tanto?... pues de plomo
te puso mi deseo...., y pues veniste
no he de cansarte preguntando el como.
    Bravamente probaste! Bien lo hiciste!
bien mis pasados brios imitaste,
bien me pagaste el ser que me debiste!
    Toca las blancas canas que me honraste;
llega la tierna boca á la mexilla
donde la mancha de mi honor quitaste!
    Soberbia el alma á tu valor se humilla,
como conservador de la nobleza
que ha honrado tantos Reyes en Castilla.
            RODRIGO.
    Dame la mano, y alza la cabeza,
á quien, como la causa se atribuya
si hay en mí algun valor y fortaleza.
            DON DIEGO.
    Con mas razon besára yo la tuya,
pues si yo te dí el ser naturalmente
tú me le has vuelto á pura fuerza suya[1].

On peut parler de l'éloquence espagnole, surtout quand c'est un élan vif et direct qui l'entraîne ; mais en pareil cas sa diction, qui n'est pas étudiée, dégénère facilement en négligences et en tours vulgaires. C'est ce qu'on pourrait observer dans le reste de cette scène, d'un très-bel effet d'ailleurs.

1. « Je t'ai donné la vie par l'entremise de la nature : toi, tu me l'as rendue par sa seule vaillance (de ta main). » Cela est beau, mais quel éclat incomparable dans ces mots :

    « Porte, porte plus haut le fruit de ta victoire :
    « Je t'ai donné la vie, et tu me rends ma gloire[*] ! »

[*] Acte III, scène VI, vers 1053 et 1054.

Don Diègue veut que Rodrigue emploie sa valeur au service du Roi :

> No dirán que la mano te ha servido
> Para vengar agravios solamente :
> Sirve en la guerra al Rey, que siempre ha sido
> Digna satisfaccion de un caballero
> Servir al Rey á quien dexó ofendido;

ce que Corneille eût pu citer en partie, quand il dit :

> « Ne borne pas ta gloire à venger un affront;
> « Porte-la plus avant : force par ta vaillance
> « Ce monarque au pardon[1].... »

Don Diègue a amené non loin du lieu où il s'entretient avec Rodrigue cinq cents gentilshommes de sa famille (*deudos*), montés et armés en guerre, réunis par lui-même pour honorer la disgrâce de son fils exilé (Corneille, placé dans d'autres conditions et au milieu de mœurs différentes, a dû altérer un peu ces données). Tous veulent que Rodrigue les commande :

> Que cada qual tu gusto solicita,
> « C'est toi que veut pour chef leur généreuse bande[2]. »

L'ennemi, les Mores de la frontière, vient d'envahir la vieille Castille, les montagnes d'Oca, de Naxera; c'est l'histoire même. Chacun sait déjà combien il en coûte de frais d'invention et d'anachronisme à Corneille pour sauver ses *unités* de temps et de lieu en portant la scène à Séville, afin que le reflux du Guadalquivir puisse amener dans les limites voulues une bataille, une campagne de quelques heures.

Rodrigue, pressé d'aller rejoindre sa troupe, demande et reçoit à genoux la bénédiction de son père. L'omission par Corneille de cette noble circonstance résulte bien moins d'une différence de mœurs nationales, que d'une différence entre les deux théâtres : l'espagnol sans cesse sanctifié par des détails sacramentels, le français obligé de s'interdire rigoureusement tout acte, toute parole, qu'on pourrait regarder comme une profanation.

Mais à d'autres égards une invention propre à Corneille lui fournit dans cette scène un motif d'intérêt fort attachant, fort bien placé, qui manque et fait faute chez son devancier. Corneille, on le sait, a supposé l'amour pour Chimène, connu dès longtemps du père de Rodrigue. Le rude vieillard a pu n'en pas tenir compte pour exiger le

---

1. Acte III, scène VI, vers 1092-1094. — 2. *Ibidem*, vers 1086.

duel; mais ici il est beau et dramatique que le jeune homme tout rempli de son amour sacrifié, que le fils respectueux, quitte envers un devoir si cruel, repousse, écarte avec une amertume contenue la pétulante allégresse de son père.

Scène IV. C'est d'abord la mélancolique Infante qui, rêvant et admirant la campagne, aperçoit du balcon d'un château la troupe de Rodrigue : lui-même s'avance seul pour lui rendre hommage; Urraque, sans oser lui dire qu'elle voudrait être la dame de ses pensées, bénit son entreprise et ses exploits futurs. Un tour délicat, galant et chevaleresque, fait le mérite de cet épisode de mode castillane. Un signe de deuil, la couleur jaune des plumes et de l'armure du jeune chevalier, est presque la seule allusion qui soit faite à sa tragique situation. Il détourne adroitement le sens trop tendre des compliments de cette royale amante dédaignée, que l'histoire lui attribue, et que Corneille a introduite un peu péniblement sur la scène, comme on le voit encore dans ses deux derniers actes.

Scène V. Rapide tableau de guerre dans les montagnes. Un roi more, traînant après lui ses captifs et son butin, est arrêté, vaincu, fait prisonnier par Rodrigue, qui reçoit son hommage, et se met à la poursuite de quatre autres rois. Tout se passe sous les yeux du spectateur, moins la mêlée, que décrit un berger poltron monté sur un arbre. C'est ici le seul endroit, très-court, où Castro ait fait usage d'un personnage bouffon ou *gracioso*. L'intelligent poëte abrége volontiers ces tumultueuses bagarres. Il suppose souvent ses personnages à cheval, mais il use de tous ses artifices pour les faire descendre à pied sur la scène. On conçoit la tentation offerte à Corneille de traduire tout ce fracas en un grand récit d'épopée comme celui du quatrième acte.

La *scène VI* nous ramène au palais du Roi à Burgos, mais non pas d'abord au véritable fond de l'action. Castro tient à traiter l'histoire plus au large, à nous faire connaître les dispositions irascibles du prince don Sanche, et dont le Cid verra plus tard l'avènement et la catastrophe. Ce jeune furieux, agité par des pressentiments et des horoscopes, est difficilement contenu par don Diègue, son gouverneur, quand excité par le cliquetis des épées il veut tuer son maître d'armes, et qu'ensuite il menace l'Infante sa sœur à cause d'un épieu sanglant qu'elle rapporte de la chasse.

Enfin entre le Roi, avec sa cour, joyeux des succès de Rodrigue : il en entend d'abord le récit de la bouche du prince more; puis arrive le vainqueur lui-même, admis à recevoir les félicitations du Roi, de son père, du Prince et de l'Infante.

Corneille n'a que légèrement modifié cette situation, mais il en a relevé le caractère d'apparat par sa grande narration, dont les beautés ne comportent ici aucun parallèle.

Il suit encore Castro dans les combinaisons qui surviennent, mais en les modifiant beaucoup.

Chimène vient en grand deuil, accompagnée de ses écuyers, demander justice au Roi. C'est déjà la seconde démarche qu'elle fait, et elle la renouvelle encore dans la troisième journée. C'est trop sans doute au point de vue de l'art; mais il ne s'agit que de réciter de vieux romances de forme assez rude. L'art est suspendu; ce qui ailleurs semblerait un expédient grossier et troublerait toute illusion, est sans doute en Espagne ce qui charme le mieux les réminiscences du spectateur. C'est ainsi que don Diègue décrit cette entrée de Chimène dans les termes du narrateur populaire; Chimène récite de même sa plainte; de même encore le Roi récite en partie sa clémente réponse; et enfin, contrairement à tous les romances, Rodrigue assiste à tout cela sans avoir rien à dire, ou peu s'en faut. Seulement il relève la fin des plaintes traditionnelles de Chimène: elle dit que son ennemi est content tandis qu'elle est affligée, qu'*il rit* tandis qu'elle pleure.... Il s'écrie : « Ah! pour vos larmes, beaux yeux, je vous donnerois le sang de mes entrailles! » Le Roi conclut (ici l'auteur reparaît), en exilant Rodrigue à la tête de ses troupes, et en l'embrassant devant la plaintive orpheline, qui ne peut empêcher ses yeux de se tourner vers son héros. Urraque est un peu jalouse de cet échange de regards; le jeune prince veut que don Diègue l'emmène à l'armée à la suite de Rodrigue. C'est la fin de la *seconde journée*. — Toutes ces enluminures faciles et naïves, prodiguées pour glorifier le héros national, ne pouvaient convenir à l'art de Corneille. C'est assez pour lui d'avoir à renouveler (de trop près, comme il en convient) une démarche déjà faite *la veille* par Chimène, tandis qu'en espagnol, il y a plus d'un an d'intervalle.

Il suppose donc que la venue de Chimène est annoncée au Roi, mais un peu avant son entrée; le Roi a ainsi le temps de congédier Rodrigue honorablement en lui donnant l'accolade; puis, comme il a entendu dire que Chimène aime Rodrigue, il se propose de l'éprouver, d'intelligence avec don Diègue. Or cet artifice et la scène qui s'ensuit, Corneille l'a été prendre dans la *troisième journée*, au moment d'une nouvelle plainte de Chimène, la troisième, chez Castro, que le poète français a confondue avec la seconde, sentant bien que c'est déjà beaucoup de deux en vingt-quatre heures.

SOMMAIRE DE LA TROISIÈME JOURNÉE.

1° LE PALAIS, A BURGOS. *L'Infante, qui a perdu sa mère depuis un an, fait confidence à don Arias du désir qu'elle aurait d'épouser le Cid; mais elle reconnaît en même temps quel obstacle lui oppose la passion toujours plus vive de son amie, et elle se résigne à oublier la sienne.*

Le Roi apprend à don Diègue le rappel de Rodrigue, qui en ce moment fait un pèlerinage en Galice. On annonce Chimène demandant justice pour la troisième fois, démarche bien peu motivée, puisque Rodrigue subit encore l'exil prononcé devant elle par le Roi dans la précédente journée. *Là-dessus, Arias découvre au Roi l'amour secret de Chimène, et va préparer une ruse pour l'éprouver.*

Chimène, introduite, récite au Roi un second texte de romance d'un effet plus bizarre encore que le précédent, sur ses griefs contre Rodrigue[1]; *alors un domestique, chargé de ce rôle par Arias, vient annoncer que le Cid a péri dans une embuscade : douleur que Chimène laisse voir, mais qu'elle désavoue aussitôt qu'elle est détrompée. Elle obtient du Roi de faire appeler Rodrigue à un combat singulier, promettant d'épouser celui qui le tuera.*

2° FORÊT, ROUTE DE GALICE. *Halte du Cid; ses belles maximes sur la piété du soldat. Un lépreux demande assistance du fond d'un fossé. Rodrigue seul n'hésite pas à lui donner humblement des soins, et le fait manger avec lui. Tombant ensuite dans un sommeil mystique, il voit le lépreux transfiguré : c'est saint Lazare qui le bénit, lui présage ses succès, et remonte au ciel.*

3° PALAIS. *Il s'agit d'un différend entre la Castille et l'Aragon pour la possession de Calahorra. Il pourrait être décidé par un combat singulier à livrer sur la frontière des deux États contre le terrible Aragonais don Martin Gonsalez; mais nul n'ose se présenter. Le Cid, de retour, paraît devant le Roi en même temps que l'Aragonais, dont il accepte le défi, et don Martin annonce qu'il profitera de ce duel pour obtenir Chimène.*

4° MAISON DE CHIMÈNE. *Elle explique à Elvire la violence qu'elle s'est faite en demandant le combat contre Rodrigue. Une lettre où don Martin lui fait part de ses arrogantes prétentions la met au désespoir.*

5° PALAIS. *Le Roi est préoccupé de son testament qu'il veut faire. Il a des enfants puînés et des filles à pourvoir; le jeune infant don Sanche manifeste encore ses dispositions violentes. Ce sont autant d'emprunts à*

---

[1]. Il faut se souvenir que ces premiers romances supposent qu'elle était enfant quand Rodrigue, dont elle n'est pas connue, l'a rendue orpheline. Elle a depuis attendu dans sa maison l'âge convenable pour faire cette démarche devant le Roi.

l'histoire, de souvenirs de faits réels très-répandus dans la tradition, et rattachés plus tard à l'histoire du Cid (dans la seconde partie des *Mocedades*).

Chimène paraît en habits de fête, avec une lettre venue d'Aragon, dont elle affecte de se réjouir, et qui semble promettre que Rodrigue succombera dans le combat; mais ce qui l'amène en réalité, c'est son inquiétude même, dont elle convient à part pour le spectateur.

Tandis qu'elle alarme le Roi et don Diègue par sa feinte assurance, un dernier artifice assez puéril va terminer ce jeu de magnanimité et dompter enfin sa constance. « *Voici venir*, *dit un messager*, *un chevalier qui arrive d'Aragon, qui porte la tête de Rodrigue, et qui vient l'offrir à Chimène.* » *Consternation générale. Chimène désespérée confesse sans ménagement l'amour que sa vertu lui a fait dissimuler. Elle implore du Roi la permission de se retirer dans un couvent pour échapper à un hymen odieux, quand soudain Rodrigue paraît, vainqueur, et offrant sa propre tête.... Lui-même il explique l'équivoque qu'il a cru pouvoir employer. Le Roi et les grands pressent Chimène de subir la condition du combat ainsi retournée, et le mariage sera célébré le soir même par l'évêque de Palencia, environ trois ans après le début de l'action.*

REMARQUES.

Revenons à Corneille, fin du IVe acte. S'il modifie considérablement son auteur, on voit qu'il l'a très-bien compris. Il lui emprunte le noble congé donné par le Roi à Rodrigue; il improvise en quelques mots l'idée moins noble de l'épreuve que le Roi va faire lui-même. La fausse nouvelle qu'il donne est fort courte :

« Il est mort à nos yeux des coups qu'il a reçus[1], »

en place du récit que fait le domestique dans l'espagnol. Il est vrai toutefois que le récit plus étendu d'un combat et d'une embuscade donne le temps aux personnages présents d'observer l'émotion croissante de Chimène. Le don Diègue espagnol consent à jouer l'affliction plus qu'il ne fait chez Corneille, et convient à part qu'une telle fiction l'émeut encore de douleur. Chimène, dans son saisissement, prête à tomber en faiblesse, ne dit, en français, que ces mots : *Quoi! Rodrigue est donc mort*[2]? L'espagnol est presque aussi bref, et eût pu être cité :

> Muerto es Rodrigo? Rodrigo
> es muerto?... No puedo mas,...
> Jesus mil veces!

---

1. Acte IV, scène v, vers 1340. — 2. *Ibidem*, vers 1347.

Le Roi s'effrayant de son trouble, elle avoue qu'elle se sent la gorge serrée et le cœur oppressé.

Dès qu'elle est rassurée, nous voyons l'évolution soudaine et le hardi mensonge de la pudeur se produire de même chez les deux poètes, mais à dire vrai, dans l'espagnol, avec une naïveté plus appropriée à cette étrange inconséquence. C'est plus naturellement une jeune fille qui s'effraye et s'irrite d'avoir été ainsi jouée et surprise. On voit qu'elle ne veut pas rester sous le coup de cet affront, et tout d'une haleine elle demande qu'on publie le ban d'un combat contre Rodrigue : pour prix de cette tête, elle donnera sa main et tous ses biens, ou si le champion n'est pas assez noble, la moitié de ses biens et sa protection. Le Roi hésite un peu à consentir, et don Diègue le décide en acceptant pour son fils le défi proposé[1].

Il est assez curieux d'observer les circonstances du temps qui rendent ce pas plus difficile à Corneille, et qui imposent à Chimène successivement deux requêtes sanglantes au lieu d'une. C'est d'abord l'*échafaud* que sollicite sa vengeance. C'est l'édit de Richelieu, la sévère histoire du jour, dont il faut ici tenir compte avant la fable espagnole. Après la réponse équitable et modérée du Roi, qui rend peu probable l'application de l'*Édit*, Chimène peut invoquer le droit du moyen âge, le duel; et il faut voir avec quel soin Corneille proteste par la bouche du Roi contre *cette vieille coutume* si funeste à l'État, et si nécessaire à son drame. Il semble faire parler Louis XIII lui-même :

« Mais de peur qu'un exemple un tel combat ne passe,
« Pour témoigner à tous qu'à regret je permets
« Un sanglant procédé qui ne me plut jamais,
« De moi ni de ma cour il n'aura la présence[2]. »

S'il ménage beaucoup les convenances du gouvernement, Corneille ménage ici beaucoup moins que Castro la convenance morale et la délicatesse de Chimène. C'est plus qu'une hardiesse de la part du roi Ferdinand de tant insister sur la *flamme* secrète de Chimène, et de dénaturer jusqu'à ce point la loi du combat qu'elle vient d'obtenir :

« *Qui qu'il soit* (le vainqueur), même prix est acquis à sa peine :
« Je le veux de ma main présenter à Chimène,

---

1. Cette intervention de don Diègue, s'empressant d'accepter au nom de son fils, est un détail noble et fort bien adapté, qui s'offrait naturellement à l'imitation de Corneille. S'il l'a omis, on peut en entrevoir la raison dans la gêne où le tenaient les considérations dont il va être parlé.
2. Acte IV, scène v, vers 1450-1453.

« Et que pour récompense il reçoive sa foi.
« — Quoi? Sire, m'imposer une si dure loi!
« — Tu t'en plains; mais ton feu, loin d'avouer ta plainte,
« Si Rodrigue est vainqueur, *l'accepte sans contrainte.*
« Cesse de murmurer contre *un arrêt si doux :*
« Qui que ce soit des deux, j'en ferai ton époux[1]. »

Ainsi l'acte se termine, sans réplique de la part de la fière Chimène. Ce qu'elle ne semble pas avoir voulu entendre, l'admirable scène qui ouvre l'acte suivant fera bien voir qu'elle l'a entendu.

Mais que ne fait-on pas pour un dénoûment! C'est le moment pour le poëte français de se soustraire à la fable absurde du dénoûment espagnol; le temps presse, et il faudra absolument conclure par le mariage. C'est à l'autorité royale à faire les frais d'un moyen de force majeure. Corneille semble s'autoriser, comme d'un exemple, de deux vers espagnols qu'il cite; il les prend à la fin d'un passage de romance qui fournit la réponse du Roi aux plaintes de la deuxième journée. Mais il n'y a point de parité réelle entre ces deux passages :

« Et ta flamme en secret rend grâces à ton roi,
« Dont la faveur conserve un tel amant pour toi[2]. »

No haya mas, Ximena; baste ;
levantaos, no lloreis tanto :
que ablandarán vuestras quejas
entrañas de acero y marmol.
Que podrá ser que algun dia
troqueis en placer el llanto,
y si he guardado á Rodrigo
quizá para vos le guardo.

Ce dernier langage n'est qu'un rapport discret et d'allusion avec les traditions dont toutes les mémoires sont remplies, à savoir un mariage *historique*, très-postérieur à la querelle, et obtenu, selon les variantes des divers âges, soit, en vertu du droit barbare, sur la demande même de la plaignante, soit par l'entremise bénévole du Roi, par une lettre de sa main adressée à l'indifférent guerrier.

N'est-il pas remarquable que la troisième journée de Castro se passe tout entière sans ramener Rodrigue en présence de Chimène, avant l'expédient frivole et hasardé de son dénoûment? Ainsi disparaît et se dissipe le fond tragique et passionné que Corneille ne veut pas perdre de vue. Il a senti que la grande scène des deux jeunes gens au troisième acte est le vrai triomphe de son œuvre, et

1. Acte IV, scène v, vers 457-1464. — 2. *Ibidem*, vers 1391 et 1392.

il se prévaut d'un léger changement survenu dans la situation pour renouveler une si touchante rencontre au commencement du cinquième. Nous laissons donc, comme en dehors de notre parallèle, cette grande scène remplie de beautés entièrement neuves, terminée par ce cri d'éternelle mémoire : *Paraissez, Navarrois*[1]!...

Après une telle émotion, le théâtre, au temps de Corneille, devait être plein d'indulgence, de patience, peut-être même de sympathie pour les scènes d'attente qui doivent fournir à Rodrigue le temps strictement nécessaire à désarmer don Sanche en champ clos. Il nous faut voir expirer le malheureux amour de la Princesse, d'abord dans un monologue lyrique, ensuite dans un entretien avec sa confidente. Nous n'insisterons pas sur ce qu'on peut dire du désavantage de ces personnages secondaires auxquels la dignité trop uniforme du ton retire ce qu'ils pourraient avoir d'agréable, dans leur air naturel, au second plan. Dans cette mesure, doña Urraca paraît intéressante chez Castro quand elle confie ses peines au vieil Arias Gonzalo avec une résignation qui n'est pas sans grâce.

A son tour Chimène, assistée aussi de sa confidente, nous demande un nouveau délai nécessaire à la durée du combat, et il faut bien le remplir par l'antithèse déjà trop prolongée de sentiments et d'alternatives contraires. Il est permis de croire qu'au lieu de cette dialectique traînante et forcée, l'étude directe du cœur humain aurait pu mieux occuper ces instants de pénible attente.

Voici enfin l'équivoque don Sanche avec son épée. Chimène, transportée de colère, lui ferme la bouche, le croyant vainqueur ; puis sans se faire attendre, le Roi, entouré de sa cour, survient au milieu de son illusion. C'est ce qu'il fallait pour faire éclater en vers immortels l'aveu désormais irrécusable de son amour. Don Sanche peut alors expliquer qu'on lui a coupé la parole[2]. A ce moment il est temps de nous ramener le noble Rodrigue pour offrir sa tête une dernière fois, mais de quel style incomparable! Voilà ce que doit être l'achèvement des émotions tragiques, voilà ce qui détermine l'état de l'âme dans lequel Corneille renvoie chez eux ses spectateurs. Nous ne voulons pas prendre congé de don Guillem de Castro d'une façon peu courtoise, mais il est utile, pour apprécier la différence géné-

1. Acte V, scène I, vers 1559 et suivants.
2. Un examen trop minutieux relèverait dans les deux vers suivants une petite combinaison de circonstances que l'on ne comprend guère, mais qui est indispensable à cette adroite conduite de la scène :

« Mais puisque mon devoir m'appelle auprès du Roi,
« Va de notre combat l'entretenir (*Chimène*) pour moi*. »

* Acte V, scène VI, vers 1751 et 1752.

APPENDICE.

rique des deux systèmes de poésie, de reproduire ici le dernier discours de ce Rodrigue devenu un peu trop vulgaire et facétieux :

REY.
De tan mentirosas nuevas
donde está quien fué el autor?
RODRIGO.
Antes fueron verdaderas :
que si bien lo adviertes, yo
no mandé decir en ellas
sino solo que venia
a presentarle á Ximena
la cabeza de Rodrigo,
en tu estado, en tu presencia,
de Aragon un caballero ;
y esto es, señor, cosa cierta,
pues yo vengo de Aragon,
y no vengo sin cabeza,
y la de Martin Gonzalez
está en mi lanza allí fuera :
y esta le presenta ahora
en sus manos á Ximena.
Y pues ella en sus pregones
no dijo *viva*, ni *muerta*,
ni *cortada;* pues le doy
de Rodrigo la cabeza,
ya me debe el ser mi esposa ;
mas si su rigor me niega
este premio, con mi espada
puede cortarla ella mesma.
REY.
Rodrigo tiene razon.
Yo pronuncio la sentencia
en su favor.
XIMENA.
Ay de mí!
Impídeme la vergüenza, etc.

« *Le Roi* : Quel est l'auteur de ces fausses nouvelles? où est-il? — *Rodrigue* : Ces nouvelles étaient très-vraies, au contraire. Remarquez-le bien : tout ce que j'ai fait annoncer, c'est que d'Aragon un chevalier venait pour offrir en hommage à Chimène la tête de Rodrigue devant vous et en présence de votre cour. Or ce sont là toutes choses bien vraies, car je viens d'Aragon, et je ne viens pas sans ma tête. Pour celle de Martin Gonzalez, elle est là dehors au bout de ma lance; mais celle-ci, je la présente en ce moment à Chimène. Elle n'a point dit dans ses proclamations si elle la voulait ou vivante, ou morte, ou coupée. Puisque je lui porte la tête de Rodrigue, il est juste qu'elle soit mon épouse. Mais si sa rigueur me refuse cette récompense, avec mon épée elle peut la trancher elle-même. — *Le Roi* : Rodrigue a raison : je prononce le jugement en sa faveur. — *Chimène* : Ah Dieu ! je suis interdite de honte, etc. »

V.

NOTE SUR LE *CID* DE DIAMANTE.

Il n'est pas hors de propos d'ajouter ici quelques renseignements sur la traduction espagnole de notre *Cid*, à laquelle Voltaire a donné plus de réputation qu'elle ne mérite, en se vantant de l'avoir découverte comme un premier original *antérieur* à celui de Castro.

J. B. Diamante, l'un des poëtes attachés à la chapelle et au théâtre sous la direction de Calderon et du roi Philippe IV lui-même, est l'auteur de cette œuvre insignifiante. Elle a pour titre : *El honrador de su padre*, le fils qui honore ou qui venge[1] son père. On la trouve en tête d'un volume in-4°, le onzième d'un recueil mal fait et très-mal imprimé sous la seule garantie des libraires et des censeurs, intitulé : « Choix de Comédies nouvelles.... *Comedias nuevas escogidas de los mejores ingenios de España.* » Cette *onzième partie* renferme, selon l'usage, douze comédies, ayant pour auteurs, célèbres ou ignorés, outre l'obscur Diamante, Calderon, Moreto, Baeza, Coello, etc. Au milieu du frontispice, on lit : *Año 1658*, et au bas : *En Madrid*. Une réimpression, avec mêmes approbations et privilége, porte : *Año 1659*. Il est douteux que la pièce de Diamante ait jamais été publiée autrement en Espagne au dix-septième siècle. M. Eug. Ochoa l'a comprise dans le tome V du *Tesoro del Teatro español* (Paris, Baudry, 1839, in-8°), où elle peut se lire plus nettement imprimée.

Le traducteur ne fait aucune mention du poëte français qui lui fournit son texte. Ce n'est point *plagiat* dans la rigueur du mot : c'est plutôt parfaite indifférence, suivant l'esprit de l'époque et du pays. Mais pour concevoir quelles licences ce traducteur prend avec un auteur dont il semble ignorer l'existence, il suffit de dire que cette pièce est accommodée pour la scène espagnole. Tantôt, et le plus ordinairement, jusqu'au IV° acte, scène v° de Corneille, il traduit d'assez près, suivant les pensées, le dialogue et la distribution du maître ; tantôt il s'écarte et divague, subtilise et paraphrase, d'une manière fort puérile. Dans sa troisième journée, il semble, plus

---

1. C'est exactement le double sens du grec homérique τιμωρός, analogie demeurée constante et bonne à noter dans l'histoire des idées humaines.

scrupuleux que Corneille, s'arrêter devant l'invention du duel avec don Sanche, quoiqu'il ait reproduit jusque-là ce vague personnage. Quel sera donc le nouveau dénoûment? Une comédie que le Roi concerte avec don Diègue et Rodrigue. On fait croire à Chimène que sa demande est accordée, que le Cid est condamné à mort. Cachée dans sa prison, elle entend ses plaintes simulées, et quand les gardes viennent comme pour l'emmener au supplice, elle arrache une épée et se charge de défendre son époux. Là-dessus arrivent le Roi et toute la cour.

Jusqu'à ce bel artifice, Diamante n'a fait aucuns frais d'invention, si ce n'est pour intercaler çà et là le caquet d'un valet *gracioso* très-froidement bouffon. Il mêle aussi au début de l'action les démarches que fait Rodrigue pour se procurer un portrait de Chimène, qui, dans une première entrevue à laquelle Corneille n'avait point songé, lui refuse de se laisser peindre.

La mode du jour avait, ce semble, mis dans l'ombre le drame du Valencien G. de Castro, qui est pourtant resté populaire en Espagne jusqu'à présent. Ce qui est certain, c'est que Diamante paraît n'avoir pas pris la peine de le lire, et que pas un seul mot n'en réveille le souvenir, si ce n'est au travers du texte de Corneille, autant que celui-ci traduit ou imite son devancier. Plus d'une fois il eût été tout simple de reprendre à sa source l'expression originelle : c'est ce qui n'a jamais lieu, et il semble que ce soit un parti pris.

Diamante supprime les sentiments, mais non le personnage de l'Infante, par un ménagement de cour peut-être, plus que de goût. La scène est naturellement rétablie à Burgos, et par suite le grand exploit de Rodrigue contre les Mores a lieu dans les contrées historiques, seule et tacite dérogation aux unités de Corneille. Mais quand le Cid raconte au Roi sa campagne, il lui faut, ayant lui-même rompu une lance avec le chef ennemi Sélim, plus de quarante vers d'une étonnante recherche pour décrire la fringante jument que montait ce prince arabe. A défaut d'autre indice de provenance, on peut reconnaître dans cet extravagant hors-d'œuvre en *estilo culto* l'influence directe de Philippe IV, si ce n'est même la royale main, dont tant de mauvais vers sont restés confondus avec ceux de ses *ingenios*, ainsi qu'il était arrivé plus d'une fois au grand Richelieu.

Il est permis aussi de conjecturer, d'après les disparates heurtées du fond et des accessoires, que l'origine de l'ouvrage dut être d'abord quelque cahier de traduction commandé par une volonté imposante, et qu'ensuite le conseil suprême jugea indispensable d'égayer et d'enjoliver à la mode castillane cette pauvre muse française dont on faisait tant de bruit à Paris et dans les Pays-Bas espagnols.

C'était quelque chose d'étrange sans doute que le point de vue *critique* de ces arrangeurs et de leur public; mais il en est toujours à peu près de même quand on a la prétention de transporter une littérature hors de son sol ou de son temps¹.

V.

III

AUX AMATEURS DE LA LANGUE FRANÇOISE².

Messieurs,

Le soin où m'engage le desir que j'ai de satisfaire à vos curiosités (m'ayant fait découvrir cette excellente et ravissante pièce entre les nouveaux ouvrages de nos écrivains) m'a porté dans le dessein de la faire mettre sous la presse, pour vous en rendre participants. Je m'y suis de plus senti provoqué par le peu d'exemplaires qui s'en est trouvé en ces pays, et qui sembloit témoigner que la France fût jalouse que cet œuvre admirable tombât en la main des étrangers. Sa lecture a charmé l'oreille des rois, de telle sorte que, même dans les grands soins qui les environnent, il y en a qui l'ont fait réitérer plusieurs fois, tant ils l'ont estimée digne de leur audience. Aussi n'est-il point d'éloge assez relevé qui ne soit au-dessous de ses beautés; et ce n'est rien dire d'égal à ses grâces que d'assurer qu'elles expriment toutes celles qui sont les plus rares en l'élégance françoise, qu'elles représentent les traits les plus vifs et les plus beaux dont on puisse se servir pour expliquer la gloire des grandes actions d'une âme par-

---

1. On voit que l'étude consciencieuse qui précède conduit à des résultats fort différents, sur plus d'un point, de ceux que d'autres sources nous ont fournis (voyez p. 5 et suivantes). Elle nous apprend, par exemple, qu'il y a une édition du *Cid* de Diamante antérieure à celle de 1659. En outre, nous nous fions volontiers à l'autorité d'un examen attentif qui n'a trouvé dans cette pièce ni *beautés du premier ordre*, sauf la part de Corneille dans ce qui est faiblement traduit d'après lui, ni emprunt direct fait à Castro. Enfin nous sommes tout disposé à croire qu'il ne faut pas dire de Diamante qu'il a été « un *des plus féconds* et des plus *renommés* poëtes dramatiques qu'ait produits l'Espagne dans la seconde moitié du dix-septième siècle. » (*Note de l'éditeur.*)

2. Cet avis, qui contient quelques renseignements curieux sur l'accueil qui fut fait au *Cid* à l'étranger, figure en tête du rare volume qui a pour titre : *Le Cid*, tragi-comédie nouvelle, par le sieur Corneille. *A Leyden, chez Guillaume Chrestien*, 1638, in-12.

APPENDICE.

faitement généreuse, et bref que les lire et les admirer sont presque une même chose. Il faudroit imaginer d'autres louanges que celles que l'on est accoutumé de donner aux ouvrages les plus accomplis, pour les attribuer à celui-ci ; les conceptions en sont si sublimes qu'elles ont quelque chose de divin, et qui va surpassant les efforts de la pensée humaine ; enfin son excellence est telle, que vous la comprendrez mieux en la lisant, que je ne vous la puis décrire. Je n'y attache point d'argument, pource que l'auteur n'y en a point fait et que sa lecture surprendra votre esprit avec bien plus de douceur et de plaisir par la diversité de ses incidents inespérés, que si elle étoit précédée par une connoissance confuse du sujet telle que donneroit un argument qui ne seroit qu'un abrégé du contenu de toute la pièce. Recevez-la, s'il vous plaît, et si elle vous apporte autant de satisfaction que j'emploie de zèle à vous l'offrir, elle y trouvera une récompense assez convenable à ses mérites.

J. P.

HORACE

TRAGÉDIE

1640

NOTICE.

Bien peu de personnes, même des plus lettrées, soupçonnent l'existence de tragédies antérieures à celle de Corneille sur le combat des Horaces et des Curiaces. Il y en a trois cependant ; mais si elles ont un instant attiré l'attention de quelque curieux, elles ne le doivent qu'au chef-d'œuvre dont elles ont été suivies.

L'*Orazia* qui donne son nom à la pièce que l'Arétin a faite sur ce sujet et qui a été imprimée pour la première fois à Venise en 1546, n'est autre que la sœur d'Horace. Cette tragédie a été curieusement comparée à l'*Horace* de Corneille, en Italie par Napoli Signorelli[1], et en France par Ginguené[2]; mais ce parallèle, au lieu de faire ressortir certaines analogies, n'a servi qu'à constater entre les deux œuvres de notables différences.

La plus ancienne tragédie française d'*Horace* se trouve, avec un *Dioclétian*, dont le véritable sujet est le martyre de saint Sébastien, dans un volume in-12, publié à Paris, chez David le Clerc, en 1596, sous ce titre : « *Les Poësies de Pierre de Laudun d'Aigaliers*, contenans deux tragedies, la Diane, meslanges et acrostiches. Œuvre autant docte et plein de moralité que les matieres y traictées sont doctes et recreatives. »

Celle des deux tragédies d'Aigaliers qui doit seule nous occuper ici, est intitulée simplement, en tête de la page 36 : « *Horace*, tragédie ; » mais à la page 38 on trouve ce titre plus

---

1. *Storia critica de' teatri*, Napoli, V. Orsino, 1788, tomo III, p. 121-126.
2. *Histoire littéraire d'Italie*, IIe partie, chapitre XXI, 2e édition, tome VI, p. 128-143.

fastueux : « Tragédie d'*Horace trigemine.* » La dédicace est adressée « à très-haut et puissant seigneur Henry de Scipion, duc de Joyeuse. » Dans l'argument qui figure en tête de la pièce, Laudun ne fait guère qu'analyser le morceau de Tite Live que Corneille a placé au devant de la sienne et que nous reproduisons plus loin[1]; mais après qu'Horace « appelé en justice comme *sorricide,* » a été renvoyé absous, on trouve le dénoûment fort inattendu que voici : « Metius Suffetius, qui avoit voulu faire trahison au roi Tullius[2] à la suasion des citoyens d'Albe, fut par le roi Tullius condamné d'être tiré à quatre chevaux, dont l'exécution s'ensuivit; après, ce roi Tullius ayant régné trente-deux ans, fut inopinément foudroyé avec ses domestiques, qui est la clôture de la catastrophe de la tragédie; et pour te donner témoignage de mon dire, lecteur, qui as envie de savoir l'histoire au vrai et au long, je t'envoie ès auteurs suivants, desquels je me suis servi à composer cette tragédie. Je mets les noms des auteurs en latin, de peur de te tromper et moi aussi à la version française d'iceux. Plinius Novocomensis, Titus Livius, Virgilius, Ptolomæus, Chronica Chronicorum, Johannes Functius, Ovidius, Plutarchus, Alexarchus. » La tardive punition de Tullus est annoncée dans la pièce par ce jeu de scène : « Le foudre vient et le tue avec son gentilhomme. » Le dialogue monosyllabique qui a lieu pendant le combat est plus étrange encore :

Çà, çà, tue, tue, tue. — Çà, çà, çà, tue, tue, pif, paf.

Si incomplète que soit cette analyse, si peu nombreux que soient ces extraits, en voilà plus qu'il n'en faut pour prouver que Corneille n'a rien puisé à une pareille source.

Enfin le troisième *Horace* antérieur à celui de Corneille, *el Honrado hermano, tragi-comedia famosa,* a été publié par Lope de Véga, âgé de soixante ans, dans le dix-huitième volume de son théâtre, qui parut en 1622 et contient, comme le prouvent les dédicaces, des ouvrages représentés longtemps auparavant. Le sujet de cette pièce se détache à peine sur un canevas d'aventures bizarres. « Nous ne sommes occupés, dit

1. Voyez ci-après, p. 262-272.
2. Il y a *Tullius,* au lieu de *Tullus,* dans le texte de Laudun.

M. Saint-Marc Girardin dans la spirituelle analyse qu'il en a donnée[1], que de filles qu'on veut faire religieuses, de femmes déguisées en cavaliers, de ruses pour enlever la fille sous les yeux mêmes du père, toutes scènes de comédie. Pourquoi les personnages qui figurent dans ces scènes de comédie s'appellent-ils les Horaces et les Curiaces? Je n'en sais rien en vérité. Ils pourraient aussi bien s'appeler don Gusman, don Pèdre, don Gomez. L'histoire n'y perdrait rien; car l'histoire n'est pour rien dans tout cela. » Néanmoins, bien qu'on ne trouve dans cet ouvrage aucune intention de peindre le caractère romain, Lope ramasse dans Tite Live divers détails matériels qui servent plutôt à la bigarrure qu'à la vérité du tableau. Tels sont l'*interregnum*, ce régime bizarre qui en attendant une élection définitive donnait la royauté à une suite de sénateurs, souverains chacun pendant cinq jours; les pillages dans les campagnes albaines, conséquence de cette anarchie; deux ou trois ambassades d'Albe et de Rome, conduites tout autrement que dans Tite Live; la harangue de Metius entre les deux armées pour proposer le combat des six; l'appel au peuple conseillé par Tullus après la condamnation d'Horace; enfin sa défense par son père, faible imitation du magnifique thème oratoire fourni par l'historien. Ce n'était pas la peine d'exposer sur la scène le triple duel pour en retrancher, faute d'espace sans doute, la poursuite inégale des champions blessés, la fuite simulée de l'Horace survivant, qui accomplit sur place sa triple victoire avec une jactance de matamore. Le dénoûment de cette *tragi-comédie* exigeait un mariage à l'espagnole, qui s'entremêle à la scène du forum sans en abaisser le ton bien sensiblement. Horace a chez lui une fille de sénateur, qu'i prétend toutefois avoir respectée. Le père exige qu'il l'épouse avant de subir son supplice. On va la chercher, et pendant ce temps Horace est absous par une acclamation populaire.

A coup sûr, ici encore, nous ne trouvons rien qui puisse nous faire supposer chez Corneille une imitation, un souvenir direct; la pièce de Lope de Véga ne présente avec la tragédie de notre poëte d'autres ressemblances que celles qui naissent

1. *Journal des débats* du 9 juin 1852.

de la communauté d'un sujet populaire et classique en tout pays. La scène où Julie, la Camille de Corneille, se trouve en face de son frère victorieux, est tout indiquée par Tite Live. Il est vrai que lorsque Julie s'exprime de la sorte : « Je ne viens pas avec allégresse célébrer ce jour, si ce n'est par mes pleurs[1], » cette pensée, qui n'est pas dans Tite Live, rappelle aussitôt ces vers :

> Et rends ce que tu dois à l'heur de ma victoire.
> — Recevez donc mes pleurs, c'est ce que je lui dois[2];

mais c'est là une idée fort naturelle, et cette similitude passagère est sans doute purement fortuite[3]. Toutefois, si Corneille n'a pas eu de lui-même la pensée d'écrire une tragédie d'*Horace*, c'est probablement l'ouvrage de Lope, plutôt que tout autre, qui la lui a suggérée, car à cette époque il était naturel qu'il interrogeât le théâtre espagnol avec une curiosité que ne pouvaient exciter en lui au même degré de froides amplifications composées ailleurs pour la lecture plutôt que pour la scène.

Du reste, de quelque manière qu'il ait été amené à traiter ce sujet d'*Horace*, il est certain que cette idée s'est présentée à son esprit peu de temps après le succès du *Cid*. Nous n'essayerons pas de le prouver, à l'aide d'une lettre écrite de Rouen, et datée du 14 juillet 1637, où Corneille dit à Rotrou : « M. Jourdy m'a conté les plus belles choses de son voyage de Dreux, et me donne grande envie de venir vous voir dans votre belle famille; mais c'est un plaisir que je ne saurai avoir encore de longtemps, vu que je veux vous montrer une nouvelle pièce qui est loin d'être finie. » Ce n'est pas là un témoignage suffisant à nos yeux, car nous aurons plus tard à présenter contre l'authenticité de ce document des objections

---

1. *No vengo con alegria
    á celebrar este dia,
    sino con mi llanto triste.*
2. Acte IV, scène v, vers 1256 et 1257.
3. Nous nous plaisons à rappeler que M. Viguier a bien voulu relire à notre profit les auteurs dramatiques espagnols qui ont traité les mêmes sujets que Corneille; c'est à lui que nous devons la plupart des considérations qui précèdent.

sérieuses; mais notre opinion se fonde sur la *Lettre du désintéressé au sieur Mairet*, publiée vers la même époque, et réimprimée par nous à la suite du *Cid*. Là, en effet, il est question de la pièce que prépare Corneille, et le défenseur du poëte dit à ses adversaires : « Si par de petites escarmouches vous amusiez un si puissant ennemi, vous dissiperiez un nuage qui se forme en Normandie, et qui vous menace d'une furieuse tempête pour cet hiver[1]. » Cette pièce ainsi promise pour la fin de 1637 ne parut, comme nous le verrons tout à l'heure, qu'au commencement de 1640.

Cependant la dispute du *Cid* avait été close officiellement le 5 octobre 1637, par la lettre que Boisrobert avait écrite à Mairet sur l'ordre du Cardinal[2]. Ce ne fut donc pas la nécessité de la lutte, mais seulement le découragement profond qu'elle avait causé à Corneille, qui l'empêcha pendant plus de deux années de rien donner au théâtre. C'est ce que nous apprend le passage suivant d'une lettre écrite par Chapelain à Balzac, le 15 janvier 1639[3] : « Corneille est ici depuis trois jours, et d'abord m'est venu faire un éclaircissement sur le livre de l'Académie pour ou plutôt contre *le Cid*, m'accusant, et non sans raison, d'en être le principal auteur. Il ne fait plus rien, et Scudéry a du moins gagné cela, en le querellant, qu'il l'a rebuté du métier, et lui a tari sa veine. Je l'ai, autant que j'ai pu, réchauffé et encouragé à se venger, et de Scudéry et de sa protectrice, en faisant quelque nouveau *Cid* qui attire encore les suffrages de tout le monde, et qui montre que l'art n'est pas ce qui fait la beauté; mais il n'y a pas moyen de l'y résoudre; et il ne parle plus que de règles et que des choses qu'il eût pu répondre aux académiciens, s'il n'eût point craint de choquer les puissances, mettant au reste Aristote entre les auteurs apocryphes lorsqu'il ne s'accommode pas à ses imaginations. »

Dans une autre lettre, du 9 mars 1640, Chapelain parle de la première représentation d'*Horace* comme d'un fait tout récent, et en fixe par conséquent la date d'une manière fort ap-

---

1. Voyez ci-dessus, p. 63. — 2. Voyez ci-dessus, p. 42 et 43.
3. Recueil manuscrit de lettres de Chapelain appartenant à M. Sainte-Beuve, cité par M. J. Taschereau, *Histoire de la vie et des ouvrages de P. Corneille*, 2ᵉ édition, p. 94.

proximative : « Pour le combat des *Horaces*, dit-il, ce ne sera pas sitôt que vous le verrez, pource qu'il n'a encore été représenté qu'une fois devant Son Éminence, et que, devant que d'être publié, il faut qu'il serve six mois de gagne-pain aux comédiens. Telles sont les conventions des poëtes mercenaires, et tel est le destin des pièces vénales; mais vous le verrez assez à temps[1]. »

Pour bien entendre ceci et se rendre compte de l'injustice des accusations de Chapelain, il faut savoir que Corneille ne pouvait conserver quelques mois ses droits d'auteur sur un ouvrage qu'en en retardant l'impression. « L'usage observé de tout temps entre tous les comédiens françois, étoit de n'entreprendre point de jouer, au préjudice d'une troupe, les pièces dont elle étoit en possession, et qu'elle avoit mises au théâtre, à ses frais particuliers, pour en retirer les premiers avantages, jusqu'à ce qu'elles fussent rendues publiques par l'impression[2]. »

Chapelain, par malheur, ne donne pas de détails à Balzac sur les premières représentations, et ne lui nomme aucun des acteurs chargés des principaux rôles. Nous trouvons bien dans l'édition de M. Lefèvre les indications suivantes : LE VIEIL HORACE, *Baron père;* HORACE, *Montfleury;* CURIACE, *Bellerose;* SABINE, *Mlle de Villiers;* CAMILLE, *Mlle Beaupré;* mais, comme d'ordinaire, elles ne reposent sur aucun document sérieux.

Lemazurier avance, il est vrai, que Montfleury a joué d'original dans *Horace*, mais sa seule autorité est un passage de Chapuzeau que nous avons eu occasion de citer dans la *Notice du Cid*[3], et qui ne se prête nullement aux conséquences qu'on en veut tirer.

Tout ce qui concerne les autres acteurs est de pure invention. Bien plus, aucun témoignage remontant à l'époque même des premières représentations ne nous apprend où *Horace* a été joué d'abord. Seulement, comme nous savons d'une part

1. Recueil manuscrit de lettres de Chapelain appartenant à M. Sainte-Beuve, cité par M. J. Taschereau, *Histoire de la vie et des ouvrages de P. Corneille*, p. 95.
2. *Histoire du Théâtre françois*, tome IX, p. 105.
3. Voyez ci-dessus, p. 13 et la note 1.

que *Cinna* fut donné à l'hôtel de Bourgogne, de l'autre que Mondory fut frappé d'apoplexie peu de temps après la première représentation du *Cid* au Marais, et que cette troupe se trouvait alors fort démembrée¹, il est vraisemblable que Corneille, au moment de faire représenter *Horace*, abandonna le théâtre du Marais pour celui de l'hôtel de Bourgogne, où plusieurs de ses interprètes habituels étaient venus s'établir. Les témoignages assez tardifs que nous fournissent les contemporains de notre poëte sur les représentations d'*Horace* se rapportent tous à l'hôtel de Bourgogne. Le premier est un passage de *la Pratique du Théâtre*, de l'abbé d'Aubignac, qu'il importe de rapporter textuellement, car il n'est pas fort clair et se prête à diverses interprétations; il se trouve au septième chapitre, intitulé : *Du mélange de la représentation avec la vérité de l'action théâtrale*². « Que Floridor ou Beauchasteau (*deux acteurs de l'hôtel de Bourgogne*) fassent, dit d'Aubignac, le personnage de Cinna, qu'ils soient bons ou mauvais acteurs, bien ou mal vêtus.... toutes ces choses sont, à mon avis, et dépendent de la représentation.

« Ainsi, Floridor et Beauchasteau, en ce qu'ils sont en eux-mêmes, ne doivent être considérés que comme représentants, et cet Horace et ce Cinna qu'ils représentent, doivent être considérés à l'égard du poëme comme véritables personnages....

« On n'approuveroit pas que Floridor, en représentant Cinna, s'avisât de parler de ses affaires domestiques ni de la perte ou du gain que les comédiens auroient fait en d'autres pièces.... »

On peut conclure, ce semble, de tout ce morceau, un peu embarrassé, qu'au moment où d'Aubignac écrivait, c'est-à-dire vers 1657, Floridor jouait les rôles d'Horace et de Cinna, comme chef d'emploi, suivant l'expression aujourd'hui reçue au théâtre, et que Beauchâteau était du nombre des comédiens qui se contentent « des seconds rôles, ou qui ont l'alternative avec un camarade pour les premiers³. »

Il faut maintenant venir jusqu'à *l'Impromptu de Versailles*, c'est-à-dire jusqu'à 1663, pour trouver de nouveaux détails

1. Voyez ci-dessus, p. 13, et tome I, p. 258. — 2. Pages 51-53.
3. *Théâtre françois*, par Chapuzeau, p. 93.

sur les représentations d'*Horace* à l'hôtel de Bourgogne. Molière suppose qu'un poëte demande à une troupe qu'il veut juger, de lui réciter une scène d'amant et d'amante : « Là-dessus une comédienne et un comédien auroient fait une scène ensemble, qui est celle de Camille et de Curiace :

> Iras-tu, ma chère âme, et ce funeste honneur
> Te plaît-il aux dépens de tout notre bonheur?
> — Hélas! je vois trop bien, etc.[1].

....le plus naturellement qu'ils auroient pu. Et le poëte aussitôt : « Vous vous moquez, vous ne faites rien qui vaille; « et voici comme il faut réciter cela (il imite Mlle de Beauchâteau, comédienne de l'hôtel de Bourgogne) :

> Iras-tu, ma chère âme, etc.
> — Non, je te connois mieux, etc.

« Voyez-vous comme cela est naturel et passionné? Admirez ce « visage riant qu'elle conserve dans les plus grandes afflictions. »

Dans l'édition de 1660, Corneille remplaça : « Iras-tu, ma chère âme? » qui avait vieilli, par : « Iras-tu, Curiace? » Cela eût été sans doute indifférent à la Beauchâteau; mais Mlle Clairon, qui était en droit d'avoir ses préférences, n'hésita pas à rétablir « ma chère âme, » qui en effet n'a ici rien de banal, ni de galant, et ajoute au contraire l'expression d'une tendresse profonde au cri d'épouvante que laisse échapper Camille.

Si, dans l'histoire des représentations de la tragédie d'*Horace*, nous avions voulu suivre un ordre purement chronologique, il eût fallu, avant de nommer Mlle Clairon, raconter une anecdote souvent reproduite, mais presque toujours défigurée. Peut-être à cause de cela, y aura-t-il quelque nouveauté à la donner ici telle que la raconte l'abbé Nadal[2]. Dans ses *Observations sur la tragédie ancienne et moderne*, cet exact ami des règles, après avoir regretté vivement que le meurtre de Camille s'accomplisse sur la scène, continue en ces termes : « La demoiselle Duclos, une de nos plus célèbres comédiennes, autant par les grâces de sa personne que par la beauté de sa voix et la noblesse de son action, jouoit le rôle de Camille, et

---

1. Voyez plus loin, p. 305, les vers 533 et suivants, et la note 1.
2. *Œuvres mêlées*, 1738, tome II, p. 163 et 164.

lorsqu'après ses imprécations contre Rome victorieuse et contre ce qu'elle se devoit à elle-même aussi bien qu'à sa patrie, elle sortoit du théâtre avec une sorte de précipitation, elle fut assez embarrassée dans la queue traînante de sa robe pour ne pouvoir s'empêcher de tomber. L'acteur, plus civil qu'il ne convenoit à la fureur d'Horace outré de tous les propos injurieux de sa sœur, ôta son chapeau d'une main et lui présenta l'autre pour la relever, et pour la conduire avec une grâce affectée dans la coulisse, où ayant remis son chapeau, et même enfoncé, puis tiré son épée, il parut la tuer avec brutalité. Baron certainement n'eût pas fait la même chose que Beaubourg; il eût profité de l'occasion en grand comédien qui jouoit avec noblesse, mais sans sortir de la nature : il n'eût pas manqué de la tuer dans sa chute même; la singularité de l'incident eût aux yeux des spectateurs corrigé peut-être l'atrocité de l'action, et la faute même du poëte. »

Dans les cours de déclamation, les imprécations de Camille, pour nous servir du terme consacré, sont considérées à bon droit comme une épreuve décisive pour les jeunes tragédiennes ; c'est peut-être, en effet, le morceau de notre répertoire classique où l'inexpérience choque le moins, et où les grandes qualités dramatiques ressortent le mieux; aussi Camille est-il le rôle de prédilection de la plupart des débutantes[1].

Chapelain ne s'était pas trompé en écrivant, le 9 mars 1640, à Balzac, que ce ne serait pas de sitôt qu'il verrait l'*Horace*: l'achevé d'imprimer est du 15 janvier 1641[2]. Malgré ce re-

---

1. Lemazurier cite Mme Lavoy le 30 juin 1705, Mlle Jouvenot en décembre 1718, Mme Poisson en mai 1726, Mlle Rosalie le 14 mars 1759. C'est dans Camille que Mlle Rachel a fait son premier début le 12 juin 1838, avec une recette de sept cent cinquante-trois francs cinq centimes. Voyez plus loin, p. 331, note 2, la manière dont elle interprétait un passage de ce rôle. Enfin c'est encore dans le rôle de Camille que Mlle Karoly a débuté à l'Odéon le 7 septembre 1860.

2. Voici la description bibliographique de la première édition ; Horace, tragedie. *A Paris, chez Augustin Courbé....* M.DC.XXXXI, *auec priuilege du Roy*, in-4° de 5 feuillets et 103 pages, avec un frontispice de le Brun, gravé par Daret, représentant la fin du combat. En haut se trouve un cartouche dans lequel on lit : *Horace tragedie*. A

tard, « il courut un bruit, dit Pellisson[1], qu'on feroit encore des observations et un nouveau jugement sur cette pièce. » A ce sujet Corneille, faisant une allusion spirituelle, mais en même temps grave et ferme, à la persécution suscitée contre *le Cid* par le Cardinal et une autre personne de grande qualité dont nous avons déjà vainement cherché à découvrir le nom[2], écrivit à un de ses amis ces mots si souvent cités : « Horace fut condamné par les duumvirs, mais il fut absous par le peuple. »

Corneille avait invité Chapelain, l'abbé d'Aubignac et plusieurs autres beaux esprits à entendre la lecture d'*Horace*. C'est d'Aubignac qui nous l'apprend : « M. Corneille, dit-il, n'a pas sujet de se plaindre de moi, si j'use de cette liberté publique ; je n'ai point de commerce avec lui, et j'aurois peine à reconnoître son visage, ne l'ayant jamais vu que deux fois : la première, quand, après son *Horace*, il me vint prier d'assister à la lecture qu'il en devoit faire chez feu M. de Boisrobert, en la présence de MM. Chapelain, Barreau, Charpi, Faret et l'Estoile, dont il ne voulut pas suivre l'avis que j'avois ouvert ; et l'autre, quand, après son *OEdipe*, il me vint remercier d'une visite que je lui avois rendue, et du bien que j'avois dit de lui dans ma *Pratique*, où il ne trouvoit rien à condamner que l'excès de ses louanges[3]. »

L'anecdote suivante, extraite du *Menagiana*[4], se rapporte sans doute à cette lecture d'*Horace* : « M. Corneille reprochoit un jour à M. de Boisrobert qu'il avoit mal parlé d'une de ses pièces, étant sur le théâtre. « Comment pourrois-je avoir mal
« parlé de vos vers sur le théâtre, lui dit M. de Boisrobert, les
« ayant trouvés admirables dans le temps que vous les bar-

---

l'entour est une banderole portant : *Nec ferme res antiqua alia est nobilior*. Titus Livius, l. I° (voyez ci-après, p. 265). Il y a eu, sous la même date et chez le même libraire, une édition de format in-12.

1. *Relation contenant l'histoire de l'Académie françoise*, 1653, p. 218.
2. Voyez ci-dessus, p. 25 et 41.
3. *Troisième dissertation concernant le poëme dramatique, en forme de remarques sur la tragédie de M. Corneille, intitulée l'OEdipe.... par l'abbé d'Aubignac*, réimprimée dans le *Recueil de dissertations....* par l'abbé Granet, tome II, p. 8 et 9.
4. Tome II, p. 162.

« bouilliez en ma présence? » Il vouloit dire par là que M. Corneille lisoit mal ses vers, qui étoient d'ailleurs très-beaux lorsqu'on les entendoit dans la bouche des meilleurs acteurs du monde[1]. » Si Boisrobert ne donna, pendant la réunion, que des éloges à la pièce, les autres auditeurs présentèrent, au contraire, de nombreuses et opiniâtres critiques, dont Corneille, malgré ses promesses, ne tint jamais aucun compte, même au moment décisif de l'impression. On trouve dans une lettre adressée par Chapelain à Balzac, le 17 novembre 1640, et dont nous avons déjà eu occasion de reproduire la première partie[2], de curieux détails sur ce point. « Les poëtes, dit-il, sont bizarres et ne prennent point les choses comme il faut jamais. Cettui-ci, après cette harangue, m'en fit une autre bourrue. Dès l'année passée, je lui dis qu'il falloit changer son cinquième acte des *Horaces*, et lui dis par le menu comment; à quoi il avoit résisté toujours depuis, quoique tout le monde lui crût que sa fin étoit brutale et froide, et qu'il en devoit passer par mon avis. Enfin, de lui-même, il me vint dire qu'il se rendoit et qu'il le changeroit, et que ce qu'il ne l'avoit pas fait étoit pource qu'en matière d'avis, il craignoit toujours qu'on ne les lui donnât par envie et pour détruire ce qu'il avoit bien fait. Vous rirez sans doute de ce mauvais compliment, pour le moins si vous êtes comme moi, qui me contente de connoître les sottises sans m'en émouvoir ni fâcher.... »

L'abbé d'Aubignac avait aussi conseillé à Corneille de modi-

---

1. Parfois Corneille, mieux avisé, faisait lire ses ouvrages avant le jour de la première représentation, par quelque grand comédien. Tallemant des Réaux nous fait assister à une assemblée de ce genre chez Gédéon Tallemant le maître des requêtes; mais, par malheur, il ne nous apprend pas de quelle pièce il est question : « Il (*G. Tallemant*) vouloit faire l'habile homme et ne savoit rien. Une fois que Floridor, qui est son compère, lui vint lire, pour faire sa cour, une pièce de Corneille qu'on n'avoit point encore jouée, Mlle de Scudéry, Mlle Robineau, Sablière, moi et bien d'autres gens étions là; nous nous tenions les côtés de rire de le voir décider et faire les plus saugrenus jugements du monde; il n'y eut que lui à parler : vous eussiez dit qu'il ordonnoit du quartier d'hiver dans une intendance de province, comme il le fit ensuite. » (Tome VI, p. 250.)

2. Voyez ci-dessus, p. 47 et 48.

fier la fin de sa pièce; il dit dans sa *Pratique du théâtre*[1] : « La mort de Camille par la main d'Horace, son frère, n'a pas été approuvée au théâtre, bien que ce soit une aventure véritable, et j'avois été d'avis, pour sauver en quelque sorte l'histoire, et tout ensemble la bienséance de la scène, que cette fille désespérée, voyant son frère l'épée à la main, se fût précipitée dessus : ainsi elle fût morte de la main d'Horace, et lui eût été digne de compassion comme un malheureux innocent ; l'histoire et le théâtre auroient été d'accord. »

Corneille, dans son *Examen*, publié trois ans après l'ouvrage de d'Aubignac, établit très-bien que cet expédient, contraire à l'histoire, serait en même temps fort éloigné de la vraisemblance, et qu'Horace ne laisserait pas d'être criminel pour avoir tiré l'épée contre Camille, « puisqu'il n'y a point de troisième personne sur le théâtre à qui il pût adresser le coup qu'elle recevroit[2]. »

La critique que fait d'Aubignac de la conduite de Valère est assurément mieux fondée, mais elle se termine par une objection fort maladroite : « Dans *Horace*, dit-il, le discours mêlé de douleur et d'indignation que Valère fait dans le cinquième acte s'est trouvé froid, inutile et sans effet, parce que dans le cours de la pièce, il n'avoit point paru touché d'un si grand amour pour Camille, ni si empressé pour en obtenir la possession, que les spectateurs se dussent mettre en peine de ce qu'il pense, ni de ce qu'il doit dire après sa mort.... Selon l'humeur des François, il faut que Valère cherche une plus noble voie pour venger sa maîtresse, et nous souffririons plus volontiers qu'il étranglât Horace que de lui faire un procès. Un coup de fureur seroit plus conforme à la générosité de notre noblesse, qu'une action de chicane qui tient un peu de la lâcheté, et que nous haïssons[3]. »

Corneille relève ces critiques une à une, sans nommer d'Aubignac, sans même faire aucune allusion à un ouvrage imprimé : « Quelques-uns, dit-il, ne veulent pas que Valère y soit un digne accusateur d'Horace ; » et il continue de la sorte, comme s'il répondait à de simples bruits, à des observations

1. Page 82. — 2. Voyez plus loin, p. 274.
3. *Pratique du théâtre*, p. 433 et 436.

recueillies dans le public; puis il termine son examen en rappelant de la manière la plus piquante à son adversaire la nécessité de se conformer à la vérité historique, si mal observée de son temps : « S'il ne prend pas le procédé de France, il faut considérer qu'il est Romain, et dans Rome, où il n'auroit pu entreprendre un duel contre un autre Romain sans faire un crime d'État; et que j'en aurois fait un de théâtre, si j'avois habillé un Romain à la françoise. »

A MONSEIGNEUR

LE CARDINAL DUC DE RICHELIEU[1].

MONSEIGNEUR,

Je n'aurois jamais eu la témérité de présenter à Votre Éminence ce mauvais portrait d'Horace, si je n'eusse considéré qu'après tant de bienfaits que j'ai reçus d'elle, le silence où mon respect m'a retenu jusqu'à présent passeroit pour ingratitude, et que quelque juste défiance que j'aye de mon travail, je dois avoir encore plus de confiance en votre bonté. C'est d'elle que je tiens tout ce que je suis; et ce n'est pas sans rougir que pour toute reconnoissance, je vous fais un présent si peu digne de vous, et si peu proportionné à ce que je vous dois. Mais, dans cette confusion, qui m'est commune avec tous ceux qui écrivent, j'ai cet avantage qu'on ne peut, sans quelque injustice, condamner mon choix, et que ce généreux Romain, que je mets aux pieds de V. É., eût pu paroître devant elle avec moins de honte, si les forces de l'artisan eussent répondu à la dignité de la matière. J'en ai pour garant l'auteur dont je l'ai tirée, qui commence à décrire cette fameuse histoire par ce glorieux éloge, « qu'il n'y a presque aucune chose plus noble dans

1. Armand-Jean du Plessis, cardinal et duc de Richelieu, ministre de Louis XIII, né à Paris le 5 septembre 1585, mort le 4 décembre 1642. Nous nous sommes étendu longuement, dans la *Notice* de *a Comédie des Tuileries* (tome II, p. 305 et suivantes) et dans la *Notice* du *Cid*, sur ses rapports avec Corneille. — Dans l'édition originale et dans l'édition séparée de 1655, le mot *Monseigneur* est répété : A MONSEIGNEUR MONSEIGNEUR LE CARDINAL, etc. — Cette épître dédicatoire ne se trouve que dans les impressions de 1641-1656.

toute l'antiquité¹. » Je voudrois que ce qu'il a dit de l'action se pût dire de la peinture que j'en ai faite, non pour en tirer plus de vanité, mais seulement² pour vous offrir quelque chose un peu moins indigne de vous être offert. Le sujet étoit capable de plus de grâces, s'il eût été traité d'une main plus savante; mais du moins il a reçu de la mienne toutes celles qu'elle étoit capable de lui donner, et qu'on pouvoit raisonnablement attendre d'une muse de province³, qui n'étant pas assez heureuse pour jouir souvent des regards de V. É., n'a pas les mêmes lumières à se conduire qu'ont celles qui en sont continuellement éclairées. Et certes, Monseigneur, ce changement visible qu'on remarque en mes ouvrages depuis que j'ai l'honneur d'être à V. É.⁴, qu'est-ce autre chose qu'un effet des grandes idées qu'elle m'inspire, quand elle daigne souffrir que je lui rende mes devoirs? et à quoi peut-on attribuer ce qui s'y mêle de mauvais, qu'aux teintures grossières que je reprends quand je demeure abandonné à ma propre foiblesse? Il faut, Monseigneur, que tous ceux qui donnent leurs veilles au théâtre publient hautement avec moi que nous vous avons deux obligations très-signalées : l'une, d'avoir ennobli le but de l'art; l'autre, de nous en avoir facilité les connoissances. Vous avez ennobli le but de l'art, puisqu'au lieu de celui de plaire au peuple que nous prescrivent nos

1. *Nec ferme res antiqua alia est nobilior.* (Lib. I, cap. xxiv.)
2. Le mot *seulement* est omis dans les recueils de 1648-1656.
3. A cette époque Corneille habitait encore Rouen; ce ne fut qu'en 1662 qu'il vint s'établir à Paris.
4. « Je ne sais ce qu'on doit entendre par ces mots *être à V. É.* Le cardinal de Richelieu faisait au grand Corneille une pension de cinq cents écus, non pas au nom du Roi, mais de ses propres deniers.... Cependant une pension de cinq cents écus que le grand Corneille fut réduit à recevoir, ne paraît pas un titre suffisant pour qu'il dit : *j'ai l'honneur d'être à V. É.* » (*Voltaire.*)

maîtres, et dont les deux plus honnêtes gens de leur siècle, Scipion et Lælie, ont autrefois protesté de se contenter[1], vous nous avez donné celui de vous plaire et de vous divertir ; et qu'ainsi nous ne rendons pas un petit service à l'État, puisque contribuant à vos divertissements, nous contribuons à l'entretien d'une santé qui lui est si précieuse et si nécessaire. Vous nous en avez facilité les connoissances, puisque nous n'avons plus besoin d'autre étude pour les acquérir que d'attacher nos yeux sur V. É., quand elle honore de sa présence et de son attention le récit de nos poëmes. C'est là que lisant sur son visage ce qui lui plaît et ce qui ne lui plaît pas, nous nous instruisons avec certitude de ce qui est bon et de ce qui est mauvais, et tirons des règles infaillibles de ce qu'il faut suivre et de ce qu'il faut éviter ; c'est là que j'ai souvent appris en deux heures ce que mes livres n'eussent pu m'apprendre en dix ans ; c'est là que j'ai puisé ce qui m'a valu l'applaudissement du public ; et c'est là qu'avec votre faveur j'espère puiser assez pour être un jour une œuvre digne de vos mains. Ne trouvez donc pas mauvais, Monseigneur, que pour vous remercier de ce que j'ai de réputation, dont je vous suis entièrement redevable, j'emprunte quatre vers d'un autre Horace que celui que je vous

---

1. On sait que Scipion et Lélius passaient pour les collaborateurs de Térence, et même, aux yeux de quelques-uns, pour les auteurs de ses comédies. Voilà pourquoi Corneille leur prête ici ce que dit Térence lui-même, au commencement du prologue de l'*Andrienne* :

Poeta quum primum animum ad scribendum appulit,
Id sibi negoti credidit solum dari,
Populo ut placerent quas fecisset fabulas.

« Lorsque notre poëte se décida à écrire, il crut que sa seule tâche serait de faire que ses pièces plussent au peuple. » — Voyez encore les vers 15 à 19 du prologue des *Adelphes*.

présente, et que je vous exprime par eux les plus véritables sentiments de mon âme :

> *Totum muneris hoc tui est,*
> *Quod monstror digito prætereuntium,*
> *Scenæ non levis artifex :*
> *Quod spiro et placeo, si placeo, tuum est*[1].

Je n'ajouterai qu'une vérité à celle-ci, en vous suppliant de croire que je suis et serai toute ma vie, très-passionnément[2],

MONSEIGNEUR,
De V. É.,
Le très-humble, très-obéissant,
et très-fidèle[3] serviteur,

CORNEILLE.

---

1. « C'est par ta faveur uniquement (*Horace parle à la muse*) que les passants me montrent du doigt, *comme donnant au théâtre des œuvres qui ont leur prix*. Que je respire et que je plaise (si vraiment je plais), c'est à toi que je le dois. » (Livre IV, ode III, vers 21-24.) Dans Horace le troisième vers est :

> *Romanæ fidicen lyræ.*

2. « Cette expression *passionnément* montre combien tout dépend des usages. *Je suis passionnément* est aujourd'hui la formule dont les supérieurs se servent avec les inférieurs. » (*Voltaire.*)
3. VAR. (édit. de 1647 et de 1656) : et très-obligé.

TITUS LIVIUS[1].

(XXIII.) .... Bellum utrinque summa ope parabatur, civili simillimum bello, prope inter parentes natosque, Trojanam utramque prolem, quum Lavinium ab Troja, ab Lavinio Alba, ab Albanorum stirpe regum oriundi Romani essent. Eventus tamen belli minus miserabilem dimicationem fecit, quod nec acie certatum est, et tectis modo dirutis alterius urbis, duo populi in unum confusi sunt. Albani priores ingenti exercitu in agrum romanum impetum fecere. Castra ab urbe haud plus quinque millia passuum locant, fossa circumdant : fossa Cluilia ab nomine ducis per aliquot secula appellata est, donec cum

---

1. Livre I, chapitres XXIII-XXVI. — Cet extrait de Tite Live ne se trouve que dans les recueils de 1648-1656. — Corneille, après avoir donné, en tête de *Cinna*, le texte de Sénèque qui lui a fourni le sujet de cette pièce, a eu l'heureuse idée d'y ajouter l'imitation que Montaigne a faite de ce morceau avec son originalité et son indépendance habituelles. A défaut d'un traducteur aussi illustre pour le fragment de Tite Live qui sert d'argument à *Horace*, nous avons choisi la version de Blaise de Vigenère, la plus récente qui existât au temps où Corneille écrivait sa tragédie.

(XXIII.) « .... Déjà d'un très-grand effort d'une part et d'autre s'apprêtoient à la guerre ressemblant à une civile, entre presque les propres pères et les enfants, tous les deux peuples étant descendus de la race troyenne, parce que la ville de Lavinium avoit été fondée par les Troyens, et de Lavinium, venue et peuplée celle d'Albane, et de la lignée des rois d'Albane, procédés ceux de Rome. Mais l'issue en fin de la guerre retrancha beaucoup de la compassion pitoyable qui eût pu succéder de cette querelle ; pour autant qu'il n'y eut aucune bataille donnée ; ains seulement l'habitation de l'une des villes étant démolie, les deux peuples furent mêlés et confondus en un seul. Les Albaniens avec une grosse armée furent les premiers à entrer dans le territoire de Rome, où ils se campèrent à cinq mille pas seulement des murailles, se remparant d'une bonne tranchée alentour, qui fut depuis durant quelques siècles appelée la fosse Cluilienne, du nom de leur chef; jusqu'à ce que par succession de

re nomen quoque vetustate abolevit. In his castris Cluilius albanus rex moritur; dictatorem Albani Metium
Suffetium creant. Interim Tullus ferox, præcipue morte
regis, magnum que Deorum numen, ab ipso capite orsum,
in omne nomen albanum expetiturum pœnas ob bellum
impium dictitans, nocte, præteritis hostium castris, in-
festo exercitu in agrum albanum pergit. Ea res ab stativis
excivit Metium; ducit quam proxime ad hostem potest;
inde legatum præmissum nuntiare Tullo jubet, priusquam
dimicent, opus esse colloquio : si secum congressus sit,
satis scire ea se allaturum, quæ nihilo minus ad rem ro-
manam, quam ad albanam pertineant. Haud aspernatus
Tullus, tametsi vana afferrentur; suos in aciem educit;
exeunt contra et Albani. Postquam instructi utrinque
stabant, cum paucis procerum in medium duces procedunt. Ibi infit Albanus injurias, et non redditas res ex
fœdere quæ repetitæ sint, et : « Ego regem nostrum Clui-

temps il s'est aboli et éteint avec l'ouvrage. En ce logis-là Cluilius,
roi d'Albane, fina ses jours, et l'armée créa Métius Suffétius dictateur. Cependant Tullus encouragé spécialement de la mort du Roi,
et alléguant que la grande justice des Dieux avoit commencé par
le chef adversaire de prendre vengeance sur tout le nom albanien
de la guerre injustement par eux suscitée, se coule secrètement une
nuit avec son armée outre le camp des ennemis, si bien qu'il entre
dedans leurs confins à son tour; ce qui rappela Métius du lieu
où il étoit campé, pour s'approcher avec ses forces le plus près des
Romains qu'il lui fût possible : d'où il dépêcha un héraut à Tullus
pour lui faire entendre qu'avant de venir au combat il s'entreverroit
volontiers avec lui, et que s'ils parlementoient ensemble, il s'assuroit bien de lui faire quelques ouvertures qui ne lui importeroient
moins qu'à ceux d'Albane. Tullus ne le voulant éconduire de cette
requête, encore qu'il connût assez clairement que ce n'étoient que
cassades, met ses gens en bataille. Les Albaniens sortent aussi à
l'encontre, et après qu'ils se furent rangés en ordonnance d'une
part et d'autre, tous prêts à s'entre-choquer, les deux chefs avec
aucuns des principaux autour d'eux s'advancent au milieu des deux
osts, là où celui d'Albane commence ainsi à parler : « Les torts
« griefs qui ont été faits et les choses qu'on a répétées suivant le

lium causam hujusce esse belli audisse videor, nec te dubito, Tulle, eadem præ te ferre. Sed si vera potius quam
dictu speciosa dicenda sunt, cupido imperii duos cognatos vicinosque populos ad arma stimulat; neque recte an
perperam interpretor : fuerit ista ejus deliberatio qui bellum suscepit; me Albani gerendo bello ducem creavere.
Illud te, Tulle, monitum velim : etrusca res quanta circa
nos teque maxime sit, quo propior es Volscis, hoc magis
scis; multum illi terra, plurimum mari pollent. Memor
esto, jam quum signum pugnæ dabis, has duas acies spectaculo fore, ut fessos confectosque, simul victorem ac
victum aggrediantur. Itaque, si nos Dii amant, quoniam
non contenti libertate certa, in dubiam imperii servitiique aleam imus, ineamus aliquam viam, qua utri utris

« traité, lesquelles néanmoins on n'a voulu rendre, il me semble
« avoir entendu que notre roi Cluilius en a été le seul motif, et par
« conséquent de la guerre qui s'en est ensuivie, et si ne fais doute,
« sire Tullus, que vous-même ne le croyez ainsi; mais pour en
« parler à la vérité, plutôt que de chercher à dire je ne sais quoi de
« belle et magnifique apparence, c'est une convoitise de régner qui
« éperonne à prendre les armes deux peuples alliés et voisins. Si à
« bon droit ou à tort, je ne veux rien gloser là-dessus, le remet
« tant à la conscience et secrète pensée de celui qui a suscité cette
« guerre, durant laquelle les Albaniens m'ont élu pour leur chef.
« Trop bien vous avertirois-je volontiers d'un seul point. Le pou
« voir des Thoscans combien il est grand tout autour de vous et de
« nous, et de vous principalement, de tant plus que vous en êtes
« plus proches, vous le devez tant mieux savoir. Ils ont de grandes
« forces par terre, et par la mer encore plus; et souvenez-vous que
« tout aussitôt que vous aurez donné le mot pour venir à la charge,
« ces deux armées leur serviront de passe-temps et jouet; afin de
« se ruer tout à coup sur les uns las et harassés du combat, et les
« autres qui seront mis en route et défaits : le victorieux et vaincu
« tout ensemble. Par quoi, si les Dieux nous aiment, au lieu que
« non contents d'une liberté assurée, nous nous voulons de gaieté
« de cœur précipiter à un douteux hasard de commander ou de ser
« vir, cherchons à la bonne heure quelque autre expédient pour dé
« cider lequel des deux peuples régnera sur l'autre, sans beaucoup

imperent, sine magna clade, sine multo sanguine utriusque populi decerni possit. » Haud displicet res Tullo, quamquam tum indole animi, tum spe victoriæ ferocior erat. Quærentibus utrinque ratio initur, cui et fortuna ipsa præbuit materiam.

(XXIV.) Forte in duobus tum exercitibus erant tergemini fratres, nec ætate, nec viribus dispares. Horatios Curiatiosque fuisse satis constat, NEC FERME RES ANTIQUA ALIA EST NOBILIOR ; tamen in re tam clara nominum error manet, utrius populi Horatii, utrius Curiatii fuerint. Auctores utroque trahunt; plures tamen invenio, qui Romanos Horatios vocent : hos ut sequar, inclinat animus. Cum tergeminis agunt reges, ut pro sua quisque patria dimicent ferro : ibi imperium fore, unde victoria fuerit. Nihil recusatur, tempus et locus convenit. Priusquam dimicarent fœdus ictum inter Romanos et Albanos est his legibus : ut cujus populi cives eo certamine vicissent, is alteri populo cum bona pace imperitaret....

(XXV.) Fœdere icto, tergemini, sicut convenerat, arma

« de perte, et sans guère répandre de sang. » Ce langage ne déplut à Tullus, nonobstant que de son naturel, et de l'espérance de la victoire, qui le rendoit tant plus haut à la main, il fût assez difficile à ferrer; et comme ils étoient après d'une part et d'autre à en chercher des moyens, la fortune leur en présenta l'occasion.

(XXIV.) « Car d'aventure se trouvèrent lors en chacune des deux armées trois frères jumeaux ne différant comme en rien d'âge et de force : les Horaces et Curiatiens. De cela on ne fait nulle doute; *de tous les anciens beaux faits d'armes n'y en ayant point de plus brave et renommé que cestui-ci.* Néanmoins en une chose si manifeste et connue, il se trouve une incertitude des noms : de quel peuple étoient les Horaces et de quel les Curiatiens, car les auteurs varient en cet endroit : la plupart toutefois appellent les Horaces Romains; par quoi je leur veux adhérer. Les rois moyennent envers eux de leur faire accepter le combat, trois contre trois, pour l'honneur et gloire de leur patrie; car la domination demoureroit à celui dont les champions auroient le dessus....

(XXV.) « L'accord passé, les trois jumeaux s'en vont armer, suivant

capiunt. Quum sui utrosque adhortarentur, Deos patrios, patriam ac parentes, quidquid civium domi, quidquid in exercitu sit, illorum tunc arma, illorum intueri manus, feroces et suopte ingenio, et pleni adhortantium vocibus, in medium inter duas acies procedunt. Consederant utrinque pro castris duo exercitus, periculi magis præsentis, quam curæ expertes : quippe imperium agebatur, in tam paucorum virtute atque fortuna positum. Itaque erecti suspensique in minime gratum spectaculum animo intenduntur. Datur signum ; infestisque armis, velut acies, terni juvenes magnorum exercituum animos gerentes concurrunt. Nec his, nec illis periculum suum, sed publicum imperium servitiumque obversatur animo, futuraque ea deinde patriæ fortuna, quam ipsi fecissent. Ut primo statim concursu increpuere arma, micantesque fulsere gladii, horror ingens spectantes perstringit, et neutro in-

ce qui avoit été arrêté ; et comme chacun des deux peuples exhortât les siens à bien faire, leur remettant devant les yeux les Dieux du pays, la patrie, leurs progénitures, ensemble tout ce qui étoit demeuré de citoyens à la ville, tout ce qui en étoit là présent au camp ; revisitant tantôt leurs armures, tantôt leurs bras et les mains ; eux hardis et de naturel, et renforcés d'abondant par le courage qu'on leur donnoit, s'avancent au milieu des deux osts étant en bataille, qui avoient fait haut d'une part et d'autre devant leurs remparts, plus exempts du péril qui se présentoit que de soin et travail d'esprit ; car il y alloit de l'empire et domination ; le tout dépendant de la vaillance et fortune de si peu d'hommes. Au moyen de quoi chacun demeure transporté en suspens après ce mal plaisant spectacle. Finablement, le signal donné, ces trois de chaque côté braves jeunes hommes se vont rencontrer la tête baissée, tout ainsi que si c'eussent été deux bataillons qui s'affrontassent, charriant quand et eux la même impétuosité et furie de deux grosses et puissantes armées, sans se soucier ni ceux-ci ni ceux-là de leur propre danger, ni que rien se présentât à leurs cœurs que l'empire ou la servitude et conséquemment la fortune que devoient courir leurs choses publiques, toute telle qu'ils la leur feroient. Dès la première démarche et assaut, que leurs harnois commencèrent à cliqueter et leurs flamboyantes épées à tresluire, une grande horreur saisit soudain les regardants, et ne balançant encore l'espérance de la victoire

clinata spe, torpebat vox spiritusque. Consertis deinde
manibus, quum jam non motus tantum corporum, agita-
tioque anceps telorum armorumque, sed vulnera quoque
et sanguis spectaculo essent, duo Romani, super alium
alius, vulneratis tribus Albanis, exspirantes corruerunt.
Ad quorum casum quum clamasset gaudio albanus exercitus, romanas legiones jam spes tota, nondum tamen
cura deseruerat, exanimes vice unius, quem tres Curiatii
circumsteterant. Forte is integer fuit, ut universis solus
nequaquam par, sic adversus singulos ferox. Ergo ut se-
gregaret pugnam eorum, capessit fugam, ita ratus secu-
turos, ut quemque vulnere affectum corpus sineret. Jam
aliquantum spatii ex eo loco ubi pugnatum est aufuge-
rat, quum respiciens videt magnis intervallis sequentes,
unum haud procul ab sese abesse. In eum magno impetu
rediit; et dum albanus exercitus inclamat Curiatiis, uti
opem ferant fratri, jam Horatius, cæso hoste victor, secun-

d'un côté ni de l'autre, chacun demeuroit entrepris et de voix et
d'haleine. Étant de là venus aux mains, et que non-seulement l'agi-
lité de leur corps et la remuante escrime des glaives et armes tiroient
à soi les yeux de l'assistance, mais les plaies aussi et le sang qui en
découloit, les deux Romains, ayant blessé les trois Albaniens, tom-
bèrent tous roides morts l'un sur l'autre. A la chute desquels comme
toute l'armée d'Albane eut jeté un haut cri d'allégresse, les légions
romaines au rebours, hors de tout espoir de victoire, mais non pas
d'un poignant souci, demeurèrent éperdues et comme transies de
crainte pour celui qu'ils voyoient entorner par les trois Curiatiens.
Mais de bonheur il se trouva sain et entier de ses membres; tellement
que s'il n'étoit pour répondre lui tout seul à l'encontre de trois, il leur
pouvoit bien néanmoins tenir pied l'un après l'autre. Au moyen de
quoi, pour les séparer il se met à fuir, jugeant en soi que chacun d'eux
iroit après, selon que leurs blessures le pourroient permettre. Et déjà
s'étoit quelque peu éloigné de la place où avoit été le conflit, quand
détournant la tête en arrière, il aperçoit qu'ils le poursuivoient fort
distants l'un de l'autre, dont le premier n'étoit désormais guère loin
de lui. Il retourne sur celui-là d'une très-grande âpreté et furie; et
comme l'armée d'Albane écriât à ses frères de le secourir, déjà l'Horace

dam pugnam petebat. Tunc clamore, qualis ex insperato
faventium solet, Romani adjuvant militem suum ; et ille
defungi prœlio festinat. Prius itaque quam alter, qui nec
procul aberat, consequi posset, et alterum Curiatium
conficit. Jamque æquato Marte singuli supererant, sed
nec spe, nec viribus pares : alterum intactum ferro corpus,
et geminata victoria ferocem in certamen tertium dabant ;
alter fessum vulnere, fessum cursu trahens corpus, victus-
que fratrum ante se strage, victori objicitur hosti. Nec
illud prœlium fuit. Romanus exsultans : « Duos, inquit,
fratrum manibus dedi : tertium causæ belli hujusce, ut
Romanus Albano imperet, dabo. » Male sustinenti arma
gladium superne jugulo defigit, jacentem spoliat. Romani
ovantes ac gratulantes Horatium accipiunt : eo majore
cum gaudio, quo propius metum res fuerat. Ad sepultu-
ram inde suorum nequaquam paribus animis vertuntur :

l'ayant mis par terre se préparoit pour donner au second. Les Romains lors par un cri tel qu'ont accoutumé de jeter ceux qui inespé-
rément se reviennent de la peur qu'ils ont eue, donnent courage à
leur champion, et il se hâte tant qu'il peut de mettre fin à cette mêlée,
si bien qu'avant que le tiers, lequel n'étoit plus guère loin, y pût
arriver à temps, il met à mort le second Curiatien. Or par là étoit
la partie rendue égale de nombre ; car ils ne restoient plus qu'un à
un, mais non pas égaux ni d'espérance, ni de force ; car le corps de
l'un non encore touché de blessure, et sa double victoire, l'amenoient
prompt et gaillard au troisième combat, là où l'autre traînant une
foible carcasse jà élangourée de plaies, élangourée de courir, tout
abattu et déconfit pour la mort de ses frères, fut comme exposé à la
gueule d'un ennemi frais et victorieux. Parquoi il n'y eut point de
résistance ; car le Romain tressaillant de joie : « J'ai, dit-il, jà en-
« voyé là-bas deux des frères ; le troisième, avec la cause de cette
« guerre, je l'y vais dépêcher aussi, à ce que dorénavant le Romain
« commande sur l'Albanien. » Ce disant, il lui met l'épée à la gorge,
qu'à grand'peine pouvoit-il soutenir ses armes, et le dépouille étant
tombé du coup. Les Romains triomphants d'éjouissement en leurs
cœurs, lui font fort grand fête, et le reçoivent avec autant plus
d'allégresse que la chose avoit presque été déplorée ; puis se mettent
à ensevelir chacun les siens ; mais non pas d'une même chère :

quippe imperio alteri aucti, alteri ditionis alienæ facti. Sepulcra exstant, quo quisque loco cecidit : duo romana uno loco propius Albam, tria albana Romam versus; sed distantia locis, et ut pugnatum est.

(XXVI.) Priusquam inde digrederentur, roganti Metio ex fœdere icto quid imperaret, imperat Tullus uti juventutem in armis habeat : usurum se eorum opera, si bellum cum Veientibus foret. Ita exercitus inde domos abducti. Princeps Horatius ibat, tergemina spolia præ se gerens, cui soror virgo, quæ desponsata uni ex Curiatiis fuerat, obviam ante portam Capenam fuit; cognitoque super humeros fratris paludamento sponsi, quod ipsa confecerat, solvit crines, et flebiliter nomine sponsum mortuum appellat. Movet feroci juveni animum comploratio sororis in victoria sua tantoque gaudio publico. Stricto itaque gladio, simul verbis increpans, transfigit puellam. « Abi

«

comme ceux dont les uns avoient accru leur domination, et les autres se voyoient réduits sous la subjection et pouvoir d'autrui. Les sépultures en sont encore debout au même endroit où chacun d'eux vint à rendre l'âme : des deux Romains en un seul tombeau en tirant vers Albane, et des trois Albaniens du côté de Rome, mais à la même distance et selon qu'ils finèrent leurs jours.

(XXVI.) « Avant que déloger de ce lieu, Métius, suivant l'accord fait, demande à Tullus ce qu'il lui vouloit commander; il lui ordonne de tenir la jeunesse en armes, parce qu'il se serviroit d'eux s'il avoit la guerre contre les Veïentes. Et là-dessus les deux armées se retirèrent chacune chez soi. Mais Horace marchoit le premier, portant devant soi la dépouille des trois jumeaux; lequel sa sœur, fille encore, qui avoit été accordée à l'un d'eux, vint rencontrer hors de la porte Capène; et ayant reconnu sur les épaules de son frère la cotte d'armes de son fiancé, qu'elle avoit ouvrée de ses propres mains, se prend à déchirer le visage et arracher ses cheveux, appelant lamentablement le défunt par son nom. De quoi le jouvenceau, tout fier et superbe encore de sa victoire, irrité en son cœur de voir ainsi les pleurs et criailleries de sa sœur troubler une si grande joie publique, mettant la main à l'épée, la lui passe à travers le corps d'outre en outre, en disant ces aigres et piquantes paroles : « Va-t'en doncques trouver

hinc cum immaturo amore ad sponsum, inquit, oblita fratrum mortuorum vivique, oblita patriæ. Sic eat quæcumque Romana lugebit hostem. » Atrox visum id facinus patribus plebique, sed recens meritum facto obstabat : tamen raptus in jus ad Regem. Rex, ne ipse tam tristis ingratique ad vulgus judicii, aut secundum judicium supplicii auctor esset, concilio populi advocato : « Duumviros, inquit, qui Horatio perduellionem judicent secundum legem, facio. » Lex horrendi carminis erat : « Duumviri perduellionem judicent. Si a duumviris provocarit, provocatione certato; si vincent, caput obnubito, infelici arbori reste suspendito, verberato, vel intra pomœrium, vel extra pomœrium. » Hac lege duumviri creati, qui se absolvere non rebantur ea lege, ne innoxium quidem, posse. Quum condemnassent, tum alter ex his : « P. Horati, tibi perduellionem judico, inquit. I, lictor, colliga

« ton époux avec ce hâtif et inconsidéré amourachement; oublieuse
« que tu es de tes frères morts et de celui qui reste en vie; oublieuse de
« la gloire de ton pays : qu'ainsi en puisse-t-il prendre à quelconque
« Romaine qui fera dueil pour l'ennemi ! » Cet acte-là sembla inhumain et par trop cruel, tant aux patriciens qu'au commun peuple. Mais ses mérites tous récents supportoient aucunement le forfait. Si ne laissa il pas toutefois d'en être appelé devant le Roi, lequel pour non être auteur d'un si piteux jugement, désagréable à tout le peuple, ensemble de l'exécution qui s'en ensuivroit, ayant fait assembler l'audience : « Je commets (ce dit-il) deux hommes pour faire le pro-
« cès à Horace selon la loi du crime de perduellion. » Cette loi étoit d'une teneur fort horrible pour lui : « Que les duumvirs jugent
« Horace avoir commis perduellion et crime de félonie : s'il en ap-
« pelle, qu'il relève son appel, et le soutienne le mieux qu'il pourra.
« Si la sentence des duumvirs obtient et l'emporte, qu'on lui bande
« le chef, et soit pendu et étranglé d'un cordeau à un arbre malen-
« contreux, l'ayant auparavant fouetté au dedans des remparts ou
« dehors. » Par cette loi les duumvirs ayant été premièrement établis, parce qu'ils ne voyoient pas que suivant icelle ils eussent pouvoir d'absoudre, même un innocent, le condamnèrent. Et alors l'un d'eux prononçant la sentence : « Horace, dit-il, je te déclare per-
« duellion et condamne pour tel. Va, licteur, et lui lie les mains. »

manus. » Accesserat lictor, injiciebatque laqueum : tum Horatius, auctore Tullo clemente legis interprete : « Provoco, » inquit. Ita de provocatione certatum ad populum est. Moti homines sunt in eo judicio, maxime P. Horatio patre proclamante se filiam jure cæsam judicare : ni ita esset, patrio jure in filium animadversurum fuisse. Orabat deinde, ne se, quem paulo ante cum egregia stirpe conspexissent, orbum liberis facerent. Inter hæc senex, juvenem amplexus, spolia Curiatiorum fixa eo loco, qui nunc Pila Horatia appellatur, ostentans : « Huncine, aiebat, quem modo decoratum ovantemque victoria incedentem vidistis, Quirites, cum sub furca vinctum inter verbera et cruciatus videre potestis? quod vix Albanorum oculi tam deforme spectaculum ferre possent. I, lictor, colliga manus, quæ paulo ante armatæ imperium populo romano pepererunt. I, caput obnube liberatoris urbis hujus; arbori infelici suspende; verbera, vel intra po-

Le licteur s'étoit déjà approché pour lui mettre la hart au col, quand Horace par l'admonestement de Tullus, favorable et benin interprétateur de la loi : « J'en appelle, » dit-il, et relève quand et quand son appel devant le peuple, où la cause fut de nouveau plaidée. Mais ce qui mut le plus les gens en ce jugement, fut Horace le père du criminel, criant à haute voix qu'il déclaroit sa fille avoir été justement mise à mort; et si ainsi n'étoit, qu'il châtieroit son fils selon le droit et autorité paternelle qu'il avoit sur lui. Requéroit puis après de ne le vouloir point du tout priver d'enfants, lui que naguères on avoit vu avec une si florissante lignée. Et là-dessus le pauvre vieillard embrassant son fils, montroit les dépouilles des Curiatiens, élevées en cet endroit que maintenant on appelle la Pile Horatienne, avec telles autres paroles pleines d'une grand'véhémence : « Pourrez-vous donc,
« seigneurs Quirites, souffrir de voir celui-là lié, garrotté sous les
« fourches, expirer parmi les coups de fouet et tourments, que vous
« avez vu tout présentement marcher en un tel triomphe et honneur de victoire? lequel si horrible et hideux spectacle à grand'-
« peine les yeux des Albaniens sauroient comporter. Va, licteur, et
« lui lie les mains, qui naguères avec les armes ont acquis la domination au peuple romain. Va lui bander le chef, qui a délivré cette

mœrium, modo inter illam pilam et spolia hostium, vel extra pomœrium, modo inter sepulcra Curiatiorum. Quo enim ducere hunc juvenem potestis, ubi non sua decora eum a tanta fœditate supplicii vindicent? » Non tulit populus nec patris lacrimas, nec ipsius parem in omni periculo animum; absolveruntque admiratione magis virtutis quam jure causæ. Itaque, ut cædes manifesta aliquo tamen piaculo lueretur, imperatum patri, ut filium expiaret pecunia publica. Is, quibusdam piacularibus sacrificiis factis, quæ deinde genti Horatiæ tradita sunt, transmisso per viam tigillo, capite adoperto, velut sub jugum misit juvenem. Id hodie quoque publice semper refectum manet : sororium tigillum vocant. Horatiæ sepulcrum, quo loco corruerat icta, constructum est saxo quadrato[1].

« cité de servitude; pends-le par le col et étrangle à un arbre ma-
« lencontreux; bats-le à coups de verges au dedans des remparts,
« pourvu que ce soit entre ces dards et dépouille ennemie, ou
« dehors, pourvu que ce soit entre les sépultures des Curiatiens.
« Car où pourroit-on mener ce jeune homme que les enseignes de sa
« gloire, que les marques de son honneur ne le garantissent d'un si
« cruel et honteux supplice? » Le peuple ne put supporter ne les
larmes du père, ne le courage du fils, se montrant égal en l'un et
l'autre péril, et l'absolurent plus par admiration de sa vaillance, que
pour le mérite et droit de la cause. Mais à ce qu'un meurtre si
manifeste fût au moins réparé par quelque forme d'amende et punition, le père eut commandement de purger son fils des deniers
publics : lequel après certains sacrifices propitiatoires, dont la charge
fut depuis commise à la famille horatienne, ayant tendu une perche
au travers de la rue, fit passer le jeune homme dessous, la tête bouchée, tout ainsi que sous un gibet. On l'a toujours maintenu et refait
depuis au dépens du public jusqu'à l'heure présente, et s'appelle encore pour le jourd'hui la perche ou chevron de la sœur; à qui l'on
dressa une sépulture de pierre de taille au propre lieu où elle expira. » (*Les Décades qui se trouvent de Tite Live mises en françois; la
première par Blaise de Vigenère, Bourbonnois*.... A Paris, chez Nicolas
Chesneau, M.D.LXXXIII, in-fol., p. 19-23.)

1. Corneille n'a pas suivi, pour ces quatre chapitres, le texte, fort
amélioré, de son contemporain Gruter, dont le Tite Live avait paru

EXAMEN.

C'est une croyance assez générale que cette pièce pourroit passer pour la plus belle des miennes, si les derniers actes répondoient aux premiers. Tous veulent que la mort de Camille en gâte la fin, et j'en demeure d'accord; mais je ne sais si tous en savent la raison. On l'attribue communément à ce qu'on voit cette mort sur la scène; ce qui seroit plutôt la faute de l'actrice que la mienne, parce que quand elle voit son frère mettre l'épée à la main, la frayeur, si naturelle au sexe, lui doit faire prendre la fuite, et recevoir le coup derrière le théâtre, comme je le marque dans cette impression[1]. D'ailleurs[2], si c'est une règle de ne le point ensanglanter, elle n'est pas du temps d'Aristote, qui nous apprend que pour émouvoir puissamment il faut de grands déplaisirs, des blessures et des morts en spectacle[3]. Horace ne veut pas que nous y hasardions les événements trop dénaturés, comme de Médée qui tue ses enfants[4]; mais je ne vois pas qu'il en fasse une règle générale pour toutes

en 1608 et avait été réimprimé en 1619 et en 1628, c'est-à-dire à la veille de la représentation et de l'impression d'*Horace*. Attachant naturellement peu d'importance, pour l'objet qu'il avait en vue, aux détails de critique et de philologie, il a pris comme au hasard un texte plus ancien, qui se rapproche beaucoup de celui de Badius (Paris, 1537), et où se trouve mainte leçon rejetée depuis; entre autres, vers la fin du chapitre XXIII, l'inintelligible *Volscis*, que Vigenère n'a pas traduit.

1. Et dans les précédentes et les suivantes. Voyez les indications qui accompagnent les noms des personnages à la fin de la scène V du IVe acte, p. 340.
2. *D'ailleurs* est omis dans les éditions de 1660 et de 1663.
3. Voyez la *Poétique*, fin du chapitre XI.
4. *Ne pueros coram populo Medea trucidet.*
(*Art poétique*, vers 185.)

sortes de morts, ni que l'emportement d'un homme passionné pour sa patrie, contre une sœur qui la maudit en sa présence avec des imprécations horribles, soit de même nature que la cruauté de cette mère. Sénèque l'expose aux yeux du peuple, en dépit d'Horace; et chez Sophocle, Ajax ne se cache point au spectateur lorsqu'il se tue. L'adoucissement[1] que j'apporte dans le second de ces discours pour rectifier la mort de Clytemnestre[2] ne peut être propre ici à celle de Camille. Quand elle s'enferreroit d'elle-même par désespoir en voyant son frère l'épée à la main, ce frère ne laisseroit pas d'être criminel de l'avoir tirée contre elle, puisqu'il n'y a point de troisième personne sur le théâtre à qui il pût adresser le coup qu'elle recevroit, comme peut faire Oreste à Égisthe. D'ailleurs l'histoire est trop connue pour retrancher le péril qu'il court d'une mort infâme après l'avoir tuée; et la défense que lui prête son père pour obtenir sa grâce n'auroit plus de lieu, s'il demeuroit innocent[3]. Quoi qu'il en soit, voyons si cette action n'a pu causer la chute[4] de ce poëme que par là, et si elle n'a point d'autre irrégularité que de blesser les yeux.

Comme je n'ai point accoutumé de dissimuler mes défauts, j'en trouve ici deux ou trois assez considérables. Le

---

1. Var. (édit. de 1660 et de 1663) : L'adoucissement que j'ai apporté à rectifier, etc.
2. Voyez tome I, p. 81.
3. Corneille répond ici à l'abbé d'Aubignac. Voyez la Notice d'*Horace*, p. 256.
4. Ce mot *chute* paraît bien fort et ne s'accorde guère avec ce que nous lisons dans le reste de l'*Examen*. D'Aubignac a dit, plus exactement sans doute : « La mort de Camille.... n'a pas été approuvée au théâtre » (voyez la Notice d'*Horace*, p. 256); et Corneille lui-même, un peu plus loin (p. 279) : « Tout ce cinquième est encore une des causes du peu de satisfaction que laisse cette tragédie. »

premier est que cette action, qui devient la principale de la pièce, est momentanée, et n'a point cette juste grandeur que lui demande Aristote, et qui consiste en un commencement, un milieu, et une fin[1]. Elle surprend tout d'un coup; et toute la préparation que j'y ai donnée par la peinture de la vertu farouche d'Horace, et par la défense qu'il fait à sa sœur de regretter qui que ce soit, de lui ou de son amant, qui meure au combat, n'est point suffisante pour faire attendre un emportement si extraordinaire, et servir de commencement à cette action.

Le second défaut est que cette mort fait une action double, par le second péril où tombe Horace après être sorti du premier. L'unité de péril d'un héros dans la tragédie fait l'unité d'action; et quand il en est garanti, la pièce est finie, si ce n'est que la sortie même de ce péril l'engage si nécessairement dans un autre, que la liaison et la continuité des deux n'en fasse qu'une action; ce qui n'arrive point ici, où Horace revient triomphant, sans aucun besoin de tuer sa sœur, ni même de parler à elle; et l'action seroit suffisamment terminée à sa victoire. Cette chute d'un péril en l'autre, sans nécessité, fait ici un effet d'autant plus mauvais, que d'un péril public, où il y va de tout l'État, il tombe en un péril particulier, où il n'y va que de sa vie, et pour dire encore plus, d'un péril illustre, où il ne peut succomber que glorieusement, en un péril infâme, dont il ne peut sortir sans tache. Ajoutez, pour troisième imperfection, que Camille, qui ne tient que le second rang dans les trois premiers actes, et y laisse le premier à Sabine, prend le premier en ces deux derniers, où cette Sabine n'est plus considérable, et qu'ainsi s'il y a égalité dans les mœurs, il n'y en a

---

1. Voyez tome I, p. 29.

point dans la dignité des personnages, où se doit étendre ce précepte d'Horace[1] :

*Servetur ad imum
Qualis ab incepto processerit, et sibi constet.*

Ce défaut en Rodélinde a été une des principales causes du mauvais succès de *Pertharite*, et je n'ai point encore vu sur nos théâtres cette inégalité de rang en un même acteur, qui n'ait produit un très-méchant effet. Il seroit bon d'en établir une règle inviolable.

Du côté du temps, l'action n'est point trop pressée, et n'a rien qui ne me semble vraisemblable. Pour le lieu, bien que l'unité y soit exacte, elle n'est pas sans quelque contrainte[2]. Il est constant qu'Horace et Curiace n'ont

---

1. *Art poétique*, vers 126 et 127.
2. Var. (édit. de 1660) : Pour le lieu, bien que l'unité y soit exacte, j'y ai fait voir quelque contrainte, quand j'ai parlé de la réduction de la tragédie au roman (*voyez tome I, p. 85 et 86*). Il est constant, etc. — Corneille fait remarquer dans les *Discours des trois unités* (tome I, p. 122) qu'il n'a pu réduire que trois pièces à la stricte unité de lieu : *Horace*, *Polyeucte* et *Pompée;* mais dans son *Discours de la tragédie* (tome I, p. 85), il dit finement que, même dans *Horace*, l'unité de lieu est bien artificielle, et que dans un roman on procéderait tout autrement. L'abbé d'Aubignac, dans sa *Pratique du théâtre* (p. 140 et 141), s'était d'abord exprimé ainsi : « Hors *les Horaces* de M. Corneille, je doute que nous en ayons un seul (*un seul poëme dramatique*) où l'unité du lieu soit rigoureusement gardée; pour le moins est-il certain que je n'en ai point vu. » Lorsqu'il se fut brouillé avec notre poëte, il effaça, sans doute en vue d'une nouvelle édition, la première phrase de ce passage sur un exemplaire que possède la Bibliothèque impériale, et après ces mots : « que je n'en ai point vu, » il écrivit ce qui suit : « Quand l'*Horace* de Corneille fut vu dans Paris, je crus que la scène étoit dans la salle du palais du père, comme tout se peut assez bien accommoder; mais l'auteur m'assura qu'il n'y avoit pas pensé, et que si l'unité de lieu s'y trouvoit observée, c'étoit par hasard, et ce qu'il en a dit longtemps après n'est qu'un galimatias auquel on ne comprend rien, tant nos poëtes ont peu d'intelligence de leur art et de leurs propres ouvrages. »

point de raison de se séparer du reste de la famille pour commencer le second acte; et c'est une adresse de théâtre de n'en donner aucune, quand on n'en peut donner de bonnes. L'attachement de l'auditeur à l'action présente souvent ne lui permet pas de descendre à l'examen sévère de cette justesse, et ce n'est pas un crime que de s'en prévaloir pour l'éblouir, quand il est malaisé de le satisfaire.

Le personnage de Sabine est assez heureusement inventé, et trouve sa vraisemblance aisée dans le rapport à l'histoire, qui marque assez d'amitié et d'égalité entre les deux familles pour avoir pu faire cette double alliance.

Elle ne sert pas davantage à l'action que l'Infante à celle du *Cid*, et ne fait que se laisser toucher diversement, comme elle, à la diversité des événements. Néanmoins on a généralement approuvé celle-ci, et condamné l'autre. J'en ai cherché la raison, et j'en ai trouvé deux. L'une est la liaison des scènes, qui semble, s'il m'est permis de parler ainsi, incorporer Sabine dans cette pièce, au lieu que, dans *le Cid*, toutes celles de l'Infante sont détachées, et paroissent hors œuvre :

.... *Tantum series juncturaque pollet*[1]*!*

L'autre, qu'ayant une fois posé Sabine pour femme d'Horace, il est nécessaire que tous les incidents de ce poëme lui donnent les sentiments qu'elle en témoigne avoir, par l'obligation qu'elle a de prendre intérêt à ce qui regarde son mari et ses frères; mais l'Infante n'est point obligée d'en prendre aucun en ce qui touche le Cid; et si elle a quelque inclination secrète pour lui, il n'est point besoin

---

1. Horace, *Art poétique*, vers 242.

qu'elle en fasse rien paroître, puisqu'elle ne produit aucun effet.

L'oracle qui est proposé au premier acte[1] trouve son vrai sens à la conclusion du cinquième. Il semble clair d'abord, et porte l'imagination à un sens contraire; et je les aimerois mieux de cette sorte sur nos théâtres, que ceux qu'on fait entièrement obscurs, parce que la surprise de leur véritable effet en est plus belle. J'en ai usé ainsi encore dans l'*Andromède* et dans l'*OEdipe*[2]. Je ne dis pas la même chose des songes, qui peuvent faire encore un grand ornement dans la protase, pourvu qu'on ne s'en serve pas souvent. Je voudrois qu'ils eussent l'idée de la fin véritable de la pièce, mais avec quelque confusion qui n'en permît pas l'intelligence entière. C'est ainsi que je m'en suis servi deux fois, ici[3] et dans *Polyeucte*[4], mais avec plus d'éclat et d'artifice dans ce dernier poëme, où il marque toutes les particularités de l'événement, qu'en celui-ci, où il ne fait qu'exprimer une ébauche tout à fait informe de ce qui doit arriver de funeste.

Il passe pour constant que le second acte est un des plus pathétiques qui soient sur la scène, et le troisième un des plus artificieux. Il est soutenu de la seule narration de la moitié du combat des trois frères, qui est coupée très-heureusement pour laisser Horace le père dans la colère et le déplaisir, et lui donner ensuite un beau retour à la joie dans le quatrième. Il a été à propos, pour le jeter dans cette erreur, de se servir de l'impatience d'une femme qui suit brusquement sa première idée, et présume le combat achevé, parce qu'elle a vu deux des

---

1. Voyez vers 187 et suivants.
2. Voyez la 1re scène du Ier acte d'*Andromède*, et la IIIe scène du IIe acte d'*OEdipe*.
3. Voyez vers 215 et suivants.
4. Voyez la IIIe scène du Ier acte de *Polyeucte*.

Horaces par terre, et le troisième en fuite. Un homme, qui doit être plus posé et plus judicieux, n'eût pas été propre à donner cette fausse alarme : il eût dû prendre plus de patience, afin d'avoir plus de certitude de l'événement, et n'eût pas été excusable de se laisser emporter si légèrement par les apparences à présumer le mauvais succès d'un combat dont il n'eût pas vu la fin.

Bien que le Roi n'y paroisse qu'au cinquième, il y est mieux dans sa dignité que dans *le Cid*, parce qu'il a intérêt pour tout son État dans le reste de la pièce; et bien qu'il n'y parle point, il ne laisse pas d'y agir comme roi. Il vient aussi dans ce cinquième comme roi qui veut honorer par cette visite un père dont les fils lui ont conservé sa couronne et acquis celle d'Albe au prix de leur sang. S'il y fait l'office de juge, ce n'est que par accident; et il le fait dans ce logis même d'Horace, par la seule contrainte qu'impose la règle de l'unité de lieu. Tout ce cinquième est encore une des causes du peu de satisfaction que laisse cette tragédie : il est tout en plaidoyers, et ce n'est pas là la place des harangues ni des longs discours; ils peuvent être supportés en un commencement de pièce, où l'action n'est pas encore échauffée; mais le cinquième acte doit plus agir que discourir. L'attention de l'auditeur, déjà lassée, se rebute de ces conclusions qui traînent et tirent la fin en longueur.

Quelques-uns ne veulent pas que Valère y soit un digne accusateur d'Horace[1], parce que dans la pièce il n'a pas fait voir assez de passion pour Camille; à quoi je réponds que ce n'est pas à dire qu'il n'en eût une très-forte, mais qu'un amant mal voulu ne pouvoit se montrer de bonne grâce à sa maîtresse dans le jour qui la rejoi-

1. Corneille répond encore ici à l'abbé d'Aubignac. Voyez la Notice d'*Horace*, p. 256.

gnoit à un amant aimé. Il n'y avoit point de place pour lui au premier acte, et encore moins au second ; il falloit qu'il tînt son rang à l'armée pendant le troisième ; et il se montre au quatrième, sitôt que la mort de son rival fait quelque ouverture à son espérance : il tâche à gagner les bonnes grâces du père par la commission qu'il prend du Roi de lui apporter les glorieuses nouvelles de l'honneur que ce prince lui veut faire ; et par occasion il lui apprend la victoire de son fils, qu'il ignoroit. Il ne manque pas d'amour durant les trois premiers actes, mais d'un temps propre à le témoigner ; et dès la première scène de la pièce, il paroît bien qu'il rendoit assez de soins à Camille, puisque Sabine s'en alarme pour son frère. S'il ne prend pas le procédé de France, il faut considérer qu'il est Romain, et dans Rome, où il n'auroit pu entreprendre un duel contre un autre Romain sans faire un crime d'État, et que j'en aurois fait un de théâtre, si j'avois habillé un Romain à la françoise.

ÉDITIONS COLLATIONNÉES, ETC.

LISTE DES ÉDITIONS QUI ONT ÉTÉ COLLATIONNÉES
POUR LES VARIANTES D'*HORACE*.

ÉDITIONS SÉPARÉES.

1641, in-4°;	1648, in-12;
1641, in-12;	1655, in-12.
1647, in-12;	

RECUEILS.

1648, in-12;	1660, in-8°;
1652, in-12;	1663, in-fol.;
1654, in-8°;	1664, in-8°;
1655, in-12;	1668, in-8°.
1656, in-8°;	

N. B. — Pour distinguer, quand il y aura lieu, l'édition séparée de 1655 du recueil de la même année, nous désignerons celle-là par la lettre A, celui-ci par la lettre B (1655 A., 1655 B.).

ACTEURS.

TULLE, roi de Rome.
Le vieil HORACE, chevalier romain.
HORACE, son fils.
CURIACE, gentilhomme d'Albe, amant de Camille.
VALÈRE, chevalier romain, amoureux de Camille.
SABINE, femme d'Horace et sœur de Curiace.
CAMILLE, amante de Curiace et sœur d'Horace.
JULIE, dame romaine, confidente de Sabine et de Camille.
FLAVIAN, soldat de l'armée d'Albe.
PROCULE, soldat de l'armée de Rome.

La scène est a Rome,
dans une salle de la maison d'Horace[1].

1. Voyez p. 276, note 2.

HORACE.

TRAGÉDIE.

ACTE I.

SCÈNE PREMIÈRE.
SABINE, JULIE.

SABINE.
Approuvez ma foiblesse, et souffrez ma douleur ;
Elle n'est que trop juste en un si grand malheur :
Si près de voir sur soi fondre de tels orages,
L'ébranlement sied bien aux plus fermes courages ;
Et l'esprit le plus mâle et le moins abattu   5
Ne sauroit sans désordre exercer sa vertu.
Quoique le mien s'étonne à ces rudes alarmes,
Le trouble de mon cœur ne peut rien sur mes larmes,
Et parmi les soupirs qu'il pousse vers les cieux,
Ma constance du moins règne encor sur mes yeux :   10
Quand on arrête là les déplaisirs d'une âme,
Si l'on fait moins qu'un homme, on fait plus qu'une femme.
Commander à ses pleurs en cette extrémité,
C'est montrer, pour le sexe, assez de fermeté.

JULIE.
C'en est peut-être assez pour une âme commune[1],   15

---

1. *Var.* C'en est assez et trop pour une âme commune. (1641-56)

Qui du moindre péril se fait une infortune[1] ;
Mais de cette foiblesse un grand cœur est honteux[2] ;
Il ose espérer tout dans un succès douteux.
Les deux camps sont rangés au pied de nos murailles ;
Mais Rome ignore encor comme on perd des batailles. 20
Loin de trembler pour elle, il lui faut applaudir :
Puisqu'elle va combattre, elle va s'agrandir.
Bannissez, bannissez une frayeur si vaine,
Et concevez des vœux dignes d'une Romaine.

SABINE.

Je suis Romaine, hélas ! puisqu'Horace est Romain[3] ; 25
J'en ai reçu le titre en recevant sa main ;
Mais ce nœud me tiendroit en esclave enchaînée,
S'il m'empêchoit de voir en quels lieux je suis née.
Albe, où j'ai commencé de respirer le jour,
Albe, mon cher pays, et mon premier amour ; 30
Lorsqu'entre nous et toi je vois la guerre ouverte[4],
Je crains notre victoire autant que notre perte.
Rome, si tu te plains que c'est là te trahir,
Fais-toi des ennemis que je puisse haïr[5].
Quand je vois de tes murs leur armée et la nôtre, 35
Mes trois frères dans l'une, et mon mari dans l'autre,
Puis-je former des vœux, et sans impiété
Importuner le ciel pour ta félicité ?
Je sais que ton État, encore en sa naissance,
Ne sauroit, sans la guerre, affermir sa puissance ; 40
Je sais qu'il doit s'accroître, et que tes grands destins[6]

1. *Var.* Qui du moindre péril n'attend qu'une infortune. (1641-48 et 55 A.)
2. *Var.* D'un tel abaissement un grand cœur est honteux. (1641-56)
3. *Var.* Je suis Romaine, hélas ! puisque mon époux l'est ;
L'hymen me fait de Rome embrasser l'intérêt ;
Mais il tiendroit mon âme en esclave enchaînée,
S'il m'ôtoit le penser des lieux où je suis née. (1641-56)
4. *Var.* Quand entre nous et toi je vois la guerre ouverte. (1641-56)
5. « Ce vers admirable est resté en proverbe. » (*Voltaire.*)
6. *Var.* Je sais qu'il doit s'accroître, et que tes bons destins. (1641-55 et 60)

ACTE I, SCÈNE I.

Ne le borneront pas chez les peuples latins ;
Que les Dieux t'ont promis l'empire de la terre,
Et que tu n'en peux voir l'effet que par la guerre :
Bien loin de m'opposer à cette noble ardeur   45
Qui suit l'arrêt des Dieux et court à ta grandeur,
Je voudrois déjà voir tes troupes couronnées,
D'un pas victorieux franchir les Pyrénées.
Va jusqu'en l'Orient pousser tes bataillons ;
Va sur les bords du Rhin planter tes pavillons ;   50
Fais trembler sous tes pas les colonnes d'Hercule ;
Mais respecte une ville à qui tu dois Romule.
Ingrate, souviens-toi que du sang de ses rois
Tu tiens ton nom, tes murs, et tes premières lois.
Albe est ton origine : arrête, et considère   55
Que tu portes le fer dans le sein de ta mère.
Tourne ailleurs les efforts de tes bras triomphants ;
Sa joie éclatera dans l'heur de ses enfants ;
Et se laissant ravir à l'amour maternelle,
Ses vœux seront pour toi, si tu n'es plus contre elle. 60

JULIE.

Ce discours me surprend, vu que depuis le temps
Qu'on a contre son peuple armé nos combattants,
Je vous ai vu pour elle autant d'indifférence
Que si d'un sang romain vous aviez pris naissance[1].
J'admirois la vertu qui réduisoit en vous   65
Vos plus chers intérêts à ceux de votre époux ;
Et je vous consolois au milieu de vos plaintes,
Comme si notre Rome eût fait toutes vos craintes.

SABINE.

Tant qu'on ne s'est choqué qu'en de légers combats[2],
Trop foibles pour jeter un des partis à bas,   70

Var. Je sais qu'il doit s'accroître, et que ces bons destins. (1656)
1. *Var.* Que si dedans nos murs vous aviez pris naissance. (1641-56)
2. *Var.* Tant qu'on ne s'est choqué qu'en des légers combats. (1656)

Tant qu'un espoir de paix a pu flatter ma peine,
Oui, j'ai fait vanité d'être toute Romaine.
Si j'ai vu Rome heureuse avec quelque regret,
Soudain j'ai condamné ce mouvement secret;
Et si j'ai ressenti, dans ses destins contraires,   75
Quelque maligne joie en faveur de mes frères,
Soudain, pour l'étouffer rappelant ma raison,
J'ai pleuré quand la gloire entroit dans leur maison.
Mais aujourd'hui qu'il faut que l'une ou l'autre tombe,
Qu'Albe devienne esclave, ou que Rome succombe,   80
Et qu'après la bataille il ne demeure plus
Ni d'obstacle aux vainqueurs, ni d'espoir aux vaincus,
J'aurois pour mon pays une cruelle haine,
Si je pouvois encore être toute Romaine,
Et si je demandois votre triomphe aux Dieux,   85
Au prix de tant de sang qui m'est si précieux.
Je m'attache un peu moins aux intérêts d'un homme :
Je ne suis point pour Albe, et ne suis plus pour Rome;
Je crains pour l'une et l'autre en ce dernier effort,
Et serai du parti qu'affligera le sort.   90
Égale à tous les deux jusques à la victoire,
Je prendrai part aux maux sans en prendre à la gloire;
Et je garde, au milieu de tant d'âpres rigueurs[1],
Mes larmes aux vaincus, et ma haine aux vainqueurs.

JULIE.

Qu'on voit naître souvent de pareilles traverses,   95
En des esprits divers, des passions diverses!
Et qu'à nos yeux Camille agit bien autrement[2]!
Son frère est votre époux, le vôtre est son amant;
Mais elle voit d'un œil bien différent du vôtre
Son sang dans une armée, et son amour dans l'autre.   100

---

1. *Var.* Et garde, en attendant ses funestes rigueurs. (1641-55)
Var. Et garde, en attendant ces funestes rigueurs. 1656)
2. *Var.* Et qu'en ceci Camille agit bien autrement! (1641-56)

Lorsque vous conserviez un esprit tout romain,
Le sien irrésolu, le sien tout incertain¹,
De la moindre mêlée appréhendoit l'orage,
De tous les deux partis détestoit l'avantage,
Au malheur des vaincus donnoit toujours ses pleurs,   105
Et nourrissoit ainsi d'éternelles douleurs.
Mais hier, quand elle sut qu'on avoit pris journée,
Et qu'enfin la bataille alloit être donnée,
Une soudaine joie éclatant sur son front²....

SABINE.

Ah! que je crains, Julie, un changement si prompt!   110
Hier dans sa belle humeur elle entretint Valère;
Pour ce rival, sans doute, elle quitte mon frère;
Son esprit, ébranlé par les objets présents,
Ne trouve point d'absent aimable après deux ans.
Mais excusez l'ardeur d'une amour fraternelle;   115
Le soin que j'ai de lui me fait craindre tout d'elle;
Je forme des soupçons d'un trop léger sujet³ :
Près d'un jour si funeste on change peu d'objet;
Les âmes rarement sont de nouveau blessées,
Et dans un si grand trouble on a d'autres pensées;   120
Mais on n'a pas aussi de si doux entretiens,
Ni de contentements qui soient pareils aux siens.

JULIE.

Les causes, comme à vous, m'en semblent fort obscures;
Je ne me satisfais d'aucunes conjectures.
C'est assez de constance en un si grand danger   125

---

1. *Var.* Le sien irrésolu, tremblotant, incertain. (1641-56)
2. *Var.* Une soudaine joie éclata sur son front. (1641-56)
3. *Var.* Je forme des soupçons d'un sujet trop léger :
Le jour d'une bataille est mal propre à changer;
D'un nouveau trait alors peu d'âmes sont blessées,
[Et dans un si grand trouble on a d'autres pensées;]
Mais on n'a pas aussi de si gais entretiens. (1641-56)

Que de le voir, l'attendre, et ne point s'affliger ;
Mais certes c'en est trop d'aller jusqu'à la joie.
SABINE.
Voyez qu'un bon génie à propos nous l'envoie.
Essayez sur ce point à la faire parler :
Elle vous aime assez pour ne vous rien celer.   130
Je vous laisse. Ma sœur, entretenez Julie :
J'ai honte de montrer tant de mélancolie,
Et mon cœur, accablé de mille déplaisirs,
Cherche la solitude à cacher ses soupirs.

SCÈNE II.
CAMILLE, JULIE.
CAMILLE.
Qu'elle a tort de vouloir que je vous entretienne[1] !   135
Croit-elle ma douleur moins vive que la sienne,
Et que plus insensible à de si grands malheurs,
A mes tristes discours je mêle moins de pleurs ?
De pareilles frayeurs mon âme est alarmée ;
Comme elle[2] je perdrai dans l'une et l'autre armée :   140
Je verrai mon amant, mon plus unique bien,
Mourir pour son pays, ou détruire le mien,
Et cet objet d'amour devenir, pour ma peine,
Digne de mes soupirs, ou digne de ma haine[3].
Hélas !
JULIE.
          Elle est pourtant plus à plaindre que vous :   145
On peut changer d'amant, mais non changer d'époux.

---

1. *Var.* Pourquoi fuir, et vouloir que je vous entretienne ? (1641-56)
2. Dans l'édition de 1641 in-12, on a imprimé par erreur *contre elle*, pour *comme elle.*
3. *Var.* Ou digne de mes pleurs, ou digne de ma haine. (1641-56)

ACTE I, SCÈNE II.

Oubliez Curiace, et recevez Valère,
Vous ne tremblerez plus pour le parti contraire ;
Vous serez toute nôtre, et votre esprit remis
N'aura plus rien à perdre au camp des ennemis.   150
                    CAMILLE.
Donnez-moi des conseils qui soient plus légitimes,
Et plaignez mes malheurs sans m'ordonner des crimes.
Quoiqu'à peine à mes maux je puisse résister,
J'aime mieux les souffrir que de les mériter.
                    JULIE.
Quoi ! vous appelez crime un change raisonnable ?   155
                    CAMILLE.
Quoi ! le manque de foi vous semble pardonnable !
                    JULIE.
Envers un ennemi qui peut nous obliger[1] ?
                    CAMILLE.
D'un serment solennel qui peut nous dégager ?
                    JULIE.
Vous déguisez en vain une chose trop claire :
Je vous vis encore hier entretenir Valère ;   160
Et l'accueil gracieux qu'il recevoit de vous
Lui permet de nourrir un espoir assez doux[2].
                    CAMILLE.
Si je l'entretins hier et lui fis bon visage,
N'en imaginez rien qu'à son désavantage :
De mon contentement un autre étoit l'objet.   165
Mais pour sortir d'erreur sachez-en le sujet ;
Je garde à Curiace une amitié trop pure
Pour souffrir plus longtemps qu'on m'estime parjure.
Il vous souvient qu'à peine on voyoit de sa sœur[3]

---

1. *Var.* Envers un ennemi qui nous peut obliger?
    CAM. D'un serment solennel qui nous peut dégager? (1641-56)
2. *Var.* Lui permet de nourrir un espoir bien plus doux. (1641-56)
3. *Var.* Quelques cinq ou six mois après que de sa sœur

Par un heureux hymen mon frère possesseur, 170
Quand, pour comble de joie, il obtint de mon père
Que de ses chastes feux je serois le salaire.
Ce jour nous fut propice et funeste à la fois :
Unissant nos maisons, il désunit nos rois ;
Un même instant conclut notre hymen et la guerre[1], 175
Fit naître[2] notre espoir et le jeta par terre,
Nous ôta tout, sitôt qu'il nous eut tout promis,
Et nous faisant amants, il nous fit ennemis.
Combien nos déplaisirs parurent lors extrêmes !
Combien contre le ciel il vomit de blasphèmes ! 180
Et combien de ruisseaux coulèrent de mes yeux !
Je ne vous le dis point, vous vîtes nos adieux ;
Vous avez vu depuis les troubles de mon âme ;
Vous savez pour la paix quels vœux a faits ma flamme,
Et quels pleurs j'ai versés à chaque événement, 185
Tantôt pour mon pays, tantôt pour mon amant.
Enfin mon désespoir, parmi ces longs obstacles,
M'a fait avoir recours à la voix des oracles.
Écoutez si celui qui me fut hier rendu
Eut droit de rassurer mon esprit éperdu. 190
Ce Grec si renommé, qui depuis tant d'années
Au pied de l'Aventin prédit nos destinées,
Lui qu'Apollon jamais n'a fait parler à faux,
Me promit par ces vers la fin de mes travaux :
« Albe et Rome demain prendront une autre face ; 195
Tes vœux sont exaucés, elles auront la paix,
Et tu seras unie avec ton Curiace,
Sans qu'aucun mauvais sort t'en sépare jamais. »
Je pris sur cet oracle une entière assurance,

L'hyménée eut rendu mon frère possesseur,
Vous le savez, Julie, il obtint de mon père. (1641-56)
1. *Var.* En même instant conclut notre hymen et la guerre. (1641 in-4°)
2. L'édition de 1641 in-12 porte par erreur *fait naître*, pour *fit naître*.

ACTE I, SCÈNE II.

Et comme le succès passoit mon espérance,　　　200
J'abandonnai mon âme à des ravissements
Qui passoient les transports des plus heureux amants.
Jugez de leur excès : je rencontrai Valère,
Et contre sa coutume, il ne put me déplaire[1].
Il me parla d'amour sans me donner d'ennui :　　　205
Je ne m'aperçus pas que je parlois à lui ;
Je ne lui pus montrer de mépris ni de glace :
Tout ce que je voyois me sembloit Curiace ;
Tout ce qu'on me disoit me parloit de ses feux ;
Tout ce que je disois l'assuroit de mes vœux.　　　210
Le combat général aujourd'hui se hasarde ;
J'en sus hier la nouvelle, et je n'y pris pas garde :
Mon esprit rejetoit ces funestes objets,
Charmé des doux pensers d'hymen et de la paix.
La nuit a dissipé des erreurs si charmantes :　　　215
Mille songes affreux, mille images sanglantes,
Ou plutôt mille amas de carnage et d'horreur,
M'ont arraché ma joie et rendu ma terreur.
J'ai vu du sang, des morts, et n'ai rien vu de suite ;
Un spectre en paroissant prenoit soudain la fuite ;　　　220
Ils s'effaçoient l'un l'autre, et chaque illusion
Redoubloit mon effroi par sa confusion.

JULIE.

C'est en contraire sens qu'un songe s'interprète.

CAMILLE.

Je le dois croire ainsi, puisque je le souhaite ;
Mais je me trouve enfin, malgré tous mes souhaits,　　　225
Au jour d'une bataille, et non pas d'une paix.

JULIE.

Par là finit la guerre, et la paix lui succède.

CAMILLE.

Dure à jamais le mal, s'il y faut ce remède !

---

1. *Var.* Et contre sa coutume, il ne me put déplaire. (1641-56)

Soit que Rome y succombe ou qu'Albe ait le dessous[1],
Cher amant, n'attends plus d'être un jour mon époux;
Jamais, jamais ce nom ne sera pour un homme[2]
Qui soit ou le vainqueur, ou l'esclave de Rome.
Mais quel objet nouveau se présente en ces lieux?
Est-ce toi, Curiace? en croirai-je mes yeux?

SCÈNE III.

CURIACE, CAMILLE, JULIE.

CURIACE.

N'en doutez point, Camille, et revoyez un homme 235
Qui n'est ni le vainqueur ni l'esclave de Rome;
Cessez d'appréhender de voir rougir mes mains
Du poids honteux des fers ou du sang des Romains.
J'ai cru que vous aimiez assez Rome et la gloire
Pour mépriser ma chaîne et haïr ma victoire; 240
Et comme également en cette extrémité
Je craignois la victoire et la captivité....

CAMILLE.

Curiace, il suffit, je devine le reste:
Tu fuis une bataille à tes vœux si funeste,
Et ton cœur, tout à moi, pour ne me perdre pas, 245.
Dérobe à ton pays le secours de ton bras.
Qu'un autre considère ici ta renommée,
Et te blâme, s'il veut, de m'avoir trop aimée;
Ce n'est point à Camille à t'en mésestimer:
Plus ton amour paroît, plus elle doit t'aimer; 250
Et si tu dois beaucoup aux lieux qui t'ont vu naître,
Plus tu quittes pour moi, plus tu le fais paroitre.

---

1. On trouve dans l'édition de 1656 la singulière leçon que voici :
    Soit que Rome y succombe, ou qu'Albe *aille dessous*.
2. *Var.* Mon cœur, quelque grand feu qui pour toi le consomme,
    Ne veut ni le vainqueur ni l'esclave de Rome. (1641-48 et 55 A.)

Mais as-tu vu mon père, et peut-il endurer
Qu'ainsi dans sa maison tu t'oses retirer¹ ?
Ne préfère-t-il point l'État à sa famille ? 255
Ne regarde-t-il point Rome plus que sa fille ?
Enfin notre bonheur est-il bien affermi ?
T'a-t-il vu comme gendre, ou bien comme ennemi ?

CURIACE.

Il m'a vu comme gendre, avec une tendresse
Qui témoignoit assez une entière allégresse ; 260
Mais il ne m'a point vu, par une trahison,
Indigne de l'honneur d'entrer dans sa maison.
Je n'abandonne point l'intérêt de ma ville,
J'aime encor mon honneur en adorant Camille.
Tant qu'a duré la guerre, on m'a vu constamment 265
Aussi bon citoyen que véritable amant².
D'Albe avec mon amour j'accordois la querelle :
Je soupirois pour vous en combattant pour elle ;
Et s'il falloit encor que l'on en vînt aux coups,
Je combattrois pour elle en soupirant pour vous. 270
Oui, malgré les desirs de mon âme charmée,
Si la guerre duroit, je serois dans l'armée :
C'est la paix qui chez vous me donne un libre accès,
La paix à qui nos feux doivent ce beau succès.

CAMILLE.

La paix ! Et le moyen de croire un tel miracle ? 275

JULIE.

Camille, pour le moins croyez-en votre oracle,
Et sachons pleinement par quels heureux effets
L'heure d'une bataille a produit cette paix.

CURIACE.

L'auroit-on jamais cru ? Déjà les deux armées³,

1. *Var.* Qu'ainsi dans la maison tu t'oses retirer ? (1641 in-12)
2. *Var.* Aussi bon citoyen comme fidèle amant. (1641-56)
3. *Var.* Dieux ! qui l'eût jamais cru ? Déjà les deux armées. (1641-56)

D'une égale chaleur au combat animées, 280
Se menaçoient des yeux, et marchant fièrement,
N'attendoient, pour donner, que le commandement,
Quand notre dictateur devant les rangs s'avance,
Demande à votre prince un moment de silence,
Et l'ayant obtenu : « Que faisons-nous, Romains, 285
Dit-il, et quel démon nous fait venir aux mains[1]?
Souffrons que la raison éclaire enfin nos âmes :
Nous sommes vos voisins, nos filles sont vos femmes,
Et l'hymen nous a joints par tant et tant de nœuds,
Qu'il est peu de nos fils qui ne soient vos neveux. 290
Nous ne sommes qu'un sang et qu'un peuple en deux villes :
Pourquoi nous déchirer par des guerres civiles,
Où la mort des vaincus affoiblit les vainqueurs,
Et le plus beau triomphe est arrosé de pleurs[2]?
Nos ennemis communs attendent avec joie 295
Qu'un des partis défait leur donne l'autre en proie,
Lassé, demi-rompu, vainqueur, mais, pour tout fruit,
Dénué d'un secours par lui-même détruit.
Ils ont assez longtemps joui de nos divorces ;
Contre eux dorénavant joignons toutes nos forces, 300
Et noyons dans l'oubli ces petits différends
Qui de si bons guerriers font de mauvais parents.
Que si l'ambition de commander aux autres
Fait marcher aujourd'hui vos troupes et les nôtres,
Pourvu qu'à moins de sang nous voulions l'apaiser, 305
Elle nous unira, loin de nous diviser.
Nommons des combattants pour la cause commune :
Que chaque peuple aux siens attache sa fortune ;
Et suivant ce que d'eux ordonnera le sort,

---

1. « J'ose dire que, dans ce discours imité de Tite Live, l'auteur français est au-dessus du romain, plus nerveux, plus touchant.... » (*Voltaire.*) — Voyez ci-dessus, p. 263-265.

2. *Var.* Et le plus beau triomphe est arrosé de pleurs? (1641 et 55 A.)

ACTE I, SCÈNE III.

Que le foible parti prenne loi du plus fort[1] ;   310
Mais sans indignité pour des guerriers si braves,
Qu'ils deviennent sujets sans devenir esclaves,
Sans honte, sans tribut, et sans autre rigueur
Que de suivre en tous lieux les drapeaux du vainqueur.
Ainsi nos deux États ne feront qu'un empire. »   315
Il semble qu'à ces mots notre discorde expire[2] :
Chacun, jetant les yeux dans un rang ennemi,
Reconnoît un beau-frère, un cousin, un ami ;
Ils s'étonnent comment leurs mains, de sang avides,
Voloient, sans y penser, à tant de parricides,   320
Et font paroître un front couvert tout à la fois
D'horreur pour la bataille, et d'ardeur pour ce choix.
Enfin l'offre s'accepte, et la paix desirée
Sous ces conditions est aussitôt jurée :
Trois combattront pour tous ; mais pour les mieux choisir,
Nos chefs ont voulu prendre un peu plus de loisir :
Le vôtre est au sénat, le nôtre dans sa tente.

CAMILLE.

O Dieux, que ce discours rend mon âme contente !

CURIACE.

Dans deux heures au plus, par un commun accord,
Le sort de nos guerriers réglera notre sort.   330
Cependant tout est libre, attendant qu'on les nomme :
Rome est dans notre camp, et notre camp dans Rome ;
D'un et d'autre côté l'accès étant permis,
Chacun va renouer avec ses vieux amis.
Pour moi, ma passion m'a fait suivre vos frères ;   335
Et mes desirs ont eu des succès si prospères,
Que l'auteur de vos jours m'a promis à demain
Le bonheur sans pareil de vous donner la main.
Vous ne deviendrez pas rebelle à sa puissance ?

1. *Var.* Que le parti plus foible obéisse au plus fort. (1641-56)
2. *Var.* A ces mots il se tait : d'aise chacun soupire. (1641-64)

CAMILLE.
Le devoir d'une fille est en l'obéissance.   340
CURIACE.
Venez donc recevoir ce doux commandement[1],
Qui doit mettre le comble à mon contentement.
CAMILLE.
Je vais suivre vos pas, mais pour revoir mes frères,
Et savoir d'eux encor la fin de nos misères.
JULIE.
Allez, et cependant au pied de nos autels   345
J'irai rendre pour vous grâces aux immortels.

1. Ce vers et le précédent, comme Voltaire l'a fait remarquer, se retrouvent, à un mot près, dans la comédie du *Menteur* (acte V, scène VI).

FIN DU PREMIER ACTE.

ACTE II.

SCÈNE PREMIÈRE.
HORACE, CURIACE.

CURIACE.
Ainsi Rome n'a point séparé son estime ;
Elle eût cru faire ailleurs un choix illégitime :
Cette superbe ville en vos frères et vous
Trouve les trois guerriers qu'elle préfère à tous ;   350
Et son illustre ardeur d'oser plus que les autres[1],
D'une seule maison brave toutes les nôtres :
Nous croirons, à la voir toute entière en vos mains[2],
Que hors les fils d'Horace il n'est point de Romains.
Ce choix pouvoit combler trois familles de gloire,   355
Consacrer hautement leurs noms à la mémoire :
Oui, l'honneur que reçoit la vôtre par ce choix,
En pouvoit à bon titre immortaliser trois ;
Et puisque c'est chez vous que mon heur et ma flamme
M'ont fait placer ma sœur et choisir une femme,   360
Ce que je vais vous être et ce que je vous suis[3]
Me font y prendre part autant que je le puis ;
Mais un autre intérêt tient ma joie en contrainte,
Et parmi ses douceurs mêle beaucoup de crainte :
La guerre en tel éclat a mis votre valeur,   365
Que je tremble pour Albe et prévois son malheur :

---

1. *Var.* Et ne nous opposant d'autres bras que les vôtres. (1641-56)
2. *Var.* Nous croirons, la voyant tout entière en vos mains. (1641-56)
3. *Var.* Ce que je vous dois être et ce que je vous suis. (1641-60)

Puisque vous combattez, sa perte est assurée ;
En vous faisant nommer, le destin l'a jurée.
Je vois trop dans ce choix ses funestes projets,
Et me compte déjà pour un de vos sujets. 370

HORACE.

Loin de trembler pour Albe, il vous faut plaindre Rome,
Voyant ceux qu'elle oublie, et les trois qu'elle nomme[1].
C'est un aveuglement pour elle bien fatal,
D'avoir tant à choisir, et de choisir si mal.
Mille de ses enfants beaucoup plus dignes d'elle 375
Pouvoient bien mieux que nous soutenir sa querelle ;
Mais quoique ce combat me promette un cercueil,
La gloire de ce choix m'enfle d'un juste orgueil ;
Mon esprit en conçoit une mâle assurance :
J'ose espérer beaucoup de mon peu de vaillance ; 380
Et du sort envieux quels que soient les projets,
Je ne me compte point pour un de vos sujets.
Rome a trop cru de moi ; mais mon âme ravie
Remplira son attente, ou quittera la vie.
Qui veut mourir, ou vaincre, est vaincu rarement : 385
Ce noble désespoir périt malaisément.
Rome, quoi qu'il en soit, ne sera point sujette,
Que mes derniers soupirs n'assurent ma défaite.

CURIACE.

Hélas ! c'est bien ici que je dois être plaint.
Ce que veut mon pays, mon amitié le craint. 390
Dures extrémités, de voir Albe asservie,
Ou sa victoire au prix d'une si chère vie,
Et que l'unique bien où tendent ses desirs
S'achète seulement par vos derniers soupirs !
Quels vœux puis-je former, et quel bonheur attendre ?

---

1. *Var.* Vu ceux qu'elle rejette, et les trois qu'elle nomme. (1641-56)

ACTE II, SCÈNE I.

De tous les deux côtés j'ai des pleurs à répandre ;
De tous les deux côtés mes desirs sont trahis.

HORACE.

Quoi! vous me pleureriez mourant pour mon pays!
Pour un cœur généreux ce trépas a des charmes ;
La gloire qui le suit ne souffre point de larmes, 400
Et je le recevrois en bénissant mon sort,
Si Rome et tout l'État perdoient moins en ma mort[1].

CURIACE.

A vos amis pourtant permettez de le craindre ;
Dans un si beau trépas ils sont les seuls à plaindre :
La gloire en est pour vous, et la perte pour eux ; 405
Il vous fait immortel, et les rend malheureux :
On perd tout quand on perd un ami si fidèle.
Mais Flavian m'apporte ici quelque nouvelle.

SCÈNE II.

HORACE, CURIACE, FLAVIAN.

CURIACE.

Albe de trois guerriers a-t-elle fait le choix ?

FLAVIAN.

Je viens pour vous l'apprendre[2].

CURIACE.

Eh bien, qui sont les trois ?

FLAVIAN.

Vos deux frères et vous.

CURIACE.
Qui ?

---

1. *Var.* Si Rome et tout l'État perdoient moins à ma mort. (1641-56)
2. La scène commence à ce vers dans les éditions de 1641-56, où le vers précédent termine la scène I.

FLAVIAN.

Vous et vos deux frères.
Mais pourquoi ce front triste et ces regards sévères?
Ce choix vous déplaît-il?

CURIACE.

Non, mais il me surprend :
Je m'estimois trop peu pour un honneur si grand.

FLAVIAN.

Dirai-je au dictateur, dont l'ordre ici m'envoie[1], 415
Que vous le recevez avec si peu de joie?
Ce morne et froid accueil me surprend à mon tour.

CURIACE.

Dis-lui que l'amitié, l'alliance et l'amour
Ne pourront empêcher que les trois Curiaces
Ne servent leur pays contre les trois Horaces. 420

FLAVIAN.

Contre eux! Ah! c'est beaucoup me dire en peu de mots.

CURIACE.

Porte-lui ma réponse, et nous laisse en repos.

SCÈNE III.

HORACE, CURIACE.

CURIACE.

Que désormais le ciel, les enfers et la terre
Unissent leurs fureurs à nous faire la guerre;
Que les hommes, les Dieux, les démons et le sort 425
Préparent contre nous un général effort!
Je mets à faire pis, en l'état où nous sommes,
Le sort, et les démons, et les Dieux, et les hommes.

---

1. *Var.* Dirai-je au dictateur, qui devers vous m'envoie. (1641-56)

ACTE II, SCÈNE III.

Ce qu'ils ont de cruel, et d'horrible et d'affreux,
L'est bien moins que l'honneur qu'on nous fait à tous deux.

HORACE.

Le sort qui de l'honneur nous ouvre la barrière
Offre à notre constance une illustre matière;
Il épuise sa force à former un malheur
Pour mieux se mesurer avec notre valeur;
Et comme il voit en nous des âmes peu communes[1], 435
Hors de l'ordre commun il nous fait des fortunes.

   Combattre un ennemi pour le salut de tous,
Et contre[2] un inconnu s'exposer seul aux coups,
D'une simple vertu c'est l'effet ordinaire :
Mille déjà l'ont fait, mille pourroient le faire; 440
Mourir pour le pays est un si digne sort,
Qu'on brigueroit en foule une si belle mort;
Mais vouloir au public immoler ce qu'on aime,
S'attacher au combat contre un autre soi-même,
Attaquer un parti qui prend pour défenseur 445
Le frère d'une femme et l'amant d'une sœur,
Et rompant tous ces nœuds, s'armer pour la patrie
Contre un sang qu'on voudroit racheter de sa vie,
Une telle vertu n'appartenoit qu'à nous;
L'éclat de son grand nom lui fait peu de jaloux, 450
Et peu d'hommes au cœur l'ont assez imprimée
Pour oser aspirer à tant de renommée.

CURIACE.

Il est vrai que nos noms ne sauroient plus périr.
L'occasion est belle, il nous la faut chérir.
Nous serons les miroirs d'une vertu bien rare; 455
Mais votre fermeté tient un peu du barbare :
Peu, même des grands cœurs, tireroient vanité

---

1. *Var.* Comme il ne nous prend pas pour des âmes communes. (1641-56)
2. L'édition de 1682 porte, par erreur, *comme*, pour *contre*.

D'aller par ce chemin à l'immortalité.
A quelque prix qu'on mette une telle fumée,
L'obscurité vaut mieux que tant de renommée. 460
  Pour moi, je l'ose dire, et vous l'avez pu voir,
Je n'ai point consulté pour suivre mon devoir;
Notre longue amitié, l'amour, ni l'alliance,
N'ont pu mettre un moment mon esprit en balance;
Et puisque par ce choix Albe montre en effet 465
Qu'elle m'estime autant que Rome vous a fait,
Je crois faire pour elle autant que vous pour Rome;
J'ai le cœur aussi bon, mais enfin je suis homme :
Je vois que votre honneur demande tout mon sang[1],
Que tout le mien consiste à vous percer le flanc, 470
Près d'épouser la sœur, qu'il faut tuer le frère,
Et que pour mon pays j'ai le sort si contraire.
Encor qu'à mon devoir je coure sans terreur,
Mon cœur s'en effarouche, et j'en frémis d'horreur;
J'ai pitié de moi-même, et jette un œil d'envie 475
Sur ceux dont notre guerre a consumé la vie[2],
Sans souhait toutefois de pouvoir reculer.
Ce triste et fier honneur m'émeut sans m'ébranler :
J'aime ce qu'il me donne, et je plains ce qu'il m'ôte;
Et si Rome demande une vertu plus haute, 480
Je rends grâces aux Dieux de n'être pas Romain,
Pour conserver encor quelque chose d'humain[3].

HORACE.

Si vous n'êtes Romain, soyez digne de l'être;
Et si vous m'égalez, faites-le mieux paroître.
  La solide vertu dont je fais vanité 485

---

1. *Var.* Je vois que votre honneur gît à verser mon sang. (1641-56)
2. *Var.* Sur ceux dont notre guerre a consumé la vie. (1641-48 et 55 A.)
3. « Cette tirade fit un effet surprenant sur tout le public, et les deux derniers vers sont devenus un proverbe ou plutôt une maxime admirable. » (*Voltaire.*)

ACTE II, SCÈNE III.

N'admet point de foiblesse avec sa fermeté;
Et c'est mal de l'honneur entrer dans la carrière
Que dès le premier pas regarder en arrière.
Notre malheur est grand; il est au plus haut point;
Je l'envisage entier, mais je n'en frémis point :   490
Contre qui que ce soit que mon pays m'emploie,
J'accepte aveuglément cette gloire avec joie;
Celle de recevoir de tels commandements
Doit étouffer en nous tous autres sentiments.
Qui, près de le servir, considère autre chose,   495
A faire ce qu'il doit lâchement se dispose;
Ce droit saint et sacré rompt tout autre lien.
Rome a choisi mon bras, je n'examine rien :
Avec une allégresse aussi pleine et sincère
Que j'épousai la sœur, je combattrai le frère;   500
Et pour trancher enfin ces discours superflus,
Albe vous a nommé, je ne vous connois plus.

CURIACE.

Je vous connois encore[1], et c'est ce qui me tue;
Mais cette âpre vertu ne m'étoit pas connue;
Comme notre malheur elle est au plus haut point :   505
Souffrez que je l'admire et ne l'imite point.

HORACE.

Non, non, n'embrassez pas de vertu par contrainte;
Et puisque vous trouvez plus de charme à la plainte,
En toute liberté goûtez un bien si doux;
Voici venir ma sœur pour se plaindre avec vous.   510
Je vais revoir la vôtre, et résoudre son âme
A se bien souvenir qu'elle est toujours ma femme[2],
A vous aimer encor, si je meurs par vos mains,
Et prendre en son malheur des sentiments romains.

---

1. « A ces mots : « Je ne vous connois plus. — Je vous connois encore, » on se récria d'admiration.... » (*Voltaire*.)
2. *Var*. A se ressouvenir qu'elle est toujours ma femme. (1641-60)

SCÈNE IV.

HORACE, CURIACE, CAMILLE.

HORACE.
Avez-vous su l'état qu'on fait de Curiace, 515
Ma sœur?

CAMILLE.
Hélas! mon sort a bien changé de face.

HORACE.
Armez-vous de constance, et montrez-vous ma sœur;
Et si par mon trépas il retourne vainqueur,
Ne le recevez point en meurtrier d'un frère,
Mais en homme d'honneur qui fait ce qu'il doit faire, 520
Qui sert bien son pays, et sait montrer à tous,
Par sa haute vertu, qu'il est digne de vous.
Comme si je vivois, achevez l'hyménée;
Mais si ce fer aussi tranche sa destinée,
Faites à ma victoire un pareil traitement : 525
Ne me reprochez point la mort de votre amant.
Vos larmes vont couler, et votre cœur se presse.
Consumez avec lui toute cette foiblesse[1],
Querellez ciel et terre, et maudissez le sort;
Mais après le combat ne pensez plus au mort. 530

(A Curiace[2].)
Je ne vous laisserai qu'un moment avec elle,
Puis nous irons ensemble où l'honneur nous appelle.

---
1. *Var.* Consommez avec lui toute cette foiblesse. (1641-48 et 55 A.)
2. Cette indication manque dans les éditions de 1641-48 et de 1655 A.

SCÈNE V.

CURIACE, CAMILLE.

CAMILLE.
Iras-tu, Curiace, et ce funeste honneur[1]
Te plaît-il aux dépens de tout notre bonheur?
CURIACE.
Hélas! je vois trop bien qu'il faut, quoi que je fasse,   535
Mourir, ou de douleur, ou de la main d'Horace.
Je vais comme au supplice à cet illustre emploi,
Je maudis mille fois l'état qu'on fait de moi,
Je hais cette valeur qui fait qu'Albe m'estime;
Ma flamme au désespoir passe jusques au crime,   540
Elle se prend au ciel, et l'ose quereller[2];
Je vous plains, je me plains; mais il y faut aller.
CAMILLE.
Non; je te connois mieux, tu veux que je te prie
Et qu'ainsi mon pouvoir t'excuse à ta patrie.
Tu n'es que trop fameux par tes autres exploits :   545
Albe a reçu par eux tout ce que tu lui dois.
Autre n'a mieux que toi soutenu cette guerre;
Autre de plus de morts n'a couvert notre terre[3] :
Ton nom ne peut plus croître, il ne lui manque rien;
Souffre qu'un autre ici puisse ennoblir le sien.   550
CURIACE.
Que je souffre à mes yeux qu'on ceigne une autre tête
Des lauriers immortels que la gloire m'apprête,

---

1. *Var.* Iras-tu, ma chère âme (*a*), et ce funeste honneur. (1641-56)
2. *Var.* Elle se prend aux Dieux, qu'elle ose quereller. (1641-56)
3. *Var.* Autre de plus de morts n'a couvert cette terre. (1641-56)

(*a*) « *Chère âme* ne révoltait point en 1639, et ces expressions tendres rendaient encore la situation plus haute. Depuis peu même une grande actrice a rétabli cette expression *ma chère âme.* » (*Voltaire.*) — Voyez la *Notice*, p. 252.

Ou que tout mon pays reproche à ma vertu
Qu'il auroit triomphé si j'avois combattu,
Et que sous mon amour ma valeur endormie[1]   555
Couronne tant d'exploits d'une telle infamie!
Non, Albe, après l'honneur que j'ai reçu de toi,
Tu ne succomberas ni vaincras que par moi;
Tu m'as commis ton sort, je t'en rendrai bon conte[2],
Et vivrai sans reproche, ou périrai sans honte[3].   560

CAMILLE.

Quoi! tu ne veux pas voir qu'ainsi tu me trahis!

CURIACE.

Avant que d'être à vous, je suis à mon pays.

CAMILLE.

Mais te priver pour lui toi-même d'un beau-frère,
Ta sœur de son mari!

CURIACE.

Telle est notre misère :
Le choix d'Albe et de Rome ôte toute douceur   565
Aux noms jadis si doux de beau-frère et de sœur.

CAMILLE.

Tu pourras donc, cruel, me présenter sa tête[4],
Et demander ma main pour prix de ta conquête!

CURIACE.

Il n'y faut plus penser : en l'état où je suis,
Vous aimer sans espoir, c'est tout ce que je puis.   570
Vous en pleurez[5], Camille[6]?

---

1. *Var.* Et que par mon amour ma valeur endormie. (1641-56)
2. Voyez tome I, p. 150, note 1, *a*.
3. *Var.* Et vivrai sans reproche, ou finirai sans honte. (1641-56)
4. *Var.* Viendras-tu point encor me présenter sa tête. (1641-56)
5. Voyez *Cinna*, acte III, scène v, vers 1070. — On a aussi rapproché de ce passage des mouvements tout semblables, ou très-voisins, qui se trouvent chez Racine et chez Voltaire : par exemple dans *Bajazet*, acte III, scène I, et acte IV, scène v; *Iphigénie*, acte IV, scène I; *Britannicus*, acte V, scène I; *Zaïre*, acte II, scène III, et acte IV, scène II.
6. *Var.* Vous pleurez, ma chère âme? (1641-56)

CAMILLE.

                    Il faut bien que je pleure :
Mon insensible amant ordonne que je meure;
Et quand l'hymen pour nous allume son flambeau[1],
Il l'éteint de sa main pour m'ouvrir le tombeau.
Ce cœur impitoyable à ma perte s'obstine,   575
Et dit qu'il m'aime encore alors qu'il m'assassine.

CURIACE.

Que les pleurs d'une amante ont de puissants discours,
Et qu'un bel œil est fort avec un tel secours !
Que mon cœur s'attendrit à cette triste vue !
Ma constance contre elle à regret s'évertue.   580
    N'attaquez plus ma gloire avec tant de douleurs[2],
Et laissez-moi sauver ma vertu de vos pleurs;
Je sens qu'elle chancelle, et défend mal la place :
Plus je suis votre amant, moins je suis Curiace.
Foible d'avoir déjà combattu l'amitié,   585
Vaincroit-elle à la fois l'amour et la pitié ?
Allez, ne m'aimez plus, ne versez plus de larmes,
Ou j'oppose l'offense à de si fortes armes;
Je me défendrai mieux contre votre courroux,
Et pour le mériter, je n'ai plus d'yeux pour vous : 590
Vengez-vous d'un ingrat, punissez un volage.
Vous ne vous montrez point sensible à cet outrage !
Je n'ai plus d'yeux pour vous, vous en avez pour moi !
En faut-il plus encor? je renonce à ma foi.
    Rigoureuse vertu dont je suis la victime,   595
Ne peux-tu résister sans le secours d'un crime ?

CAMILLE.

Ne fais point d'autre crime, et j'atteste les Dieux
Qu'au lieu de t'en haïr, je t'en aimerai mieux;
Oui, je te chérirai, tout ingrat et perfide,

---

1. *Var.* Et lorsque notre hymen allume son flambeau. (1641-60)
2. *Var.* N'attaquez plus ma gloire avecque vos douleurs. (1641-56)

Et cesse d'aspirer au nom de fratricide. 600
Pourquoi suis-je Romaine, ou que n'es-tu Romain ?
Je te préparerois des lauriers de ma main ;
Je t'encouragerois, au lieu de te distraire ;
Et je te traiterois comme j'ai fait mon frère.
Hélas ! j'étois aveugle en mes vœux aujourd'hui ; 605
J'en ai fait contre toi quand j'en ai fait pour lui.
Il revient : quel malheur, si l'amour de sa femme
Ne peut non plus sur lui que le mien sur ton âme !

SCÈNE VI.

HORACE, CURIACE, SABINE, CAMILLE.

CURIACE.

Dieux ! Sabine le suit. Pour ébranler mon cœur,
Est-ce peu de Camille ? y joignez-vous ma sœur ? 610
Et laissant à ses pleurs vaincre ce grand courage,
L'amenez-vous ici chercher même avantage ?

SABINE.

Non, non, mon frère, non ; je ne viens en ce lieu
Que pour vous embrasser et pour vous dire adieu.
Votre sang est trop bon, n'en craignez rien de lâche,
Rien dont la fermeté de ces grands cœurs se fâche :
Si ce malheur illustre ébranloit l'un de vous,
Je le désavouerois pour frère ou pour époux.
Pourrois-je toutefois vous faire une prière
Digne d'un tel époux et digne d'un tel frère ? 620
Je veux d'un coup si noble ôter l'impiété,
A l'honneur qui l'attend rendre sa pureté,
La mettre en son éclat sans mélange de crimes[1] ;
Enfin je vous veux faire ennemis légitimes.

---

1. On lit, dans l'édition de 1682, *des crimes*, pour *de crimes*.

ACTE II, SCÈNE VI.

Du saint nœud qui vous joint je suis le seul lien : 625
Quand je ne serai plus, vous ne vous serez rien.
Brisez votre alliance, et rompez-en la chaîne ;
Et puisque votre honneur veut des effets de haine,
Achetez par ma mort le droit de vous haïr :
Albe le veut, et Rome ; il faut leur obéir. 630
Qu'un de vous deux me tue, et que l'autre me venge :
Alors votre combat n'aura plus rien d'étrange ;
Et du moins l'un des deux sera juste agresseur,
Ou pour venger sa femme, ou pour venger sa sœur.
Mais quoi ? vous souilleriez une gloire si belle, 635
Si vous vous animiez par quelque autre querelle :
Le zèle du pays vous défend de tels soins[1] ;
Vous feriez peu pour lui si vous vous étiez moins :
Il lui faut, et sans haine, immoler un beau-frère.
Ne différez donc plus ce que vous devez faire : 640
Commencez par sa sœur à répandre son sang,
Commencez par sa femme à lui percer le flanc,
Commencez par Sabine à faire de vos vies
Un digne sacrifice à vos chères patries :
Vous êtes ennemis en ce combat fameux, 645
Vous d'Albe, vous de Rome, et moi de toutes deux.
Quoi ? me réservez-vous à voir une victoire
Où pour haut appareil d'une pompeuse gloire,
Je verrai les lauriers d'un frère ou d'un mari
Fumer encor d'un sang que j'aurai tant chéri ? 650
Pourrai-je entre vous deux régler alors mon âme,
Satisfaire aux devoirs et de sœur et de femme,
Embrasser le vainqueur en pleurant le vaincu ?
Non, non, avant ce coup Sabine aura vécu :
Ma mort le préviendra, de qui que je l'obtienne ; 655
Le refus de vos mains y condamne la mienne.

1. *Var.* Votre zèle au pays vous défend de tels soins. (1641-60)

Sus donc, qui vous retient? Allez, cœurs inhumains,
J'aurai trop de moyens pour y forcer vos mains.
Vous ne les aurez point au combat occupées,
Que ce corps au milieu n'arrête vos épées ; 660
Et malgré vos refus, il faudra que leurs coups
Se fassent jour ici pour aller jusqu'à vous.

HORACE.

O ma femme!

CURIACE.

O ma sœur!

CAMILLE.

Courage! ils s'amollissent.

SABINE.

Vous poussez des soupirs ; vos visages pâlissent!
Quelle peur vous saisit? Sont-ce là ces grands cœurs, 665
Ces héros qu'Albe et Rome ont pris pour défenseurs?

HORACE.

Que t'ai-je fait, Sabine, et quelle est mon offense[1]
Qui t'oblige à chercher une telle vengeance?
Que t'a fait mon honneur, et par quel droit viens-tu[2]
Avec toute ta force attaquer ma vertu ? 670
Du moins contente-toi de l'avoir étonnée[3],
Et me laisse achever cette grande journée.
Tu me viens de réduire en un étrange point ;
Aime assez ton mari pour n'en triompher point.
Va-t'en, et ne rends plus la victoire douteuse ; 675

---

1. *Var.* Femme (*a*), que t'ai-je fait, et quelle est mon offense. (1641-56)
2. *Var.* Que t'a fait mon honneur, femme, et pourquoi viens-tu. (1641-56)
3. *Var.* Du moins contente-toi de l'avoir offensée. (1641)

(*a*) Voltaire fait ici, au sujet du mot *femme*, une remarque qu'on ne songerait plus, ce nous semble, à faire aujourd'hui : « La naïveté, dit-il, qui régnait encore en ce temps-là dans les écrits permettait ce mot. La rudesse romaine y paraît même tout entière. »

ACTE II, SCÈNE VI.

La dispute déjà m'en est assez honteuse :
Souffre qu'avec honneur je termine mes jours.
SABINE.
Va, cesse de me craindre : on vient à ton secours.

SCÈNE VII.
LE VIEIL HORACE, HORACE, CURIACE, SABINE, CAMILLE.

LE VIEIL HORACE.
Qu'est-ce-ci, mes enfants? écoutez-vous vos flammes,
Et perdez-vous encor le temps avec des femmes? 680
Prêts à verser du sang, regardez-vous des pleurs?
Fuyez, et laissez-les déplorer leurs malheurs.
Leurs plaintes ont pour vous trop d'art et de tendresse :
Elles vous feroient part enfin de leur foiblesse,
Et ce n'est qu'en fuyant qu'on pare de tels coups. 685
SABINE.
N'appréhendez rien d'eux, ils sont dignes de vous.
Malgré tous nos efforts, vous en devez attendre
Ce que vous souhaitez et d'un fils et d'un gendre;
Et si notre foiblesse ébranloit leur honneur[1],
Nous vous laissons ici pour leur rendre du cœur. 690
 Allons, ma sœur, allons, ne perdons plus de larmes[2] :
Contre tant de vertus ce sont de foibles armes[3].
Ce n'est qu'au désespoir qu'il nous faut recourir.
Tigres, allez combattre, et nous, allons mourir.

1. *Var.* Et si notre foiblesse avoit pu les changer,
   Nous vous laissons ici pour les encourager. (1641-64)
2. *Var.* Allons, ma sœur, allons, ne perdons point de larmes. (1641-48 et 55 A.)
3. *Var.* Contre tant de vertu ce sont de foibles armes. (1641, 48, 55 et 60)

SCÈNE VIII.

LE VIEIL HORACE, HORACE, CURIACE.

HORACE.

Mon père, retenez des femmes qui s'emportent,   695
Et de grâce empêchez surtout qu'elles ne sortent.
Leur amour importun viendroit avec éclat
Par des cris et des pleurs troubler notre combat;
Et ce qu'elles nous sont feroit qu'avec justice
On nous imputeroit ce mauvais artifice.   700
L'honneur d'un si beau choix seroit trop acheté,
Si l'on nous soupçonnoit de quelque lâcheté.

LE VIEIL HORACE.

J'en aurai soin. Allez, vos frères vous attendent;
Ne pensez qu'aux devoirs que vos pays demandent.

CURIACE.

Quel adieu vous dirai-je? et par quels compliments....

LE VIEIL HORACE.

Ah! n'attendrissez point ici mes sentiments;
Pour vous encourager ma voix manque de termes;
Mon cœur ne forme point de pensers assez fermes;
Moi-même en cet adieu j'ai les larmes aux yeux.
Faites votre devoir, et laissez faire aux Dieux.   710

FIN DU SECOND ACTE.

ACTE III.

SCÈNE PREMIÈRE.

SABINE[1].

Prenons parti, mon âme, en de telles disgrâces :
Soyons femme d'Horace, ou sœur des Curiaces ;
Cessons de partager nos inutiles soins ;
Souhaitons quelque chose, et craignons un peu moins.
Mais, las! quel parti prendre en un sort si contraire?
Quel ennemi choisir, d'un époux ou d'un frère?
La nature ou l'amour parle pour chacun d'eux[2],
Et la loi du devoir m'attache à tous les deux.
Sur leurs hauts sentiments réglons plutôt les nôtres ;
Soyons femme de l'un ensemble et sœur des autres : 720
Regardons leur honneur comme un souverain bien ;
Imitons leur constance, et ne craignons plus rien.
La mort qui les menace est une mort si belle,
Qu'il en faut sans frayeur attendre la nouvelle.
N'appelons point alors les destins inhumains ; 725
Songeons pour quelle cause, et non par quelles mains ;
Revoyons les vainqueurs, sans penser qu'à la gloire
Que toute leur maison reçoit de leur victoire ;

---

1. Voltaire fait ici une critique dont nous ne reproduisons les termes que parce qu'ils ont trait à l'histoire de la scène française : « Ce monologue de Sabine est, dit-il, absolument inutile, et fait languir la pièce. Les comédiens voulaient alors des monologues. La déclamation approchait du chant, surtout celle des femmes ; les auteurs avaient cette complaisance pour elles.... »

2. *Var*. La nature ou l'amour parlent pour chacun d'eux. (1641 et 55 A.)

Et sans considérer aux dépens de quel sang
Leur vertu les élève en cet illustre rang, 730
Faisons nos intérêts de ceux de leur famille :
En l'une je suis femme, en l'autre je suis fille,
Et tiens à toutes deux par de si forts liens,
Qu'on ne peut triompher que par les bras des miens.
Fortune, quelque maux que ta rigueur m'envoie, 735
J'ai trouvé les moyens d'en tirer de la joie,
Et puis voir aujourd'hui le combat sans terreur[1],
Les morts sans désespoir, les vainqueurs sans horreur.

 Flatteuse illusion, erreur douce et grossière,
Vain effort de mon âme, impuissante lumière, 740
De qui le faux brillant prend droit de m'éblouir,
Que tu sais peu durer, et tôt t'évanouir !
Pareille à ces éclairs qui dans le fort des ombres
Poussent un jour qui fuit et rend les nuits plus sombres,
Tu n'as frappé mes yeux d'un moment de clarté 745
Que pour les abîmer dans plus d'obscurité.
Tu charmois trop ma peine, et le ciel, qui s'en fâche,
Me vend déjà bien cher ce moment de relâche.
Je sens mon triste cœur percé de tous les coups
Qui m'ôtent maintenant un frère ou mon époux. 750
Quand je songe à leur mort, quoi que je me propose,
Je songe par quels bras, et non pour quelle cause,
Et ne vois les vainqueurs en leur illustre rang
Que pour considérer aux dépens de quel sang.
La maison des vaincus touche seule mon âme : 755
En l'une je suis fille, en l'autre je suis femme,
Et tiens à toutes deux par de si forts liens,
Qu'on ne peut triompher que par la mort des miens[2].
C'est là donc cette paix que j'ai tant souhaitée !

---

1. *Var.* Et puis voir maintenant le combat sans terreur. (1641-56)
2. L'édition de 1663 porte *de miens*, pour *des miens* : c'est très-vraisemblablement une erreur.

Trop favorables Dieux, vous m'avez écoutée! 760
Quels foudres lancez-vous quand vous vous irritez,
Si même vos faveurs ont tant de cruautés?
Et de quelle façon punissez-vous l'offense,
Si vous traitez ainsi les vœux de l'innocence?

SCÈNE II.
SABINE, JULIE.

SABINE.

En est-ce fait, Julie, et que m'apportez-vous? 765
Est-ce la mort d'un frère, ou celle d'un époux?
Le funeste succès de leurs armes impies[1]
De tous les combattants a-t-il fait des hosties[2],
Et m'enviant l'horreur que j'aurois des vainqueurs,
Pour tous tant qu'ils étoient demande-t-il mes pleurs[3]? 770

JULIE.

Quoi? ce qui s'est passé, vous l'ignorez encore?

SABINE.

Vous faut-il étonner de ce que je l'ignore,
Et ne savez-vous point que de cette maison
Pour Camille et pour moi l'on fait une prison?
Julie, on nous renferme, on a peur de nos larmes; 775
Sans cela nous serions au milieu de leurs armes,
Et par les désespoirs d'une chaste amitié,
Nous aurions des deux camps tiré quelque pitié.

---

1. *Var.* Ou si le triste sort de leurs armes (*a*) impies
   De tous les combattants a fait autant d'hosties? (1641-56)
2. *Var.* De tous les combattants fait-il autant d'hosties (*b*)? (1663 et 64)
3. *Var.* Pour tous tant qu'ils étoient m'a condamnée aux pleurs. (1641-56)

(*a*) L'édition de 1656 porte, par erreur, *âmes*, pour *armes*.
(*b*) « *Hostie* ne se dit plus, et c'est dommage; il ne reste plus que le mot de *victime*.... » (*Voltaire.*) Voyez le *Lexique*.

JULIE.

Il n'étoit pas besoin d'un si tendre spectacle :
Leur vue à leur combat apporte assez d'obstacle.   780
  Sitôt qu'ils ont paru prêts à se mesurer,
On a dans les deux camps entendu murmurer[1] :
A voir de tels amis, des personnes si proches,
Venir pour leur patrie aux mortelles approches,
L'un s'émeut de pitié, l'autre est saisi d'horreur,   785
L'autre d'un si grand zèle admire la fureur;
Tel porte jusqu'aux cieux leur vertu sans égale,
Et tel l'ose nommer sacrilége et brutale.
Ces divers sentiments n'ont pourtant qu'une voix;
Tous accusent leurs chefs, tous détestent leur choix;   790
Et ne pouvant souffrir un combat si barbare,
On s'écrie, on s'avance, enfin on les sépare.

SABINE.

Que je vous dois d'encens, grands Dieux, qui m'exaucez!

JULIE.

Vous n'êtes pas, Sabine, encore où vous pensez :
Vous pouvez espérer, vous avez moins à craindre;   795
Mais il vous reste encore assez de quoi vous plaindre.
  En vain d'un sort si triste on les veut garantir;
Ces cruels généreux n'y peuvent consentir :
La gloire de ce choix leur est si précieuse,
Et charme tellement leur âme ambitieuse,   800
Qu'alors qu'on les déplore ils s'estiment heureux,
Et prennent pour affront la pitié qu'on a d'eux[2].
Le trouble des deux camps souille leur renommée;
Ils combattront plutôt et l'une et l'autre armée,

---

1. *Var.* Et l'un et l'autre camp s'est mis à murmurer. (1641-56)
2. *Var.* Et prenant pour affront la pitié (*a*) qu'on a d'eux. (1656)

(*a*) Il y a *piété*, au lieu de *pitié*, dans l'édition de 1656, mais c'est évidemment une erreur.

ACTE III, SCÈNE II.

Et mourront par les mains qui leur font d'autres lois[1],
Que pas un d'eux renonce aux honneurs d'un tel choix.

SABINE.

Quoi? dans leur dureté ces cœurs d'acier s'obstinent[2]!

JULIE.

Oui, mais d'autre côté les deux camps se mutinent[3],
Et leurs cris, des deux parts poussés en même temps,
Demandent la bataille, ou d'autres combattants.   810
La présence des chefs à peine est respectée,
Leur pouvoir est douteux, leur voix mal écoutée;
Le Roi même s'étonne; et pour dernier effort :
« Puisque chacun, dit-il, s'échauffe en ce discord,
Consultons des grands Dieux la majesté sacrée,   815
Et voyons si ce change à leurs bontés agrée.
Quel impie osera se prendre à leur vouloir,
Lorsqu'en un sacrifice ils nous l'auront fait voir? »
Il se tait, et ces mots semblent être des charmes;
Même aux six combattants ils arrachent les armes;   820
Et ce desir d'honneur qui leur ferme les yeux,
Tout aveugle qu'il est, respecte encor les Dieux.
Leur plus bouillante ardeur cède à l'avis de Tulle;
Et soit par déférence, ou par un prompt scrupule,
Dans l'une et l'autre armée on s'en fait une loi,   825
Comme si toutes deux le connoissoient pour roi.
Le reste s'apprendra par la mort des victimes.

SABINE.

Les Dieux n'avoueront point un combat plein de crimes;
J'en espère beaucoup, puisqu'il est différé,
Et je commence à voir ce que j'ai desiré.   830

---

1. *Var.* Et mourront par les mains qui les ont séparés,
Que quitter les honneurs qui leur sont déférés. (1641-56)
2. *Var.* Quoi? dans leur dureté ces cœurs de fer s'obstinent! (1641-60)
3. *Var.* Ils le font, mais d'ailleurs les deux camps se mutinent. (1641-64)

SCÈNE III.

SABINE, CAMILLE, JULIE.

SABINE.

Ma sœur, que je vous die une bonne nouvelle.

CAMILLE.

Je pense la savoir, s'il faut la nommer telle.
On l'a dite à mon père, et j'étois avec lui;
Mais je n'en conçois rien qui flatte mon ennui.
Ce délai de nos maux rendra leurs coups plus rudes; 835
Ce n'est qu'un plus long terme à nos inquiétudes;
Et tout l'allégement qu'il en faut espérer,
C'est de pleurer plus tard ceux qu'il faudra pleurer.

SABINE.

Les Dieux n'ont pas en vain inspiré ce tumulte.

CAMILLE.

Disons plutôt, ma sœur, qu'en vain on les consulte. 840
Ces mêmes Dieux à Tulle ont inspiré ce choix[1];
Et la voix du public n'est pas toujours leur voix;
Ils descendent bien moins dans de si bas étages
Que dans l'âme des rois, leurs vivantes images,
De qui l'indépendante et sainte autorité[2]   845
Est un rayon secret de leur divinité.

JULIE.

C'est vouloir sans raison vous former des obstacles
Que de chercher leur voix ailleurs qu'en leurs oracles[3];
Et vous ne vous pouvez figurer tout perdu,
Sans démentir celui qui vous fut hier rendu. 850

CAMILLE.

Un oracle jamais ne se laisse comprendre :

---

1. *Var.* Les mêmes Dieux à Tulle ont inspiré ce choix. (1641-48 et 55 A.)
2. *Var.* Et de qui l'absolue et sainte autorité. (1641-56)
3. *Var.* Que de chercher leurs lois ailleurs qu'en leurs oracles. (1655 A.)

ACTE III, SCÈNE III.

On l'entend d'autant moins que plus on croit l'entendre[1] ;
Et loin de s'assurer sur un pareil arrêt,
Qui n'y voit rien d'obscur doit croire que tout l'est.

SABINE.

Sur ce qui fait pour nous prenons plus d'assurance, 855
Et souffrons les douceurs d'une juste espérance.
Quand la faveur du ciel ouvre à demi ses bras,
Qui ne s'en promet rien ne la mérite pas ;
Il empêche souvent qu'elle ne se déploie,
Et lorsqu'elle descend, son refus la renvoie. 860

CAMILLE.

Le ciel agit sans nous en ces événements,
Et ne les règle point dessus nos sentiments.

JULIE.

Il ne vous a fait peur que pour vous faire grâce.
Adieu : je vais savoir comme enfin tout se passe.
Modérez vos frayeurs ; j'espère à mon retour 865
Ne vous entretenir que de propos d'amour,
Et que nous n'emploierons la fin de la journée
Qu'aux doux préparatifs d'un heureux hyménée.

SABINE.

J'ose encor l'espérer[2].

CAMILLE.

Moi, je n'espère rien.

JULIE.

L'effet vous fera voir que nous en jugeons bien. 870

---

1. On lit dans *Psyché* (acte II, scène III) :
   Un oracle jamais n'est sans obscurité :
   On l'entend d'autant moins que mieux on croit l'entendre.
2. *Var.* Comme vous je l'espère. CAM. Et je n'ose y songer.
   JUL. L'effet nous fera voir qui sait mieux en juger. (1641-56)

SCÈNE IV.

SABINE, CAMILLE.

SABINE.

Parmi nos déplaisirs souffrez que je vous blâme :
Je ne puis approuver tant de trouble en votre âme[1] ;
Que feriez-vous, ma sœur, au point où je me vois,
Si vous aviez à craindre autant que je le dois,
Et si vous attendiez de leurs armes fatales   875
Des maux[2] pareils aux miens, et des pertes égales ?

CAMILLE.

Parlez plus sainement de vos maux et des miens :
Chacun voit ceux d'autrui d'un autre œil que les siens ;
Mais à bien regarder ceux où le ciel me plonge,
Les vôtres auprès d'eux vous sembleront un songe.   880
La seule mort d'Horace est à craindre pour vous.
Des frères ne sont rien à l'égal d'un époux ;
L'hymen qui nous attache en une autre famille
Nous détache de celle où l'on a vécu fille ;
On voit d'un œil divers des nœuds si différents[3],   885
Et pour suivre un mari l'on quitte ses parents ;
Mais si près d'un hymen, l'amant que donne un père
Nous est moins qu'un époux, et non pas moins qu'un frère ;
Nos sentiments entre eux demeurent suspendus,
Notre choix impossible, et nos vœux confondus.   890
Ainsi, ma sœur, du moins vous avez dans vos plaintes
Où porter vos souhaits et terminer vos craintes ;

---

1. *Var.* Je ne puis approuver tant de trouble en notre âme.
(1641 in-4°, 48-54 et 56)
Var. Je ne puis approuver tant de trouble en mon âme. (1655 A.)
2. L'édition de 1641 in-12 donne *deux maux*, pour *des maux* : c'est évidemment une erreur.
3. *Var.* On ne compare point des nœuds si différents. (1641-56)

ACTE III, SCÈNE IV.

Mais si le ciel s'obstine à nous persécuter,
Pour moi, j'ai tout à craindre, et rien à souhaiter.

SABINE.

Quand il faut que l'un meure et par les mains de l'autre,
C'est un raisonnement bien mauvais que le vôtre.
  Quoique ce soient, ma sœur, des nœuds bien différents,
C'est sans les oublier qu'on quitte ses parents :
L'hymen n'efface point ces profonds caractères ;
Pour aimer un mari, l'on ne hait pas ses frères :   900
La nature en tout temps garde ses premiers droits ;
Aux dépens de leur vie on ne fait point de choix :
Aussi bien qu'un époux ils sont d'autres nous-mêmes ;
Et tous maux sont pareils alors qu'ils sont extrêmes.
Mais l'amant qui vous charme et pour qui vous brûlez 905
Ne vous est, après tout, que ce que vous voulez :
Une mauvaise humeur, un peu de jalousie,
En fait assez souvent passer la fantaisie[1] ;
Ce que peut le caprice, osez-le par raison,
Et laissez votre sang hors de comparaison :   910
C'est crime qu'opposer des liens volontaires
A ceux que la naissance a rendus nécessaires.
Si donc le ciel s'obstine à nous persécuter,
Seule j'ai tout à craindre, et rien à souhaiter ;
Mais pour vous, le devoir vous donne, dans vos plaintes,
Où porter vos souhaits et terminer vos craintes.

CAMILLE.

Je le vois bien, ma sœur, vous n'aimâtes jamais ;
Vous ne connoissez[2] point ni l'amour ni ses traits :
On peut lui résister quand il commence à naître,
Mais non pas le bannir quand il s'est rendu maître, 920
Et que l'aveu d'un père, engageant notre foi,

---

1. *Var.* Le peuvent mettre hors de votre fantaisie ;
   Ce qu'elles font souvent, faites-le par raison. (1641-56)
2. L'édition de 1682 porte : *connoissiez*, pour *connoissez*.

A fait de ce tyran un légitime roi :
Il entre avec douceur, mais il règne par force ;
Et quand l'âme une fois a goûté son amorce,
Vouloir ne plus aimer, c'est ce qu'elle ne peut,   925
Puisqu'elle ne peut plus vouloir que ce qu'il veut :
Ses chaînes sont pour nous aussi fortes que belles.

SCÈNE V.

LE VIEIL HORACE, SABINE, CAMILLE.

LE VIEIL HORACE.

Je viens vous apporter de fâcheuses nouvelles,
Mes filles ; mais en vain je voudrois vous celer
Ce qu'on ne vous sauroit longtemps dissimuler :   930
Vos frères sont aux mains, les Dieux ainsi l'ordonnent.

SABINE.

Je veux bien l'avouer, ces nouvelles m'étonnent ;
Et je m'imaginois dans la divinité
Beaucoup moins d'injustice, et bien plus de bonté.
Ne nous consolez point : contre tant d'infortune[1]   935
La pitié parle en vain, la raison importune[2].
Nous avons en nos mains la fin de nos douleurs,
Et qui veut bien mourir peut braver les malheurs[3].
Nous pourrions aisément faire en votre présence
De notre désespoir une fausse constance ;   940
Mais quand on peut sans honte être sans fermeté,
L'affecter au dehors, c'est une lâcheté[4] ;
L'usage d'un tel art, nous le laissons aux hommes,
Et ne voulons passer que pour ce que nous sommes.

---

1. *Var.* Ne nous consolez point : la raison importune. (1641-56)
2. *Var.* Quand elle ose combattre une telle infortune. (1641-54, 55 B. et 56)
   Var. Quand elle ose combattre une telle fortune. (1655 A.)
3. *Var.* Qui peut vouloir mourir peut braver les malheurs. (1641-56)
4. *Var.* La vouloir contrefaire est une lâcheté. (1641-56)

ACTE III, SCÈNE V.

Nous ne demandons point qu'un courage si fort 945
S'abaisse à notre exemple à se plaindre du sort.
Recevez sans frémir ces mortelles alarmes;
Voyez couler nos pleurs sans y mêler vos larmes;
Enfin, pour toute grâce, en de tels déplaisirs,
Gardez votre constance, et souffrez nos soupirs. 950

LE VIEIL HORACE.

Loin de blâmer les pleurs que je vous vois répandre,
Je crois faire beaucoup de m'en pouvoir défendre,
Et céderois peut-être à de si rudes coups,
Si je prenois ici même intérêt que vous :
Non qu'Albe par son choix m'ait fait haïr vos frères, 955
Tous trois me sont encor des personnes bien chères;
Mais enfin l'amitié n'est pas du même rang,
Et n'a point les effets de l'amour ni du sang;
Je ne sens point pour eux la douleur qui tourmente
Sabine comme sœur, Camille comme amante : 960
Je puis les regarder comme nos ennemis,
Et donne sans regret mes souhaits à mes fils.
Ils sont, grâces aux Dieux, dignes de leur patrie;
Aucun étonnement n'a leur gloire flétrie;
Et j'ai vu leur honneur croître de la moitié, 965
Quand ils ont des deux camps refusé la pitié.
Si par quelque foiblesse ils l'avoient mendiée,
Si leur haute vertu ne l'eût répudiée,
Ma main bientôt sur eux m'eût vengé hautement
De l'affront que m'eût fait ce mol consentement. 970
Mais lorsqu'en dépit d'eux on en a voulu d'autres,
Je ne le cèle point, j'ai joint mes vœux aux vôtres.
Si le ciel pitoyable eût écouté ma voix,
Albe seroit réduite à faire un autre choix;
Nous pourrions voir tantôt triompher les Horaces 975
Sans voir leurs bras souillés du sang des Curiaces,
Et de l'événement d'un combat plus humain

Dépendroit maintenant l'honneur du nom romain.
La prudence des Dieux autrement en dispose ;
Sur leur ordre éternel mon esprit se repose : 980
Il s'arme en ce besoin de générosité,
Et du bonheur public fait sa félicité.
Tâchez d'en faire autant pour soulager vos peines,
Et songez toutes deux que vous êtes Romaines :
Vous l'êtes devenue, et vous l'êtes encor ; 985
Un si glorieux titre est un digne trésor.
Un jour, un jour viendra que par toute la terre
Rome se fera craindre à l'égal du tonnerre,
Et que tout l'univers tremblant dessous ses lois,
Ce grand nom deviendra l'ambition des rois : 990
Les Dieux à notre Énée ont promis cette gloire.

SCÈNE VI.

LE VIEIL HORACE, SABINE, CAMILLE, JULIE.

LE VIEIL HORACE.

Nous venez-vous, Julie, apprendre la victoire ?

JULIE.

Mais plutôt du combat les funestes effets :
Rome est sujette d'Albe, et vos fils sont défaits ;
Des trois les deux sont morts, son époux seul vous reste.

LE VIEIL HORACE.

O d'un triste combat effet vraiment funeste !
Rome est sujette d'Albe, et pour l'en garantir
Il n'a pas employé jusqu'au dernier soupir !
Non, non, cela n'est point, on vous trompe, Julie ;
Rome n'est point sujette, ou mon fils est sans vie : 1000
Je connois mieux mon sang, il sait mieux son devoir.

JULIE

Mille, de nos remparts, comme moi l'ont pu voir.

Il s'est fait admirer tant qu'ont duré ses frères ;
Mais comme il s'est vu seul contre trois adversaires,
Près d'être enfermé d'eux, sa fuite l'a sauvé.   1005
    LE VIEIL HORACE.
Et nos soldats trahis ne l'ont point achevé[1] ?
Dans leurs rangs à ce lâche ils ont donné retraite ?
    JULIE.
Je n'ai rien voulu voir après cette défaite.
    CAMILLE.
O mes frères !
    LE VIEIL HORACE.
    Tout beau, ne les pleurez pas tous ;
Deux jouissent d'un sort dont leur père est jaloux.   1010
Que des plus nobles fleurs leur tombe soit couverte ;
La gloire de leur mort m'a payé de leur perte :
Ce bonheur a suivi leur courage invaincu,
Qu'ils ont vu Rome libre autant qu'ils ont vécu,
Et ne l'auront point vue obéir qu'à son prince,   1015
Ni d'un État voisin devenir la province.
Pleurez l'autre, pleurez l'irréparable affront
Que sa fuite honteuse imprime à notre front ;
Pleurez le déshonneur de toute notre race,
Et l'opprobre éternel qu'il laisse au nom d'Horace.   1020
    JULIE.
Que vouliez-vous qu'il fît contre trois ?
    LE VIEIL HORACE.
        Qu'il mourût[2],

---

1. *Var.* Et nos soldats trahis ne l'ont pas achevé? (1641-60)

2. « Voilà ce fameux *qu'il mourût*, ce trait du plus grand sublime, ce mot auquel il n'en est aucun de comparable dans toute l'antiquité (*a*); tout l'auditoire fut si transporté, qu'on n'entendit jamais le vers faible qui suit ; et le morceau :

N'eût-il que d'un moment retardé (*lisez :* reculé) sa défaite,

étant plein de chaleur, augmente encore la force du *qu'il mourût....* » (*Voltaire.*)

(*a*) Cela est vrai, et c'est en vain, nous le croyons, qu'on a cherché un mot semblable dans les auteurs anciens. Le *moriamur*, de Calpurnius (voyez Tite

Ou qu'un beau désespoir alors le secourût.
N'eût-il que d'un moment reculé sa défaite,
Rome eût été du moins un peu plus tard sujette ;
Il eût avec honneur laissé mes cheveux gris, 1025
Et c'étoit de sa vie un assez digne prix.

Il est de tout son sang comptable à sa patrie ;
Chaque goutte épargnée a sa gloire flétrie ;
Chaque instant de sa vie, après ce lâche tour,
Met d'autant plus ma honte avec la sienne au jour. 1030
J'en romprai bien le cours, et ma juste colère,
Contre un indigne fils usant des droits d'un père,
Saura bien faire voir dans sa punition
L'éclatant désaveu d'une telle action.

SABINE.

Écoutez un peu moins ces ardeurs généreuses, 1035
Et ne nous rendez point tout à fait malheureuses.

LE VIEIL HORACE.

Sabine, votre cœur se console aisément ;
Nos malheurs jusqu'ici vous touchent foiblement.
Vous n'avez point encor de part à nos misères :
Le ciel vous a sauvé votre époux et vos frères ; 1040
Si nous sommes sujets, c'est de votre pays ;
Vos frères sont vainqueurs quand nous sommes trahis ;

Live, livre XXII, chapitre XCIX), n'a aucun rapport avec la réponse sublime du vieil Horace, et nous ne comprenons pas qu'on l'en ait rapproché. Le *moreretur, inquies,* de Cicéron, dans le *Discours pour C. Rabirius Postumus* (chapitre X, § 29), peut bien se traduire par : « Que vouliez-vous qu'il fît ? — Qu'il mourût, direz-vous ; » mais la ressemblance est toute superficielle : la pensée, le sentiment, la situation, tout est différent. — Un rapprochement plus opportun, mais bien propre à faire ressortir, quoiqu'au fond l'idée soit semblable, l'originalité de Corneille, ce seroit peut-être celui de ces vers de la tragédie des *Juives* (acte IV, vers 33 et suivants) de notre vieux poëte Garnier :

C'est vergongne à un roi de survivre vaincu :
Un bon cœur n'eût jamais son malheur survécu.
— Et qu'eussiez-vous pu faire ? — Un acte magnanime,
Qui malgré le destin m'eût acquis de l'estime.
Je fusse mort en roi, fièrement combattant,
Maint barbare adversaire à mes pieds abattant.

Et voyant le haut point où leur gloire se monte,
Vous regardez fort peu ce qui nous vient de honte.
Mais votre trop d'amour pour cet infâme époux   1045
Vous donnera bientôt à plaindre comme à nous.
Vos pleurs en sa faveur sont de foibles défenses :
J'atteste des grands Dieux les suprêmes puissances
Qu'avant ce jour fini, ces mains, ces propres mains
Laveront dans son sang la honte des Romains.   1050

SABINE.

Suivons-le promptement, la colère l'emporte.
Dieux! verrons-nous toujours des malheurs de la sorte?
Nous faudra-t-il toujours en craindre de plus grands,
Et toujours redouter la main de nos parents?

FIN DU TROISIÈME ACTE.

ACTE IV.

SCÈNE PREMIÈRE.

LE VIEIL HORACE, CAMILLE.

LE VIEIL HORACE.

Ne me parlez jamais en faveur d'un infâme ; 1055
Qu'il me fuie à l'égal des frères de sa femme :
Pour conserver un sang qu'il tient si précieux,
Il n'a rien fait encor s'il n'évite mes yeux.
Sabine y peut mettre ordre, ou derechef j'atteste
Le souverain pouvoir de la troupe céleste.... 1060

CAMILLE.

Ah! mon père, prenez un plus doux sentiment[1] ;
Vous verrez Rome même en user autrement ;
Et de quelque malheur que le ciel l'ait comblée,
Excuser la vertu sous le nombre accablée.

LE VIEIL HORACE.

Le jugement de Rome est peu pour mon regard, 1065
Camille ; je suis père, et j'ai mes droits à part.
Je sais trop comme agit la vertu véritable :
C'est sans en triompher que le nombre l'accable ;
Et sa mâle vigueur, toujours en même point,
Succombe sous la force, et ne lui cède point. 1070
Taisez-vous, et sachons ce que nous veut Valère.

1. *Var.* Eh! mon père, prenez un plus doux sentiment. (1641-48 et 55 A.)

SCÈNE II.

LE VIEIL HORACE, VALÈRE, CAMILLE.

VALÈRE.

Envoyé par le Roi pour consoler un père,
Et pour lui témoigner....

LE VIEIL HORACE.

                N'en prenez aucun soin :
C'est un soulagement dont je n'ai pas besoin ;
Et j'aime mieux voir morts que couverts d'infamie 1075
Ceux que vient de m'ôter une main ennemie.
Tous deux pour leur pays sont morts en gens d'honneur ;
Il me suffit.

VALÈRE.

        Mais l'autre est un rare bonheur ;
De tous les trois chez vous il doit tenir la place.

LE VIEIL HORACE.

Que n'a-t-on vu périr en lui le nom d'Horace[1] ! 1080

VALÈRE.

Seul vous le maltraitez après ce qu'il a fait.

LE VIEIL HORACE.

C'est à moi seul aussi de punir son forfait.

VALÈRE.

Quel forfait trouvez-vous en sa bonne conduite ?

LE VIEIL HORACE.

Quel éclat de vertu trouvez-vous en sa fuite ?

VALÈRE.

La fuite est glorieuse en cette occasion. 1085

LE VIEIL HORACE.

Vous redoublez ma honte et ma confusion[2].

---

1. *Var.* Eût-il fait avec lui périr le nom d'Horace ! (1641-56)
2. Voltaire rapproche cet endroit d'*Horace* de la scène v du V⁵ acte du

Certes, l'exemple est rare et digne de mémoire,
De trouver dans la fuite un chemin à la gloire.

VALÈRE.

Quelle confusion, et quelle honte à vous
D'avoir produit un fils qui nous conserve tous, 1090
Qui fait triompher Rome, et lui gagne un empire?
A quels plus grands honneurs faut-il qu'un père aspire?

LE VIEIL HORACE.

Quels honneurs, quel triomphe, et quel empire enfin,
Lorsqu'Albe sous ses lois range notre destin?

VALÈRE.

Que parlez-vous ici d'Albe et de sa victoire? 1095
Ignorez-vous encor la moitié de l'histoire?

LE VIEIL HORACE.

Je sais que par sa fuite il a trahi l'État[1].

VALÈRE.

Oui, s'il eût en fuyant terminé le combat;
Mais on a bientôt vu qu'il ne fuyoit qu'en homme
Qui savoit ménager l'avantage de Rome. 1100

LE VIEIL HORACE.

Quoi, Rome donc triomphe!

VALÈRE.

Apprenez, apprenez
La valeur de ce fils qu'à tort vous condamnez.
Resté seul contre trois, mais en cette aventure

Cid : « Je ne sais s'il n'y a pas dans cette scène un artifice trop visible, une méprise trop longtemps soutenue. Il semble que l'auteur ait eu plus d'égards au jeu de théâtre qu'à la vraisemblance. C'est le même défaut que dans la scène de Chimène avec don Sanche dans *le Cid*.... »

1. *Var.* Le combat par sa fuite est-il pas terminé?
   VAL. Albe ainsi quelque temps se l'est imaginé;
   Mais elle a bientôt vu que c'étoit fuir (*a*) en homme. (1641-56)

(*a*) L'édition de 1655 A. porte *fait*, au lieu de *fuir*, et au premier vers de la variante *la fuite*, pour *sa fuite*.

ACTE IV, SCÈNE II.

Tous trois étant blessés, et lui seul sans blessure,
Trop foible pour eux tous, trop fort pour chacun d'eux,
Il sait bien se tirer d'un pas si dangereux[1];
Il fuit pour mieux combattre, et cette prompte ruse
Divise adroitement trois frères qu'elle abuse.
Chacun le suit d'un pas ou plus ou moins pressé,
Selon qu'il se rencontre ou plus ou moins blessé ;   1110
Leur ardeur est égale à poursuivre sa fuite;
Mais leurs coups inégaux séparent leur poursuite.
  Horace, les voyant l'un de l'autre écartés,
Se retourne, et déjà les croit demi-domptés :
Il attend le premier, et c'étoit votre gendre.   1115
L'autre, tout indigné qu'il ait osé l'attendre,
En vain en l'attaquant fait paroître un grand cœur ;
Le sang qu'il a perdu ralentit sa vigueur.
Albe à son tour commence à craindre un sort contraire ;
Elle crie au second qu'il secoure son frère :   1120
Il se hâte et s'épuise en efforts superflus;
Il trouve en les joignant que son frère n'est plus.

CAMILLE.

Hélas[2]!

1. *Var.* Il sait bien se tirer d'un pas si hasardeux (*a*). (1641-63)
2. Depuis ce cri jusqu'à la scène IV il y a, suivant la remarque que Voltaire fait sur le commencement de cette dernière scène, « un long silence de Camille dont on ne s'est pas seulement aperçu, parce que l'âme était toute remplie du destin des Horaces et des Curiaces et de celui de Rome. » Mlle Rachel le faisait bien apercevoir. « Elle a souvent créé des effets nouveaux, dit à cette occasion M. Véron dans les *Mémoires d'un bourgeois de Paris* (tome IV, p. 165). Je citerai surtout la scène du fauteuil dans le quatrième acte d'*Horace*. Sa pantomime, alors qu'elle apprend la mort de son amant, est d'un grand effet scénique ; mais elle excite plutôt encore dans cette situation la terreur que les larmes. Je tiens d'ailleurs de Mlle Rachel elle-même que ce fut à un état de malaise physique qu'elle emprunta l'idée et les moyens d'exécution de cette pantomime : elle venait d'être saignée ; elle ne fit que reproduire sur le théâtre l'abattement profond et les menaces douloureuses de syncope qu'elle éprouva. »

(*a*) Voltaire a donné dans son édition l'ancienne leçon *hasardeux*, au lieu de *dangereux*.

VALÈRE.

Tout hors d'haleine il prend pourtant sa place,
Et redouble bientôt la victoire d'Horace :
Son courage sans force est un débile appui ; 1125
Voulant venger son frère, il tombe auprès de lui.
L'air résonne des cris qu'au ciel chacun envoie ;
Albe en jette d'angoisse, et les Romains de joie.
Comme notre héros se voit près d'achever,
C'est peu pour lui de vaincre, il veut encor braver : 1130
« J'en viens d'immoler deux aux mânes de mes frères ;
Rome aura le dernier de mes trois adversaires,
C'est à ses intérêts que je vais l'immoler, »
Dit-il ; et tout d'un temps on le voit y voler.
La victoire entre eux deux n'étoit pas incertaine ; 1135
L'Albain percé de coups ne se traînoit qu'à peine,
Et comme une victime aux marches de l'autel,
Il sembloit présenter sa gorge au coup mortel :
Aussi le reçoit-il, peu s'en faut, sans défense,
Et son trépas de Rome établit la puissance[1]. 1140

LE VIEIL HORACE.

O mon fils ! ô ma joie ! ô l'honneur de nos jours !
O d'un État penchant l'inespéré secours !
Vertu digne de Rome, et sang digne d'Horace !
Appui de ton pays, et gloire de ta race !
Quand pourrai-je étouffer dans tes embrassements 1145
L'erreur[2] dont j'ai formé de si faux sentiments ?
Quand pourra mon amour baigner avec tendresse
Ton front victorieux de larmes d'allégresse ?

VALÈRE.

Vos caresses bientôt pourront se déployer :
Le Roi dans un moment vous le va renvoyer, 1150

---

1. Voyez plus haut, p. 266 et suivantes, le récit de Tite Live.
2. Dans l'édition de 1656, on lit *l'horreur*, pour *l'erreur*.

Et remet à demain la pompe qu'il prépare[1]
D'un sacrifice aux Dieux pour un bonheur si rare;
Aujourd'hui seulement on s'acquitte vers eux
Par des chants de victoire et par de simples vœux.
C'est où le Roi le mène, et tandis il m'envoie   1155
Faire office vers vous de douleur et de joie;
Mais cet office encor n'est pas assez pour lui;
Il y viendra lui-même, et peut-être aujourd'hui :
Il croit mal reconnoître une vertu si pure[2],
Si de sa propre bouche il ne vous en assure,   1160
S'il ne vous dit chez vous combien vous doit l'État.

LE VIEIL HORACE.

De tels remercîments ont pour moi trop d'éclat,
Et je me tiens déjà trop payé par les vôtres
Du service d'un fils, et du sang des deux autres[3].

VALÈRE.

Il ne sait ce que c'est d'honorer à demi;   1165
Et son sceptre arraché des mains de l'ennemi
Fait qu'il tient cet honneur qu'il lui plaît de vous faire[4]
Au-dessous du mérite et du fils et du père.
Je vais lui témoigner quels nobles sentiments
La vertu vous inspire en tous vos mouvements,   1170
Et combien vous montrez d'ardeur pour son service.

LE VIEIL HORACE.

Je vous devrai beaucoup pour un si bon office.

1. *Var.* Et remet à demain le pompeux sacrifice
   Que nous devons aux Dieux pour un tel bénéfice. (1641-56)
2. *Var.* Cette belle action si puissamment le touche,
   Qu'il vous veut rendre grâce, et de sa propre bouche,
   D'avoir donné vos fils au bien de son État. (1641-56)
3. *Var.* Du service de l'un, et du sang des deux autres.
   VAL. Le Roi ne sait que c'est d'honorer à demi. (1641-56)
4. *Var.* Fait qu'il estime encor l'honneur qu'il vous veut faire. (1641-60)

SCÈNE III.

LE VIEIL HORACE, CAMILLE.

LE VIEIL HORACE.

Ma fille, il n'est plus temps de répandre des pleurs;
Il sied mal d'en verser où l'on voit tant d'honneurs;
On pleure injustement des pertes domestiques,   1175
Quand on en voit sortir des victoires publiques.
Rome triomphe d'Albe, et c'est assez pour nous;
Tous nos maux à ce prix doivent nous être doux[1].
En la mort d'un amant vous ne perdez qu'un homme
Dont la perte est aisée à réparer dans Rome[2];   1180
Après cette victoire, il n'est point de Romain
Qui ne soit glorieux de vous donner la main.
Il me faut à Sabine en porter la nouvelle[3];
Ce coup sera sans doute assez rude pour elle,
Et ses trois frères morts par la main d'un époux   1185
Lui donneront des pleurs bien plus justes qu'à vous;
Mais j'espère aisément en dissiper l'orage,
Et qu'un peu de prudence aidant son grand courage
Fera bientôt régner sur un si noble cœur
Le généreux amour qu'elle doit au vainqueur.   1190
Cependant étouffez cette lâche tristesse;
Recevez-le, s'il vient, avec moins de foiblesse;
Faites-vous voir sa sœur, et qu'en un même flanc
Le ciel vous a tous deux formés d'un même sang.

1. *Var.* Tous nos maux à ce prix nous doivent être doux. (1641-56)
2. Voyez ci-dessus, p. 162, vers 1058 et note 4.
3. *Var.* Je m'en vais à Sabine en porter la nouvelle. (1641-56)

SCÈNE IV.
CAMILLE.

Oui, je lui ferai voir, par d'infaillibles marques, 1195
Qu'un véritable amour brave la main des Parques,
Et ne prend point de lois de ces cruels tyrans
Qu'un astre injurieux nous donne pour parents.
Tu blâmes ma douleur, tu l'oses nommer lâche;
Je l'aime d'autant plus que plus elle te fâche, 1200
Impitoyable père, et par un juste effort
Je la veux rendre égale aux rigueurs de mon sort.
 En vit-on jamais un dont les rudes traverses
Prissent en moins de rien tant de faces diverses,
Qui fût doux tant de fois, et tant de fois cruel, 1205
Et portât tant de coups avant le coup mortel?
Vit-on jamais une âme en un jour plus atteinte
De joie et de douleur, d'espérance et de crainte,
Asservie en esclave à plus d'événements,
Et le piteux jouet de plus de changements? 1210
Un oracle m'assure, un songe me travaille[1];
La paix calme l'effroi que me fait la bataille;
Mon hymen se prépare, et presque en un moment
Pour combattre mon frère on choisit mon amant;
Ce choix me désespère, et tous le désavouent[2]; 1215
La partie est rompue, et les Dieux la renouent;
Rome semble vaincue, et seul des trois Albains,
Curiace en mon sang n'a point trempé ses mains.
O Dieux! sentois-je alors des douleurs trop légères[3]

---

1. *Var.* Un oracle m'assure, un songe m'épouvante :
   La bataille m'effraie, et la paix me contente. (1641-56)
2. *Var.* Les deux camps mutinés un tel choix désavouent;
   Ils rompent la partie, et les Dieux la renouent. (1641-56)
3. *Var.* Dieux! sentois-je point lors des douleurs trop légères. (1641-56)
   Var. Ne sentois-je point lors des douleurs trop légères. (1660)

Pour le malheur de Rome et la mort de deux frères[1],
Et me flattois-je trop quand je croyois pouvoir[2]
L'aimer encor sans crime et nourrir quelque espoir?
Sa mort m'en punit bien, et la façon cruelle
Dont mon âme éperdue en reçoit la nouvelle :
Son rival me l'apprend, et faisant à mes yeux   1225
D'un si triste succès le récit odieux,
Il porte sur le front une allégresse ouverte,
Que le bonheur public fait bien moins que ma perte;
Et bâtissant en l'air sur le malheur d'autrui,
Aussi bien que mon frère il triomphe de lui.   1230
Mais ce n'est rien encore au prix de ce qui reste[3] :
On demande ma joie en un jour si funeste[4];
Il me faut applaudir aux exploits du vainqueur,
Et baiser une main qui me perce le cœur.
En un sujet de pleurs si grand, si légitime,   1235
Se plaindre est une honte, et soupirer un crime;
Leur brutale vertu veut qu'on s'estime heureux,
Et si l'on n'est barbare, on n'est point généreux.
 Dégénérons, mon cœur, d'un si vertueux père;
Soyons indigne sœur d'un si généreux frère :   1240
C'est gloire de passer pour un cœur abattu[5],
Quand la brutalité fait la haute vertu.
Éclatez, mes douleurs : à quoi bon vous contraindre?
Quand on a tout perdu, que sauroit-on plus craindre?
Pour ce cruel vainqueur n'ayez point de respect;   1245
Loin d'éviter ses yeux, croissez à son aspect;
Offensez sa victoire, irritez sa colère,

---

1. *Var.* Pour le malheur de Rome et la mort des deux frères? (1641 in-12)
2. *Var.* Me flattois-je point trop quand je croyois pouvoir. (1641-56)
   Var. Ne me flattois-je point quand je croyois pouvoir. (1660)
3. *Var.* Mais ce n'est encor rien au prix de ce qui reste. (1641-48 et 55 A.)
4. *Var.* On demande ma joie en un coup si funeste. (1641-56)
5. *Var.* C'est gloire de passer pour des cœurs abattus,
   Quand la brutalité fait les hautes vertus. (1641-56)

Et prenez, s'il se peut, plaisir à lui déplaire.
Il vient : préparons-nous à montrer constamment
Ce que doit une amante à la mort d'un amant. 1250

SCÈNE V.

HORACE, CAMILLE, PROCULE.

(Procule porte en sa main les trois épées des Curiaces[1].)

HORACE.

Ma sœur, voici le bras qui venge nos deux frères,
Le bras qui rompt le cours de nos destins contraires,
Qui nous rend maîtres d'Albe; enfin voici le bras
Qui seul fait aujourd'hui le sort de deux États;
Vois ces marques d'honneur, ces témoins de ma gloire,
Et rends ce que tu dois à l'heur de ma victoire.

CAMILLE.

Recevez donc mes pleurs, c'est ce que je lui dois[2].

HORACE.

Rome n'en veut point voir après de tels exploits,
Et nos deux frères morts dans le malheur des armes
Sont trop payés de sang pour exiger des larmes : 1260
Quand la perte est vengée, on n'a plus rien perdu.

CAMILLE.

Puisqu'ils sont satisfaits par le sang épandu,
Je cesserai pour eux de paroître affligée,
Et j'oublierai leur mort que vous avez vengée;
Mais qui me vengera de celle d'un amant, 1265
Pour me faire oublier sa perte en un moment?

---

1. *Var. Procule et deux autres soldats (a) portant chacun une épée des Curiaces.* (1641-60)
2. Voyez la Notice d'*Horace*, p. 248 et note 1.

(a) *Et les deux autres soldats.* (1641 in-12 et 47)

HORACE.

Que dis-tu, malheureuse?

CAMILLE.

O mon cher Curiace!

HORACE.

O d'une indigne sœur insupportable audace[1]!
D'un ennemi public dont je reviens vainqueur
Le nom est dans ta bouche et l'amour dans ton cœur!
Ton ardeur criminelle à la vengeance aspire!
Ta bouche la demande, et ton cœur la respire!
Suis moins ta passion, règle mieux tes desirs,
Ne me fais plus rougir d'entendre tes soupirs;
Tes flammes désormais doivent être étouffées;   1275
Bannis-les de ton âme, et songe à mes trophées :
Qu'ils soient dorénavant ton unique entretien.

CAMILLE.

Donne-moi donc, barbare, un cœur comme le tien;
Et si tu veux enfin que je t'ouvre mon âme,
Rends-moi mon Curiace, ou laisse agir ma flamme :   1280
Ma joie et mes douleurs dépendoient de son sort;
Je l'adorois vivant, et je le pleure mort.
    Ne cherche plus ta sœur où tu l'avois laissée;
Tu ne revois en moi qu'une amante offensée,
Qui comme une furie attachée à tes pas,   1285
Te veut incessamment reprocher son trépas.
Tigre altéré de sang, qui me défends les larmes[2],
Qui veux que dans sa mort je trouve encor des charmes,
Et que jusques au ciel élevant tes exploits,
Moi-même je le tue une seconde fois!   1290
Puissent tant de malheurs accompagner ta vie[3],
Que tu tombes au point de me porter envie;

1. *Var.* O d'une indigne sœur l'insupportable audace! (1641-60)
2. *Var.* Tigre affamé de sang, qui me défends les larmes. (1641-48 et 55 A.)
3. *Var.* Puissent de tels malheurs accompagner ta vie. (1651-56)

Et toi, bientôt souiller par quelque lâcheté
Cette gloire si chère à ta brutalité!

HORACE.

O ciel! qui vit jamais une pareille rage!   1295
Crois-tu donc que je sois insensible à l'outrage,
Que je souffre en mon sang ce mortel déshonneur?
Aime, aime cette mort qui fait notre bonheur,
Et préfère du moins au souvenir d'un homme
Ce que doit ta naissance aux intérêts de Rome.   1300

CAMILLE.

Rome, l'unique objet de mon ressentiment[1]!
Rome, à qui vient ton bras d'immoler mon amant!
Rome qui t'a vu naître, et que ton cœur adore!
Rome enfin que je hais parce qu'elle t'honore!
Puissent tous ses voisins ensemble conjurés   1305
Saper ses fondements encor mal assurés!
Et si ce n'est assez de toute l'Italie,
Que l'Orient contre elle à l'Occident s'allie;
Que cent peuples unis des bouts de l'univers
Passent pour la détruire et les monts et les mers!   1310
Qu'elle-même sur soi renverse ses murailles,
Et de ses propres mains déchire ses entrailles!
Que le courroux du ciel allumé par mes vœux[2]
Fasse pleuvoir sur elle un déluge de feux!
Puissé-je de mes yeux y voir tomber ce foudre[3],   1315
Voir ses maisons en cendre, et tes lauriers en poudre,
Voir le dernier Romain à son dernier soupir,
Moi seule en être cause, et mourir de plaisir!

---

1. « Ces Imprécations de Camille, dit Voltaire, ont toujours été un beau morceau de déclamation, et ont fait valoir toutes les actrices qui ont joué ce rôle. » Voyez la Notice d'*Horace*, p. 253 et note 1.
2. *Var.* Que le courroux du ciel allumé par mes yeux. (1656)
3. *Var.* Puissé-je de mes yeux voir tomber cette foudre. (1641-56)

HORACE, mettant la main à l'épée¹, et poursuivant sa sœur qui s'enfuit.

C'est trop, ma patience à la raison fait place ;
Va dedans les enfers plaindre ton Curiace². 1320

CAMILLE, blessée derrière le théâtre³.

Ah ! traître !

HORACE, revenant sur le théâtre.

Ainsi reçoive un châtiment soudain
Quiconque ose pleurer un ennemi romain⁴ !

SCÈNE VI.

HORACE, PROCULE.

PROCULE.

Que venez-vous de faire ?

HORACE.

Un acte de justice :
Un semblable forfait veut un pareil supplice.

PROCULE.

Vous deviez la traiter avec moins de rigueur. 1325

HORACE.

Ne me dis point qu'elle est et mon sang et ma sœur.
Mon père ne peut plus l'avouer pour sa fille :
Qui maudit son pays renonce à sa famille ;
Des noms si pleins d'amour ne lui sont plus permis ;
De ses plus chers parents il fait ses ennemis : 1330
Le sang même les arme en haine de son crime.
La plus prompte vengeance en est plus légitime⁵ ;

---

1. *Var. Mettant l'épée à la main.* (1641-48 et 55 A.)
2. *Var.* Va dedans les enfers joindre ton Curiace. (1641-56)
3. *Var.* CAMILLE, *derrière le théâtre.* (1663)
4. Voyez la Notice d'*Horace*, p. 252 et 253.
5. *Var.* La plus prompte vengeance est la plus légitime. (1647)

Et ce souhait impie, encore qu'impuissant,
Est un monstre qu'il faut étouffer en naissant.

SCÈNE VII.

HORACE, SABINE, PROCULE.

SABINE.

A quoi s'arrête ici ton illustre colère ? 1335
Viens voir mourir ta sœur dans les bras de ton père ;
Viens repaître tes yeux d'un spectacle si doux :
Ou si tu n'es point las de ces généreux coups[1],
Immole au cher pays des vertueux Horaces
Ce reste malheureux du sang des Curiaces. 1340
Si prodigue du tien, n'épargne pas le leur ;
Joins Sabine à Camille, et ta femme à ta sœur ;
Nos crimes sont pareils, ainsi que nos misères ;
Je soupire comme elle, et déplore mes frères :
Plus coupable en ce point contre tes dures lois, 1345
Qu'elle n'en pleuroit qu'un, et que j'en pleure trois,
Qu'après son châtiment ma faute continue.

HORACE.

Sèche tes pleurs, Sabine, ou les cache à ma vue :
Rends-toi digne du nom de ma chaste moitié,
Et ne m'accable point d'une indigne pitié. 1350
Si l'absolu pouvoir d'une pudique flamme
Ne nous laisse à tous deux qu'un penser et qu'une âme,
C'est à toi d'élever tes sentiments aux miens,
Non à moi de descendre à la honte des tiens.
Je t'aime, et je connois la douleur qui te presse ; 1355
Embrasse ma vertu pour vaincre ta foiblesse,

---

1. Racine a dit dans *Andromaque* (acte IV, scène v)
    Que peut-on refuser à ces généreux coups?

Participe à ma gloire au lieu de la souiller.
Tâche à t'en revêtir, non à m'en dépouiller.
Es-tu de mon honneur si mortelle ennemie,
Que je te plaise mieux couvert d'une infamie[1] ? 1360
Sois plus femme que sœur, et te réglant sur moi,
Fais-toi de mon exemple une immuable loi.

SABINE.

Cherche pour t'imiter des âmes plus parfaites.
Je ne t'impute point les pertes que j'ai faites,
J'en ai les sentiments que je dois en avoir, 1365
Et je m'en prends au sort plutôt qu'à ton devoir;
Mais enfin je renonce à la vertu romaine[2],
Si pour la posséder je dois être inhumaine;
Et ne puis voir en moi la femme du vainqueur
Sans y voir des vaincus la déplorable sœur. 1370
   Prenons part en public aux victoires publiques;
Pleurons dans la maison nos malheurs domestiques,
Et ne regardons point des biens communs à tous,
Quand nous voyons des maux qui ne sont que pour nous.
Pourquoi veux-tu, cruel, agir d'une autre sorte ? 1375
Laisse en entrant ici tes lauriers à la porte;
Mêle tes pleurs aux miens. Quoi ? ces lâches discours
N'arment point ta vertu contre mes tristes jours ?
Mon crime redoublé n'émeut point ta colère ?
Que Camille est heureuse! elle a pu te déplaire; 1380
Elle a reçu de toi ce qu'elle a prétendu,
Et recouvre là-bas tout ce qu'elle a perdu.
Cher époux, cher auteur du tourment qui me presse,
Écoute la pitié, si ta colère cesse;
Exerce l'une ou l'autre, après de tels malheurs, 1385
A punir ma foiblesse, ou finir mes douleurs :

1. *Var.* Que je te plaise mieux tombé dans l'infamie? (1641-56)
2. *Var.* Mais aussi je renonce à la vertu romaine. (1641-48 et 55 A.)

ACTE IV, SCÈNE VII.

Je demande la mort pour grâce, ou pour supplice ;
Qu'elle soit un effet d'amour ou de justice,
N'importe : tous ses traits n'auront rien que de doux[1],
Si je les vois partir de la main d'un époux.   1390

HORACE.

Quelle injustice aux Dieux d'abandonner aux femmes
Un empire si grand sur les plus belles âmes,
Et de se plaire à voir de si foibles vainqueurs
Régner si puissamment sur les plus nobles cœurs !
A quel point ma vertu devient-elle réduite !   1395
Rien ne la sauroit plus garantir que la fuite.
Adieu : ne me suis point, ou retiens tes soupirs.

SABINE, seule.

O colère, ô pitié, sourdes à mes desirs,
Vous négligez mon crime, et ma douleur vous lasse,
Et je n'obtiens de vous ni supplice ni grâce !   1400
Allons-y par nos pleurs faire encore un effort,
Et n'employons après que nous à notre mort.

1. *Var.* N'importe : tous ses traits me sembleront fort doux. (1641-56)

FIN DU QUATRIÈME ACTE.

ACTE V.

SCÈNE PREMIÈRE.
LE VIEIL HORACE, HORACE.

LE VIEIL HORACE.

Retirons nos regards de cet objet funeste,
Pour admirer ici le jugement céleste :
Quand la gloire nous enfle, il sait bien comme il faut
Confondre notre orgueil qui s'élève trop haut.
Nos plaisirs les plus doux ne vont point sans tristesse ;
Il mêle à nos vertus des marques de foiblesse,
Et rarement accorde à notre ambition
L'entier et pur honneur d'une bonne action. 1410
Je ne plains point Camille : elle étoit criminelle ;
Je me tiens plus à plaindre, et je te plains plus qu'elle :
Moi, d'avoir mis au jour un cœur si peu romain ;
Toi, d'avoir par sa mort déshonoré ta main.
Je ne la trouve point injuste ni trop prompte ; 1415
Mais tu pouvois, mon fils, t'en épargner la honte :
Son crime, quoique énorme et digne du trépas,
Étoit mieux impuni que puni par ton bras.

HORACE.

Disposez de mon sang, les lois vous en font maître[1] ;
J'ai cru devoir le sien aux lieux qui m'ont vu naître.
Si dans vos sentiments mon zèle est criminel,

---

1. *Var.* Disposez de mon sort, les lois vous en font maître ;
J'ai cru devoir ce coup aux lieux qui m'ont vu naître.
Si mon zèle au pays vous semble criminel. (1641-56)

ACTE V, SCÈNE I.

S'il m'en faut recevoir un reproche éternel,
Si ma main en devient honteuse et profanée,
Vous pouvez d'un seul mot trancher ma destinée :
Reprenez tout ce sang de qui ma lâcheté¹ 1425
A si brutalement souillé la pureté.
Ma main n'a pu souffrir de crime en votre race ;
Ne souffrez point de tache en la maison d'Horace.
C'est en ces actions dont l'honneur est blessé
Qu'un père tel que vous se montre intéressé : 1430
Son amour doit se taire où toute excuse est nulle ;
Lui-même il y prend part lorsqu'il les dissimule ;
Et de sa propre gloire il fait trop peu de cas,
Quand il ne punit point ce qu'il n'approuve pas.

LE VIEIL HORACE.

Il n'use pas toujours d'une rigueur extrême ; 1435
Il épargne ses fils bien souvent pour soi-même ;
Sa vieillesse sur eux aime à se soutenir,
Et ne les punit point, de peur de se punir².
Je te vois d'un autre œil que tu ne te regardes ;
Je sais.... Mais le Roi vient, je vois entrer ses gardes. 1440

SCÈNE II.

TULLE, VALÈRE, LE VIEIL HORACE,
HORACE, TROUPE DE GARDES³.

LE VIEIL HORACE.

Ah! Sire, un tel honneur a trop d'excès pour moi ;
Ce n'est point en ce lieu que je dois voir mon roi :
Permettez qu'à genoux....

---

1. *Var.* Reprenez votre sang de qui ma lâcheté
   A si mal à propos souillé la pureté. (1641-56)
2. *Var.* Et ne les punit point, pour ne se pas punir. (1641-60)
3. *Var.* TROUPE DES GARDES. (1655 A. et 56)

HORACE.

TULLE.

Non, levez-vous, mon père :
Je fais ce qu'en ma place un bon prince doit faire.
Un si rare service et si fort important   1445
Veut l'honneur le plus rare et le plus éclatant[1].
Vous en aviez déjà sa parole pour gage;
Je ne l'ai pas voulu différer davantage.
J'ai su par son rapport, et je n'en doutois pas,
Comme de vos deux fils vous portez le trépas,   1450
Et que déjà votre âme étant trop résolue,
Ma consolation vous seroit superflue;
Mais je viens de savoir quel étrange malheur
D'un fils victorieux a suivi la valeur,
Et que son trop d'amour pour la cause publique   1455
Par ses mains à son père ôte une fille unique.
Ce coup est un peu rude à l'esprit le plus fort[2];
Et je doute comment vous portez cette mort.

LE VIEIL HORACE.

Sire, avec déplaisir, mais avec patience.

TULLE.

C'est l'effet vertueux de votre expérience.   1460
Beaucoup par un long âge ont appris comme vous
Que le malheur succède au bonheur le plus doux :
Peu savent comme vous s'appliquer ce remède,
Et dans leur intérêt toute leur vertu cède.
Si vous pouvez trouver dans ma compassion   1465
Quelque soulagement pour votre affliction[3],
Ainsi que votre mal sachez qu'elle est extrême,
Et que je vous en plains autant que je vous aime[4].

1. Entre ce vers et le suivant, Voltaire a ajouté cette indication qui n'est point inutile : *montrant Valère.*
2. *Var.* Je sais que peut ce coup sur l'esprit le plus fort. (1641-56)
3. *Var.* Quelque soulagement à votre affliction. (1641 in-12 et 47)
4. *Var.* Et que Tulle vous plaint autant comme il vous aime. (1641-56)

VALÈRE.

Sire, puisque le ciel entre les mains des rois
Dépose sa justice et la force des lois,　　　　　　　1470
Et que l'État demande aux princes légitimes
Des prix pour les vertus, des peines pour les crimes,
Souffrez qu'un bon sujet vous fasse souvenir
Que vous plaignez beaucoup ce qu'il vous faut punir;
Souffrez....

LE VIEIL HORACE.

Quoi? qu'on envoie un vainqueur au supplice?

TULLE.

Permettez qu'il achève, et je ferai justice :
J'aime à la rendre à tous, à toute heure, en tout lieu.
C'est par elle qu'un roi se fait un demi-dieu;
Et c'est dont je vous plains, qu'après un tel service
On puisse contre lui me demander justice.　　　　1480

VALÈRE.

Souffrez donc, ô grand Roi, le plus juste des rois,
Que tous les gens de bien vous parlent par ma voix.
Non que nos cœurs jaloux de ses honneurs s'irritent;
S'il en reçoit beaucoup, ses hauts faits[1] le méritent[2];
Ajoutez-y plutôt que d'en diminuer :　　　　　　　1485
Nous sommes tous encor prêts d'y contribuer;
Mais puisque d'un tel crime il s'est montré capable,
Qu'il triomphe en vainqueur, et périsse en coupable.
Arrêtez sa fureur, et sauvez de ses mains,
Si vous voulez régner, le reste des Romains :　　　1490
Il y va de la perte ou du salut du reste.
 La guerre avoit un cours si sanglant, si funeste[3],

---

1. On lit *les hauts faits*, pour *ses hauts faits*, dans l'édition de 1682. — L'édition de 1655 A. porte : « ses beaux faits. »

2. L'édition de 1682 et celle de 1665 A. sont les seules qui aient *le méritent*; toutes les autres portent : *les méritent*.

3. *Var.* Vu le sang qu'a versé cette guerre funeste,
　　Et tant de nœuds d'hymen dont nos heureux destins

Et les nœuds de l'hymen, durant nos bons destins,
Ont tant de fois uni des peuples si voisins,
Qu'il est peu de Romains que le parti contraire   1495
N'intéresse en la mort d'un gendre ou d'un beau-frère,
Et qui ne soient forcés de donner quelques pleurs,
Dans le bonheur¹ public, à leurs propres malheurs.
Si c'est offenser Rome, et que l'heur de ses armes
L'autorise à punir ce crime de nos larmes,   1500
Quel sang épargnera ce barbare vainqueur,
Qui ne pardonne pas à celui de sa sœur,
Et ne peut excuser cette douleur pressante²
Que la mort d'un amant jette au cœur d'une amante,
Quand près d'être éclairés du nuptial flambeau,   1505
Elle voit avec lui son espoir au tombeau?
Faisant triompher Rome, il se l'est asservie ;
Il a sur nous un droit et de mort et de vie ;
Et nos jours criminels ne pourront plus durer
Qu'autant qu'à sa clémence il plaira l'endurer.   1510
    Je pourrois ajouter aux intérêts de Rome
Combien un pareil coup est indigne d'un homme ;
Je pourrois demander qu'on mît devant vos yeux
Ce grand et rare exploit d'un bras victorieux :
Vous verriez un beau sang, pour accuser sa rage,   1515
D'un frère si cruel rejaillir³ au visage :
Vous verriez des horreurs qu'on ne peut concevoir ;
Son âge et sa beauté vous pourroient émouvoir ;
Mais je hais ces moyens qui sentent l'artifice.

        Ont uni si souvent des peuples si voisins,
        Peu de nous ont joui d'un succès si prospère,
        Qu'ils n'aient perdu dans Albe un cousin, un beau-frère,
        Un oncle, un gendre même, et ne donnent des pleurs. (1641-56)
1. L'édition de 1655 A. porte *trouble*, au lieu de *bonheur*.
2. *Var*. Et ne peut excuser la douleur véhémente. (1641-56)
3. Les éditions de 1641 et de 1660 ont seules *rejaillir* : toutes les autres portent *rejaillir*.

ACTE V, SCÈNE II.

Vous avez à demain remis le sacrifice : 1520
Pensez-vous que les Dieux, vengeurs des innocents,
D'une main parricide acceptent de l'encens?
Sur vous ce sacrilége attireroit sa peine;
Ne le considérez qu'en objet de leur haine,
Et croyez avec nous qu'en tous ses trois combats[1] 1525
Le bon destin de Rome a plus fait que son bras,
Puisque ces mêmes Dieux, auteurs de sa victoire,
Ont permis qu'aussitôt il en souillât la gloire,
Et qu'un si grand courage, après ce noble effort,
Fût digne en même jour de triomphe et de mort. 1530
Sire, c'est ce qu'il faut que votre arrêt décide.
En ce lieu Rome a vu le premier parricide;
La suite en est à craindre, et la haine des cieux :
Sauvez-nous de sa main, et redoutez les Dieux.

TULLE.

Défendez-vous, Horace.

HORACE.

A quoi bon me défendre? 1535
Vous savez l'action, vous la venez d'entendre[2];
Ce que vous en croyez me doit être une loi.
Sire, on se défend mal contre l'avis d'un roi,
Et le plus innocent devient soudain coupable[3],
Quand aux yeux de son prince il paroît condamnable.
C'est crime qu'envers lui se vouloir excuser :
Notre sang est son bien, il en peut disposer;
Et c'est à nous de croire, alors qu'il en dispose,
Qu'il ne s'en prive point sans une juste cause.
Sire, prononcez donc, je suis prêt d'obéir; 1545
D'autres aiment la vie, et je la dois haïr.

1. *Var.* Et croyez avec nous qu'en tous ces trois combats. (1652, 54 et 56)
2. *Var.* Vous savez l'action, vous le venez d'entendre. (1641 et 55 A.)
3. *Var.* Et le plus innocent que le ciel ait vu naître,
   Quand il le croit coupable, il commence de l'être. (1641-56)

Je ne reproche point à l'ardeur de Valère
Qu'en amant de la sœur il accuse le frère[1] :
Mes vœux avec les siens conspirent aujourd'hui ;
Il demande ma mort, je la veux comme lui.   1550
Un seul point entre nous met cette différence,
Que mon honneur par là cherche son assurance,
Et qu'à ce même but nous voulons arriver,
Lui pour flétrir ma gloire, et moi pour la sauver.
  Sire, c'est rarement qu'il s'offre une matière   1555
A montrer d'un grand cœur la vertu toute entière.
Suivant l'occasion elle agit plus ou moins,
Et paroît forte ou foible aux yeux de ses témoins.
Le peuple, qui voit tout seulement par l'écorce,
S'attache à son effet pour juger de sa force[2] ;   1560
Il veut que ses dehors gardent un même cours,
Qu'ayant fait un miracle, elle en fasse toujours :
Après une action pleine, haute, éclatante,
Tout ce qui brille moins remplit mal son attente ;
Il veut qu'on soit égal en tout temps, en tous lieux ;   1565
Il n'examine point si lors on pouvoit mieux,
Ni que, s'il ne voit pas sans cesse une merveille,
L'occasion est moindre, et la vertu pareille :
Son injustice accable et détruit les grands noms ;
L'honneur des premiers faits se perd par les seconds ;   1570
Et quand la renommée a passé l'ordinaire,
Si l'on n'en veut déchoir, il faut ne plus rien faire[3].
  Je ne vanterai point les exploits de mon bras ;
Votre Majesté, Sire, a vu mes trois combats :
Il est bien malaisé qu'un pareil les seconde,   1575

---

1. *Var.* Qu'en amant de sa sœur il accuse le frère. (1652, 54 et 56)
2. *Var.* Prend droit par ses effets de juger de sa force,
   Et s'ose imaginer, par un mauvais discours,
   Que qui fait un miracle en doit faire toujours. (1641-56)
3. *Var.* Si l'on n'en veut déchoir, il ne faut plus rien faire. (1641-56)

ACTE V, SCÈNE II.

Qu'une autre occasion à celle-ci réponde,
Et que tout mon courage, après de si grands coups,
Parvienne à des succès qui n'aillent au-dessous ;
Si bien que pour laisser une illustre mémoire,
La mort seule aujourd'hui peut conserver ma gloire : 1580
Encor la falloit-il sitôt que j'eus vaincu,
Puisque pour mon honneur j'ai déjà trop vécu.
Un homme tel que moi voit sa gloire ternie,
Quand il tombe en péril de quelque ignominie ;
Et ma main auroit su déjà m'en garantir ; 1585
Mais sans votre congé mon sang n'ose sortir :
Comme il vous appartient, votre aveu doit se prendre ;
C'est vous le dérober qu'autrement le répandre.
Rome ne manque point de généreux guerriers ;
Assez d'autres sans moi soutiendront vos lauriers ; 1590
Que Votre Majesté désormais m'en dispense ;
Et si ce que j'ai fait vaut quelque récompense,
Permettez, ô grand Roi, que de ce bras vainqueur
Je m'immole à ma gloire, et non pas à ma sœur.

SCÈNE III.
TULLE, VALÈRE, LE VIEIL HORACE,
HORACE, SABINE[1].

SABINE.

Sire, écoutez Sabine, et voyez dans son âme 1595
Les douleurs d'une sœur, et celles d'une femme,
Qui toute désolée, à vos sacrés genoux,
Pleure pour sa famille, et craint pour son époux.
Ce n'est pas que je veuille avec cet artifice
Dérober un coupable au bras de la justice : 1600
Quoi qu'il ait fait pour vous, traitez-le comme tel,

1. Les éditions de 1641-56 ajoutent JULIE aux personnages de cette scène.

Et punissez en moi ce noble criminel ;
De mon sang malheureux expiez tout son crime ;
Vous ne changerez point pour cela de victime :
Ce n'en sera point prendre une injuste pitié, 1605
Mais en sacrifier la plus chère moitié.
Les nœuds de l'hyménée et son amour extrême
Font qu'il vit plus en moi qu'il ne vit en lui-même ;
Et si vous m'accordez de mourir aujourd'hui,
Il mourra plus en moi qu'il ne mourroit en lui ; 1610
La mort que je demande, et qu'il faut que j'obtienne,
Augmentera sa peine, et finira la mienne.
Sire, voyez l'excès de mes tristes ennuis,
Et l'effroyable état où mes jours sont réduits.
Quelle horreur d'embrasser un homme dont l'épée 1615
De toute ma famille a la trame coupée !
Et quelle impiété de haïr un époux
Pour avoir bien servi les siens, l'État et vous
Aimer un bras souillé du sang de tous mes frères !
N'aimer pas un mari qui finit nos misères ! 1620
Sire, délivrez-moi par un heureux trépas
Des crimes de l'aimer et de ne l'aimer pas ;
J'en nommerai l'arrêt une faveur bien grande.
Ma main peut me donner ce que je vous demande ;
Mais ce trépas enfin me sera bien plus doux, 1625
Si je puis de sa honte affranchir mon époux ;
Si je puis par mon sang apaiser la colère
Des Dieux qu'a pu fâcher sa vertu trop sévère,
Satisfaire en mourant aux mânes de sa sœur,
Et conserver à Rome un si bon défenseur. 1630

LE VIEIL HORACE, au Roi[1].

Sire, c'est donc à moi de répondre à Valère.

---

1. Ce jeu de scène et les suivants, jusqu'à la fin de la pièce, manquent dans les éditions de 1641-48 et dans celle de 1655 A.

ACTE V, SCÈNE III.

Mes enfants avec lui conspirent contre un père :
Tous trois veulent me perdre, et s'arment sans raison
Contre si peu de sang qui reste en ma maison.

(A Sabine.)

Toi qui par des douleurs à ton devoir contraires¹,
Veux quitter un mari pour rejoindre tes frères²,
Va plutôt consulter leurs mânes généreux;
Ils sont morts, mais pour Albe, et s'en tiennent heureux :
Puisque le ciel vouloit qu'elle fût asservie,
Si quelque sentiment demeure après la vie,   1640
Ce mal leur semble moindre, et moins rudes ses coups,
Voyant que tout l'honneur en retombe sur nous;
Tous trois désavoueront la douleur qui te touche,
Les larmes de tes yeux, les soupirs de ta bouche,
L'horreur que tu fais voir d'un mari vertueux.   1645
Sabine, sois leur sœur, suis ton devoir comme eux.

(Au Roi.)

Contre ce cher époux Valère en vain s'anime :
Un premier mouvement ne fut jamais un crime;
Et la louange est due, au lieu du châtiment,
Quand la vertu produit ce premier mouvement.   1650
Aimer nos ennemis avec idolâtrie,
De rage en leur trépas maudire la patrie,
Souhaiter à l'État un malheur infini,
C'est ce qu'on nomme crime, et ce qu'il a puni.
Le seul amour de Rome a sa main animée :   1655
Il seroit innocent s'il l'avoit moins aimée.
Qu'ai-je dit, Sire? il l'est, et ce bras paternel
L'auroit déjà puni s'il étoit criminel :
J'aurois su mieux user de l'entière puissance
Que me donnent sur lui les droits de la naissance; 1660

---

1. *Var.* Toi qui par des douleurs à tes devoirs contraires. (1641 et 55 A.)
2. *Var.* Veux quitter un mari pour rejoindre les frères. (1641 in-12)

J'aime trop l'honneur, Sire, et ne suis point de rang
A souffrir ni d'affront ni de crime en mon sang.
C'est dont je ne veux point de témoin que Valère :
Il a vu quel accueil lui gardoit ma colère,
Lorsqu'ignorant encor la moitié du combat, 1665
Je croyois que sa fuite avoit trahi l'État.
Qui le fait se charger des soins de ma famille?
Qui le fait, malgré moi, vouloir venger ma fille?
Et par quelle raison, dans son juste trépas,
Prend-il un intérêt qu'un père ne prend pas? 1670
On craint qu'après sa sœur il n'en maltraite d'autres!
Sire, nous n'avons part qu'à la honte des nôtres,
Et de quelque façon qu'un autre puisse agir,
Qui ne nous touche point ne nous fait point rougir.

(A Valère.)

Tu peux pleurer, Valère, et même aux yeux d'Horace ;
Il ne prend intérêt qu'aux crimes de sa race :
Qui n'est point de son sang ne peut faire d'affront
Aux lauriers immortels qui lui ceignent le front.
Lauriers, sacrés rameaux qu'on veut réduire en poudre,
Vous qui mettez sa tête à couvert de la foudre[1], 1680
L'abandonnerez-vous à l'infâme couteau
Qui fait choir les méchants sous la main d'un bourreau?
Romains, souffrirez-vous qu'on vous immole un homme[2]
Sans qui Rome aujourd'hui cesseroit d'être Rome,
Et qu'un Romain s'efforce à tacher le renom 1685
D'un guerrier à qui tous doivent un si beau nom?
Dis, Valère, dis-nous, si tu veux qu'il périsse[3],
Où tu penses choisir un lieu pour son supplice?
Sera-ce entre ces murs que mille et mille voix

---

1. Don Arias dit au Comte dans *le Cid*, acte II, scène I, vers 390 :
   Avec tous vos lauriers craignez encor le foudre.
2. Voyez plus haut, p. 271 et 272, le discours du vieil Horace dans Tite Live.
3. *Var.* Dis, Valère, dis-nous, puisqu'il faut qu'il périsse. (1641-48 et 55 A.)

ACTE V, SCÈNE III.

Font résonner encor du bruit de ses exploits ? 1690
Sera-ce hors des murs, au milieu de ces places
Qu'on voit fumer encor du sang des Curiaces,
Entre leurs trois tombeaux, et dans ce champ d'honneur
Témoin de sa vaillance et de notre bonheur?
Tu ne saurois cacher sa peine à sa victoire ; 1695
Dans les murs, hors des murs, tout parle de sa gloire,
Tout s'oppose à l'effort de ton injuste amour,
Qui veut d'un si bon sang souiller un si beau jour.
Albe ne pourra pas souffrir un tel spectacle,
Et Rome par ses pleurs y mettra trop d'obstacle[1]. 1700
(Au Roi.)
Vous les préviendrez[2], Sire ; et par un juste arrêt
Vous saurez embrasser bien mieux son intérêt.
Ce qu'il a fait pour elle, il peut encor le faire[3] :
Il peut la garantir encor d'un sort contraire.
Sire, ne donnez rien à mes débiles ans : 1705
Rome aujourd'hui m'a vu père de quatre enfants ;
Trois en ce même jour sont morts pour sa querelle ;
Il m'en reste encore un, conservez-le pour elle :
N'ôtez pas à ses murs un si puissant appui ;
Et souffrez, pour finir, que je m'adresse à lui. 1710
(A Horace.)
Horace, ne crois pas que le peuple stupide
Soit le maître absolu d'un renom bien solide :
Sa voix tumultueuse assez souvent fait bruit ;
Mais un moment l'élève, un moment le détruit ;
Et ce qu'il contribue à notre renommée 1715
Toujours en moins de rien se dissipe en fumée.

---

1. *Var.* Et Rome avec ses pleurs y mettra trop d'obstacle. (1641-60)
2. L'édition de 1682 porte *vous le préviendrez*, pour *vous les préviendrez ;* c'est sans doute une erreur.
3. *Var.* Ce qu'il a fait pour elle, il le peut encor faire :
  Il la peut garantir encor d'un sort contraire. (1641-60)

C'est aux rois, c'est aux grands, c'est aux esprits bien faits,
A voir la vertu pleine en ses moindres effets ;
C'est d'eux seuls qu'on reçoit la véritable gloire ;
Eux seuls des vrais héros assurent la mémoire. 1720
Vis toujours en Horace, et toujours auprès d'eux
Ton nom demeurera grand, illustre, fameux,
Bien que l'occasion, moins haute ou moins brillante,
D'un vulgaire ignorant trompe l'injuste attente.
Ne hais donc plus la vie, et du moins vis pour moi, 1725
Et pour servir encor ton pays et ton roi.
    Sire, j'en ai trop dit ; mais l'affaire vous touche ;
Et Rome toute entière a parlé par ma bouche.

                    VALÈRE.
Sire, permettez-moi....

                    TULLE.
              Valère, c'est assez :
Vos discours par les leurs ne sont pas effacés ; 1730
J'en garde en mon esprit les forces plus pressantes,
Et toutes vos raisons me sont encor présentes.
    Cette énorme action faite presque à nos yeux
Outrage la nature, et blesse jusqu'aux Dieux.
Un premier mouvement qui produit un tel crime 1735
Ne sauroit lui servir d'excuse légitime :
Les moins sévères lois en ce point sont d'accord ;
Et si nous les suivons, il est digne de mort.
Si d'ailleurs nous voulons regarder le coupable,
Ce crime, quoique grand, énorme, inexcusable, 1740
Vient de la même épée et part du même bras
Qui me fait aujourd'hui maître de deux États.
Deux sceptres en ma main, Albe à Rome asservie,
Parlent bien hautement en faveur de sa vie :
Sans lui j'obéirois où je donne la loi, 1745
Et je serois sujet où je suis deux fois roi.
    Assez de bons sujets dans toutes les provinces

Par des vœux impuissants s'acquittent vers leurs princes ;
Tous les peuvent aimer, mais tous ne peuvent pas
Par d'illustres effets assurer leurs États ; 1750
Et l'art et le pouvoir d'affermir des couronnes
Sont des dons que le ciel fait à peu de personnes¹.
De pareils serviteurs sont les forces des rois,
Et de pareils aussi sont au-dessus des lois.
Qu'elles se taisent donc ; que Rome dissimule 1755
Ce que dès sa naissance elle vit en Romule :
Elle peut bien souffrir en son libérateur
Ce qu'elle a bien souffert en son premier auteur.
  Vis donc, Horace, vis, guerrier trop magnanime :
Ta vertu met ta gloire au-dessus de ton crime ; 1760
Sa chaleur généreuse a produit ton forfait² ;
D'une cause si belle il faut souffrir l'effet.
Vis pour servir l'État ; vis, mais aime Valère :
Qu'il ne reste entre vous ni haine ni colère ;
Et soit qu'il ait suivi l'amour ou le devoir, 1765
Sans aucun sentiment résous-toi de le voir.
  Sabine, écoutez moins la douleur qui vous presse³ ;
Chassez de ce grand cœur ces marques de foiblesse :

---

1. Ces deux vers rappellent, bien que la pensée soit toute différente, la fin de cette phrase de Malherbe (voyez l'édition de M. L. Lalanne, tome I, p. 188) :

> Apollon à portes ouvertes
> Laisse indifféremment cueillir
> Les belles feuilles toujours vertes
> Qui gardent les noms de vieillir ;
> Mais l'art d'en faire les couronnes
> N'est pas su de toutes personnes....

2. *Var.* Ta chaleur généreuse a produit ton forfait. (1647 et 55 A.)
   Var. Sa chaleur dangereuse a produit ton forfait. (1656)
3. *Var. Le Roi se lève, et tous le suivent hormis Julie.*

SCÈNE IV.

JULIE.

Camille, ainsi le ciel t'avoit bien avertie
Des tragiques succès qu'il t'avoit préparés ;

C'est en séchant vos pleurs que vous vous montrerez
La véritable sœur de ceux que vous pleurez.   1770
    Mais nous devons aux Dieux demain un sacrifice ;
Et nous aurions le ciel à nos vœux mal propice,
Si nos prêtres, avant que de sacrifier,
Ne trouvoient les moyens de le purifier :
Son père en prendra soin ; il lui sera facile   1775
D'apaiser tout d'un temps les mânes de Camille.
Je la plains ; et pour rendre à son sort rigoureux
Ce que peut souhaiter son esprit amoureux,
Puisqu'en un même jour l'ardeur d'un même zèle
Achève le destin de son amant et d'elle,   1780
Je veux qu'un même jour, témoin de leurs deux morts,
En un même tombeau voie enfermer leurs corps.

Mais toujours du secret il cache une partie
Aux esprits les plus nets et les mieux éclairés.

Il sembloit nous parler de ton proche hyménée,
Il sembloit tout promettre à tes vœux innocents ;
Et nous cachant ainsi ta mort inopinée,
Sa voix n'est que trop vraie en trompant notre sens :

« Albe et Rome aujourd'hui prennent une autre face ;
Tes vœux sont exaucés, elles goûtent la paix ;
Et tu vas être unie avec ton Curiace,
Sans qu'aucun mauvais sort t'en sépare jamais (a). » (1641-56)

(a) Ce commentaire de Julie sur le sens de l'oracle, dit Voltaire, est visiblement imité de la fin du *Pastor fido*.

FIN DU CINQUIÈME ET DERNIER ACTE.

CINNA

TRAGÉDIE

1640

NOTICE.

« .... Par les envieux un génie excité
Au comble de son art est mille fois monté;
Plus on veut l'affoiblir, plus il croît et s'élance :
Au *Cid* persécuté *Cinna* doit sa naissance, »

dit Boileau dans son *Épître à Racine* (vers 49-52). L'effort que fit le génie de Corneille pour répondre dignement à ses détracteurs, est peut-être en effet une des causes de la perfection de *Cinna*; mais quel motif a porté le poëte à choisir ce sujet, à le développer avec un soin si curieux, à conseiller avec tant d'autorité la clémence au souverain et l'oubli aux conjurés?... C'est ce qu'aucun contemporain ne nous a dit; on en est donc réduit sur ce point aux conjectures, et, le premier, M. Édouard Fournier en a présenté tout récemment qui ont le double mérite, assez rare, d'être à la fois fort ingénieuses et très-plausibles.

« C'est en 1640 que *Cinna* fut joué d'abord, et c'est par conséquent en 1639 qu'il fut écrit. Or que s'était-il passé cette année-là dans la ville de Rouen, où Corneille menait la vie laborieuse et retirée que vous connaissez déjà[1]? De sinistres événements l'avaient agitée, ainsi que toute la province dont elle était la tête et le cœur. Les habitants des campagnes, surchargés des taxes mises sur le sel, sur le cuir, et même jusque sur le pain, avaient refusé de payer.

« On avait arrêté les plus mutins; ils en avaient appelé devant le parlement de Rouen et la cour des aides; le parle-

---

1. Voyez la *Notice biographique*.

ment les avait fait mettre en liberté, et par suite la révolte se croyant ainsi autorisée et se trouvant avoir un point d'appui, s'était étendue dans toute la province. On avait couru sus aux commis, démoli leurs maisons, et pendu même ceux qu'on avait pu trouver. Un chef mystérieux, que personne n'avait vu, mais que tout le monde nommait et chantait, conduisait cette jacquerie normande. C'était *Jean-va-nu-pieds*, descendant direct du *Jacques Bonhomme* des temps féodaux, et comme lui personnification terrible de la misère furieuse[1].

« Richelieu veillait. Le danger, qui eût été grand partout, l'était là plus qu'ailleurs, à cause du voisinage de l'Anglais toujours prompt à profiter de nos troubles, et en raison aussi de certain désir mal déguisé que les pays normands avaient toujours eu de se donner à un duc[2].

« Il fallait donc un remède énergique et sûr. Le Cardinal n'était pas homme à le faire attendre ni à l'employer mollement, une fois qu'il l'aurait trouvé. Comme la première cause de cette révolte venait d'une rébellion du parlement de Rouen, il voulut que cette magistrature insubordonnée fût punie par la main d'un magistrat. Le chancelier Seguier fut chargé de ses ordres. Il partit avec une armée, et quelques jours après, Rouen était occupé militairement.

« Le parlement, qui prévoyait ce qu'il devait attendre de la colère d'un homme comme Richelieu, lui avait en hâte envoyé deux de ses principaux magistrats pour supplier et demander pardon. Ils ne purent rien obtenir. Rouen fut traité comme une ville prise d'assaut. On la frappa d'une taxe d'un million quatre-vingt-cinq mille livres; son conseil municipal fut dissous; le parlement, la cour des aides, le lieutenant général du bailliage furent interdits. Ce n'est pas tout. Il fallait du sang dans toutes les rigueurs qu'ordonnait Richelieu. Un grand nombre d'ha-

---

1. M. Rathery, *Des anciennes institutions judiciaires de la Normandie*, dans la *Revue française* du mois de mars 1839, p. 269. — Voyez aussi l'*Introduction* du *Diaire, ou Journal du chancelier Seguier en Normandie après la sédition des nu-pieds, et documents relatifs à ce voyage et à la sédition*, publiés pour la première fois par A. Floquet. Rouen, 1842, in-8°.

2. Tallemant des Réaux, tome II, p. 47.

bitants furent arrêtés; on leur fit leur procès, et quarante-six furent condamnés : quatre à être rompus vifs, vingt au gibet, vingt-deux au bannissement perpétuel.

« Le chancelier, qui réglait toutes ces représailles sur la connaissance qu'il avait des sévérités ordinaires à celui dont il était l'exécuteur, ne se croyait pas satisfait encore. Après avoir décimé la population, il voulait décapiter la ville elle-même, et rêvait pour cela la démolition de sa maison commune. C'était trop de zèle. Le Cardinal, à qui il envoya le menu de ses rigueurs, fit écrire en marge : « Bon, à l'exception du ra- « sement de l'hôtel de ville[1]. »

En sa qualité d'avocat aux siéges généraux de l'amirauté, Corneille faisait partie du parlement; il comptait parmi les proscrits, des amis, des parents peut-être, et devait avoir à cœur de calmer les ressentiments de Richelieu. Est-ce à dire que nous ne voyions dans *Cinna* qu'un éloquent plaidoyer? Dieu nous en garde! A coup sûr, Corneille voulait avant tout faire une belle tragédie; mais rencontrant dans Sénèque le magnifique exemple de clémence qu'il a si bien mis en scène, ne peut-il point, par un retour bien naturel sur son temps, avoir souhaité pour sa ville natale un souverain aussi magnanime qu'Auguste? S'il a eu cette idée, la Rome antique s'est tout à coup animée à ses yeux, et l'émotion que lui avaient causée les troubles dont il venait d'être le témoin fut la source de cette inspiration passionnée avec laquelle il peignit, en contemporain, en spectateur fidèle, les agitations qui accompagnèrent l'établissement de l'empire.

Le public était du reste admirablement préparé à goûter une œuvre de ce genre : « Les premiers spectateurs, dit Voltaire, furent ceux qui combattirent à la Marfée, et qui firent la guerre de la Fronde. Il y a d'ailleurs dans cette pièce un vrai continuel, un développement de la constitution de l'empire romain qui plaît extrêmement aux hommes d'État, et alors chacun voulait l'être[2]. »

---

1. M. Rathery, p. 271. — M. Édouard Fournier, *Notes sur la vie de Corneille*, p. cxvii-cxix, en tête de *Corneille à la Butte Saint-Roch*.

2. *Remarques sur Cinna*, acte V, scène III, vers 1701.

La tragédie eut donc un grand succès ; mais l'éloquente et indirecte supplique qui, suivant l'hypothèse que nous avons adoptée, s'y trouvait contenue, fut loin d'en avoir autant. Aucun des Rouennais proscrits ne fut rappelé, et les rigueurs ordonnées suivirent leur cours. Le destin de cette pièce, comme de presque tous les chefs-d'œuvre dramatiques, fut de causer une vive impression, mais sans changer les cœurs, sans fléchir les volontés. D'après une anecdote fort douteuse, Louis XIV, après avoir constamment refusé la grâce du chevalier de Rohan, aurait été si ému en assistant à une représentation de *Cinna* la veille du jour où le chevalier de Rohan devait être exécuté, que si on lui avait alors parlé de nouveau en faveur du condamné, il n'eût pu, aurait-il dit lui-même, s'empêcher d'accorder en ce moment la grâce qu'il avait jusqu'alors constamment refusée[1]. Quoi qu'il en soit de cette émotion attribuée à Louis XIV, il est certain que l'exemple d'Auguste ne tenta pas un instant Richelieu.

Suivant les frères Parfait[2], *Cinna* aurait été joué pour la première fois vers la fin de 1639. Mais cette pièce succéda à *Horace*, qui, le 9 mars 1640, ainsi que nous l'avons vu plus haut[3], venait à peine d'être joué ; la première représentation de *Cinna* est donc sans contredit postérieure à cette date.

L'auteur d'une *Lettre sur la vie et les ouvrages de Molière et sur les comédiens de son temps*, publiée au mois de mai 1740[4], s'exprime ainsi en parlant de Pierre Mercier, dit Bellerose : « On croit que c'est lui qui a joué d'original le rôle de Cinna dans la tragédie de ce nom ; » et ce qui est avancé ici d'une manière dubitative est établi par un témoignage formel de Chapuzeau, qui dit dans son *Théâtre françois*[5] : « Comme les talents sont divers, l'un n'est propre que pour le sérieux, l'autre que pour le comique ; et Jodelet auroit aussi mal réussi dans le rôle de Cinna, que Bellerose dans celui de don Japhet d'Arménie[6]. »

---

1. *Anecdotes dramatiques*, p. 103.
2. *Histoire du Théâtre françois*, tome V, p. 92.
3. Voyez la Notice d'*Horace*, p. 249 et 250.
4. *Mercure de France*, p. 847. — 5. Page 123.
6. Pièce de Scarron, représentée en 1653.

Ce renseignement est d'autant plus précieux que Bellerose étant alors chef de la troupe de l'hôtel de Bourgogne, nous apprenons ainsi à quel théâtre *Cinna* fut représenté.

Nous savons de plus qu'en 1657 Floridor et Beauchâteau alternaient dans ce même rôle[1]. Quant aux autres, nous ignorons par qui ils étaient remplis. M. Aimé Martin affirme, mais sans en apporter de preuves, que Baron père jouait Auguste, et la Beaupré Émilie.

Cinna, pendant fort longtemps, a subi à la représentation des mutilations analogues à celles qui ont encore lieu aujourd'hui pour *le Cid*. Plusieurs actrices ne disaient point le monologue qui ouvre la pièce; c'est à Voltaire qu'on en doit le rétablissement[2]. D'autres altérations, encore plus graves, ont subsisté jusqu'à nos jours. En 1746 les frères Parfait nous disent que d'ordinaire on retranche au théâtre le rôle de Livie[3]. Dans son édition de Corneille de 1764, Voltaire fait observer que cette suppression remonte à plus de trente ans.

Corneille cependant avait insisté à bon droit, dans le *Discours du poëme dramatique*, sur l'importance de ce rôle : « La consultation d'Auguste au second de *Cinna*, les remords de cet ingrat, ce qu'il en découvre à Émilie, et l'effort que fait Maxime pour persuader à cet objet de son amour caché de s'enfuir avec lui, ne sont que des épisodes; mais l'avis que fait donner Maxime par Euphorbe à l'Empereur, les irrésolutions de ce prince, et les conseils de Livie, sont de l'action principale[4]. »

Ces suppressions non-seulement tronquaient la pièce, mais amenaient des contre-sens inévitables. A l'occasion de ces deux vers :

> Vous ne connoissez pas encor tous les complices;
> Votre Émilie en est, Seigneur, et la voici[5],

Voltaire fait la remarque suivante : « Les acteurs ont été obligés de retrancher Livie, qui venait faire ici le personnage d'un exempt, et qui ne disait que ces deux vers. On les fait prononcer par Émilie, mais ils lui sont peu convenables. »

---

1. Voyez ci-dessus, p. 251. — 2. Voyez ci-après, p. 385, note 1.
3. Tome VI, p. 94, note a. — 4. Tome I, p. 47.
5. Acte V, scène II, vers 1562 et 1563.

Napoléon, qui avait pour Corneille une si vive admiration, voulut qu'on représentât à Saint-Cloud *Cinna*, avec Livie, le 29 mai 1806, et Mlle Raucourt fut chargée de remplir ce rôle ; mais cette heureuse tentative, ainsi que celle qui fut également faite à Saint-Cloud, à quelques jours de là, pour rétablir le personnage de l'Infante dans *le Cid*[1], n'eut aucune influence sur les représentations ordinaires, et ce fut seulement le 21 novembre 1860, sous la direction de M. Édouard Thierry, que le rôle de Livie fut définitivement remis au théâtre. A cette époque, l'habile directeur fit pratiquer dans *Cinna* des changements de décors analogues à ceux que le public avait déjà accueillis favorablement dans *le Cid*[2]. L'*Examen* de *Cinna* renferme sur ce point d'excellentes indications[3], un peu contredites il est vrai par un passage d'un des *Discours*[4] qui montre que Corneille n'était pas trop d'avis qu'on variât les décorations pour marquer la diversité des lieux. Au reste ces modifications n'eurent lieu alors qu'à la Comédie-Française ; et l'Odéon, qui deux jours après représentait *Cinna* pour le début de Mlle Karoly dans le rôle d'Émilie, ne rétablissait pas celui de Livie et ne changeait rien à la décoration.

Cinna est la première pièce dont Corneille ait obtenu le privilége en son nom avant d'avoir traité avec un libraire. Ce privilége, daté de Fontainebleau, le 1ᵉʳ août 1642, est ainsi conçu : « Il est permis à notre amé et féal Pierre Corneille, notre conseiller et avocat général à la table de marbre des eaux et forêts de Rouen, de faire imprimer une tragédie de sa composition intitulée : *Cinna ou la Clémence d'Auguste*.... » Il est suivi d'une mention de « la cession et transport » fait par Corneille à Toussaint Quinet, et l'on trouve dans les *Mémoires de Mathieu Molé*[5] l'arrêt du 16 juin qui autorise Quinet à jouir de l'effet du privilége, et du transport fait à son profit par Corneille.

L'édition originale a pour titre : Cinna ov la clemence d'Avgvste, tragedie. *Imprimé à Roüen aux despens de l'Autheur*

---

1. Voyez ci-dessus, p. 51. — 2. Voyez ci-dessus, p. 52.
3. Voyez ci-après, p. 379 et 380.
4. Voyez tome I, p. 120.
5. Tome III, p. 66 et 67.

et se vendent à Paris chez Toussainct Quinet.... M.DC.XLIII. *Auec priuilege du Roy.* Sur le titre se trouvent comme épigraphe les vers 40 et 41 de l'*Art poétique* d'Horace :

> . . . . *Cui lecta potenter erit res,*
> *Nec facundia deseret hunc, nec lucidus ordo.*

Ce titre est précédé d'un frontispice gravé représentant Auguste sur un trône, et Cinna, Maxime et Émilie à ses pieds; cette dernière lui baise la main. Le volume, de format in-4°, se compose de 7 feuillets et 110 pages. L'achevé d'imprimer est du 18 janvier; la cession à Quinet, seulement du 27, comme on le voit dans l'arrêt du 16 juin; ce qui explique la présence sur le titre de la formule : *Imprimé aux despens de l'Autheur.*

En tête de *Cinna* se trouve le passage de Sénèque qui a donné à Corneille l'idée de sa tragédie[1], et la traduction libre de ce passage par Montaigne[2]. Cette coutume de rapprocher ainsi des poëmes dramatiques nouveaux leurs origines historiques, fut imitée par quelques poëtes et blâmée par d'autres, qui sans doute ne s'astreignaient pas à une exactitude bien rigoureuse dans le récit des événements et la peinture des caractères. C'est ce que nous apprend un auteur fort inconnu et fort digne de l'être, qui cependant, si nous l'en croyons, a eu la gloire d'être l'ami de Corneille. Ce poëte, qui se nomme le Vert et qui avait le bonheur, fort grand alors pour un poëte dramatique, d'appartenir à la Normandie[3], a fait imprimer trois pièces : *le Docteur amoureux*, comédie, en 1638 ; *Aristotime*, tragédie, en 1642 ; *Aricidie, ou le Mariage de Tite*, tragi-comédie, en 1646. Dans l'avis *au Lecteur* de ce dernier ouvrage, le Vert s'exprime ainsi : « Les préfaces, que j'aime quand elles ne sont pas trop longues, ne me semblent point

---

1. Le récit de Sénèque est traduit en entier dans l'*Histoire romaine* de Coeffeteau (1621), fort goûtée au temps de Corneille, et de l'autorité de laquelle il s'appuie à la fin de l'avertissement de *Polyeucte.* Voyez plus loin, p. 478.

2. Ces extraits, contrairement à l'usage ordinaire de Corneille, se trouvent en tête de l'édition originale. La première édition du *Cid* n'a point les romances; ni la première d'*Horace*, l'extrait de Tite Live.

3. Voyez tome II, p. 4.

absolument inutiles, particulièrement dans les histoires peu connues, où le moindre avertissement donne quelquefois beaucoup de lumière et d'intelligence. Je n'ignore pas que cette mienne opinion ne puisse être condamnée de quelques-uns; mais je sais bien aussi qu'elle est suivie de beaucoup d'autres, et que j'ai pour modèle et pour partisan (comme pour ami et pour compatriote, dont je ne tire pas une petite vanité) le grand maître de l'art qui dans le *Cinna* et le *Polyeucte* n'a pas jugé hors de propos de préparer ses lecteurs par des commencements semblables. »

Après *le Cid*, *Cinna* est de toutes les pièces de Corneille celle qui, de son vivant, a fait le plus de bruit. Il revient lui-même à plusieurs reprises sur « les illustres suffrages » qu'elle a obtenus[1]. Ne pas la bien connaître était une des plus grandes marques d'ignorance que l'on pût donner; et en 1661, Dorimon, dans sa *Comédie de la comédie*, faisait rire aux dépens d'un sot qui, pour trancher de l'entendu, vantait la prose de *Cinna*.

Nous avons dit à combien de parodies *le Cid* avait donné lieu, et à quel point Corneille s'irritait des moindres plaisanteries de ce genre[2]. Pour *Cinna*, nous n'en trouvons aucune qui ait été représentée. Seulement, à une époque bien postérieure à celle de la représentation, l'abbé de Pure fit, ou du moins distribua une brochure intitulée : *Boileau, ou la Clémence de M. Colbert;* c'est une imitation burlesque de la scène où Auguste déclare à Cinna qu'il connaît tous les détails du complot tramé contre lui. Gilles Boileau y est convaincu par le ministre Colbert d'avoir composé des libelles. Si ombrageux que fût Corneille, cette plaisanterie fort médiocre, qui n'était d'ailleurs nullement dirigée contre son œuvre, ne dut lui causer aucun chagrin.

1. Voyez plus loin, p. 378 et note 2.
2. Voyez ci-dessus, p. 17 et 107 note 2.

A MONSIEUR DE MONTORON[1].

Monsieur,

Je vous présente un tableau d'une des plus belles actions d'Auguste. Ce monarque étoit tout généreux, et sa géné-

---

1. Cette épître dédicatoire, ainsi que l'extrait de Sénèque qui la suit, ne se trouvent que dans l'édition originale et dans les recueils de 1648-1656. — Pierre du Puget, seigneur de Montauron ou Montoron, des Carles et Caussidière, la Chevrette et la Marche, premier président des finances au bureau de Montauban, mourut à Paris le 23 juin 1664. Tallemant des Réaux nous apprend dans son *Historiette sur Louis treizième* (tome II, p. 248) que « Montauron avoit donné deux cents pistoles à Corneille pour *Cinna*. » Ce témoignage, qui émane d'un allié de Montauron, car sa fille naturelle avait épousé Gédéon Tallemant, est beaucoup plus digne de confiance que l'assertion du *Journal de Verdun* (juin 1701, p. 410), qui porte à mille pistoles le présent de Montauron. La libéralité de ce financier envers les gens de lettres et leur empressement à lui adresser des dédicaces étaient devenus un sujet de plaisanteries et d'allusions de toutes sortes. Dans son *Parnasse réformé* (p. 132 et 133), Guéret propose les réformes suivantes : « *Article X*. Défendons de mentir dans les épîtres dédicatoires. *Article XI*. Supprimons tous les panégyriques à la Montoron.... » Ailleurs, dans sa *Promenade de Saint-Cloud* (imprimée dans les *Mémoires historiques et critiques de Bruys*, Paris, 1751, in-12, tome II, p. 238), Guéret se commente ainsi lui-même : « Si vous ignorez ce que c'est que les *Panégyriques à la Montoron*, vous n'avez qu'à le demander à M. Corneille, et il vous dira que son *Cinna* n'a pas été la plus malheureuse de ses dédicaces. » — Du reste, à cette époque, comme le fait remarquer Tallemant (tome VI, p. 227, note 2), « tout s'appeloit *à la Montauron*. » Pierre Gontier, dans un passage de ses *Exercitationes hygiasticæ* (Lyon, 1688, p. 111), cité par M. Paulin Paris, parle de petits pains au lait *à la Montauron ;* et Tallemant nous raconte une sanglante allusion à cette façon de parler, qui tombe fort directement sur un membre de sa famille : « Une fois, dit-il, aux Comédiens du Marais, Monsieur d'Orléans y étant, quelqu'un fut assez sot pour dire qu'on attendoit M. de Montauron. Les gens de Monsieur d'Orléans le firent jouer à la farce,

rosité n'a jamais paru avec tant d'éclat que dans les effets de sa clémence et de sa libéralité. Ces deux rares vertus lui étoient si naturelles et si inséparables en lui, qu'il semble qu'en cette histoire que j'ai mise sur notre théâtre, elles se soient tour à tour entre-produites dans son âme. Il avoit été si libéral envers Cinna, que sa conjuration ayant fait voir une ingratitude extraordinaire, il eut besoin d'un extraordinaire effort de clémence pour lui pardonner; et le pardon qu'il lui donna fut la source des nouveaux bienfaits dont il lui fut prodigue, pour vaincre tout à fait cet esprit qui n'avoit pu être gagné par les premiers; de sorte qu'il est vrai de dire qu'il eût été moins clément envers lui s'il eût été moins libéral, et qu'il eût été moins libéral s'il eût été moins clément. Cela étant[1], à qui pourrois-je plus justement donner le portrait de l'une de ces héroïques vertus, qu'à celui qui possède l'autre en un si haut degré, puisque, dans cette action, ce grand prince les a si bien attachées et comme unies l'une à l'autre, qu'elles ont été tout ensemble et la cause[2] et l'effet l'une de l'autre? Vous avez des richesses,

et il y avoit une fille *à la Montauron* qu'on disoit être mariée *Tallemant quellement.* » La fortune de Montauron ne suffit pas longtemps à ses prodigalités insensées, et bientôt Scarron put écrire le passage suivant, rapporté par M. Paulin Paris dans son commentaire sur Tallemant des Réaux (tome VI, p. 235) :

> Ce n'est que maroquin perdu
> Que les livres que l'on dédie
> Depuis que Montauron mendie;
> Montauron dont le quart d'écu
> S'attrapoit si bien à la glu
> De l'ode ou de la comédie.

1. Var. (édit. de 1648-1656) : Cela étant, ne puis-je pas avec justice donner le portrait de l'une de ces héroïques vertus à celui qui....
2. Var. (édit. de 1648-1656) : tout ensemble la cause et l'effet l'une de l'autre? Je le puis certes d'autant plus justement que je vois

mais vous savez en jouir, et vous en jouissez d'une façon si noble, si relevée, et tellement illustre, que vous forcez la voix publique d'avouer que la fortune a consulté la raison quand elle a répandu ses faveurs sur vous, et qu'on a plus de sujet de vous en souhaiter le redoublement que de vous en envier l'abondance. J'ai vécu si éloigné de la flatterie, que je pense être en possession de me faire croire quand je dis du bien de quelqu'un; et lorsque je donne des louanges (ce qui m'arrive assez rarement), c'est avec tant de retenue, que je supprime toujours quantité de glorieuses vérités, pour ne me rendre pas suspect d'étaler de ces mensonges obligeants que beaucoup de nos modernes savent débiter de si bonne grâce. Aussi je ne dirai rien des avantages de votre naissance, ni de votre courage, qui l'a si dignement soutenue dans la profession des armes[1], à qui vous avez donné vos premières années : ce sont des choses trop connues de tout le monde. Je ne dirai rien de ce prompt et puissant secours que reçoivent chaque jour de votre main tant de bonnes familles, ruinées par les désordres de nos guerres : ce sont des choses que vous voulez tenir cachées. Je dirai seulement un mot de ce que vous avez

votre générosité, comme voulant imiter ce grand empereur, prendre plaisir à s'étendre sur les gens de lettres, en un temps, etc. (voyez p. 372).

1. C'est cette flatterie, supprimée par Corneille dès 1648 (voyez la note précédente), qui a fait dire à Scarron : « Soit que la nécessité soit mère de l'invention, ou que l'invention soit partie essentielle du poëte, quelques poëtes au grand collier ont eu celle d'aller chercher dans les Finances ceux qui dépensoient leur bien aussi aisément qu'ils l'avoient amassé. Je ne doute point que ces marchands poétiques n'ayent donné à ces publicains libéraux toutes les vertus, jusques aux militaires. » (Dédicace *A très-honnête et très-divertissante chienne dame Guillemette, petite levrette de ma sœur*, en tête de : *la Suite des Œuvres burlesques de M*ʳ *Scarron*, seconde partie. Paris, T. Quinet, 1648, in-4°.)

particulièrement de commun avec Auguste : c'est que cette générosité qui compose la meilleure partie de votre âme et règne sur l'autre, et qu'à juste titre on peut nommer l'âme de votre âme, puisqu'elle en fait mouvoir toutes les puissances; c'est, dis-je, que cette générosité, à l'exemple de ce grand empereur, prend plaisir à s'étendre sur les gens de lettres, en un temps où beaucoup pensent avoir trop récompensé leurs travaux quand ils les ont honorés d'une louange stérile[1]. Et certes[2], vous avez traité quelques-unes de nos muses avec tant de magnanimité, qu'en elles vous avez obligé toutes les autres, et qu'il n'en est point[3] qui ne vous en doive un remercîment. Trouvez donc bon[4], Monsieur, que je m'acquitte de celui que je reconnois vous en devoir, par le présent que je vous fais de ce poëme, que j'ai choisi comme le plus durable des miens, pour apprendre plus longtemps à ceux qui le liront que le généreux Monsieur de Montoron, par une libéralité inouïe en ce siècle[5], s'est rendu toutes les muses redevables, et que je prends tant de part aux bienfaits dont vous avez surpris quelques-unes d'elles, que je m'en dirai toute ma vie,

MONSIEUR,

Votre très-humble et très-obligé serviteur[6],

CORNEILLE.

1. « Il y en a, dit Scarron dans la dédicace que nous venons de citer, qui rendent de l'encens pour de l'encens, et des louanges pour des louanges. »
2. Ces deux premiers mots de la phrase manquent dans les éditions de 1648-1656.
3. VAR. (édit. de 1648-1656) : de sorte qu'il n'en est point.
4. VAR. (édit. de 1648-1656) : Trouvez bon.
5. Voyez p. 369, note 1.
6. VAR. (édit. de 1656) : Votre très-humble, très obéissant et très-obligé serviteur.

SENECA.

Lib. I, *De Clementia*, cap. ix.

Divus Augustus mitis fuit princeps, si quis illum a principatu suo æstimare incipiat. In communi quidem republica[1], duodevicesimum egressus annum, jam pugiones in sinu amicorum absconderat, jam insidiis M. Antonii consulis latus petierat, jam fuerat collega proscriptionis; sed quum annum quadragesimum transisset, et in Gallia moraretur, delatum est ad eum indicium, L. Cinnam, stolidi ingenii virum, insidias ei struere. Dictum est et ubi, et quando, et quemadmodum aggredi vellet. Unus ex consciis deferebat; statuit se ab eo vindicare. Consilium amicorum advocari jussit. Nox illi inquieta erat, quum cogitaret adolescentem nobilem, hoc detracto integrum, Cn. Pompeii nepotem damnandum. Jam unum hominem occidere non poterat, quum M. Antonio proscriptionis edictum inter cœnam dictarat. Gemens subinde voces varias emittebat et inter se contrarias : « Quid ergo? ego percussorem meum securum ambulare patiar, me sollicito? Ergo non dabit pœnas, qui tot civilibus bellis frustra petitum caput, tot navalibus, tot pedestribus prœliis incolume, postquam terra marique pax parta est, non occidere constituat, sed immolare? » Nam sacrificantem placuerat adoriri. Rursus silentio interposito, majore multo voce sibi quam Cinnæ irascebatur : « Quid vivis, si perire te tam

---

1. Corneille a omis ici quelques mots. Voici quel est le texte de Sénèque : *In communi quidem republica gladium movit : quum hoc ætatis esset quod tu nunc es, duodevicesimum, etc.* Dans le reste du morceau l'édition suivie par Corneille ne diffère que par un petit nombre de leçons, insignifiantes pour la plupart, du texte des impressions les plus modernes.

multorum interest? Quis finis erit suppliciorum? quis
sanguinis? Ego sum nobilibus adolescentulis expositum
caput, in quod mucrones acuant. Non est tanti vita, si,
ut ego non peream, tam multa perdenda sunt. » Inter-
pellavit tandem illum Livia uxor, et : « Admittis, inquit,
muliebre consilium? Fac quod medici solent; ubi usitata
remedia non procedunt, tentant contraria. Severitate
nihil adhuc profecisti : Salvidienum[1] Lepidus secutus est,
Lepidum Muræna, Murænam Cæpio, Cæpionem Egna-
tius, ut alios taceam quos tantum ausos pudet; nunc
tenta quomodo tibi cedat clementia. Ignosce L. Cinnæ;
deprehensus est; jam nocere tibi non potest, prodesse
famæ tuæ potest[2]. » Gavisus sibi quod advocatam inve-
nerat, uxori quidem gratias egit : renuntiari autem
extemplo amicis quos in consilium rogaverat imperavit,
et Cinnam unum ad se accersit, dimissisque omnibus
e cubiculo, quum alteram poni Cinnæ cathedram jussisset : « Hoc, inquit, primum a te peto, ne me loquentem
interpelles, ne medio sermone meo proclames; dabitur tibi loquendi liberum tempus. Ego te, Cinna, quum
in hostium castris invenissem, non factum tantum mihi
inimicum, sed natum, servavi; patrimonium tibi omne
concessi; hodie tam felix es et tam dives, ut victo victores invideant : sacerdotium tibi petenti, præteritis compluribus quorum parentes mecum militaverant, dedi.
Quum sic de te meruerim, occidere me constituisti. »
Quum ad hanc vocem exclamasset Cinna, procul hanc
ab se abesse dementiam : « Non præstas, inquit, fidem,
Cinna; convenerat ne interloquereris. Occidere, inquam,

1. L'édition originale de *Cinna* porte *Salvidientium*, pour *Salvidienum*.
2. L'entretien d'Auguste et de Livie est beaucoup plus long dans
Dion Cassius, où il s'étend depuis le chapitre xiv usqu'au chapitre xxii du livre LV.

me paras. » Adjecit locum, socios, diem, ordinem insidiarum, cui commissum esset ferrum ; et quum defixum videret, nec ex conventione jam, sed ex conscientia tacentem : « Quo, inquit, hoc animo facis? Ut ipse sis princeps? Male, mehercule, cum republica agitur, si tibi ad imperandum nihil præter me obstat. Domum tuam tueri non potes; nuper libertini hominis gratia in privato judicio superatus es. Adeo nihil facilius putas quam contra Cæsarem advocare? Cedo, si spes tuas solus impedio[1], Paulusne te et Fabius Maximus et Cossi et Servilii ferent, tantumque agmen nobilium, non inania nomina præferentium, sed eorum qui imaginibus suis decori sunt? » Ne totam ejus orationem repetendo magnam partem voluminis occupem, diutius enim quam duabus horis locutum esse constat, quum hanc pœnam qua sola erat contentus futurus, extenderet : « Vitam tibi, inquit, Cinna, iterum do, prius hosti, nunc insidiatori ac parricidæ. Ex hodierno die inter nos amicitia incipiat. Contendamus utrum ego meliore fide vitam tibi dederim, an tu debeas. » Post hæc detulit ultro consulatum, questus quod non auderet petere; amicissimum, fidelissimumque habuit; hæres solus fuit illi; nullis amplius insidiis ab ullo petitus est.

[1]. Nous suivons le texte de la première édition de *Cinna*, qui a une virgule après *impedio*; c'est bien la ponctuation que veut le sens. Dans l'impression de 1648, au lieu de la virgule, il y a un point, ce qui altère la pensée de Sénèque, mais est conforme à la traduction de Montaigne.

MONTAGNE[1].

Livre I de ses *Essais*, chapitre XXIII.

L'EMPEREUR Auguste, estant en la Gaule, receut certain advertissement d'une coniuration que luy brassoit L. Cinna : il delibera de s'en venger, et manda pour cet effect au lendemain le conseil de ses amis. Mais la nuict d'entre deux, il la passa avecques grande inquietude, considerant qu'il avoit à faire mourir un ieune homme de bonne maison et nepveu du grand Pompeius, et produisoit en se plaignant plusieurs divers discours : « Quoy doncques, disoit il, sera il vray que ie demeureray en crainte et en alarme, et que ie lairray mon meurtrier se promener ce pendant à son ayse ? S'en ira il quitte, ayant assailly ma teste, que i'ay sauvee de tant de guerres civiles, de tant de battailles par mer et par terre, et aprez avoir estably la paix universelle du monde ? sera il absoult, ayant deliberé non de me meurtrir seulement, mais de me sacrifier ? » car la coniuration estoit faicte de le tuer comme il feroit quelque sacrifice. Aprez cela, s'estant tenu coy quelque espace de temps, il recommenceoit d'une voix plus forte, et s'en prenoit à soy mesme : « Pourquoy vis tu, s'il importe à tant de gents que tu meures ? N'y aura il point de fin à tes vengeances et à tes cruautez ? Ta vie vault elle que tant de dommage se face pour la conserver ? » Livia, sa femme, le sentant en ces angoisses : « Et les conseils des femmes y seront ils receus ? lui dict elle :

---

1. Cet extrait des *Essais* de Montaigne ne se trouve que dans la première édition d'*Horace*. Corneille ne l'a pas reproduit à la suite de l'extrait latin, dans ses recueils de 1648-1656. Il tiendra lieu ici d'une traduction du morceau de Sénèque.

fay ce que font les medecins; quant les receptes accoustumees ne peuvent servir, ils en essayent de contraires. Par severité, tu n'as iusques à cette heure rien proufité : Lepidus a suyvi Salvidienus; Murena, Lepidus; Caepio, Murena; Egnatiüs, Caepio : commence à experimenter comment te succederont la doulceur et la clemence. Cinna est convaincu, pardonne-luy; de te nuire desormais, il ne pourra, et proufitera à ta gloire. » Auguste feut bien ayse d'avoir trouvé un advocat de son humeur, et ayant remercié sa femme, et contremandé ses amis qu'il avoit assignez au conseil, commanda qu'on feist venir à luy Cinna tout seul; et ayant faict sortir tout le monde de sa chambre, et faict donner un siege à Cinna, il luy parla en cette maniere : « En premier lieu, ie te demande, Cinna, paisible audience; n'interromps pas mon parler : ie te donray temps et loisir d'y respondre. Tu sçais, Cinna, que t'ayant prins au camp de mes ennemis, non seulement t'estant faict mon ennemy, mais estant nay tel, ie te sauvay, ie te meis entre mains touts tes biens, et t'ay enfin rendu si accommodé et si aysé, que les victorieux sont envieux de la condition du vaincu : l'office du sacerdoce que tu me demandas, ie te l'octroyay, l'ayant refusé à d'aultres, desquels les peres avoyent tousiours combattu avecques moy. T'ayant si fort obligé, tu as entreprins de me tuer. » A quoy Cinna s'estant escrié qu'il estoit bien esloingné d'une si meschante pensee : « Tu ne me tiens pas, Cinna, ce que tu m'avois promis, suyvit Auguste; tu m'avois asseuré que ie ne seroy pas interrompu. Ouy, tu as entreprins de me tuer en tel lieu, tel iour, en telle compagnie, et de telle façon. » Et le veoyant transi de ces nouvelles, et en silence, non plus pour tenir le marché de se taire, mais de la presse de sa conscience : « Pourquoy, adiousta il, le fais tu? Est ce pour estre empereur? Vrayement il va bien mal à la chose publicque, s'il n'y a que moy qui t'empesche d'arriver à l'empire. Tu ne peux pas seulement deffendre ta maison, et perdis dernierement un procez par la faveur d'un simple libertin[1]. Quoy! n'as tu pas moyen ny pouvoir en aultre chose qu'à entreprendre Cesar? Ie le quitte, s'il n'y a que moy qui empesche tes esperances. Penses tu que Paulus, que Fabius, que les Cosscens et Serviliens te souffrent, et une si grande troupe de nobles, non seulement nobles de nom, mais qui par leur vertu honnorent leur noblesse? » Aprez plusieurs aultres propos (car il parla à luy plus de deux heures entieres) : « Or va, luy dict il, ie te donne, Cinna, la vie à traistre et à parricide, que ie te donnay aultrefois à ennemy; que l'amitié commence de ce iourd'huy entre nous; essayons qui de nous deux de meilleure foy, moy t'aye donné ta vie, ou tu l'ayes receue. » Et se despartit d'avesques luy en cette maniere. Quelque temps aprez, il luy donna le consulat, se plaignant dequoy il ne luy avoit osé demander. Il l'eut depuis pour fort amy, et feut seul faict par luy heritier de ses biens. Or depuis cet accident, qui advint à Auguste au quaraniesme an de son aage, il n'y eut iamais de coniuration ny d'entreprinse contre luy, et receut une iuste recompense de cette sienne clemence[2].

[1]. « *Affranchi*, du mot latin *libertus*, ou *libertinus*; car ce dernier ne veut pas dire, comme on l'a cru longtemps, fils d'affranchi. » (*Note de M. le Clerc sur Montaigne.*)

[2]. Quand Corneille fit imprimer *Cinna* dans la seconde partie de ses *Œuvres*, en 1648, il le fit précéder d'une lettre de Balzac, qui se trouve encore dans l'édition de 1656. Cette lettre, qui est du 17 janvier 1643, avait déjà été comprise dans le tome II des *Lettres choisies du sieur de Balzac*. Paris, Aug. Courbé, 1647, in-8º, p. 437 et suivantes. Dans notre édition elle figurera à sa date parmi les *Lettres de Corneille*, auxquelles nous avons joint celles qui lui ont été adressées.

EXAMEN.

Ce poëme a tant d'illustres suffrages[1] qui lui donnent le premier rang parmi les miens, que je me ferois trop d'importants ennemis si j'en disois du mal : je ne le suis pas assez de moi-même pour chercher des défauts où ils n'en ont point voulu voir, et accuser le jugement qu'ils en ont fait, pour obscurcir la gloire qu'ils m'en ont donnée. Cette approbation si forte et si générale vient sans doute de ce que la vraisemblance s'y trouve si heureusement conservée aux endroits où la vérité lui manque, qu'il n'a jamais besoin de recourir au nécessaire[2]. Rien n'y contredit l'histoire, bien que beaucoup de choses y soient ajoutées ; rien n'y est violenté par les incommodités de la représentation, ni par l'unité de jour, ni par celle de lieu.

Il est vrai qu'il s'y rencontre une duplicité de lieu particulier[3]. La moitié de la pièce se passe chez Émilie, et l'autre dans le cabinet d'Auguste. J'aurois été ridicule si j'avois prétendu que cet empereur délibérât avec Maxime et Cinna s'il quitteroit l'empire ou non, précisément dans la même place où ce dernier vient de rendre compte à Émilie de la conspiration qu'il a formée contre lui. C'est

---

1. Corneille revient dans le *Discours des trois unités* (tome I, p. 105) sur ces « illustres suffrages » accordés à *Cinna*.
2. Voyez le commencement du *Discours du poëme dramatique*, tome I, p. 14 et suivantes ; et le *Discours de la tragédie*, p. 81 et suivantes.
3. Ici Corneille répond à une question directe que lui avait posée d'Aubignac : « Je ne puis approuver que dans la salle d'un palais, où apparemment il y a toujours des gens qui vont et qui viennent, on fasse une longue narration d'aventures secrètes et qui ne pourroient être découvertes sans grand péril ; d'où vient que je n'ai jamais pu bien concevoir comment Monsieur Corneille peut faire qu'en un même lieu Cinna conte à Émilie tout l'ordre et toutes les cir-

ce qui m'a fait rompre la liaison des scènes au quatrième acte, n'ayant pu me résoudre à faire que Maxime vînt donner l'alarme à Émilie de la conjuration découverte, au lieu même où Auguste en venoit de recevoir l'avis par son ordre, et dont il ne faisoit que de sortir avec tant d'inquiétude et d'irrésolution. C'eût été une impudence extraordinaire, et tout à fait hors du vraisemblable, de se présenter dans son cabinet un moment après qu'il lui avoit fait révéler le secret de cette entreprise[1] et porter la nouvelle de sa fausse mort. Bien loin de pouvoir surprendre Émilie par la peur de se voir arrêtée, c'eût été se faire arrêter lui-même, et se précipiter dans un obstacle invincible au dessein qu'il vouloit exécuter. Émilie ne parle donc pas où parle Auguste, à la réserve du cinquième acte; mais cela n'empêche pas qu'à considérer tout le poëme ensemble, il n'aye son unité de lieu, puisque tout s'y peut passer, non-seulement dans Rome ou dans un quartier de Rome, mais dans le seul palais d'Auguste, pourvu que vous y vouliez donner un appartement à Émilie qui soit éloigné du sien.

constances d'une grande conspiration contre Auguste, et qu'Auguste y tienne un conseil de confidence avec ses deux favoris; car si c'est un lieu public, comme il le semble, puisqu'Auguste en fait retirer les autres courtisans, quelle apparence que Cinna vienne y faire visite à Émilie avec un entretien et un récit de choses si périlleuses, qui pouvoient être entendues de ceux de la cour qui passoient en ce lieu? Et si c'est un lieu particulier, par exemple le cabinet de l'Empereur, qui en fait retirer ceux qu'il ne veut pas rendre participants de son secret, comment est-il vraisemblable qu'il soit venu faire ce discours à Émilie? et moins encore qu'Émilie y fasse des plaintes enragées contre l'Empereur? Voilà une difficulté que Monsieur Corneille résoudra quand il lui plaira. » (*La Pratique du théâtre*, p. 396 et 397.)

1. VAR. (édit. de 1660 et de 1663) : de cette entreprise, dont il étoit un des chefs. — Le reste de la phrase manque dans l'édition de 1660, qui continue ainsi : « et bien loin de pouvoir, etc. »

Le compte que Cinna lui rend de sa conspiration justifie ce que j'ai dit ailleurs[1], que, pour faire souffrir une narration ornée, il faut que celui qui la fait et celui qui l'écoute ayent l'esprit assez tranquille, et s'y plaisent assez pour lui prêter toute la patience qui lui est nécessaire. Émilie a de la joie d'apprendre[2] de la bouche de son amant avec quelle chaleur il a suivi ses intentions; et Cinna n'en a pas moins de lui pouvoir donner de si belles espérances de l'effet qu'elle en souhaite : c'est pourquoi, quelque longue que soit cette narration, sans interruption aucune, elle n'ennuie point. Les ornements de rhétorique dont j'ai tâché de l'enrichir ne la font point condamner de trop d'artifice, et la diversité de ses figures ne fait point regretter le temps que j'y perds; mais si j'avois attendu à la commencer qu'Évandre eût troublé ces deux amants par la nouvelle qu'il leur apporte, Cinna eût été obligé de s'en taire ou de la conclure en six vers, et Émilie n'en eût pu supporter davantage.

Comme[3] les vers d'*Horace*[4] ont quelque chose de plus net et de moins guindé pour les pensées que ceux du *Cid*, on peut dire que ceux de cette pièce ont quelque chose de plus achevé[5] que ceux d'*Horace*, et qu'enfin la facilité de concevoir le sujet, qui n'est ni trop

1. Voyez l'Examen de *Médée*, tome II, p. 337.
2. Var. (édit. de 1660-1664) : Émilie a joie d'apprendre.
3. L'édition de 1660 a de plus, au commencement de ce paragraphe, la phrase suivante : « C'est ici la dernière pièce où je me suis pardonné de longs monologues : celui d'Émilie ouvre le théâtre, Cinna en fait un au troisième acte, et Auguste et Maxime chacun un au quatrième.
4. Voltaire, par un scrupule de clarté, a ainsi modifié, dans son édition du *Théâtre de Corneille* (1764), le commencement de ce paragraphe : « Comme les vers de ma tragédie d'*Horace*.... »
5. Var. (édit. de 1660) : on peut dire que ceux-ci ont quelque chose de plus achevé.

chargé d'incidents, ni trop embarrassé des récits de ce qui s'est passé avant le commencement de la pièce, est une des causes sans doute de la grande approbation qu'il a reçue. L'auditeur aime à s'abandonner à l'action présente, et à n'être point obligé, pour l'intelligence de ce qu'il voit, de réfléchir sur ce qu'il a déjà vu, et de fixer sa mémoire sur les premiers actes, cependant que les derniers sont devant ses yeux. C'est l'incommodité des pièces embarrassées, qu'en termes de l'art on nomme *implexes*, par un mot emprunté du latin, telles que sont *Rodogune* et *Héraclius*. Elle ne se rencontre pas dans les simples; mais comme celles-là ont sans doute besoin de plus d'esprit pour les imaginer, et de plus d'art pour les conduire, celles-ci, n'ayant pas le même secours du côté du sujet, demandent plus de force de vers, de raisonnement, et de sentiments[1] pour les soutenir.

1. Var. (édit. de 1660) : et de raisonnement, ou de sentiments.

LISTE DES ÉDITIONS QUI ONT ÉTÉ COLLATIONNÉES
POUR LES VARIANTES DE *CINNA*.

ÉDITIONS SÉPARÉES.

1643 in-4°; | 1643 in-12.

RECUEILS.

1648 in-12; | 1660 in-8°;
1652 in-12; | 1663 in-fol.;
1654 in-12; | 1664 in-8°;
1655 in-12; | 1668 in-12;
1656 in-12; | 1682 in-12.

ACTEURS.

OCTAVE-CÉSAR AUGUSTE, empereur de Rome.
LIVIE, impératrice.
CINNA, fils d'une fille de Pompée[1], chef de la conjuration contre Auguste.
MAXIME, autre chef de la conjuration.
ÉMILIE, fille de C. Toranius, tuteur d'Auguste, et proscrit par lui durant le triumvirat[2].
FULVIE, confidente d'Émilie.
POLYCLÈTE, affranchi d'Auguste.
ÉVANDRE, affranchi de Cinna.
EUPHORBE, affranchi de Maxime.

La scène est à Rome[3].

---

1. Sénèque dit simplement petit-fils, mais c'est Dion (livre LV, chapitre XIV) qui a appris à Corneille que Cinna, auquel il donne le prénom de Cneius, et non de Lucius, comme Sénèque, était fils d'une fille de Pompée.

2. Suétone nous apprend, dans sa *Vie d'Auguste* (chapitre XXVII), qu'Octavien proscrivit C. Toranius, son tuteur, qui avait été le collègue de son père dans l'édilité; Valère-Maxime (livre IX, chapitre XI, 5) raconte qu'une fois proscrit, Toranius fut livré par son propre fils, lequel indiqua aux centurions qui le cherchaient, la retraite où il était caché, son âge et les marques auxquelles ils pourraient le reconnaître. Toranius avait été préteur.

3. Pour le lieu particulier de chaque acte, voyez ci-dessus, p. 366, 379 et 380.

CINNA[1].

TRAGÉDIE.

ACTE I.

SCÈNE PREMIÈRE.

ÉMILIE[2].

Impatients desirs d'une illustre vengeance
Dont la mort de mon père a formé la naissance[3],
Enfants impétueux de mon ressentiment,

---

1. L'édition originale a pour titre, comme nous l'avons dit dans la *Notice*, CINNA, OV LA CLEMENCE D'AVGVSTE.
2. Émilie ne se trouve pas sur le théâtre; elle y entre au commencement de la pièce; c'est Corneille qui nous l'apprend en ces termes dans le *Discours des trois unités* (tome I, p. 108 et 109): « L'auditeur attend l'acteur; et bien que le théâtre représente la chambre ou le cabinet de celui qui parle, il ne peut toutefois s'y montrer qu'il ne vienne de derrière la tapisserie, et il n'est pas toujours aisé de rendre raison de ce qu'il vient de faire en ville avant que de rentrer chez lui, puisque même quelquefois il est vraisemblable qu'il n'en est pas sorti. Je n'ai vu personne se scandaliser de voir Émilie commencer *Cinna* sans dire pourquoi elle vient dans sa chambre : elle est présumée y être avant que la pièce commence, et ce n'est que la nécessité de la représentation qui la fait sortir de derrière le théâtre pour y venir. » — Voyez sur ce monologue le *Discours du poëme dramatique* (tome I, p. 45). — « Plusieurs actrices, dit Voltaire, ont supprimé ce monologue dans les représentations. Le public même paraissait souhaiter ce retranchement. Cependant j'étais si touché des beautés répandues dans cette première scène, que j'engageai l'actrice qui jouait Émilie à la remettre au théâtre, et elle fut très-bien reçue. »
3. *Var.* A qui la mort d'un père a donné la naissance. (1643-56)
   Var. Que d'un juste devoir soutient la violence. (1660)

Que ma douleur séduite embrasse aveuglément,
Vous prenez sur mon âme un trop puissant empire[1] :   5
Durant quelques moments souffrez que je respire,
Et que je considère, en l'état où je suis,
Et ce que je hasarde, et ce que je poursuis.
Quand je regarde Auguste au milieu de sa gloire[2],
Et que vous reprochez à ma triste mémoire   10
Que par sa propre main mon père massacré
Du trône où je le vois fait le premier degré ;
Quand vous me présentez cette sanglante image,
La cause de ma haine, et l'effet de sa rage,
Je m'abandonne toute à vos ardents transports,   15
Et crois, pour une mort, lui devoir mille morts.
Au milieu toutefois d'une fureur si juste,
J'aime encor plus Cinna que je ne hais Auguste,
Et je sens refroidir ce bouillant mouvement
Quand il faut, pour le suivre, exposer mon amant[3].   20
Oui, Cinna, contre moi moi-même je m'irrite
Quand je songe aux dangers où je te précipite.
Quoique pour me servir tu n'appréhendes rien,
Te demander du sang, c'est exposer le tien[4] :
D'une si haute place on n'abat point de têtes   25
Sans attirer sur soi mille et mille tempêtes ;
L'issue en est douteuse, et le péril certain :
Un ami déloyal peut trahir ton dessein ;
L'ordre mal concerté, l'occasion mal prise,
Peuvent sur son auteur renverser l'entreprise[5],   30

---

1. *Var.* Vous régnez sur mon âme avecque trop d'empire (*a*) :
    Pour le moins un moment souffrez que je respire. (1643-56)
2. *Var.* Quand je regarde Auguste en son trône de gloire. (1643-56)
3. *Var.* Quand il faut, pour le perdre, exposer mon amant. (1643-56)
4. *Var.* Te demander son sang, c'est exposer le tien. (1643-56)
5. *Var.* Peuvent dessus ton chef renverser l'entreprise,
    Porter sur toi les coups dont tu le veux frapper. (1643-56)

(*a*) Ce vers, par une erreur d'impression, a été omis dans l'édition de 1656.

ACTE I, SCÈNE I.

Tourner sur toi les coups dont tu le veux frapper;
Dans sa ruine même il peut t'envelopper;
Et quoi qu'en ma faveur ton amour exécute,
Il te peut, en tombant, écraser sous sa chute[1].
Ah! cesse de courir à ce mortel danger : 35
Te perdre en me vengeant, ce n'est pas me venger.
Un cœur est trop cruel quand il trouve des charmes
Aux douceurs que corrompt l'amertume des larmes;
Et l'on doit mettre au rang des plus cuisants malheurs[2]
La mort d'un ennemi qui coûte tant de pleurs. 40
  Mais peut-on en verser alors qu'on venge un père?
Est-il perte à ce prix qui ne semble légère?
Et quand son assassin tombe sous notre effort,
Doit-on considérer ce que coûte sa mort?
Cessez, vaines frayeurs, cessez, lâches tendresses, 45
De jeter dans mon cœur vos indignes foiblesses;
Et toi qui les produis par tes soins superflus,
Amour, sers mon devoir, et ne le combats plus :
Lui céder, c'est ta gloire, et le vaincre, ta honte :
Montre-toi généreux, souffrant qu'il te surmonte; 50
Plus tu lui donneras, plus il te va donner,
Et ne triomphera que pour te couronner.|

SCÈNE II.

ÉMILIE, FULVIE.

ÉMILIE.

Je l'ai juré, Fulvie, et je le jure encore,
Quoique j'aime Cinna, quoique mon cœur l'adore,
S'il me veut posséder, Auguste doit périr : 55

---

1. *Var.* Il te peut, en tombant, accabler sous sa chute. (1643-56)
2. *Var.* Et je tiens qu'il faut mettre au rang des grands malheurs
La mort d'un ennemi qui nous coûte des pleurs. (1643-56)

Sa tête est le seul prix dont il peut m'acquérir.
Je lui prescris la loi que mon devoir m'impose.

FULVIE.

Elle a pour la blâmer une trop juste cause :
Par un si grand dessein vous vous faites juger
Digne sang de celui que vous voulez venger ; 60
Mais encore une fois souffrez que je vous die
Qu'une si juste ardeur devroit être attiédie¹.
Auguste chaque jour, à force de bienfaits,
Semble assez réparer les maux qu'il vous a faits ;
Sa faveur envers vous paroît si déclarée, 65
Que vous êtes chez lui la plus considérée ;
Et de ses courtisans souvent les plus heureux
Vous pressent à genoux de lui parler pour eux².

ÉMILIE.

Toute cette faveur ne me rend pas mon père ;
Et de quelque façon que l'on me considère, 70
Abondante en richesse, ou puissante en crédit,
Je demeure toujours la fille d'un proscrit.
Les bienfaits ne font pas toujours ce que tu penses ;
D'une main odieuse ils tiennent lieu d'offenses :
Plus nous en prodiguons à qui nous peut haïr, 75
Plus d'armes nous donnons à qui nous veut trahir.
Il m'en fait chaque jour sans changer mon courage ;
Je suis ce que j'étois, et je puis davantage,
Et des mêmes présents qu'il verse dans mes mains
J'achète contre lui les esprits des Romains ; 80
Je recevrois de lui la place de Livie
Comme un moyen plus sûr d'attenter à sa vie.
Pour qui venge son père il n'est point de forfaits,
Et c'est vendre son sang que se rendre aux bienfaits.

---

1. *Var.* Que cette passion dût être refroidie. (1643-56)
2. *Var.* Ont encore besoin que vous parliez pour eux. (1643-56)

FULVIE.

Quel besoin toutefois de passer pour ingrate ? 85
Ne pouvez-vous haïr sans que la haine éclate ?
Assez d'autres sans vous n'ont pas mis en oubli
Par quelles cruautés son trône est établi :
Tant de braves Romains, tant d'illustres victimes
Qu'à son ambition ont immolé ses crimes, 90
Laissent à leurs enfants d'assez vives douleurs
Pour venger votre perte en vengeant leurs malheurs.
Beaucoup l'ont entrepris, mille autres vont les suivre :
Qui vit haï de tous ne sauroit longtemps vivre.
Remettez à leurs bras les communs intérêts, 95
Et n'aidez leurs desseins que par des vœux secrets.

ÉMILIE.

Quoi ? je le haïrai sans tâcher de lui nuire ?
J'attendrai du hasard qu'il ose le détruire ?
Et je satisferai des devoirs si pressants
Par une haine obscure et des vœux impuissants ? 100
Sa perte, que je veux, me deviendroit amère,
Si quelqu'un l'immoloit à d'autres qu'à mon père ;
Et tu verrois mes pleurs couler pour son trépas,
Qui le faisant périr, ne me vengeroit pas[1].

C'est une lâcheté que de remettre à d'autres 105
Les intérêts publics qui s'attachent aux nôtres.
Joignons à la douceur de venger nos parents,
La gloire qu'on remporte à punir les tyrans,
Et faisons publier par toute l'Italie :
« La liberté de Rome est l'œuvre d'Émilie ; 110

---

1. « Ce sentiment atroce et ces beaux vers ont été imités par Racine dans *Andromaque* (acte IV, scène IV) :

> Ma vengeance est perdue
> S'il ignore en mourant que c'est moi qui le tue. »

(*Voltaire.*)

On a touché son âme, et son cœur s'est épris ;
Mais elle n'a donné son amour qu'à ce prix. »
FULVIE.
Votre amour à ce prix n'est qu'un présent funeste
Qui porte à votre amant sa perte manifeste.
Pensez mieux, Émilie, à quoi vous l'exposez,   115
Combien à cet écueil se sont déjà brisés ;
Ne vous aveuglez point quand sa mort est visible.
ÉMILIE.
Ah ! tu sais me frapper par où je suis sensible.
Quand je songe aux dangers que je lui fais courir[1],
La crainte de sa mort me fait déjà mourir ;   120
Mon esprit en désordre à soi-même s'oppose :
Je veux et ne veux pas, je m'emporte et je n'ose ;
Et mon devoir confus, languissant, étonné,
Cède aux rébellions de mon cœur mutiné.

Tout beau, ma passion, deviens un peu moins forte ;
Tu vois bien des hasards, ils sont grands, mais n'importe :
Cinna n'est pas perdu pour être hasardé.
De quelques légions qu'Auguste soit gardé,
Quelque soin qu'il se donne et quelque ordre qu'il tienne,
Qui méprise sa vie est maître de la sienne[2].   130
Plus le péril est grand, plus doux en est le fruit ;
La vertu nous y jette, et la gloire le suit.
Quoi qu'il en soit, qu'Auguste ou que Cinna périsse,
Aux mânes paternels je dois ce sacrifice ;
Cinna me l'a promis en recevant ma foi,   135
Et ce coup seul aussi le rend digne de moi.
Il est tard, après tout, de m'en vouloir dédire.
Aujourd'hui l'on s'assemble, aujourd'hui l'on conspire ;

---

1. *Var.* Quand je songe aux hasards que je lui fais courir. (1643-56)
2. Sénèque a dit dans sa IV° *épître* : *Quisquis vitam contempsit, tuæ dom'nus est.* « Quiconque méprise la vie est maître de la tienne. »

ACTE I, SCÈNE II.

L'heure, le lieu, le bras se choisit aujourd'hui;
Et c'est à faire enfin à mourir après lui.   140

SCÈNE III.
CINNA, ÉMILIE, FULVIE.

ÉMILIE.
Mais le voici qui vient. Cinna, votre assemblée
Par l'effroi du péril n'est-elle point troublée[1]?
Et reconnoissez-vous au front de vos amis
Qu'ils soient prêts à tenir ce qu'ils vous ont promis?

CINNA.
Jamais contre un tyran entreprise conçue   145
Ne permit d'espérer une si belle issue;
Jamais de telle ardeur on n'en jura la mort[2],
Et jamais conjurés ne furent mieux d'accord;
Tous s'y montrent portés avec tant d'allégresse,
Qu'ils semblent, comme moi, servir une maîtresse[3];   150
Et tous font éclater un si puissant courroux,
Qu'ils semblent tous venger un père, comme vous.

ÉMILIE.
Je l'avois bien prévu, que pour un tel ouvrage
Cinna sauroit choisir des hommes de courage,
Et ne remettroit pas en de mauvaises mains   155
L'intérêt d'Émilie et celui des Romains.

CINNA.
Plût aux Dieux que vous-même eussiez vu de quel zèle
Cette troupe entreprend une action si belle!
Au seul nom de César, d'Auguste, et d'empereur,

---

1. *Var.* Des grandeurs du péril n'est-elle point troublée? (1643-56)
2. *Var.* Jamais de telle ardeur on ne jura sa mort. (1643-56)
3. *Var.* Qu'ils semblent, comme moi, venger une maîtresse. (1643)

Vous eussiez vu leurs yeux s'enflammer de fureur[1], 160
Et dans un même instant, par un effet contraire,
Leur front pâlir d'horreur et rougir de colère[2].
« Amis, leur ai-je dit, voici le jour heureux
Qui doit conclure enfin nos desseins généreux :
Le ciel entre nos mains a mis le sort de Rome, 165
Et son salut dépend de la perte d'un homme,
Si l'on doit le nom d'homme à qui n'a rien d'humain,
A ce tigre altéré de tout le sang romain.
Combien pour le répandre a-t-il formé de brigues!
Combien de fois changé de partis et de ligues, 170
Tantôt ami d'Antoine, et tantôt ennemi,
Et jamais insolent ni cruel à demi! »
Là, par un long récit de toutes les misères
Que durant notre enfance ont enduré nos pères,
Renouvelant leur haine avec leur souvenir, 175
Je redouble en leurs cœurs l'ardeur de le punir.
Je leur fais des tableaux de ces tristes batailles
Où Rome par ses mains déchiroit ses entrailles,
Où l'aigle abattoit l'aigle, et de chaque côté
Nos légions s'armoient contre leur liberté; 180
Où les meilleurs soldats et les chefs les plus braves[3]

---

1. *Var.* Vous eussiez vu leurs yeux s'allumer de fureur. (1643-56)
2. On raconte que lorsque Michel Baron reparut au mois de mars 1720, à l'âge de soixante-huit ans, dans le rôle de Cinna, on le vit, dans la même minute, *pâlir* et *rougir* comme le vers l'indiquait. — Larive, dans son *Cours de déclamation* (tome II, p. 6), nie obstinément la possibilité du fait; il semble toutefois que les comédiens du dix-septième siècle aient eu le secret de pâlir à volonté. Tallemant dit en parlant de Floridor (tome VII, p. 176) : « Il est toujours pâle, ainsi point de changement de visage. »
3. *Var.* Où le but des soldats et des chefs les plus braves,
C'étoit d'être vainqueurs pour devenir esclaves (*a*);
Où chacun trahissoit, aux yeux de l'univers,
Soi-même et son pays, pour assurer ses fers,

(*a*) Étoit d'être vainqueurs pour devenir esclaves. (1648-56)

ACTE I, SCÈNE III.

Mettoient toute leur gloire à devenir esclaves ;
Où, pour mieux assurer la honte de leurs fers,
Tous vouloient à leur chaîne attacher l'univers ;
Et l'exécrable honneur de lui donner un maître   185
Faisant aimer à tous l'infâme nom de traître,
Romains contre Romains, parents contre parents,
Combattoient seulement pour le choix des tyrans.
  J'ajoute à ces tableaux la peinture effroyable
De leur concorde impie, affreuse, inexorable[1] ;   190
Funeste aux gens de bien, aux riches, au sénat,
Et pour tout dire enfin, de leur triumvirat ;
Mais je ne trouve point de couleurs assez noires
Pour en représenter les tragiques histoires.
Je les peins dans le meurtre à l'envi triomphants,   195
Rome entière noyée au sang de ses enfants :
Les uns assassinés dans les places publiques,
Les autres dans le sein de leurs dieux domestiques ;
Le méchant par le prix au crime encouragé ;
Le mari par sa femme en son lit égorgé ;   200
Le fils tout dégouttant du meurtre de son père,
Et sa tête à la main demandant son salaire[2],
Sans pouvoir exprimer par tant d'horribles traits[3]

  Et tâchant d'acquérir avec le nom de traître
  L'abominable honneur de lui donner un maître. (1643-56)
 1. *Var.* De leur concorde affreuse, horrible, impitoyable. (1643-56)
 2. « Dufresne employa un jour une petite adresse qui produisit un grand effet. En commençant ce récit, il cacha derrière lui une de ses mains dans laquelle il tenait son casque surmonté d'un panache rouge ; et lorsqu'il fut arrivé à ces vers, il montra subitement le casque et le panache rouge ; et les agitant vivement, il sembla présenter aux spectateurs la tête et la chevelure sanglante dont il est question dans les vers de Corneille. Les spectateurs furent saisis de terreur : Dufresne avait réussi. Mais ces sortes de jeux de théâtre, fruits de la combinaison et du calcul, ne peuvent être répétés. » (*Galerie historique des acteurs du théâtre français*, par Lemazurier, tome I, p. 510.)
 3. *Var.* Sans exprimer encore avecque tous ces traits (*a*). (1643-56)

 (*a*) Les éditions de 1652-56 portent, par erreur, *ses traits*, pour *ces traits*.

Qu'un crayon imparfait de leur sanglante paix.
  Vous dirai-je les noms de ces grands personnages   205
Dont j'ai dépeint les morts pour aigrir les courages,
De ces fameux proscrits, ces demi-dieux mortels[1],
Qu'on a sacrifiés jusque sur les autels?
Mais pourrois-je vous dire à quelle impatience,
A quels frémissements, à quelle violence,   210
Ces indignes trépas, quoique mal figurés,
Ont porté les esprits de tous nos conjurés?
Je n'ai point perdu temps, et voyant leur colère
Au point de ne rien craindre, en état de tout faire,
J'ajoute en peu de mots : « Toutes ces cruautés,   215
La perte de nos biens et de nos libertés,
Le ravage des champs, le pillage des villes,
Et les proscriptions, et les guerres civiles,
Sont les degrés sanglants dont Auguste a fait choix
Pour monter dans le trône[2] et nous donner des lois. 220
Mais nous pouvons changer un destin si funeste[3],
Puisque de trois tyrans c'est le seul qui nous reste,
Et que juste une fois, il s'est privé d'appui,
Perdant, pour régner seul, deux méchants comme lui[4].
Lui mort, nous n'avons point de vengeur ni de maître;
Avec la liberté Rome s'en va renaître;
Et nous mériterons le nom de vrais Romains,
Si le joug qui l'accable est brisé par nos mains.
Prenons l'occasion tandis qu'elle est propice :
Demain au Capitole il fait un sacrifice;   230
Qu'il en soit la victime, et faisons en ces lieux

---

1. *Var.* Ces illustres proscrits, ces demi-dieux mortels. (1643-56)
2. Voltaire, dans l'édition de 1764, a remplacé « dans le trône » par « sur le trône. »
3. *Var.* Rendons toutefois grâce à la bonté céleste,
   Que de nos trois tyrans c'est le seul qui nous reste. (1643-56)
4. Antoine et Lépide.

ACTE I, SCÈNE III.

Justice à tout le monde, à la face des Dieux :
Là presque pour sa suite il n'a que notre troupe ;
C'est de ma main qu'il prend et l'encens et la coupe[1] ;
Et je veux pour signal que cette même main   235
Lui donne, au lieu d'encens, d'un poignard dans le sein.
Ainsi d'un coup mortel la victime frappée
Fera voir si je suis du sang du grand Pompée ;
Faites voir après moi si vous vous souvenez
Des illustres aïeux[2] de qui vous êtes nés. »   240
A peine ai-je achevé, que chacun renouvelle,
Par un noble serment, le vœu d'être fidèle :
L'occasion leur plaît ; mais chacun veut pour soi
L'honneur du premier coup, que j'ai choisi pour moi.
La raison règle enfin l'ardeur qui les emporte :   245
Maxime et la moitié s'assurent de la porte ;
L'autre moitié me suit, et doit m'environner,
Prête au moindre signal que je voudrai donner.
   Voilà, belle Émilie, à quel point nous en sommes.
Demain j'attends la haine ou la faveur des hommes,   250
Le nom de parricide ou de libérateur,
César celui de prince ou d'un usurpateur[3].
Du succès qu'on obtient contre la tyrannie
Dépend ou notre gloire ou notre ignominie ;
Et le peuple, inégal à l'endroit des tyrans,   255
S'il les déteste morts, les adore vivants.
Pour moi, soit que le ciel me soit dur ou propice,
Qu'il m'élève à la gloire ou me livre au supplice,

---

1. C'est une allusion à une circonstance historique, à la dignité sacerdotale qu'Auguste avait conférée à Cinna : voyez ci-dessus, p. 374. Sénèque nous apprend aussi (voyez p. 373) que les conjurés voulaient attaquer Auguste pendant qu'il célébrerait un sacrifice : *Sacrificantem placuerat adoriri*.
2. On lit *ayeuls* dans l'édition de 1656.
3. *Var.* César celui de (*a*) prince ou bien d'usurpateur. (1643-56)

(*a*) L'édition de 1656 porte, par erreur, *du prince*, pour *de prince*.

Que Rome se déclare ou pour ou contre nous,
Mourant pour vous servir, tout me semblera doux.   260
ÉMILIE.
Ne crains point de succès qui souille ta mémoire :
Le bon et le mauvais sont égaux pour ta gloire;
Et dans un tel dessein, le manque de bonheur
Met en péril ta vie, et non pas ton honneur.
Regarde le malheur de Brute et de Cassie :   265
La splendeur de leurs noms en est-elle obscurcie?
Sont-ils morts tous entiers[1] avec leurs grands desseins[2]?
Ne les compte-t-on plus pour les derniers Romains?
Leur mémoire dans Rome est encor précieuse,
Autant que de César la vie est odieuse;   270
Si leur vainqueur y règne, ils y sont regrettés,
Et par les vœux de tous leurs pareils souhaités.

Va marcher sur leurs pas où l'honneur te convie :
Mais ne perds pas le soin de conserver ta vie;
Souviens-toi du beau feu dont nous sommes épris,   275
Qu'aussi bien que la gloire Émilie est ton prix,
Que tu me dois ton cœur, que mes faveurs t'attendent,
Que tes jours me sont chers, que les miens en dépendent.
Mais quelle occasion mène Évandre vers nous[3]?

---

1. « Cette expression sublime : *mourir tout entier*, est prise du latin d'Horace (livre III, ode xxx, vers 6) *non omnis moriar*, et *tout entier* est plus énergique. Racine l'a imitée dans sa belle pièce d'*Iphigénie* (acte I, scène II) :

Ne laisser aucun nom et mourir tout entier. »

(*Voltaire*.)

Pompée dit de même dans la *Pharsale* de Lucain (livre VIII, vers 266 et 267):

Non omnis in arvis
Emathiis cecidi,

« Je n'ai pas succombé tout entier dans les champs de l'Émathie. »

2. *Var.* Ont-ils perdu celui de derniers des Romains?
Et sont-ils morts entiers avecque leurs desseins? (1643-56)

3. *Var.* Et que.... Mais quel sujet mène Évandre vers nous? (1643-56)

SCÈNE IV.

CINNA, ÉMILIE, ÉVANDRE, FULVIE.

ÉVANDRE.

Seigneur, César vous mande, et Maxime avec vous.   280

CINNA.

Et Maxime avec moi? Le sais-tu bien Évandre?

ÉVANDRE.

Polyclète est encor chez vous à vous attendre,
Et fût venu lui-même avec moi vous chercher,
Si ma dextérité n'eût su l'en empêcher;
Je vous en donne avis, de peur d'une surprise.   285
Il presse fort.

ÉMILIE.

      Mander les chefs de l'entreprise!
Tous deux! en même temps! Vous êtes découverts.

CINNA.

Espérons mieux, de grâce.

ÉMILIE.

              Ah! Cinna, je te perds!
Et les Dieux, obstinés à nous donner un maître,
Parmi tes vrais amis ont mêlé quelque traître.   290
Il n'en faut point douter, Auguste a tout appris.
Quoi? tous deux! et sitôt que le conseil est pris!

CINNA.

Je ne vous puis celer que son ordre m'étonne;
Mais souvent il m'appelle auprès de sa personne;
Maxime est comme moi de ses plus confidents,   295
Et nous nous alarmons peut-être en imprudents.

ÉMILIE.

Sois moins ingénieux à te tromper toi-même,
Cinna; ne porte point mes maux jusqu'à l'extrême;

Et puisque désormais tu ne peux me venger[1],
Dérobe au moins ta tête à ce mortel danger; 300
Fuis d'Auguste irrité l'implacable colère.
Je verse assez de pleurs pour la mort de mon père;
N'aigris point ma douleur par un nouveau tourment,
Et ne me réduis point à pleurer mon amant[2].

CINNA.

Quoi? sur l'illusion d'une terreur panique, 305
Trahir vos intérêts et la cause publique!
Par cette lâcheté moi-même m'accuser,
Et tout abandonner quand il faut tout oser!
Que feront nos amis si vous êtes déçue?

ÉMILIE.

Mais que deviendras-tu si l'entreprise est sue? 310

CINNA.

S'il est pour me trahir des esprits assez bas,
Ma vertu pour le moins ne me trahira pas :
Vous la verrez, brillante au bord des précipices,
Se couronner de gloire en bravant les supplices,
Rendre Auguste jaloux du sang qu'il répandra, 315
Et le faire trembler alors qu'il me perdra.
 Je deviendrois suspect à tarder davantage.
Adieu, raffermissez ce généreux courage.
S'il faut subir le coup d'un destin rigoureux,
Je mourrai tout ensemble heureux et malheureux : 320
Heureux pour vous servir de perdre ainsi la vie[3],
Malheureux de mourir sans vous avoir servie.

ÉMILIE.

Oui, va, n'écoute plus ma voix qui te retient :
Mon trouble se dissipe, et ma raison revient.

---

1. *Var.* Et puisque désormais tu ne me peux venger. (1643-56)
2. *Var.* Et ne lui permets point de m'ôter mon amant. (1643-56)
3. *Var.* Heureux pour vous servir d'abandonner la vie. (1643-56)

ACTE I, SCÈNE IV.

Pardonne à mon amour cette indigne foiblesse. 325
Tu voudrois fuir : en vain, Cinna, je le confesse
Si tout est découvert, Auguste a su pourvoir
A ne te laisser pas ta fuite en ton pouvoir.
Porte, porte chez lui cette mâle assurance,
Digne de notre amour, digne de ta naissance; 330
Meurs, s'il y faut mourir, en citoyen romain,
Et par un beau trépas couronne un beau dessein.
Ne crains pas qu'après toi rien ici me retienne :
Ta mort emportera mon âme vers la tienne;
Et mon cœur, aussitôt percé des mêmes coups.... 335

CINNA.

Ah! souffrez que tout mort je vive encore en vous;
Et du moins en mourant permettez que j'espère
Que vous saurez venger l'amant avec le père.
Rien n'est pour vous à craindre : aucun de nos amis[1]
Ne sait ni vos desseins, ni ce qui m'est promis; 340
Et leur parlant tantôt des misères romaines,
Je leur ai tu la mort qui fait naître nos haines[2],
De peur que mon ardeur touchant vos intérêts[3]
D'un si parfait amour ne trahît les secrets :
Il n'est su que d'Évandre et de votre Fulvie. 345

ÉMILIE.

Avec moins de frayeur je vais donc chez Livie,
Puisque dans ton péril il me reste un moyen
De faire agir pour toi son crédit et le mien;
Mais si mon amitié par là ne te délivre,
N'espère pas qu'enfin je veuille te survivre. 350

1. *Var.* Dans un si grand péril vos jours sont assurés :
   Vos desseins ne sont sus d'aucun des conjurés;
   Et décrivant tantôt les misères romaines. (1643-56)
2. *Var.* La mort de Toranius, père d'Émilie.
3. *Var.* De peur que trop d'ardeur touchant vos intérêts
   Sur mon visage ému ne peignît nos secrets :
   Notre amour n'est connu que d'Évandre et Fulvie. (1643-56)

Je fais de ton destin des règles à mon sort,
Et j'obtiendrai ta vie, ou je suivrai ta mort.

CINNA.

Soyez en ma faveur moins cruelle à vous-même.

ÉMILIE.

Va-t'en, et souviens-toi seulement que je t'aime.

FIN DU PREMIER ACTE.

ACTE II.

SCÈNE PREMIÈRE.

AUGUSTE, CINNA, MAXIME, troupe
de Courtisans.

AUGUSTE.

Que chacun se retire, et qu'aucun n'entre ici. 355
Vous, Cinna, demeurez, et vous, Maxime, aussi.
(Tous se retirent, à la réserve de Cinna et de Maxime[1].)
Cet empire absolu sur la terre et sur l'onde,
Ce pouvoir souverain que j'ai sur tout le monde[2],

---

1. Ce jeu de scène manque dans les éditions de 1643-60.
2. « Fénelon, dans sa *Lettre à l'Académie* sur l'éloquence, dit : « Il me
« semble qu'on a donné souvent aux Romains un discours fastueux; je ne
« trouve point de proportion entre l'emphase avec laquelle Auguste parle
« dans la tragédie de *Cinna* et la modeste simplicité avec laquelle Suétone le
« dépeint. » Il est vrai; mais ne faut-il pas quelque chose de plus relevé sur
le théâtre que dans Suétone? Il y a un milieu à garder entre l'enflure et
la simplicité. Il faut avouer que Corneille a quelquefois passé les bornes.
L'archevêque de Cambrai avait d'autant plus raison de reprendre cette enflure vicieuse, que de son temps les comédiens chargeaient encore ce défaut
par la plus ridicule affectation dans l'habillement, dans la déclamation et
dans les gestes. On voyait Auguste arriver avec la démarche d'un matamore,
coiffé d'une perruque carrée qui descendait par devant jusqu'à la ceinture;
cette perruque était farcie de feuilles de laurier et surmontée d'un large
chapeau avec deux rangs de plumes rouges. Auguste, ainsi défiguré par des
bateleurs gaulois sur un théâtre de marionnettes, était quelque chose de bien
étrange. Il se plaçait sur un énorme fauteuil à deux gradins, et Maxime et
Cinna étaient sur deux petits tabourets. La déclamation ampoulée répondait
parfaitement à cet étalage, et surtout Auguste ne manquait pas de regarder
Cinna et Maxime du haut en bas avec un noble dédain, en prononçant ces vers :

  Enfin tout ce qu'adore en ma haute fortune,
  D'un courtisan flatteur la présence importune.

Il faisait bien sentir que c'était eux qu'il regardait comme des courtisans

Cette grandeur sans borne et cet illustre rang[1],
Qui m'a jadis coûté tant de peine et de sang,   360
Enfin tout ce qu'adore en ma haute fortune
D'un courtisan flatteur la présence importune,
N'est que de ces beautés dont l'éclat éblouit,
Et qu'on cesse d'aimer sitôt qu'on en jouit.
L'ambition déplaît quand elle est assouvie,   365
D'une contraire ardeur son ardeur est suivie;
Et comme notre esprit, jusqu'au dernier soupir,
Toujours vers quelque objet pousse quelque desir,
Il se ramène en soi, n'ayant plus où se prendre,
Et monté sur le faîte, il aspire à descendre[2].   370
J'ai souhaité l'empire, et j'y suis parvenu;
Mais en le souhaitant, je ne l'ai pas connu :
Dans sa possession j'ai trouvé pour tous charmes
D'effroyables soucis, d'éternelles alarmes,
Mille ennemis secrets, la mort à tous propos,   375
Point de plaisir sans trouble, et jamais de repos.
Sylla m'a précédé dans ce pouvoir suprême;
Le grand César mon père en a joui de même :
D'un œil si différent tous deux l'ont regardé[3],

flatteurs. En effet, il n'y a rien dans le commencement de cette scène qui empêche que ces vers ne puissent être joués ainsi. Auguste n'a point encore parlé avec bonté, avec amitié, à Cinna et à Maxime; il ne leur a encore parlé que de son pouvoir absolu sur la terre et sur l'onde. » (*Voltaire*.)

1. *Var.* Cette grandeur sans borne et ce superbe rang. (1643-56)

2. « Remarquez bien cette expression, disait Racine à son fils. On dit aspirer à monter; mais il faut connoître le cœur humain aussi bien que Corneille l'a connu pour pouvoir dire de l'ambitieux qu'il aspire à descendre. » — Chaulmer écrivait en 1638, dans sa *Mort de Pompée* (acte I, scène 1), ces vers qui, bien qu'ils contiennent une idée fort différente, ont une grande analogie d'expression avec ceux de notre poëte :

    Gardons la liberté de la chose publique,
    Déjà presque soumise au pouvoir tyrannique
    D'un enfant sans respect, ou d'un tigre plutôt
    Qui sortant de son antre, ose aspirer si haut;
    Qu'il sache en se perdant que qui veut y prétendre,
    Plus il cherche à monter, plus il trouve à descendre.

3. *Var.* Sylla s'en est démis, mon père l'a gardé,

Que l'un s'en est démis, et l'autre l'a gardé ; 380
Mais l'un, cruel, barbare, est mort aimé, tranquille,
Comme un bon citoyen dans le sein de sa ville ;
L'autre, tout débonnaire, au milieu du sénat
A vu trancher ses jours par un assassinat.
Ces exemples récents suffiroient pour m'instruire, 385
Si par l'exemple seul on se devoit conduire :
L'un m'invite à le suivre, et l'autre me fait peur ;
Mais l'exemple souvent n'est qu'un miroir trompeur,
Et l'ordre du destin qui gêne nos pensées
N'est pas toujours écrit dans les choses passées : 390
Quelquefois l'un se brise où l'autre s'est sauvé,
Et par où l'un périt un autre est conservé.
  Voilà, mes chers amis, ce qui me met en peine.
Vous, qui me tenez lieu d'Agrippe et de Mécène[1],
Pour résoudre ce point avec eux débattu, 395
Prenez sur mon esprit le pouvoir qu'ils ont eu.
Ne considérez point cette grandeur suprême,
Odieuse aux Romains, et pesante à moi-même ;
Traitez-moi comme ami, non comme souverain :
Rome, Auguste, l'État, tout est en votre main : 400
Vous mettrez et l'Europe, et l'Asie, et l'Afrique,
Sous les lois d'un monarque, ou d'une république ;
Votre avis est ma règle, et par ce seul moyen
Je veux être empereur, ou simple citoyen.

CINNA.

Malgré notre surprise, et mon insuffisance, 405
Je vous obéirai, Seigneur, sans complaisance,
Et mets bas le respect qui pourroit m'empêcher

Différents en leur fin comme en leur procédé :
L'un, cruel et barbare, est mort aimé, tranquille. (1643-56)

1. Voyez dans le livre LII de Dion Cassius, chapitres I-XLI, la délibération d'Auguste avec Agrippa et Mécène, et les longs discours de ses deux conseillers. Cinna ouvre ici le même avis que Mécène ; et Maxime, le même qu'Agrippa.

De combattre un avis où vous semblez pencher,
Souffrez-le d'un esprit jaloux de votre gloire,
Que vous allez souiller d'une tache trop noire,   410
Si vous ouvrez votre âme à ces impressions¹
Jusques à condamner toutes vos actions.
  On ne renonce point aux grandeurs légitimes ;
On garde sans remords ce qu'on acquiert sans crimes ;
Et plus le bien qu'on quitte est noble, grand, exquis,   415
Plus qui l'ose quitter le juge mal acquis.
N'imprimez pas, Seigneur, cette honteuse marque
A ces rares vertus qui vous ont fait monarque ;
Vous l'êtes justement, et c'est sans attentat
Que vous avez changé la forme de l'État.   420
Rome est dessous vos lois par le droit de la guerre,
Qui sous les lois de Rome a mis toute la terre ;
Vos armes l'ont conquise, et tous les conquérants
Pour être usurpateurs ne sont pas des tyrans ;
Quand ils ont sous leurs lois asservi des provinces²,   425
Gouvernant justement, ils s'en font justes princes :
C'est ce que fit César ; il vous faut aujourd'hui
Condamner sa mémoire, ou faire comme lui.
Si le pouvoir suprême est blâmé par Auguste,
César fut un tyran, et son trépas fut juste,   430
Et vous devez aux Dieux compte de tout le sang
Dont vous l'avez vengé pour monter à son rang.
N'en craignez point, Seigneur, les tristes destinées³ ;
Un plus puissant démon veille sur vos années :
On a dix fois sur vous attenté sans effet,   435
Et qui l'a voulu perdre au même instant l'a fait.

  1. *Var.* Si vous laissant séduire à ces impressions,
     Vous-même condamnez toutes vos actions. (1643-56)
  2. *Var.* Lorsque notre valeur nous gagne une province,
     Gouvernant justement, on devient juste prince. (1643-56)
  3. *Var.* Mais sa mort vous fait peur? Seigneur, les destinées
     D'un soin bien plus exact veillent sur vos années. (1643-56)

ACTE II, SCÈNE I.

On entreprend assez, mais aucun n'exécute ;
Il est des assassins, mais il n'est plus de Brute :
Enfin, s'il faut attendre un semblable revers,
Il est beau de mourir maître de l'univers. 440
C'est ce qu'en peu de mots j'ose dire, et j'estime
Que ce peu que j'ai dit est l'avis de Maxime.

MAXIME.

Oui, j'accorde qu'Auguste a droit de conserver
L'empire où sa vertu l'a fait seule arriver[1],
Et qu'au prix de son sang, au péril de sa tête, 445
Il a fait de l'État une juste conquête ;
Mais que sans se noircir, il ne puisse quitter
Le fardeau que sa main est lasse de porter,
Qu'il accuse par là César de tyrannie,
Qu'il approuve sa mort, c'est ce que je dénie. 450
   Rome est à vous, Seigneur, l'empire est votre bien ;
Chacun en liberté peut disposer du sien :
Il le peut à son choix garder, ou s'en défaire ;
Vous seul ne pourriez pas ce que peut le vulgaire,
Et seriez devenu, pour avoir tout dompté, 455
Esclave des grandeurs où vous êtes monté !
Possédez-les, Seigneur, sans qu'elles vous possèdent.
Loin de vous captiver, souffrez qu'elles vous cèdent ;
Et faites hautement connoître enfin à tous
Que tout ce qu'elles ont est au-dessous de vous. 460
Votre Rome autrefois vous donna la naissance ;
Vous lui voulez donner votre toute-puissance ;
Et Cinna vous impute à crime capital
La libéralité vers le pays natal !
Il appelle remords l'amour de la patrie ! 465
Par la haute vertu la gloire est donc flétrie[2],

1. Les éditions de 1652-56 portent :
    L'empire où sa vertu l'a fait seul arriver.
2. *Var.* Par la même vertu la gloire est donc flétrie. (1643-56)

Et ce n'est qu'un objet digne de nos mépris,
Si de ses pleins effets l'infamie est le prix[1] !
Je veux bien avouer qu'une action si belle
Donne à Rome bien plus que vous ne tenez d'elle ; 470
Mais commet-on un crime indigne de pardon[2],
Quand la reconnoissance est au-dessus du don ?
Suivez, suivez, Seigneur, le ciel qui vous inspire :
Votre gloire redouble à mépriser l'empire ;
Et vous serez fameux chez la postérité, 475
Moins pour l'avoir conquis que pour l'avoir quitté.
Le bonheur peut conduire à la grandeur suprême ;
Mais pour y renoncer il faut la vertu même ;
Et peu de généreux vont jusqu'à dédaigner,
Après un sceptre acquis, la douceur de régner. 480
 Considérez d'ailleurs que vous régnez dans Rome,
Où, de quelque façon que votre cour vous nomme,
On hait la monarchie ; et le nom d'empereur,
Cachant celui de roi, ne fait pas moins d'horreur.
Ils passent[3] pour tyran quiconque s'y fait maître ; 485
Qui le sert, pour esclave, et qui l'aime, pour traître ;
Qui le souffre a le cœur lâche, mol, abattu,
Et pour s'en affranchir tout s'appelle vertu.
Vous en avez, Seigneur, des preuves trop certaines :
On a fait contre vous dix entreprises vaines ; 490
Peut-être que l'onzième est prête d'éclater,
Et que ce mouvement qui vous vient agiter
N'est qu'un avis secret que le ciel vous envoie,
Qui pour vous conserver n'a plus que cette voie.
Ne vous exposez plus à ces fameux revers. 495
Il est beau de mourir maître de l'univers ;
Mais la plus belle mort souille notre mémoire,

1. *Var.* Si de ses plus hauts faits l'infamie est le prix ! (1643-56)
2. *Var.* Mais ce n'est pas un crime indigne de pardon. (1643-56)
3. L'édition de 1655 seule porte : « Il passe, » au singulier.

Quand nous avons pu vivre et croître notre gloire¹.

CINNA.

Si l'amour du pays doit ici prévaloir,
C'est son bien seulement que vous devez vouloir; 500
Et cette liberté, qui lui semble si chère,
N'est pour Rome, Seigneur, qu'un bien imaginaire,
Plus nuisible qu'utile, et qui n'approche pas
De celui qu'un bon prince apporte à ses États.
 Avec ordre et raison les honneurs il dispense, 505
Avec discernement punit et récompense²,
Et dispose de tout en juste possesseur,
Sans rien précipiter de peur d'un successeur.
Mais quand le peuple est maître, on n'agit qu'en tumulte :
La voix de la raison jamais ne se consulte; 510
Les honneurs sont vendus aux plus ambitieux,
L'autorité livrée aux plus séditieux³.
Ces petits souverains qu'il fait pour une année,
Voyant d'un temps si court leur puissance bornée,
Des plus heureux desseins font avorter le fruit, 515
De peur de le laisser à celui qui les suit.
Comme ils ont peu de part au bien dont ils ordonnent,
Dans le champ du public largement ils moissonnent⁴,
Assurés que chacun leur pardonne aisément,
Espérant à son tour un pareil traitement : 520
Le pire des États, c'est l'État populaire⁵.

---

1. *Var.* Quand nous avons pu vivre avecque plus de gloire. (1643-56)
2. *Var.* Avecque jugement punit et récompense,
 Ne précipite rien de peur d'un successeur,
 [Et dispose de tout en juste possesseur.] (1643-56)
3. *Var.* Les magistrats donnés aux plus séditieux. (1643-56)
4. *Var.* Dedans le champ d'autrui largement ils moissonnent. (1643-56)
5. *Var.* Le pire des États est l'État populaire (*a*). (1643)

(*a*) Bossuet, dans son *cinquième Avertissement aux protestants*, a dit presque dans les mêmes termes : « L'État populaire, le pire de tous; » et Cyrano de Bergerac, dans sa *Lettre contre les frondeurs* : « Le gouvernement populaire

AUGUSTE.

Et toutefois le seul qui dans Rome peut plaire.
Cette haine des rois, que depuis cinq cents ans
Avec le premier lait sucent tous ses enfants,
Pour l'arracher des cœurs, est trop enracinée.   525

MAXIME.

Oui, Seigneur, dans son mal Rome est trop obstinée;
Son peuple, qui s'y plaît, en fuit la guérison :
Sa coutume l'emporte, et non pas la raison;
Et cette vieille erreur, que Cinna veut abattre,
Est une heureuse erreur dont il est idolâtre[1],   530
Par qui le monde entier, asservi sous ses lois,
L'a vu cent fois marcher sur la tête des rois,
Son épargne s'enfler du sac de leurs provinces.
Que lui pouvoient de plus donner les meilleurs princes?
  J'ose dire, Seigneur, que par tous les climats   535
Ne sont pas bien reçus toutes sortes d'États;
Chaque peuple a le sien conforme à sa nature,
Qu'on ne sauroit changer sans lui faire une injure :
Telle est la loi du ciel, dont la sage équité
Sème dans l'univers cette diversité.   540
Les Macédoniens aiment le monarchique[2],
Et le reste des Grecs la liberté publique;
Les Parthes, les Persans veulent des souverains,
Et le seul consulat est bon pour les Romains.

CINNA.

Il est vrai que du ciel la prudence infinie[3]   545

---

1. *Var.* Est une heureuse erreur dont elle est idolâtre,
    Par qui le monde entier, rangé dessous ses lois. (1643-56)
2. L'édition de 1655 porte : « *la* monarchique. »
3. *Var.* S'il est vrai que du ciel la prudence infinie. (1643-56)

est le pire fléau dont Dieu afflige un État quand il le veut châtier. » Voyez les *Notes sur la vie de Corneille*, que M. Édouard Fournier a placées en tête de sa comédie de *Corneille à la Butte Saint-Roch* (p. cxx).

Départ à chaque peuple un différent génie;
Mais il n'est pas moins vrai que cet ordre des cieux[1]
Change selon les temps comme selon les lieux.
Rome a reçu des rois ses murs et sa naissance;
Elle tient des consuls sa gloire et sa puissance, 550
Et reçoit maintenant de vos rares bontés
Le comble souverain de ses prospérités.
Sous vous, l'État n'est plus en pillage aux armées;
Les portes de Janus par vos mains sont fermées,
Ce que sous ses consuls on n'a vu qu'une fois[2], 555
Et qu'a fait voir comme eux le second de ses rois.

MAXIME.

Les changements d'État que fait l'ordre céleste
Ne coûtent point de sang, n'ont rien qui soit funeste.

CINNA.

C'est un ordre des Dieux qui jamais ne se rompt,
De nous vendre un peu cher les grands biens qu'ils nous
L'exil des Tarquins même ensanglanta nos terres, [font[3].
Et nos premiers consuls nous ont coûté des guerres.

MAXIME.

Donc votre aïeul Pompée au ciel a résisté
Quand il a combattu pour notre liberté?

CINNA.

Si le ciel n'eût voulu que Rome l'eût perdue, 565
Par les mains de Pompée il l'auroit défendue[4] :
Il a choisi sa mort pour servir dignement

---

1. *Var.* Il est certain aussi que cet ordre des cieux. (1643-56)
2. *Var.* Ce que tous ses consuls n'ont pu faire deux fois,
Et qu'a fait avant eux le second de ses rois. (1643-56)
3. *Var.* De nous vendre bien cher les grands biens qu'ils nous font. (1643-64)
4. Souvenir de Virgile (*Énéide*, livre II, vers 291 et 292) :

Si Pergama dextra
Defendi possent, etiam hac defensa fuissent.

« Si Pergame (*dit Hector*) eût pu être défendu par la droite d'un guerrier, elle l'aurait été par celle-ci. »

D'une marque éternelle à ce grand changement,
Et devoit cette gloire aux mânes d'un tel homme[1],
D'emporter avec eux la liberté de Rome.   570
   Ce nom depuis longtemps ne sert qu'à l'éblouir,
Et sa propre grandeur l'empêche d'en jouir.
Depuis qu'elle se voit la maîtresse du monde,
Depuis que la richesse entre ses murs abonde,
Et que son sein, fécond en glorieux exploits,   575
Produit des citoyens plus puissants que des rois,
Les grands, pour s'affermir achetant les suffrages,
Tiennent pompeusement leurs maîtres à leurs gages,
Qui par des fers dorés se laissant enchaîner,
Reçoivent d'eux les lois qu'ils pensent leur donner. 580
Envieux l'un de l'autre, ils mènent tout par brigues
Que leur ambition tourne en sanglantes ligues.
Ainsi de Marius Sylla devint jaloux;
César, de mon aïeul; Marc-Antoine, de vous;
Ainsi la liberté ne peut plus être utile   585
Qu'à former les fureurs d'une guerre civile,
Lorsque par un désordre à l'univers fatal,
L'un ne veut point de maître, et l'autre point d'égal[2].
   Seigneur, pour sauver Rome, il faut qu'elle s'unisse
En la main d'un bon chef à qui tout obéisse[3]. 590
Si vous aimez encore à la favoriser[4],

---

1. *Var.* Et devoit cet honneur aux mânes d'un tel homme. (1643-56)

2. *Nec quemquam jam ferre potest, Cæsarve priorem,*
Pompeiusve parem.
(Lucain, *Pharsale*, livre I, vers 125 et 126.)
« Et César ne peut plus souffrir de supérieur, ni Pompée d'égal. »

3. On a rapproché de ces vers la phrase suivante de Tacite (*Annales*, livre I, chapitre IX) : ....*non aliud discordantis patriæ remedium fuisse, quam ut ab uno regeretur*, « il n'y eut pas d'autre remède pour la patrie en discorde que d'être gouvernée par un seul; » et celle-ci de Florus (livre IV, chapitre III) : *Aliter salvus esse non potuit* (populus romanus), *nisi confugisset ad servitutem*, « le peuple romain ne put être sauvé qu'en ayant recours à la servitude. »

4. *Var.* Et si votre bonté le veut favoriser. (1643-56)

Otez-lui les moyens de se plus diviser.
Sylla, quittant la place enfin bien usurpée,
N'a fait qu'ouvrir le champ à César et Pompée,
Que le malheur des temps ne nous eût pas fait voir[1], 595
S'il eût dans sa famille assuré son pouvoir.
Qu'a fait du grand César le cruel parricide,
Qu'élever contre vous Antoine avec Lépide,
Qui n'eussent pas détruit Rome par les Romains,
Si César eût laissé l'empire entre vos mains ? 600
Vous la replongerez, en quittant cet empire,
Dans les maux dont à peine encore elle respire,
Et de ce peu, Seigneur, qui lui reste de sang
Une guerre nouvelle épuisera son flanc.
 Que l'amour du pays, que la pitié vous touche ; 605
Votre Rome à genoux vous parle par ma bouche.
Considérez le prix que vous avez coûté :
Non pas qu'elle vous croie avoir trop acheté ;
Des maux qu'elle a soufferts elle est trop bien payée[2] ;
Mais une juste peur tient son âme effrayée : 610
Si jaloux de son heur, et las de commander,
Vous lui rendez un bien qu'elle ne peut garder,
S'il lui faut à ce prix en acheter un autre,
Si vous ne préférez son intérêt au vôtre,
Si ce funeste don la met au désespoir, 615
Je n'ose dire ici ce que j'ose prévoir.
Conservez-vous, Seigneur, en lui laissant un maître[3]

---

[1]. *Var.* Que le malheur du temps ne nous eût pas fait voir. (1643 in-4°)
[2]. C'est une flatterie semblable à celle que Lucain (*Pharsale*, livre I, vers 37 et 38) adresse à Néron :

> *Jam nihil, o Superi, querimur : scelera ipsa nefasque*
> *Hac mercede placent.*

« Nous ne nous plaignons plus de rien, ô Dieux : les forfaits mêmes et le crime nous plaisent à ce prix. »

[3]. *Var.* Conservez-vous, Seigneur, lui conservant un maître. (1643-56)

412   CINNA.

Sous qui son vrai bonheur commence de renaître ;
Et pour mieux assurer le bien commun de tous¹,
Donnez un successeur qui soit digne de vous.   620

AUGUSTE.

N'en délibérons plus, cette pitié l'emporte.
Mon repos m'est bien cher, mais Rome est la plus forte ;
Et quelque grand malheur qui m'en puisse arriver,
Je consens à me perdre afin de la sauver.
Pour ma tranquillité mon cœur en vain soupire :   625
Cinna, par vos conseils je retiendrai l'empire ;
Mais je le retiendrai pour vous en faire part.
Je vois trop que vos cœurs n'ont point pour moi de fard²,
Et que chacun de vous, dans l'avis qu'il me donne,
Regarde seulement l'État et ma personne.   630
Votre amour en tous deux fait ce combat d'esprits³,
Et vous allez tous deux en recevoir le prix⁴.
    Maxime, je vous fais gouverneur de Sicile :
Allez donner mes lois à ce terroir fertile ;
Songez que c'est pour moi que vous gouvernerez,   635
Et que je répondrai de ce que vous ferez.
Pour épouse, Cinna, je vous donne Émilie :
Vous savez qu'elle tient la place de Julie,
Et que si nos malheurs et la nécessité
M'ont fait traiter son père avec sévérité,   640
Mon épargne depuis en sa faveur ouverte
Doit avoir adouci l'aigreur de cette perte.
Voyez-la de ma part, tâchez de la gagner :
Vous n'êtes point pour elle un homme à dédaigner⁵ ;

1. *Var.* Et daignez assurer le bien commun de tous,
Laissant un successeur qui soit digne de vous. (1643-56)
2. *Var.* Je sais bien que vos cœurs n'ont point pour moi de fard. (1643-56)
3. *Var.* Votre amour pour tous deux fait ce combat d'esprits. (1643-56)
4. *Var.* Et je veux que chacun en reçoive le prix. (1643-60)
5. *Var.* Vous n'êtes pas pour elle un homme à dédaigner. (1643-60)

De l'offre de vos vœux elle sera ravie[1]. 645
Adieu : j'en veux porter la nouvelle à Livie[2].

SCÈNE II.

CINNA, MAXIME.

MAXIME.
Quel est votre dessein après ces beaux discours?
CINNA.
Le même que j'avois, et que j'aurai toujours.
MAXIME.
Un chef de conjurés flatte la tyrannie!
CINNA.
Un chef de conjurés la veut voir impunie! 650
MAXIME.
Je veux voir Rome libre.
CINNA.
Et vous pouvez juger
Que je veux l'affranchir ensemble et la venger.
Octave aura donc vu ses fureurs assouvies[3],
Pillé jusqu'aux autels, sacrifié nos vies,
Rempli les champs d'horreur, comblé Rome de morts,
Et sera quitte après pour l'effet d'un remords!
Quand le ciel par nos mains à le punir s'apprête,
Un lâche repentir garantira sa tête!
C'est trop semer d'appas[4], et c'est trop inviter
Par son impunité quelque autre à l'imiter. 660
Vengeons nos citoyens, et que sa peine étonne
Quiconque après sa mort aspire à la couronne.

1. *Var.* Je présume plutôt qu'elle en sera ravie. (1643-56)
2. *Var.* Adieu : j'en vais porter la nouvelle à Livie. (1643 in-4°)
3. *Var.* Auguste aura soûlé ses damnables envies. (1643-56)
4. Voyez tome I, p. 148, note 3.

Que le peuple aux tyrans ne soit plus exposé :
S'il eût puni Sylla, César eût moins osé.
MAXIME.
Mais la mort de César, que vous trouvez si juste,
A servi de prétexte aux cruautés d'Auguste.
Voulant nous affranchir, Brute s'est abusé :
S'il n'eût puni César, Auguste eût moins osé.
CINNA.
La faute de Cassie, et ses terreurs paniques,
Ont fait rentrer l'État sous des lois tyranniques[1];
Mais nous ne verrons point de pareils accidents,
Lorsque Rome suivra des chefs moins imprudents.
MAXIME.
Nous sommes encor loin de mettre en évidence
Si nous nous conduirons avec plus de prudence;
Cependant c'en est peu que de n'accepter pas
Le bonheur qu'on recherche au péril du trépas.
CINNA.
C'en est encor bien moins, alors qu'on s'imagine
Guérir un mal si grand sans couper la racine;
Employer la douceur à cette guérison,
C'est, en fermant la plaie, y verser du poison.
MAXIME.
Vous la voulez sanglante, et la rendez douteuse.
CINNA.
Vous la voulez sans peine, et la rendez honteuse.
MAXIME.
Pour sortir de ses fers jamais on ne rougit.
CINNA.
On en sort lâchement, si la vertu n'agit.
MAXIME.
Jamais la liberté ne cesse d'être aimable;
Et c'est toujours pour Rome un bien inestimable.

1. *Var.* Ont fait tomber l'État sous des lois tyranniques. (1643)

CINNA.

Ce ne peut être un bien qu'elle daigne estimer,
Quand il vient d'une main lasse de l'opprimer :
Elle a le cœur trop bon pour se voir avec joie
Le rebut du tyran dont elle fut la proie ; 690
Et tout ce que la gloire a de vrais partisans
Le hait trop puissamment pour aimer ses présents.

MAXIME.

Donc pour vous Émilie est un objet de haine[1] ?

CINNA.

La recevoir de lui me seroit une gêne.
Mais quand j'aurai vengé Rome des maux soufferts, 695
Je saurai le braver jusque dans les enfers.
Oui, quand par son trépas je l'aurai méritée,
Je veux joindre à sa main ma main ensanglantée,
L'épouser sur sa cendre, et qu'après notre effort
Les présents du tyran soient le prix de sa mort. 700

MAXIME.

Mais l'apparence, ami, que vous puissiez lui plaire,
Teint du sang de celui qu'elle aime comme un père ?
Car vous n'êtes pas homme à la violenter.

CINNA.

Ami, dans ce palais on peut nous écouter,
Et nous parlons peut-être avec trop d'imprudence 705
Dans un lieu si mal propre à notre confidence :
Sortons ; qu'en sûreté j'examine avec vous,
Pour en venir à bout, les moyens les plus doux.

---

1. *Var.* [Donc pour vous Émilie est un objet de haine,]
Et cette récompense est pour vous une peine ?
CINNA. Oui, mais pour le braver jusque dans les enfers,
Quand nous aurons vengé Rome des maux soufferts,
Et que par son trépas je l'aurai méritée. (1643-56)

FIN DU SECOND ACTE.

ACTE III.

SCÈNE PREMIÈRE.
MAXIME, EUPHORBE.

MAXIME.

Lui-même il m'a tout dit : leur flamme est mutuelle;
Il adore Émilie, il est adoré d'elle; 710
Mais sans venger son père il n'y peut aspirer;
Et c'est pour l'acquérir qu'il nous fait conspirer.

EUPHORBE.

Je ne m'étonne plus de cette violence
Dont il contraint Auguste à garder sa puissance :
La ligue se romproit s'il s'en étoit démis[1], 715
Et tous vos conjurés deviendroient ses amis.

MAXIME.

Ils servent à l'envi la passion d'un homme[2]
Qui n'agit que pour soi, feignant d'agir pour Rome;
Et moi, par un malheur qui n'eut jamais d'égal,
Je pense servir Rome, et je sers mon rival. 720

EUPHORBE.

Vous êtes son rival?

MAXIME.

Oui, j'aime sa maîtresse,
Et l'ai caché toujours avec assez d'adresse;

---

1. *Var.* Sa ligue se romproit s'il en étoit démis. (1643)
   Var. Sa ligue se romproit s'il s'en étoit démis. (1648-56)
2. *Var.* Ils servent, abusés, la passion d'un homme. (1643-56)

ACTE III, SCÈNE I.

Mon ardeur inconnue, avant que d'éclater[1],
Par quelque grand exploit la vouloit mériter :
Cependant par mes mains je vois qu'il me l'enlève ;
Son dessein fait ma perte, et c'est moi qui l'achève ;
J'avance des succès dont j'attends le trépas,
Et pour m'assassiner je lui prête mon bras.
Que l'amitié me plonge en un malheur extrême !

EUPHORBE.

L'issue en est aisée : agissez pour vous-même ;
D'un dessein qui vous perd rompez le coup fatal ;
Gagnez une maîtresse, accusant un rival.
Auguste, à qui par là vous sauverez la vie,
Ne vous pourra jamais refuser Émilie.

MAXIME.

Quoi ? trahir mon ami !

EUPHORBE.

                 L'amour rend tout permis ;
Un véritable amant ne connoît point d'amis,
Et même avec justice on peut trahir un traître
Qui pour une maîtresse ose trahir son maître :
Oubliez l'amitié, comme lui les bienfaits.

MAXIME.

C'est un exemple à fuir que celui des forfaits[2].

EUPHORBE.

Contre un si noir dessein tout devient légitime :
On n'est point criminel quand on punit un crime.

MAXIME.

Un crime par qui Rome obtient sa liberté !

EUPHORBE.

Craignez-tout d'un esprit si plein de lâcheté.
L'intérêt du pays n'est point ce qui l'engage ;

---

1. *Var.* Mon amour inconnue, avant que d'éclater. (1643-56)
2. *Var.* Un exemple à faillir n'autorise jamais.
   EUPH. Sa faute contre lui vous rend tout légitime. (1643-56)

Le sien, et non la gloire, anime son courage.
Il aimeroit César, s'il n'étoit amoureux,
Et n'est enfin qu'ingrat, et non pas généreux.
    Pensez-vous avoir lu jusqu'au fond de son âme?
Sous la cause publique il vous cachoit sa flamme, 750
Et peut cacher encor sous cette passion
Les détestables feux de son ambition.
Peut-être qu'il prétend, après la mort d'Octave,
Au lieu d'affranchir Rome, en faire son esclave,
Qu'il vous compte déjà pour un de ses sujets, 755
Ou que sur votre perte il fonde ses projets.

MAXIME.

Mais comment l'accuser sans nommer tout le reste?
A tous nos conjurés l'avis seroit funeste,
Et par là nous verrions indignement trahis.
Ceux qu'engage avec nous le seul bien du pays. 760
D'un si lâche dessein mon âme est incapable :
Il perd trop d'innocents pour punir un coupable.
J'ose tout contre lui, mais je crains tout pour eux.

EUPHORBE.

Auguste s'est lassé d'être si rigoureux;
En ces occasions, ennuyé de supplices, 765
Ayant puni les chefs, il pardonne aux complices.
Si toutefois pour eux vous craignez son courroux,
Quand vous lui parlerez, parlez au nom de tous.

MAXIME.

Nous disputons en vain, et ce n'est que folie
De vouloir par sa perte acquérir Émilie : 770
Ce n'est pas le moyen de plaire à ses beaux yeux
Que de priver du jour ce qu'elle aime le mieux.
Pour moi j'estime peu qu'Auguste me la donne :
Je veux gagner son cœur plutôt que sa personne,
Et ne fais point d'état de sa possession, 775
Si je n'ai point de part à son affection.

ACTE III, SCÈNE I.

Puis-je la mériter par une triple offense ?
Je trahis son amant, je détruis sa vengeance,
Je conserve le sang qu'elle veut voir périr ;
Et j'aurois quelque espoir qu'elle me pût chérir ? 780

EUPHORBE.

C'est ce qu'à dire vrai je vois fort difficile.
L'artifice pourtant vous y peut être utile ;
Il en faut trouver un qui la puisse abuser,
Et du reste le temps en pourra disposer.

MAXIME.

Mais si pour s'excuser il nomme sa complice, 785
S'il arrive qu'Auguste avec lui la punisse,
Puis-je lui demander, pour prix de mon rapport,
Celle qui nous oblige à conspirer sa mort ?

EUPHORBE.

Vous pourriez m'opposer tant et de tels obstacles
Que pour les surmonter il faudroit des miracles ; 790
J'espère, toutefois, qu'à force d'y rêver....

MAXIME.

Éloigne-toi ; dans peu j'irai te retrouver[1] :
Cinna vient, et je veux en tirer quelque chose,
Pour mieux résoudre après ce que je me propose[2].

SCÈNE II.

CINNA, MAXIME.

MAXIME.

Vous me semblez pensif.

CINNA.

Ce n'est pas sans sujet. 795

---

1. *Var.* Va ; devant qu'il soit peu, je t'irai retrouver. (1643-56)
2. *Var.* Pour t'aller dire après ce que je me propose. (1643-64)

CINNA.

MAXIME.

Puis-je d'un tel chagrin savoir quel est l'objet[1]?

CINNA.

Émilie et César l'un et l'autre me gêne :
L'un me semble trop bon, l'autre trop inhumaine.
Plût aux Dieux que César employât mieux ses soins[2],
Et s'en fît plus aimer, ou m'aimât un peu moins ;   800
Que sa bonté touchât la beauté qui me charme,
Et la pût adoucir comme elle me désarme !
Je sens au fond du cœur mille remords cuisants[3],
Qui rendent à mes yeux tous ses bienfaits présents ;
Cette faveur si pleine, et si mal reconnue,   805
Par un mortel reproche à tous moments me tue.
Il me semble surtout incessamment le voir
Déposer en nos mains son absolu pouvoir,
Écouter nos avis, m'applaudir, et me dire :
« Cinna, par vos conseils je retiendrai l'empire ;   810
Mais je le retiendrai pour vous en faire part ; »
Et je puis dans son sein enfoncer un poignard !
Ah ! plutôt.... Mais, hélas ! j'idolâtre Émilie ;
Un serment exécrable à sa haine me lie ;
L'horreur qu'elle a de lui me le rend odieux :   815
Des deux côtés j'offense et ma gloire et les Dieux ;
Je deviens sacrilége, ou je suis parricide,
Et vers l'un ou vers l'autre il faut être perfide.

MAXIME.

Vous n'aviez point tantôt ces agitations ;
Vous paroissiez plus ferme en vos intentions ;   820
Vous ne sentiez au cœur ni remords ni reproche.

---

1. *Var.* D'un penser si profond quel est le triste objet? (1643-56)
2. *Var.* Plût aux Dieux que César, avecque tous ses soins,
   Ou s'en fît plus aimer, ou m'aimât un peu moins! (1643-56)
3. *Var.* Je sens dedans le cœur mille remords cuisants. (1643-56)

CINNA.

On ne les sent aussi que quand le coup approche,
Et l'on ne reconnoît de semblables forfaits
Que quand la main s'apprête à venir aux effets.
L'âme, de son dessein jusque-là possédée, 825
S'attache aveuglément à sa première idée;
Mais alors quel esprit n'en devient point troublé?
Ou plutôt quel esprit n'en est point accablé?
Je crois que Brute même, à tel point qu'on le prise[1],
Voulut plus d'une fois rompre son entreprise, 830
Qu'avant que de frapper elle lui fit sentir[2]
Plus d'un remords en l'âme, et plus d'un repentir.

MAXIME.

Il eut trop de vertu pour tant d'inquiétude;
Il ne soupçonna point sa main d'ingratitude,
Et fut contre un tyran d'autant plus animé 835
Qu'il en reçut de biens et qu'il s'en vit aimé.
Comme vous l'imitez, faites la même chose,
Et formez vos remords d'une plus juste cause,
De vos lâches conseils, qui seuls ont arrêté
Le bonheur renaissant de notre liberté. 840
C'est vous seul aujourd'hui qui nous l'avez ôtée;
De la main de César Brute l'eût acceptée,
Et n'eût jamais souffert qu'un intérêt léger
De vengeance ou d'amour l'eût remise en danger.
N'écoutez plus la voix d'un tyran qui vous aime, 845
Et vous veut faire part de son pouvoir suprême;
Mais entendez crier Rome à votre côté :
« Rends-moi, rends-moi, Cinna, ce que tu m'as ôté;
Et si tu m'as tantôt préféré ta maîtresse,
Ne me préfère pas le tyran qui m'oppresse. » 850

---

1. *Var.* Je crois que Brute même, à quel point qu'on le prise. (1643-56)
2. *Var.* Et qu'avant que frapper elle lui fit sentir. (1643-63)

CINNA.

CINNA.
Ami, n'accable plus un esprit malheureux
Qui ne forme qu'en lâche un dessein généreux¹.
Envers nos citoyens je sais quelle est ma faute,
Et leur rendrai bientôt tout ce que je leur ôte;
Mais pardonne aux abois d'une vieille amitié, 855
Qui ne peut expirer sans me faire pitié,
Et laisse-moi, de grâce, attendant Émilie,
Donner un libre cours à ma mélancolie.
Mon chagrin t'importune, et le trouble où je suis
Veut de la solitude à calmer tant d'ennuis. 860

MAXIME.
Vous voulez rendre compte à l'objet qui vous blesse
De la bonté d'Octave et de votre foiblesse;
L'entretien des amants veut un entier secret.
Adieu : je me retire en confident discret.

SCÈNE III.

CINNA.
Donne un plus digne nom au glorieux empire² 865
Du noble sentiment que la vertu m'inspire,
Et que l'honneur oppose au coup précipité
De mon ingratitude et de ma lâcheté;
Mais plutôt continue à le nommer foiblesse³,
Puisqu'il devient si foible auprès d'une maîtresse, 870
Qu'il respecte un amour qu'il devroit étouffer,
Ou que s'il le combat, il n'ose en triompher⁴.
En ces extrémités quel conseil dois-je prendre?

1. *Var.* Qui même fait en lâche un acte généreux. (1643-64)
2. *Var.* Que tu sais mal nommer le glorieux empire. (1643-56)
3. *Var.* Mais plutôt qu'à bon droit tu le nommes foiblesse. (1643-56)
4. *Var.* Ou s'il l'ose combattre, il n'ose en triompher. (1643)
   Var. Et que s'il le combat, il n'ose en triompher. (1648-64)

ACTE III, SCÈNE III.

De quel côté pencher? à quel parti me rendre?
    Qu'une âme généreuse a de peine à faillir! 875
Quelque fruit que par là j'espère de cueillir,
Les douceurs de l'amour, celles de la vengeance,
La gloire d'affranchir le lieu de ma naissance,
N'ont point assez d'appas pour flatter ma raison,
S'il les faut acquérir par une trahison, 880
S'il faut percer le flanc d'un prince magnanime
Qui du peu que je suis fait une telle estime,
Qui me comble d'honneurs, qui m'accable de biens,
Qui ne prend pour régner de conseils que les miens.
O coup! ô trahison trop indigne d'un homme! 885
Dure, dure à jamais l'esclavage de Rome!
Périsse mon amour, périsse mon espoir,
Plutôt que de ma main parte un crime si noir!
Quoi? ne m'offre-t-il pas tout ce que je souhaite,
Et qu'au prix de son sang ma passion achète? 890
Pour jouir de ses dons faut-il l'assassiner?
Et faut-il lui ravir ce qu'il me veut donner?
    Mais je dépends de vous, ô serment téméraire,
O haine d'Émilie, ô souvenir d'un père!
Ma foi, mon cœur, mon bras, tout vous est engagé, 895
Et je ne puis plus rien que par votre congé :
C'est à vous à régler ce qu'il faut que je fasse;
C'est à vous, Émilie, à lui donner sa grâce;
Vos seules volontés président à son sort,
Et tiennent en mes mains et sa vie et sa mort. 900
O Dieux, qui comme vous la rendez adorable,
Rendez-la, comme vous, à mes vœux exorable;
Et puisque de ses lois je ne puis m'affranchir,
Faites qu'à mes desirs je la puisse fléchir.
Mais voici de retour cette aimable inhumaine[1]. 905

---

1. *Var.* Mais voici de retour cette belle inhumaine. (1643-56)

SCÈNE IV.

ÉMILIE, CINNA, FULVIE.

ÉMILIE.

Grâces aux Dieux, Cinna, ma frayeur étoit vaine :
Aucun de tes amis ne t'a manqué de foi[1],
Et je n'ai point eu lieu de m'employer pour toi.
Octave en ma présence a tout dit à Livie,
Et par cette nouvelle il m'a rendu la vie.   910

CINNA.

Le désavouerez-vous, et du don qu'il me fait
Voudrez-vous retarder le bienheureux effet ?

ÉMILIE.

L'effet est en ta main.

CINNA.

Mais plutôt en la vôtre.

ÉMILIE.

Je suis toujours moi-même, et mon cœur n'est point autre :
Me donner à Cinna, c'est ne lui donner rien,   915
C'est seulement lui faire un présent de son bien.

CINNA.

Vous pouvez toutefois.... ô ciel ! l'osé-je dire ?

ÉMILIE.

Que puis-je ? et que crains-tu ?

CINNA.

Je tremble, je soupire,
Et vois que si nos cœurs avoient mêmes desirs[2],
Je n'aurois pas besoin d'expliquer mes soupirs.   920
Ainsi je suis trop sûr que je vais vous déplaire ;

---

1. *Var.* Tes amis généreux n'ont point manqué de foi,
   Et ne m'ont point réduite à m'employer pour toi. (1643-56)
2. *Var.* Et si nos cœurs étoient conformes en desirs. (1643-56)

ACTE III, SCÈNE IV.

Mais je n'ose parler, et je ne puis me taire[1].
ÉMILIE.
C'est trop me gêner, parle.
CINNA.
Il faut vous obéir :
Je vais donc vous déplaire, et vous m'allez haïr.
Je vous aime, Émilie, et le ciel me foudroie 925
Si cette passion ne fait toute ma joie,
Et si je ne vous aime avec toute l'ardeur
Que peut un digne objet attendre d'un grand cœur[2] !
Mais voyez à quel prix vous me donnez votre âme :
En me rendant heureux vous me rendez infâme ; 930
Cette bonté d'Auguste....
ÉMILIE.
Il suffit, je t'entends ;
Je vois ton repentir et tes vœux inconstants :
Les faveurs du tyran emportent tes promesses ;
Tes feux et tes serments cèdent à ses caresses ;
Et ton esprit crédule ose s'imaginer 935
Qu'Auguste, pouvant tout, peut aussi me donner.
Tu me veux de sa main plutôt que de la mienne ;
Mais ne crois pas qu'ainsi jamais je t'appartienne :
Il peut faire trembler la terre sous ses pas,
Mettre un roi hors du trône, et donner ses États[3], 940
De ses proscriptions rougir la terre et l'onde,
Et changer à son gré l'ordre de tout le monde ;
Mais le cœur d'Émilie est hors de son pouvoir[4].

---

1. *Var.* Mais je n'ose parler, et je ne me puis taire. (1643-56)
2. *Var.* Que peut un bel objet attendre d'un grand cœur ! (1643-60)
3. *Var.* Jeter un roi du trône, et donner ses États. (1643-60)
4. « Voilà une imitation admirable de ces beaux vers d'Horace (livre II, ode 1, vers 23 et 24) :

Et cuncta terrarum subacta,
Præter atrocem animum Catonis.

« Et tout l'univers subjugué, hormis l'âme indomptable de Caton. »
(*Voltaire.*)

CINNA.

Aussi n'est-ce qu'à vous que je veux le devoir[1].
Je suis toujours moi-même, et ma foi toujours pure : 945
La pitié que je sens ne me rend point parjure;
J'obéis sans réserve à tous vos sentiments[2],
Et prends vos intérêts par delà mes serments.
  J'ai pu, vous le savez, sans parjure et sans crime,
Vous laisser échapper cette illustre victime. 950
César se dépouillant du pouvoir souverain
Nous ôtoit tout prétexte à lui percer le sein;
La conjuration s'en alloit dissipée,
Vos desseins avortés, votre haine trompée :
Moi seul j'ai raffermi son esprit étonné, 955
Et pour vous l'immoler ma main l'a couronné.

ÉMILIE.

Pour me l'immoler, traître! et tu veux que moi-même
Je retienne ta main! qu'il vive, et que je l'aime!
Que je sois le butin de qui l'ose épargner,
Et le prix du conseil qui le force à régner! 960

CINNA.

Ne me condamnez point quand je vous ai servie :
Sans moi, vous n'auriez plus de pouvoir sur sa vie;
Et malgré ses bienfaits, je rends tout à l'amour,
Quand je veux qu'il périsse, ou vous doive le jour.
Avec les premiers vœux de mon obéissance 965
Souffrez ce foible effort de ma reconnoissance,
Que je tâche de vaincre un indigne courroux,
Et vous donner pour lui l'amour qu'il a pour vous.
Une âme généreuse, et que la vertu guide,
Fuit la honte des noms d'ingrate et de perfide; 970
Elle en hait l'infamie attachée au bonheur,
Et n'accepte aucun bien aux dépens de l'honneur.

1. *Var.* Aussi n'est-ce qu'à vous que je le veux devoir. (1643-56)
2. *Var.* J'obéis sans réserve à tous vos mouvements. (1643-56)

ACTE III, SCÈNE IV.

ÉMILIE.

Je fais gloire, pour moi, de cette ignominie :
La perfidie est noble envers la tyrannie ;
Et quand on rompt le cours d'un sort si malheureux[1], 975
Les cœurs les plus ingrats sont les plus généreux.

CINNA.

Vous faites des vertus au gré de votre haine.

ÉMILIE.

Je me fais des vertus dignes d'une Romaine.

CINNA.

Un cœur vraiment romain....

ÉMILIE.

Ose tout pour ravir
Une odieuse vie à qui le fait servir[2] : 980
Il fuit plus que la mort la honte d'être esclave.

CINNA.

C'est l'être avec honneur que de l'être d'Octave ;
Et nous voyons souvent des rois à nos genoux
Demander pour appui tels esclaves que nous[3].
Il abaisse à nos pieds l'orgueil des diadèmes, 985
Il nous fait souverains sur leurs grandeurs suprêmes ;
Il prend d'eux les tributs dont il nous enrichit,
Et leur impose un joug dont il nous affranchit.

ÉMILIE.

L'indigne ambition que ton cœur se propose !
Pour être plus qu'un roi, tu te crois quelque chose ! 990
Aux deux bouts de la terre en est-il un si vain[4]
Qu'il prétende égaler un citoyen romain ?
Antoine sur sa tête attira notre haine

---

1. *Var.* Et quand il faut répandre un sang si malheureux. (1643-56)
2. *Var.* Et le sang et la vie à qui le fait servir. (1643-56)
3. *Var.* Implorer la faveur d'esclaves tels que nous. (1643-56)
4. *Var.* Aux deux bouts de la terre en est-il d'assez vain
   Pour prétendre égaler un citoyen romain ? (1643-56)

En se déshonorant par l'amour d'une reine;
Attale, ce grand roi, dans la pourpre blanchi, 995
Qui du peuple romain se nommoit l'affranchi,
Quand de toute l'Asie il se fût vu l'arbitre,
Eût encor moins prisé son trône que ce titre.
Souviens-toi de ton nom, soutiens sa dignité;
Et prenant d'un Romain la générosité, 1000
Sache qu'il n'en est point que le ciel n'ait fait naître
Pour commander aux rois, et pour vivre sans maître.

CINNA.

Le ciel a trop fait voir en de tels attentats
Qu'il hait les assassins et punit les ingrats;
Et quoi qu'on entreprenne, et quoi qu'on exécute, 1005
Quand il élève un trône, il en venge la chute;
Il se met du parti de ceux qu'il fait régner;
Le coup dont on les tue est longtemps à saigner;
Et quand à les punir il a pu se résoudre,
De pareils châtiments n'appartiennent qu'au foudre. 1010

ÉMILIE.

Dis que de leur parti toi-même tu te rends,
De te remettre au foudre à punir les tyrans.
Je ne t'en parle plus, va, sers la tyrannie;
Abandonne ton âme à son lâche génie;
Et pour rendre le calme à ton esprit flottant, 1015
Oublie et ta naissance et le prix qui t'attend.
Sans emprunter ta main pour servir ma colère[1],
Je saurai bien venger mon pays et mon père.
J'aurois déjà l'honneur d'un si fameux trépas,
Si l'amour jusqu'ici n'eût arrêté mon bras : 1020
C'est lui qui sous tes lois me tenant asservie,
M'a fait en ta faveur prendre soin de ma vie.

1. *Var.* Je saurai bien sans toi, dans ma noble colère,
Venger les fers de Rome et le sang de mon père. (1643-56)

ACTE III, SCÈNE IV.

Seule contre un tyran, en le faisant périr,
Par les mains de sa garde il me falloit mourir :
Je t'eusse par ma mort dérobé ta captive ;   1025
Et comme pour toi seul l'amour veut que je vive,
J'ai voulu, mais en vain, me conserver pour toi,
Et te donner moyen d'être digne de moi.
   Pardonnez-moi, grands Dieux, si je me suis trompée
Quand j'ai pensé chérir un neveu de Pompée,   1030
Et si d'un faux-semblant mon esprit abusé
A fait choix d'un esclave en son lieu supposé.
Je t'aime toutefois, quel que tu puisses être[1] ;
Et si pour me gagner il faut trahir ton maître[2],
Mille autres à l'envi recevroient cette loi,   1035
S'ils pouvoient m'acquérir à même prix que toi[3].
Mais n'appréhende pas qu'un autre ainsi m'obtienne.
Vis pour ton cher tyran, tandis que je meurs tienne :
Mes jours avec les siens se vont précipiter,
Puisque ta lâcheté n'ose me mériter.   1040
Viens me voir, dans son sang et dans le mien baignée,
De ma seule vertu mourir accompagnée,
Et te dire en mourant d'un esprit satisfait :
« N'accuse point mon sort, c'est toi seul qui l'as fait ;
Je descends dans la tombe où tu m'as condamnée,   1045
Où la gloire me suit qui t'étoit destinée :
Je meurs en détruisant un pouvoir absolu ;
Mais je vivrois à toi, si tu l'avois voulu. »

CINNA.

Eh bien ! vous le voulez, il faut vous satisfaire,
Il faut affranchir Rome, il faut venger un père,   1050
Il faut sur un tyran porter de justes coups ;

---

1. *Var.* Je t'aime toutefois, tel que tu puisses être. (1643-60)
2. *Var.* Tu te plains d'un amour qui te veut rendre traître. (1643-56)
3. Voyez tome I, p. 328, note 3.

Mais apprenez qu'Auguste est moins tyran que vous :
S'il nous ôte à son gré nos biens, nos jours, nos femmes,
Il n'a point jusqu'ici tyrannisé nos âmes ;
Mais l'empire inhumain qu'exercent vos beautés 1055
Force jusqu'aux esprits et jusqu'aux volontés.
Vous me faites priser ce qui me déshonore ;
Vous me faites haïr ce que mon âme adore ;
Vous me faites répandre un sang pour qui je dois
Exposer tout le mien et mille et mille fois : 1060
Vous le voulez, j'y cours, ma parole est donnée[1] ;
Mais ma main, aussitôt contre mon sein tournée,
Aux mânes d'un tel prince immolant votre amant,
A mon crime forcé joindra mon châtiment[2],
Et par cette action dans l'autre confondue, 1065
Recouvrera ma gloire aussitôt que perdue[3].
Adieu.

SCÈNE V.

ÉMILIE, FULVIE.

FULVIE.

Vous avez mis son âme au désespoir.

ÉMILIE.

Qu'il cesse de m'aimer, ou suive son devoir.

FULVIE.

Il va vous obéir aux dépens de sa vie :
Vous en pleurez !

---

1. *Var.* Je l'ai juré, j'y cours, et vous serez vengée ;
   Mais ma main, aussitôt dedans mon sein plongée. (1643-56)
2. *Var.* A ce crime forcé joindra le châtiment (*a*). (1643-56)
3. *Var.* Recouvrera sa gloire aussitôt que perdue. (1643-56)

(*a*) Racine s'est rappelé ce passage dans *Andromaque* (acte IV, scène III)
   Et mes sanglantes mains, sur moi-même tournées,
   Aussitôt, malgré lui, joindront nos destinées.

ÉMILIE.

Hélas! cours après lui, Fulvie, 1070
Et si ton amitié daigne me secourir,
Arrache-lui du cœur ce dessein de mourir :
Dis-lui....

FULVIE.

Qu'en sa faveur vous laissez vivre Auguste?

ÉMILIE.

Ah! c'est faire à ma haine une loi trop injuste.

FULVIE.

Et quoi donc?

ÉMILIE.

Qu'il achève, et dégage sa foi, 1075
Et qu'il choisisse après de la mort, ou de moi.

FIN DU TROISIÈME ACTE.

ACTE IV.

SCÈNE PREMIÈRE.

AUGUSTE, EUPHORBE, POLYCLÈTE, Gardes[1].

AUGUSTE.
Tout ce que tu me dis, Euphorbe, est incroyable.
EUPHORBE.
Seigneur, le récit même en paroît effroyable :
On ne conçoit qu'à peine une telle fureur[2],
Et la seule pensée en fait frémir d'horreur.   1080
AUGUSTE.
Quoi? mes plus chers amis! quoi? Cinna! quoi? Maxime!
Les deux que j'honorois d'une si haute estime,
A qui j'ouvrois mon cœur, et dont j'avois fait choix
Pour les plus importants et plus nobles emplois!
Après qu'entre leurs mains j'ai remis mon empire,   1085
Pour m'arracher le jour l'un et l'autre conspire!
Maxime a vu sa faute, il m'en fait avertir[3],
Et montre un cœur touché d'un juste repentir;
Mais Cinna!
EUPHORBE.
Cinna seul dans sa rage s'obstine,
Et contre vos bontés d'autant plus se mutine;   1090

1. GARDES manque dans l'édition de 1643. — TROUPE DE GARDES. (1648-60)
2. *Var.* On ne conçoit qu'à force une telle fureur. (1643-56)
3. *Var.* Encore pour Maxime, il m'en fait avertir (*a*),
Et s'est laissé toucher à quelque repentir. (1643-56)

(*a*) *Unus ex consciis deferebat*, « c'était un des complices qui dénonçait la conjuration : » voyez ci-dessus, p. 373.

ACTE IV, SCÈNE I.

Lui seul combat encor les vertueux efforts
Que sur les conjurés fait ce juste remords[1],
Et malgré les frayeurs à leurs regrets mêlées,
Il tâche à raffermir leurs âmes ébranlées.

AUGUSTE.

Lui seul les encourage, et lui seul les séduit ! 1095
O le plus déloyal que la terre ait produit[2] !
O trahison conçue au sein d'une furie !
O trop sensible coup d'une main si chérie !
Cinna, tu me trahis ! Polyclète, écoutez.
(Il lui parle à l'oreille[3].)
POLYCLÈTE.
Tous vos ordres, Seigneur, seront exécutés. 1100
AUGUSTE.
Qu'Éraste en même temps aille dire à Maxime
Qu'il vienne recevoir le pardon de son crime.
(Polyclète rentre[4].)
EUPHORBE.
Il l'a trop jugé grand pour ne pas s'en punir[5] :
A peine du palais il a pu revenir,
Que les yeux égarés et le regard farouche[6], 1105
Le cœur gros de soupirs, les sanglots à la bouche,
Il déteste sa vie et ce complot maudit,
M'en apprend l'ordre entier tel que je vous l'ai dit,
Et m'ayant commandé que je vous avertisse,
Il ajoute : « Dis-lui que je me fais justice, 1110
Que je n'ignore point ce que j'ai mérité[7]. »

---

1. *Var.* Que sur les conjurés fait un juste remords. (1643-56)
2. *Var.* O le plus déloyal que l'enfer ait produit ! (1643-56)
3. Ce jeu de scène manque dans les éditions de 1643-60.
4. Ce jeu de scène manque dans les deux éditions de 1643. Il se trouve deux vers plus haut dans les éditions de 1648-60.
5. *Var.* Il l'a jugé trop grand pour se le pardonner :
   A peine du palais il a pu retourner. (1643-60)
6. *Var.* Que de tous les côtés lançant un œil farouche. (1643-56)
7. *Var.* Que je n'ignore pas ce que j'ai mérité. (1643-60)

CORNEILLE. III 28

Puis soudain dans le Tibre il s'est précipité ;
Et l'eau grosse et rapide, et la nuit assez noire[1],
M'ont dérobé la fin de sa tragique histoire.

AUGUSTE.

Sous ce pressant remords il a trop succombé[2],　　1115
Et s'est à mes bontés lui-même dérobé ;
Il n'est crime envers moi qu'un repentir n'efface.
Mais puisqu'il a voulu renoncer à ma grâce,
Allez pourvoir au reste, et faites qu'on ait soin
De tenir en lieu sûr ce fidèle témoin.　　1120

SCÈNE II.

AUGUSTE[3].

Ciel, à qui voulez-vous désormais que je fie
Les secrets de mon âme et le soin de ma vie ?
Reprenez le pouvoir que vous m'avez commis,
Si donnant des sujets il ôte les amis,
Si tel est le destin des grandeurs souveraines　　1125
Que leurs plus grands bienfaits n'attirent que des haines,
Et si votre rigueur les condamne à chérir
Ceux que vous animez à les faire périr.
Pour elles rien n'est sûr ; qui peut tout doit tout craindre.
Rentre en toi-même, Octave, et cesse de te plaindre.
Quoi ! tu veux qu'on t'épargne, et n'as rien épargné !
Songe aux fleuves de sang où ton bras s'est baigné,
De combien ont rougi les champs de Macédoine,
Combien en a versé la défaite d'Antoine,

---

1. *Var.* Et l'eau grosse et rapide, et la nuit survenue,
L'ont dérobé sur l'heure à ma débile vue.
AUG. Sous ses justes remords il a trop succombé. (1643-56)
Var. Dont l'eau grosse et rapide et la nuit assez noire. (1660-64)
2. *Var.* Sous le pressant remords il a trop succombé. (1660)
3. AUGUSTE, *seul.* (1648-60)

ACTE IV, SCÈNE II.

Combien celle de Sexte[1], et revois tout d'un temps 1135
Pérouse au sien noyée, et tous ses habitants[2];
Remets dans ton esprit, après tant de carnages,
De tes proscriptions les sanglantes images,
Où toi-même, des tiens devenu le bourreau,
Au sein de ton tuteur enfonças le couteau : 1140
Et puis ose accuser le destin d'injustice[4],
Quand tu vois que les tiens s'arment pour ton supplice,
Et que par ton exemple à ta perte guidés,
Ils violent des droits que tu n'as pas gardés[5] !
Leur trahison est juste, et le ciel l'autorise : 1145
Quitte ta dignité comme tu l'as acquise;
Rends un sang infidèle à l'infidélité[6],
Et souffre des ingrats après l'avoir été.
    Mais que mon jugement au besoin m'abandonne !
Quelle fureur, Cinna, m'accuse et te pardonne ? 1150
Toi, dont la trahison me force à retenir
Ce pouvoir souverain dont tu me veux punir,
Me traite en criminel, et fait seule mon crime,
Relève pour l'abattre un trône illégitime,
Et d'un zèle effronté couvrant son attentat, 1155
S'oppose, pour me perdre, au bonheur de l'État !
Donc jusqu'à l'oublier je pourrois me contraindre !

---

1. Sextus Pompée.
2. Dans la guerre entre Octave et les adhérents d'Antoine, après la bataille de Philippes.
3. Voyez p. 384, note 2.
4. *Var.* Et puis ose accuser ton destin d'injustice,
    Si les tiens maintenant s'arment pour ton supplice,
    Et si par ton exemple à ta perte guidés. (1643-56)
5. *Var.* Ils violent les droits que tu n'as pas gardés! (1643-64)
6. Ce vers rappelle, mais par les mots et par le son plutôt que par la pensée, la fin de la première strophe des *Larmes de saint Pierre* de Malherbe :

    Fait de tous les assauts que la rage peut faire
    Une fidèle preuve à l'infidélité.

(Voyez le Malherbe de M. Lalanne, tome I, p. 4.)

Tu vivrois en repos après m'avoir fait craindre¹!
Non, non, je me trahis moi-même d'y penser :
Qui pardonne aisément invite à l'offenser; 1160
Punissons l'assassin, proscrivons les complices.
    Mais quoi? toujours du sang, et toujours des supplices²!
Ma cruauté se lasse, et ne peut s'arrêter;
Je veux me faire craindre, et ne fais qu'irriter.
Rome a pour ma ruine une hydre trop fertile³ : 1165
Une tête coupée en fait renaître mille,
Et le sang répandu de mille conjurés
Rend mes jours plus maudits, et non plus assurés.
Octave, n'attends plus le coup d'un nouveau Brute;
Meurs, et dérobe-lui la gloire de ta chute; 1170
Meurs : tu ferois pour vivre un lâche et vain effort,
Si tant de gens de cœur font des vœux pour ta mort,
Et si tout ce que Rome a d'illustre jeunesse
Pour te faire périr tour à tour s'intéresse⁴;
Meurs, puisque c'est un mal que tu ne peux guérir; 1175
Meurs enfin, puisqu'il faut ou tout perdre, ou mourir.
La vie est peu de chose, et le peu qui t'en reste
Ne vaut pas l'acheter par un prix si funeste⁵.
Meurs; mais quitte du moins la vie avec éclat;
Éteins-en le flambeau dans le sang de l'ingrat⁶; 1180
A toi-même en mourant immole ce perfide;
Contentant ses desirs, punis son parricide;
Fais un tourment pour lui de ton propre trépas,

---

1. Voyez ci-dessus, p. 373 : *Quid ergo! ego percussorem meum securum ambulare patiar, me sollicito?*
2. *Quis finis erit suppliciorum? quis sanguinis?* (P. 374.)
3. *Var.* Rome a pour ma ruine un hydre trop fertile. (1652-56)
4. *Ego sum nobilibus adolescentulis expositum caput, in quod mucrones acuant.* (P. 374.)
5. *Non est tanti vita, si, ut ego non peream, tam multa perdenda sunt.* (*Ibidem.*)
6. *Var.* Éteins-en le flambeau dans le sang d'un ingrat. (1643-60)

ACTE IV, SCÈNE II.

En faisant qu'il le voie et n'en jouisse pas.
Mais jouissons plutôt nous-même¹ de sa peine, 1185
Et si Rome nous hait, triomphons de sa haine.

O Romains, ô vengeance, ô pouvoir absolu,
O rigoureux combat d'un cœur irrésolu
Qui fuit en même temps tout ce qu'il se propose!
D'un prince malheureux ordonnez quelque chose. 1190
Qui des deux dois-je suivre, et duquel m'éloigner?
Ou laissez-moi périr, ou laissez-moi régner.

SCÈNE III.
AUGUSTE, LIVIE².

AUGUSTE.

Madame, on me trahit, et la main qui me tue
Rend sous mes déplaisirs ma constance abattue.
Cinna, Cinna, le traître....

LIVIE.

Euphorbe m'a tout dit, 1195
Seigneur, et j'ai pâli cent fois à ce récit.
Mais écouteriez-vous les conseils d'une femme³?

AUGUSTE.

Hélas! de quel conseil est capable mon âme?

LIVIE.

Votre sévérité, sans produire aucun fruit⁴,
Seigneur, jusqu'à présent a fait beaucoup de bruit. 1200
Par les peines d'un autre aucun ne s'intimide :
Salvidien à bas a soulevé Lépide;

---

1. Toutes les éditions publiées du vivant de Corneille portent *nous-mêmes*, avec une *s*, à l'exception de celle de 1643 in-4°, qui donne *nous-même*.
2. Voyez la *Notice*, p. 365.
3. *Admittis muliebre consilium?* (P. 374.)
4. *Var.* Seigneur, jusques ici votre sévérité
A fait beaucoup de bruit, et n'a rien profité. (1643-56)

Murène a succédé, Cépion l'a suivi ;
Le jour à tous les deux dans les tourments ravi
N'a point mêlé de crainte à la fureur d'Égnace[1], 1205
Dont Cinna maintenant ose prendre la place ;
Et dans les plus bas rangs les noms les plus abjets[2]
Ont voulu s'ennoblir par de si hauts projets.
Après avoir en vain puni leur insolence,
Essayez sur Cinna ce que peut la clémence[3] ; 1210
Faites son châtiment de sa confusion ;
Cherchez le plus utile en cette occasion :
Sa peine peut aigrir une ville animée,
Son pardon peut servir à votre renommée[4] ;
Et ceux que vos rigueurs ne font qu'effaroucher 1215
Peut-être à vos bontés se laisseront toucher.

AUGUSTE.

Gagnons-les tout à fait en quittant cet empire
Qui nous rend odieux, contre qui l'on conspire.
J'ai trop par vos avis consulté là-dessus ;
Ne m'en parlez jamais, je ne consulte plus. 1220
　Cesse de soupirer, Rome, pour ta franchise :
Si je t'ai mise aux fers, moi-même je les brise,
Et te rends ton État, après l'avoir conquis,
Plus paisible et plus grand que je ne te l'ai pris ;
Si tu me veux haïr, hais-moi sans plus rien feindre ; 1225
Si tu me veux aimer, aime-moi sans me craindre :
De tout ce qu'eut Sylla de puissance et d'honneur,
Lassé comme il en fut, j'aspire à son bonheur.

LIVIE.

Assez et trop longtemps son exemple vous flatte ;

---

1. *Var.* N'a point mis de frayeur dedans l'esprit d'Égnace (*a*),
Dont Cinna maintenant ose imiter l'audace. (1643-56)
2. Voyez tome I, p. 169, note 1.
3. *Nunc tenta quomodo tibi cedat clementia.* (P. 374.)
4. *Jam nocere tibi non potest, prodesse famæ tuæ potest.* (*Ibidem.*)

(*a*) Tous ces noms sont aussi empruntés à Sénèque : voyez p. 374.

ACTE IV, SCÈNE III.

Mais gardez que sur vous le contraire n'éclate :   1230
Ce bonheur sans pareil qui conserva ses jours
Ne seroit pas bonheur, s'il arrivoit toujours.

AUGUSTE.

Eh bien! s'il est trop grand, si j'ai tort d'y prétendre[1],
J'abandonne mon sang à qui voudra l'épandre.
Après un long orage il faut trouver un port;   1235
Et je n'en vois que deux, le repos, ou la mort.

LIVIE.

Quoi? vous voulez quitter le fruit de tant de peines?

AUGUSTE.

Quoi? vous voulez garder l'objet de tant de haines?

LIVIE.

Seigneur, vous emporter à cette extrémité,
C'est plutôt désespoir que générosité.   1240

AUGUSTE.

Régner et caresser une main si traîtresse,
Au lieu de sa vertu, c'est montrer sa foiblesse.

LIVIE.

C'est régner sur vous-même, et par un noble choix,
Pratiquer la vertu la plus digne des rois.

AUGUSTE.

Vous m'aviez bien promis des conseils d'une femme :   1245
Vous me tenez parole, et c'en sont là, Madame.
  Après tant d'ennemis à mes pieds abattus,
Depuis vingt ans je règne, et j'en sais les vertus;
Je sais leur divers ordre, et de quelle nature[2]
Sont les devoirs d'un prince en cette conjoncture[3].   1250
Tout son peuple est blessé par un tel attentat,
Et la seule pensée est un crime d'État,

---

1. *Var.* Aussi dedans la place où je m'en vais descendre. (1643-56)
2. *Var.* Je sais les soins qu'un roi doit avoir de sa vie,
   A quoi le bien public, en ce cas, le convie. (1643-56)
3. L'édition de 1682 porte, par erreur, *conjecture*, pour *conjoncture*.

Une offense qu'on fait à toute sa province,
Dont il faut[1] qu'il la venge, ou cesse d'être prince.
                    LIVIE.
Donnez moins de croyance à votre passion.   1255
                    AUGUSTE.
Ayez moins de foiblesse, ou moins d'ambition.
                    LIVIE.
Ne traitez plus si mal un conseil salutaire.
                    AUGUSTE.
Le ciel m'inspirera ce qu'ici je dois faire.
Adieu : nous perdons temps.
                    LIVIE.
                              Je ne vous quitte point,
Seigneur, que mon amour n'aye obtenu ce point.   1260
                    AUGUSTE.
C'est l'amour des grandeurs qui vous rend importune.
                    LIVIE.
J'aime votre personne, et non votre fortune.
                (Elle est seule[2].)
Il m'échappe : suivons, et forçons-le de voir[3]
Qu'il peut, en faisant grâce, affermir son pouvoir,
Et qu'enfin la clémence est la plus belle marque   1265
Qui fasse à l'univers connoître un vrai monarque.

1. Les éditions de 1643 in-4°, de 1648-54, de 1656 et de 1660 portent *il fait*, pour *il faut*. Quel que soit le nombre des éditions qui reproduisent cette leçon, ce ne peut être qu'une faute typographique.
2. Ce jeu de scène manque dans les éditions de 1643-60.
3. *Var.* Il m'échappe : suivons, et le forçons de voir. (1643-56)

SCÈNE IV.
ÉMILIE, FULVIE.

ÉMILIE.

D'où me vient cette joie? et que mal à propos
Mon esprit malgré moi goûte un entier repos!
César mande Cinna sans me donner d'alarmes!
Mon cœur est sans soupirs, mes yeux n'ont point de lar-
Comme si j'apprenois d'un secret mouvement [mes,
Que tout doit succéder à mon contentement!
Ai-je bien entendu? me l'as-tu dit, Fulvie?

FULVIE.

J'avois gagné sur lui qu'il aimeroit la vie,
Et je vous l'amenois, plus traitable et plus doux, 1275
Faire un second effort contre votre courroux[1];
Je m'en applaudissois, quand soudain Polyclète,
Des volontés d'Auguste ordinaire interprète,
Est venu l'aborder et sans suite et sans bruit,
Et de sa part sur l'heure au palais l'a conduit. 1280
Auguste est fort troublé, l'on ignore la cause;
Chacun diversement soupçonne quelque chose :
Tous présument qu'il aye un grand sujet d'ennui,
Et qu'il mande Cinna pour prendre avis de lui.
Mais ce qui m'embarrasse, et que je viens d'apprendre[2],
C'est que deux inconnus se sont saisis d'Évandre,
Qu'Euphorbe est arrêté sans qu'on sache pourquoi,
Que même de son maître on dit je ne sais quoi :
On lui veut imputer un désespoir funeste;
On parle d'eaux, de Tibre, et l'on se tait du reste. 1290

---

1. *Var.* Faire un second effort contre ce grand courroux;
   J'en rendois grâce aux Dieux, quand soudain Polyclète. (1643-56)
2. *Var.* Mais ce qui plus m'étonne, et que je viens d'apprendre. (1643-56)

ÉMILIE.

Que de sujets de craindre et de désespérer,
Sans que mon triste cœur en daigne murmurer !
A chaque occasion le ciel y fait descendre
Un sentiment contraire à celui qu'il doit prendre :
Une vaine frayeur tantôt m'a pu troubler[1],   1295
Et je suis insensible alors qu'il faut trembler.
Je vous entends, grands Dieux ! vos bontés que j'adore
Ne peuvent consentir que je me déshonore ;
Et ne me permettant soupirs, sanglots, ni pleurs,
Soutiennent ma vertu contre de tels malheurs.   1300
Vous voulez que je meure avec ce grand courage
Qui m'a fait entreprendre un si fameux ouvrage ;
Et je veux bien périr comme vous l'ordonnez,
Et dans la même assiette où vous me retenez.
   O liberté de Rome ! ô mânes de mon père !   1305
J'ai fait de mon côté tout ce que j'ai pu faire :
Contre votre tyran j'ai ligué ses amis,
Et plus osé pour vous qu'il ne m'étoit permis.
Si l'effet a manqué, ma gloire n'est pas moindre ;
N'ayant pu vous venger, je vous irai rejoindre,   1310
Mais si fumante encor d'un généreux courroux,
Par un trépas si noble et si digne de vous,
Qu'il vous fera sur l'heure aisément reconnoître[2]
Le sang des grands héros dont vous m'avez fait naître.

SCÈNE V.

MAXIME, ÉMILIE, FULVIE.

ÉMILIE.

Mais je vous vois, Maxime, et l'on vous faisoit mort !

---

1. *Var.* Une vaine frayeur m'a pu tantôt troubler. (1643-56)
2. *Var.* Que d'abord son éclat vous fera reconnoître. (1643-56)

MAXIME.

Euphorbe trompe Auguste avec ce faux rapport :
Se voyant arrêté, la trame découverte,
Il a feint ce trépas pour empêcher ma perte.

ÉMILIE.

Que dit-on de Cinna?

MAXIME.

Que son plus grand regret
C'est de voir que César sait tout votre secret[1]; 1320
En vain il le dénie et le veut méconnoître,
Évandre a tout conté pour excuser son maître,
Et par l'ordre d'Auguste on vient vous arrêter.

ÉMILIE.

Celui qui l'a reçu tarde à l'exécuter :
Je suis prête à le suivre et lasse de l'attendre. 1325

MAXIME.

Il vous attend chez moi.

ÉMILIE.

Chez vous!

MAXIME.

C'est vous surprendre;
Mais apprenez le soin que le ciel a de vous :
C'est un des conjurés qui va fuir avec nous.
Prenons notre avantage avant qu'on nous poursuive;
Nous avons pour partir un vaisseau sur la rive[2]. 1330

ÉMILIE.

Me connois-tu, Maxime, et sais-tu qui je suis?

MAXIME.

En faveur de Cinna je fais ce que je puis,
Et tâche à garantir de ce malheur extrême
La plus belle moitié qui reste de lui-même.

---

1. *Var.* Est de voir que César sait tout votre secret. (1643-56)
2. *Var.* Nous avons un vaisseau tout prêt dessus la rive. (1643-56)

444 CINNA.

Sauvons-nous, Émilie, et conservons le jour, 1335
Afin de le venger par un heureux retour.

ÉMILIE.

Cinna dans son malheur est de ceux qu'il faut suivre,
Qu'il ne faut pas venger, de peur de leur survivre :
Quiconque après sa perte aspire à se sauver
Est indigne du jour qu'il tâche à conserver. 1340

MAXIME.

Quel désespoir aveugle à ces fureurs vous porte?
O Dieux! que de foiblesse en une âme si forte!
Ce cœur si généreux rend si peu de combat,
Et du premier revers la fortune[1] l'abat!
Rappelez, rappelez cette vertu sublime; 1345
Ouvrez enfin les yeux, et connoissez Maxime :
C'est un autre Cinna qu'en lui vous regardez;
Le ciel vous rend en lui l'amant que vous perdez;
Et puisque l'amitié n'en faisoit plus qu'une âme,
Aimez en cet ami l'objet de votre flamme; 1350
Avec la même ardeur il saura vous chérir,
Que....

ÉMILIE.

Tu m'oses aimer, et tu n'oses mourir!
Tu prétends un peu trop; mais quoi que tu prétendes,
Rends-toi digne du moins de ce que tu demandes :
Cesse de fuir en lâche un glorieux trépas, 1355
Ou de m'offrir un cœur que tu fais voir si bas;
Fais que je porte envie à ta vertu parfaite;
Ne te pouvant aimer, fais que je te regrette;
Montre d'un vrai Romain la dernière vigueur,
Et mérite mes pleurs au défaut de mon cœur. 1360
Quoi! si ton amitié pour Cinna s'intéresse[2],

1. Les éditions de 1668 et de 1682 portent, par erreur, *de fortune*, pour *la fortune*.
2. *Var.* Quoi! si ton amitié pour Cinna t'intéresse. (1643-63)

Crois-tu qu'elle consiste à flatter sa maîtresse[1]?
Apprends, apprends de moi quel en est le devoir,
Et donne-m'en l'exemple, ou viens le recevoir.

MAXIME.

Votre juste douleur est trop impétueuse. 1365

ÉMILIE.

La tienne en ta faveur est trop ingénieuse.
Tu me parles déjà d'un bienheureux retour,
Et dans tes déplaisirs tu conçois de l'amour !

MAXIME.

Cet amour en naissant est toutefois extrême :
C'est votre amant en vous, c'est mon ami que j'aime, 1370
Et des mêmes ardeurs dont il fut embrasé....

ÉMILIE.

Maxime, en voilà trop pour un homme avisé.
Ma perte m'a surprise, et ne m'a point troublée ;
Mon noble désespoir ne m'a point aveuglée.
Ma vertu toute entière agit sans s'émouvoir, 1375
Et je vois malgré moi plus que je ne veux voir.

MAXIME.

Quoi ? vous suis-je suspect de quelque perfidie ?

ÉMILIE.

Oui, tu l'es, puisqu'enfin tu veux que je le die ;
L'ordre de notre fuite est trop bien concerté
Pour ne te soupçonner d'aucune lâcheté : 1380
Les Dieux seroient pour nous prodigues en miracles,
S'ils en avoient sans toi[2] levé tous les obstacles.
Fuis sans moi, tes amours sont ici superflus.

MAXIME.

Ah ! vous m'en dites trop.

1. Les éditions de 1652-56 portent *ta maîtresse*, pour *sa maîtresse*, ce qui est certainement une erreur.
2. L'édition de 1643 in-4° porte *sans loi*, pour *sans toi*.

ÉMILIE.

J'en présume encor plus.
Ne crains pas toutefois que j'éclate en injures ; 1385
Mais n'espère non plus m'éblouir de parjures.
Si c'est te faire tort que de m'en défier¹,
Viens mourir avec moi pour te justifier.

MAXIME.

Vivez, belle Émilie, et souffrez qu'un esclave....

ÉMILIE.

Je ne t'écoute plus qu'en présence d'Octave. 1390
Allons, Fulvie, allons.

SCÈNE VI.

MAXIME.

Désespéré, confus,
Et digne, s'il se peut, d'un plus cruel refus,
Que résous-tu, Maxime ? et quel est le supplice
Que ta vertu prépare à ton vain artifice ?
Aucune illusion ne te doit plus flatter : 1395
Émilie en mourant va tout faire éclater ;
Sur un même échafaud la perte de sa vie
Étalera sa gloire et ton ignominie,
Et sa mort va laisser à la postérité²
L'infâme souvenir de ta déloyauté. 1400
Un même jour t'a vu, par une fausse adresse,
Trahir ton souverain, ton ami, ta maîtresse,
Sans que de tant de droits en un jour violés,
Sans que de deux amants au tyran immolés,
Il te reste aucun fruit que la honte et la rage³ 1405

---

1. *Var.* Si c'est te faire tort que de me défier. (1643-56)
2. *Var.* Et porte avec son nom à la postérité. (1643-56)
3. *Var.* Il te reste autre fruit que la honte et la rage. (1643 et 48)

ACTE IV, SCÈNE VI. 447

Qu'un remords inutile allume en ton courage.
  Euphorbe, c'est l'effet de tes lâches conseils;
Mais que peut-on attendre enfin de tes pareils[1]?
Jamais un affranchi n'est qu'un esclave infâme;
Bien qu'il change d'état, il ne change point d'âme[2]; 1410
La tienne, encor servile, avec la liberté
N'a pu prendre un rayon de générosité[3] :
Tu m'as fait relever une injuste puissance;
Tu m'as fait démentir l'honneur de ma naissance;
Mon cœur te résistoit, et tu l'as combattu 1415
Jusqu'à ce que ta fourbe ait souillé sa vertu.
Il m'en coûte la vie, il m'en coûte la gloire,
Et j'a tout mérité pour t'avoir voulu croire;
Mais les Dieux permettront à mes ressentiments
De te sacrifier aux yeux des deux amants, 1420
Et j'ose m'assurer qu'en dépit de mon crime
Mon sang leur servira d'assez pure victime,
Si dans le tien mon bras, justement irrité,
Peut laver le forfait de t'avoir écouté.

1. *Var.* Mais que peut-on attendre aussi de tes pareils? (1643-56)
2. *Var.* Et pour changer d'état, il ne change point d'âme. (1643-56)
3. *Var.* N'a su prendre un rayon de générosité. (1660)

FIN DU QUATRIÈME ACTE.

ACTE V.

SCÈNE PREMIÈRE.
AUGUSTE, CINNA.

AUGUSTE.

Prends un siége, Cinna, prends, et sur toute chose 1425
Observe exactement la loi que je t'impose :
Prête, sans me troubler, l'oreille à mes discours ;
D'aucun mot, d'aucun cri, n'en interromps le cours ;
Tiens ta langue captive ; et si ce grand silence
A ton émotion fait quelque violence, 1430
Tu pourras me répondre après tout à loisir[1] :
Sur ce point seulement contente mon desir.

CINNA.

Je vous obéirai, Seigneur.

AUGUSTE.

Qu'il te souvienne
De garder ta parole, et je tiendrai la mienne.
Tu vois le jour, Cinna ; mais ceux dont tu le tiens 1435
Furent les ennemis de mon père, et les miens :
Au milieu de leur camp tu reçus la naissance[2] ;
Et lorsqu'après leur mort tu vins en ma puissance,

---

1. Voyez ci-dessus, p. 374 : *Quum alteram poni Cinnæ cathedram jussisset : « Hoc, inquit, primum a te peto, ne me loquentem interpelles, ne medio sermone meo proclames ; dabitur tibi loquendi liberum tempus. »*
2. *Var.* Ce fut dedans leur camp que tu pris la naissance ;
Et quand après leur mort tu vins en ma puissance,
Leur haine héréditaire, ayant passé dans toi,
T'avoit mis à la main les armes contre moi. (1643-56)

ACTE V, SCÈNE I.

Leur haine enracinée au milieu de ton sein
T'avoit mis contre moi les armes à la main; 1440
Tu fus mon ennemi même avant que de naître[1],
Et tu le fus encor quand tu me pus connoître,
Et l'inclination jamais n'a démenti[2]
Ce sang qui t'avoit fait du contraire parti :
Autant que tu l'as pu, les effets l'ont suivie. — 1445
Je ne m'en suis vengé qu'en te donnant la vie;
Je te fis prisonnier pour te combler de biens :
Ma cour fut ta prison, mes faveurs tes liens;
Je te restituai d'abord ton patrimoine[3];
Je t'enrichis après des dépouilles d'Antoine, 1450
Et tu sais que depuis, à chaque occasion,
Je suis tombé pour toi dans la profusion.
Toutes les dignités que tu m'as demandées,
Je te les ai sur l'heure et sans peine accordées;
Je t'ai préféré même à ceux dont les parents 1455
Ont jadis dans mon camp tenu les premiers rangs[4],
A ceux qui de leur sang m'ont acheté l'empire[5],
Et qui m'ont conservé le jour que je respire.
De la façon enfin qu'avec toi j'ai vécu,
Les vainqueurs sont jaloux du bonheur du vaincu[6]. 1460
Quand le ciel me voulut, en rappelant Mécène,
Après tant de faveur montrer un peu de haine[7],

---

1. *Ego te, Cinna, quum in hostium castris invenissem, non factum tantum mihi inimicum, sed natum, servavi.* (P. 374.)
2. *Var.* Et le sang t'ayant fait d'un contraire parti,
   Ton inclination ne l'a point démenti :
   Comme elle l'a suivi, les effets l'ont suivie. (1643-56)
3. *Patrimonium tibi omne concessi.* (P. 374.)
4. *Sacerdotium tibi petenti, præteritis compluribus quorum parentes mecum militaverant, dedi.* (*Ibidem.*)
5. *Var.* M'ont conservé le jour qu'à présent je respire,
   Et m'ont de tout leur sang acheté cet empire. (1643-56)
6. *Hodie tam felix es et tam dives, ut victo victores invideant.* (P. 374.)
7. *Var.* Après tant de travaux montrer un peu de haine. (1643 in-4°)
   Var. Après tant de faveurs montrer un peu de haine. (1643 in-12 et 48-56)

CORNEILLE. III

Je te donnai sa place en ce triste accident,
Et te fis, après lui, mon plus cher confident.
Aujourd'hui même encor, mon âme irrésolue 1465
Me pressant de quitter ma puissance absolue,
De Maxime et de toi j'ai pris les seuls avis,
Et ce sont, malgré lui, les tiens que j'ai suivis.
Bien plus, ce même jour je te donne Émilie,
Le digne objet des vœux de toute l'Italie, 1470
Et qu'ont mise si haut mon amour et mes soins,
Qu'en te couronnant roi je t'aurois donné moins.
Tu t'en souviens, Cinna : tant d'heur et tant de gloire
Ne peuvent pas sitôt sortir de ta mémoire;
Mais ce qu'on ne pourroit jamais s'imaginer, 1475
Cinna, tu t'en souviens, et veux m'assassiner[1].

CINNA.

Moi, Seigneur! moi, que j'eusse une âme si traîtresse;
Qu'un si lâche dessein....

AUGUSTE.

Tu tiens mal ta promesse :
Sieds-toi, je n'ai pas dit encor ce que je veux;
Tu te justifieras après, si tu le peux. 1480
Écoute cependant, et tiens mieux ta parole.
Tu veux m'assassiner[2] demain, au Capitole,
Pendant le sacrifice, et ta main pour signal
Me doit, au lieu d'encens, donner le coup fatal;
La moitié de tes gens doit occuper la porte, 1485
L'autre moitié te suivre et te prêter main-forte.
Ai-je de bons avis, ou de mauvais soupçons[3]?

---

1. *Quum sic de te meruerim, occidere me constituisti.* (P. 374.)
2. *Quum ad hanc vocem exclamasset Cinna, procul hunc ab se abesse dementiam : « Non præstas, inquit, fidem, Cinna; convènerat ne interloquereris. Occidere, inquam, me paras. »* (P. 374 et 375.)
3. *Var.* Assurée au besoin du secours des premiers.
   Te dirai-je les noms de tous ces meurtriers? (1643-56)

De tous ces meurtriers te dirai-je les noms?
Procule, Glabrion, Virginian, Rutile,
Marcel, Plaute, Lénas, Pompone, Albin, Icile,　1490
Maxime, qu'après toi j'avois le plus aimé[1];
Le reste ne vaut pas l'honneur d'être nommé :
Un tas d'hommes perdus de dettes et de crimes,
Que pressent de mes lois les ordres légitimes,
Et qui désespérant de les plus éviter,　　　　　　1495
Si tout n'est renversé, ne sauroient subsister.
　Tu te tais maintenant, et gardes le silence,
Plus par confusion que par obéissance.
Quel étoit ton dessein[2], et que prétendois-tu
Après m'avoir au temple à tes pieds abattu?　　1500
Affranchir ton pays d'un pouvoir monarchique!
Si j'ai bien entendu tantôt ta politique,
Son salut désormais dépend d'un souverain
Qui pour tout conserver tienne tout en sa main;
Et si sa liberté te faisoit entreprendre,　　　　　1505
Tu ne m'eusses jamais empêché de la rendre;
Tu l'aurois acceptée au nom de tout l'État,
Sans vouloir l'acquérir par un assassinat.
Quel étoit donc ton but? D'y régner en ma place?
D'un étrange malheur son destin le menace,　　1510
Si pour monter au trône et lui donner la loi
Tu ne trouves dans Rome autre obstacle que moi[3],

---

　1. Monvel comptait ici les conjurés sur ses doigts; après le nom de Maxime, il laissait retomber sa main en disant la fin du vers, puis il sembloit s'apprêter à reprendre son compte, qu'il abandonnait définitivement en disant :

　　　　Le reste ne vaut pas l'honneur d'être nommé.

Talma admirait fort ce jeu de scène très-familier, mais d'un effet saisissant, et il fut longtemps avant d'oser le pratiquer.
　2. *Et quum defixum videret, nec ex conventione jam, sed ex conscientia tacentem :* « *Quo, inquit, hoc animo facis ?* » (P. 375.)
　3. *Ut ipse sis princeps? Male, mehercule, cum republica agitur, si tibi ad imperandum nihil præter me obstat.* (*Ibidem.*)

Si jusques à ce point son sort est déplorable,
Que tu sois après moi le plus considérable,
Et que ce grand fardeau de l'empire romain   1515
Ne puisse après ma mort tomber mieux qu'en ta main.
    Apprends à te connoître, et descends en toi-même :
On t'honore dans Rome, on te courtise, on t'aime,
Chacun tremble sous toi, chacun t'offre des vœux,
Ta fortune est bien haut, tu peux ce que tu veux;   1520
Mais tu ferois pitié même à ceux qu'elle irrite¹,
Si je t'abandonnois à ton peu de mérite².
Ose me démentir, dis-moi ce que tu vaux,
Conte-moi tes vertus, tes glorieux travaux,
Les rares qualités par où tu m'as dû plaire,   1525
Et tout ce qui t'élève au-dessus du vulgaire.
Ma faveur fait ta gloire, et ton pouvoir en vient :
Elle seule t'élève, et seule te soutient;
C'est elle qu'on adore, et non pas ta personne :
Tu n'as crédit ni rang qu'autant qu'elle t'en donne, 1530
Et pour te faire choir je n'aurois aujourd'hui
Qu'à retirer la main qui seule est ton appui.
J'aime mieux toutefois céder à ton envie :
Règne, si tu le peux, aux dépens de ma vie;
Mais oses-tu penser que les Serviliens,   1535
Les Cosses, les Métels, les Pauls, les Fabiens,
Et tant d'autres enfin de qui les grands courages
Des héros de leur sang sont les vives images,

1. *Var.* Mais en un triste état on la verroit réduite. (1643-56)
2. « Ces vers et les suivants occasionnèrent un jour une saillie singulière. Le dernier maréchal de la Feuillade, étant sur le théâtre, dit tout haut à Auguste : « Ah! tu me gâtes le *soyons amis, Cinna.* » Le vieux comédien qui jouait Auguste se déconcerta et crut avoir mal joué. Le maréchal, après la pièce, lui dit : « Ce n'est pas vous qui m'avez déplu, c'est Auguste, qui dit à Cinna qu'il « n'a aucun mérite, qu'il n'est propre à rien, qu'il fait pitié, et qui ensuite lui « dit : « Soyons amis. » Si le Roi m'en disait autant, je le remercierais de son « amitié. » (*Voltaire.*)

Quittent le noble orgueil d'un sang si généreux
Jusqu'à pouvoir souffrir que tu règnes sur eux[1] ? 1540
Parle, parle, il est temps.

CINNA.

     Je demeure stupide;
Non que votre colère ou la mort m'intimide :
Je vois qu'on m'a trahi, vous m'y voyez rêver,
Et j'en cherche l'auteur sans le pouvoir trouver.
Mais c'est trop y tenir toute l'âme occupé[2] : 1545
Seigneur, je suis Romain, et du sang de Pompée;
Le père et les deux fils, lâchement égorgés,
Par la mort de César étoient trop peu vengés.
C'est là d'un beau dessein l'illustre et seule cause;
Et puisqu'à vos rigueurs la trahison m'expose, 1550
N'attendez point de moi d'infâmes repentirs,
D'inutiles regrets, ni de honteux soupirs.
Le sort vous est propice autant qu'il m'est contraire;
Je sais ce que j'ai fait, et ce qu'il vous faut faire :
Vous devez un exemple à la postérité, 1555
Et mon trépas importe à votre sûreté.

AUGUSTE.

Tu me braves, Cinna, tu fais le magnanime,
Et loin de t'excuser, tu couronnes ton crime.
Voyons si ta constance ira jusques au bout.
Tu sais ce qui t'est dû, tu vois que je sais tout : 1560
Fais ton arrêt toi-même, et choisis tes supplices.

---

1. *Cedo, si spes tuas solus impedio, Paulusne te et Fabius Maximus et Cossi et Servilii ferent, tantumque agmen nobilium, non inania nomina præferentium, sed eorum qui imaginibus suis decori sunt?* (P. 375.)
2. *Var.* Cette stupidité s'est enfin dissipée. (1643-56)

SCÈNE II.

AUGUSTE, LIVIE, CINNA, ÉMILIE, FULVIE.

LIVIE.

Vous ne connoissez pas encor tous les complices :
Votre Émilie en est, Seigneur, et la voici.

CINNA.

C'est elle-même, ô Dieux !

AUGUSTE.

Et toi, ma fille, aussi !

ÉMILIE.

Oui, tout ce qu'il a fait, il l'a fait pour me plaire[1], 1565
Et j'en étois, Seigneur, la cause et le salaire.

AUGUSTE.

Quoi ? l'amour qu'en ton cœur j'ai fait naître aujourd'hui
T'emporte-t-il déjà jusqu'à mourir pour lui ?
Ton âme à ces transports un peu trop s'abandonne,
Et c'est trop tôt aimer l'amant que je te donne. 1570

ÉMILIE.

Cet amour qui m'expose à vos ressentiments
N'est point le prompt effet de vos commandements ;
Ces flammes dans nos cœurs sans votre ordre étoient nées[2],
Et ce sont des secrets de plus de quatre années ;
Mais quoique je l'aimasse et qu'il brulât pour moi, 1575
Une haine plus forte à tous deux fit la loi ;
Je ne voulus jamais lui donner d'espérance,
Qu'il ne m'eût de mon père assuré la vengeance ;
Je la lui fis jurer ; il chercha des amis :
Le ciel rompt le succès que je m'étois promis, 1580

---

1. *Var.* Oui, Seigneur, du dessein je suis la seule cause :
C'est pour moi qu'il conspire, et c'est pour moi qu'il ose. (1643-56)
2. *Var.* Ces flammes dans nos cœurs dès longtemps étoient nées. (1643-56)

ACTE V, SCÈNE II.

Et je vous viens, Seigneur, offrir une victime,
Non pour sauver sa vie en me chargeant du crime :
Son trépas est trop juste après son attentat,
Et toute excuse est vaine en un crime d'État :
Mourir en sa présence, et rejoindre mon père,　　1585
C'est tout ce qui m'amène, et tout ce que j'espère.

AUGUSTE.

Jusques à quand, ô ciel, et par quelle raison
Prendrez-vous contre moi des traits dans ma maison?
Pour ses débordements j'en ai chassé Julie;
Mon amour en sa place a fait choix d'Émilie,　　1590
Et je la vois comme elle indigne de ce rang.
L'une m'ôtoit l'honneur, l'autre a soif de mon sang;
Et prenant toutes deux leur passion pour guide,
L'une fut impudique, et l'autre est parricide.
O ma fille! est-ce là le prix de mes bienfaits?　　1595

ÉMILIE.

Ceux de mon père en vous firent mêmes effets[1].

AUGUSTE.

Songe avec quel amour j'élevai ta jeunesse.

ÉMILIE.

Il éleva la vôtre avec même tendresse;
Il fut votre tuteur, et vous son assassin;
Et vous m'avez au crime enseigné le chemin :　　1600
Le mien d'avec le vôtre en ce point seul diffère,
Que votre ambition s'est immolé mon père,
Et qu'un juste courroux, dont je me sens brûler,
A son sang innocent vouloit vous immoler.

LIVIE.

C'en est trop, Émilie : arrête, et considère　　1605
Qu'il t'a trop bien payé les bienfaits de ton père :
Sa mort, dont la mémoire allume ta fureur,

---

1. *Var.* Mon père l'eut pareil de ceux qu'il vous a faits. (1643-64)

Fut un crime d'Octave, et non de l'Empereur,
 Tous ces crimes d'État qu'on fait pour la couronne,
Le ciel nous en absout alors qu'il nous la donne,　1610
Et dans le sacré rang où sa faveur l'a mis,
Le passé devient juste et l'avenir permis.
Qui peut y parvenir ne peut être coupable ;
Quoi qu'il ait fait ou fasse, il est inviolable :
Nous lui devons nos biens, nos jours sont en sa main,　1615
Et jamais on n'a droit sur ceux du souverain.

ÉMILIE.

Aussi dans le discours que vous venez d'entendre,
Je parlois pour l'aigrir, et non pour me défendre.
 Punissez donc, Seigneur, ces criminels appas
Qui de vos favoris font d'illustres ingrats ;　1620
Tranchez mes tristes jours pour assurer les vôtres.
Si j'ai séduit Cinna, j'en séduirai bien d'autres[1] ;
Et je suis plus à craindre, et vous plus en danger,
Si j'ai l'amour ensemble et le sang à venger[2].

CINNA.

Que vous m'ayez séduit, et que je souffre encore　1625
D'être déshonoré par celle que j'adore !
 Seigneur, la vérité doit ici s'exprimer :
J'avois fait ce dessein avant que de l'aimer.
A mes plus saints desirs la trouvant inflexible[3],
Je crus qu'à d'autres soins elle seroit sensible :　1630
Je parlai de son père et de votre rigueur,
Et l'offre de mon bras suivit celle du cœur.
Que la vengeance est douce à l'esprit d'une femme !
Je l'attaquai par là, par là je pris son âme ;
Dans mon peu de mérite elle me négligeoit,　1635

---

1. Voyez acte III, scène IV, vers 1035 et 1036.
2. *Var.* Ayant avec un père un amant à venger. (1643-56)
3. *Var.* A mes chastes desirs la trouvant inflexible. (1643-60)

ACTE V, SCÈNE II.

Et ne put négliger le bras qui la vengeoit :
Elle n'a conspiré que par mon artifice ;
J'en suis le seul auteur, elle n'est que complice.

ÉMILIE.

Cinna, qu'oses-tu dire? est-ce là me chérir,
Que de m'ôter l'honneur quand il me faut mourir ? 1640

CINNA.

Mourez, mais en mourant ne souillez point ma gloire.

ÉMILIE.

La mienne se flétrit, si César te veut croire.

CINNA.

Et la mienne se perd, si vous tirez à vous
Toute celle qui suit de si généreux coups.

ÉMILIE.

Eh bien ! prends-en ta part, et me laisse la mienne ; 1645
Ce seroit l'affoiblir que d'affoiblir la tienne :
La gloire et le plaisir, la honte et les tourments,
Tout doit être commun entre de vrais amants.
 Nos deux âmes, Seigneur, sont deux âmes romaines ;
Unissant nos desirs, nous unîmes nos haines ; 1650
De nos parents perdus le vif ressentiment
Nous apprit nos devoirs en un même moment ;
En ce noble dessein nos cœurs se rencontrèrent ;
Nos esprits généreux ensemble le formèrent ;
Ensemble nous cherchons l'honneur d'un beau trépas :
Vous vouliez nous unir, ne nous séparez pas.

AUGUSTE.

Oui, je vous unirai, couple ingrat et perfide,
Et plus mon ennemi qu'Antoine ni Lépide ;
Oui, je vous unirai, puisque vous le voulez :
Il faut bien satisfaire aux feux dont vous brûlez, 1660
Et que tout l'univers, sachant ce qui m'anime,
S'étonne du supplice aussi bien que du crime.

SCÈNE III.

AUGUSTE, LIVIE, CINNA, MAXIME, ÉMILIE, FULVIE.

AUGUSTE.

Mais enfin le ciel m'aime, et ses bienfaits nouveaux[1]
Ont enlevé[2] Maxime à la fureur des eaux.
Approche, seul ami que j'éprouve fidèle.   1665

MAXIME.

Honorez moins, Seigneur, une âme criminelle.

AUGUSTE.

Ne parlons plus de crime après ton repentir,
Après que du péril tu m'as su garantir :
C'est à toi que je dois et le jour et l'empire.

MAXIME.

De tous vos ennemis connoissez mieux le pire :   1670
Si vous régnez encor, Seigneur, si vous vivez,
C'est ma jalouse rage à qui vous le devez.
   Un vertueux remords n'a point touché mon âme ;
Pour perdre mon rival j'ai découvert sa trame.
Euphorbe vous a feint que je m'étois noyé,   1675
De crainte qu'après moi vous n'eussiez envoyé :
Je voulois avoir lieu d'abuser Émilie,
Effrayer son esprit, la tirer d'Italie,
Et pensois la résoudre à cet enlèvement
Sous l'espoir du retour pour venger son amant ;   1680
Mais au lieu de goûter ces grossières amorces,
Sa vertu combattue a redoublé ses forces.

---

1. *Var.* Mais enfin le ciel m'aime, et parmi tant de maux
Il m'a rendu Maxime, et l'a sauvé des eaux. (1643-56)
2. Voltaire, dans l'édition de 1786, a remplacé *enlevé* par *arraché*. Il fait commencer la scène au vers 1665

ACTE V, SCÈNE III.

Elle a lu dans mon cœur; vous savez le surplus,
Et je vous en ferois des récits superflus.
Vous voyez le succès de mon lâche artifice.   1685
Si pourtant quelque grâce est due à mon indice,
Faites périr Euphorbe au milieu des tourments[1],
Et souffrez que je meure aux yeux de ces amants.
J'ai trahi mon ami, ma maîtresse, mon maître,
Ma gloire, mon pays, par l'avis de ce traître,   1690
Et croirai toutefois mon bonheur infini,
Si je puis m'en punir après l'avoir puni.

AUGUSTE.

En est-ce assez, ô ciel! et le sort, pour me nuire,
A-t-il quelqu'un des miens qu'il veuille encor séduire?
Qu'il joigne à ses efforts le secours des enfers :   1695
Je suis maître de moi comme de l'univers;
Je le suis, je veux l'être. O siècles, ô mémoire,
Conservez à jamais ma dernière victoire!
Je triomphe aujourd'hui du plus juste courroux
De qui le souvenir puisse aller jusqu'à vous.   1700
  Soyons amis, Cinna, c'est moi qui t'en convie :
Comme à mon ennemi je t'ai donné la vie,
Et malgré la fureur de ton lâche destin[2],
Je te la donne encor comme à mon assassin.
Commençons un combat qui montre par l'issue   1705
Qui l'aura mieux de nous ou donnée ou reçue[3].
Tu trahis mes bienfaits, je les veux redoubler;
Je t'en avois comblé, je t'en veux accabler :

---

1. *Var.* A vos bontés, Seigneur, j'en demanderai deux,
   Le supplice d'Euphorbe, et ma mort à leurs yeux. (1643-56)
2. Il y a *destin* dans toutes les éditions de Corneille, et même encore dans celle de 1692. Le mot paraît être pris dans un sens conforme à celui de *se proposer, résoudre*, qu'avait autrefois le verbe *destiner* (voyez le *Lexique*). Voltaire a substitué *dessein* à *destin*.
3. Voyez ci-dessus, p. 375 : *Vitam tibi, inquit, Cinna, iterum do, prius hosti, nunc insidiatori ac parricidæ. Ex hodierno die inter nos amicitia incipiat. Contendamus utrum ego meliore fide vitam tibi dederim, an tu debeas.*

460   CINNA.

Avec cette beauté que je t'avois donnée,
Reçois le consulat pour la prochaine année[1]. 1710
    Aime Cinna, ma fille, en cet illustre rang,
Préfères-en la pourpre à celle de mon sang ;
Apprends sur mon exemple à vaincre ta colère[2] :
Te rendant un époux, je te rends plus qu'un père.

ÉMILIE.

Et je me rends, Seigneur, à ces hautes bontés ; 1715
Je recouvre la vue auprès de leurs clartés :
Je connois mon forfait, qui me sembloit justice ;
Et, ce que n'avoit pu la terreur du supplice,
Je sens naître en mon âme un repentir puissant,
Et mon cœur en secret me dit qu'il y consent. 1720
    Le ciel a résolu votre grandeur suprême ;
Et pour preuve, Seigneur, je n'en veux que moi-même[3] :
J'ose avec vanité me donner cet éclat,
Puisqu'il change mon cœur, qu'il veut changer l'État.
Ma haine va mourir, que j'ai crue immortelle ; 1725
Elle est morte, et ce cœur devient sujet fidèle ;
Et prenant désormais cette haine en horreur,
L'ardeur de vous servir succède à sa fureur.

CINNA.

Seigneur, que vous dirai-je après que nos offenses
Au lieu de châtiments trouvent des récompenses ? 1730
O vertu sans exemple ! ô clémence qui rend
Votre pouvoir plus juste, et mon crime plus grand !

AUGUSTE.

Cesse d'en retarder un oubli magnanime ;
Et tous deux avec moi faites grâce à Maxime :
Il nous a trahis tous ; mais ce qu'il a commis 1735

---

1. *Post hæc detulit ultro consulatum.* (P. 375.) — Cinna fut consul l'an 5 avant Jésus-Christ.
2. *Var.* Apprends, à mon exemple, à vaincre ta colère. (1643-56)
3. *Var.* Et pour preuve, Seigneur, je ne veux que moi-même. (1643-56)

ACTE V, SCÈNE III.

Vous conserve innocents, et me rend mes amis.
(A Maxime[1].)
Reprends auprès de moi ta place accoutumée ;
Rentre dans ton crédit et dans ta renommée ;
Qu'Euphorbe de tous trois ait sa grâce à son tour ;
Et que demain l'hymen couronne leur amour. 1740
Si tu l'aimes encor, ce sera ton supplice.

MAXIME.

Je n'en murmure point, il a trop de justice ;
Et je suis plus confus, Seigneur, de vos bontés
Que je ne suis jaloux du bien que vous m'ôtez.

CINNA.

Souffrez que ma vertu dans mon cœur rappelée 1745
Vous consacre une foi lâchement violée,
Mais si ferme à présent, si loin de chanceler,
Que la chute du ciel ne pourroit l'ébranler.
Puisse le grand moteur des belles destinées,
Pour prolonger vos jours, retrancher nos années ; 1750
Et moi, par un bonheur dont chacun soit jaloux,
Perdre pour vous cent fois ce que je tiens de vous !

LIVIE.

Ce n'est pas tout, Seigneur : une céleste flamme
D'un rayon prophétique illumine mon âme.
Oyez ce que les Dieux vous font savoir par moi ; 1755
De votre heureux destin c'est l'immuable loi.
Après cette action vous n'avez rien à craindre :
On portera le joug désormais sans se plaindre ;
Et les plus indomptés, renversant leurs projets,
Mettront toute leur gloire à mourir vos sujets ; 1760
Aucun lâche dessein, aucune ingrate envie
N'attaquera le cours d'une si belle vie ;

---

1. Ce jeu de scène manque dans les éditions de 1643-60.

Jamais plus d'assassins ni de conspirateurs[1] :
Vous avez trouvé l'art d'être maître des cœurs.
Rome, avec une joie et sensible et profonde, 1765
Se démet en vos mains de l'empire du monde ;
Vos royales vertus lui vont trop[2] enseigner
Que son bonheur consiste à vous faire régner :
D'une si longue erreur pleinement affranchie,
Elle n'a plus de vœux que pour la monarchie, 1770
Vous prépare déjà des temples, des autels,
Et le ciel une place entre les immortels ;
Et la postérité, dans toutes les provinces,
Donnera votre exemple aux plus généreux princes.

AUGUSTE.

J'en accepte l'augure, et j'ose l'espérer : 1775
Ainsi toujours les Dieux vous daignent inspirer!
  Qu'on redouble demain les heureux sacrifices
Que nous leur offrirons sous de meilleurs auspices ;
Et que vos conjurés entendent publier
Qu'Auguste a tout appris, et veut tout oublier. 1780

---

1. *Nullis amplius insidiis ab ullo petitus est.* (P. 375.)
2. L'édition de 1682 porte, par erreur, *tout*, pour *trop*.

FIN DU CINQUIÈME ET DERNIER ACTE.

POLYEUCTE, MARTYR

TRAGÉDIE CHRÉTIENNE

1640

NOTICE.

En 1637, l'auteur d'un *Traité de la disposition au poëme dramatique*, dont nous avons déjà eu occasion de parler[1], s'exprime ainsi à l'égard des sujets sacrés : « L'Amour et la Guerre, l'un ou l'autre séparément, ou les deux ensemble, fournissent aux auteurs tous les sujets profanes du théâtre. Je dis profanes, pource qu'on y peut mettre d'autres beaux sujets tirés des livres saints, où les passions humaines peuvent jouer leurs rôles, et où les vertus des grands personnages peuvent triompher des vices et des cruautés des tyrans ; mais tels arguments n'étant pas le gibier de nos poëtes ni de nos sages mondains, sont plus propres en particulier qu'en public, et dans les colléges de l'Université, ou dans les maisons privées, qu'à la cour ou à l'hôtel de Bourgogne. »

Cette opinion d'un inconnu est la fidèle expression d'un sentiment alors général ; mais s'il était un endroit à Paris où un tel sujet ne dût pas paraître du bel air, c'était assurément l'hôtel de Rambouillet. Ce fut là pourtant que Corneille, qui, comme nous l'avons vu à propos d'*Horace*[2], croyait utile de donner à ses ouvrages cette demi-publicité, lut d'abord son *Polyeucte*, peut-être dans l'espoir de se concilier des juges qu'il sentait prévenus. Cette précaution n'eut pas les résultats qu'il s'était sans doute promis : « La pièce, dit Fontenelle, y fut applaudie autant que le demandoient la bienséance et la grande réputation que l'auteur avoit déjà ; mais quelques jours après, M. de

---

1. Voyez ci-dessus, p. 38. Le passage que nous reproduisons ici est extrait de la page 87 de cet ouvrage.
2. Voyez ci-dessus, p. 254 et 255.

Voiture vint trouver M. Corneille, et prit des tours fort délicats pour lui dire que *Polyeucte* n'avoit pas réussi comme il pensoit, que surtout le christianisme avoit extrêmement déplu[1]. »

Voltaire expose ainsi quelques-unes des objections qu'on avait faites, en y mêlant peut-être un peu les siennes : « C'est une tradition, que tout l'hôtel de Rambouillet, et particulièrement l'évêque de Vence, Godeau, condamnèrent cette entreprise de Polyeucte (*celle de renverser les idoles*). On disait que c'est un zèle imprudent; que plusieurs évêques et plusieurs synodes avaient expressément défendu ces attentats contre l'ordre et contre les lois ; qu'on refusait même la communion aux chrétiens qui par des témérités pareilles avaient exposé l'Église entière aux persécutions. On ajoutait que Polyeucte et même Pauline auraient intéressé bien davantage, si Polyeucte avait simplement refusé d'assister à un sacrifice idolâtre, fait en l'honneur de la victoire de Sévère[2]. »

« Corneille, alarmé, continue Fontenelle, voulut retirer la pièce d'entre les mains des comédiens qui l'apprenoient; mais enfin il la leur laissa, sur la parole d'un d'entre eux qui n'y jouoit point, parce qu'il étoit trop mauvais acteur. Étoit-ce donc à ce comédien à juger mieux que tout l'hôtel de Rambouillet? »

Les avis sont partagés à l'égard du comédien qui ranima si à propos le courage de Corneille : les uns nomment Hauteroche[3], les autres Laroque[4]; mais quelle que soit l'opinion qu'on adopte, elle cadre mal avec le témoignage de Fontenelle; en effet, de l'aveu même de Lemazurier, qui pense qu'il s'agit de Laroque, ces deux comédiens n'appartenaient pas encore à l'hôtel de Bourgogne au moment où l'on joua *Polyeucte;* or le récit de Fontenelle désigne un comédien faisant partie de la

1. *Œuvres*, Paris, B. Brunet, 1742, tome III, p. 103.
2. Note de Voltaire sur la scène VI de l'acte II de *Polyeucte.*
3. M. Guizot, *Corneille et son temps*, p. 200.
4. Voyez la fin de la note 1 de la page suivante. — Lemazurier, *Galerie des acteurs du théâtre français*, tome I, p. 317. — Aimé Martin, *Œuvres de Corneille*, tome I, p. XLI, note 1. — M. Édouard Fournier, *Notes sur la vie de Corneille*, p. XL.

troupe qui représentait cette tragédie, et, d'un autre côté, les témoignages contemporains établissent d'une manière formelle qu'elle fut jouée à l'hôtel de Bourgogne[1].

« Depuis peu d'années, dit l'abbé d'Aubignac, Barreau mit sur le théâtre de l'hôtel de Bourgogne le martyre de saint Eustache, et Corneille ceux de Polyeucte et de Théodore[2]. »

L'abbé de Villiers n'est pas moins explicite, dans son *Entretien sur les tragédies de ce temps*, publié en 1675 et reproduit dans le *Recueil de dissertations....* de l'abbé Granet. Le passage où il parle de *Polyeucte* est assez curieux pour qu'il nous paraisse utile de le reproduire tout entier :

« TIMANTE. Vous croyez donc qu'on ne peut faire de bonnes tragédies sur des sujets saints?

CLÉARQUE. Je crois du moins qu'on ne voudroit pas se hasarder à en faire. Quoique l'hôtel de Bourgogne n'ait été donné aux comédiens que pour représenter les histoires saintes, je ne crois pas que ces Messieurs voulussent reprendre aujourd'hui leur ancienne coutume. Ils se sont trop bien trouvés des sujets profanes pour les quitter.

TIMANTE. J'ai ouï dire qu'ils ne s'étoient pas plus mal trouvés des sujets saints, et qu'ils avoient gagné plus d'argent au

---

1. On trouve dans l'édition de M. Lefèvre la distribution de rôles suivante, qui, si elle était authentique, établirait que la pièce a été jouée au Marais : POLYEUCTE, *d'Orgemont;* SÉVÈRE, *Floridor;* NÉARQUE, *Desurlis;* PAULINE, *Mlle Duclos;* mais nous avons déjà eu bien souvent l'occasion de voir que les renseignements de ce genre ne reposent dans cette édition sur aucun document certain. Nous ne citerons que pour mémoire une autre source tout aussi peu sûre : un *Journal du Théâtre françois* manuscrit qui se trouve aujourd'hui à la Bibliothèque impériale et qui appartenait autrefois à M. Beffara. Une note de cet amateur, placée en tête du premier volume, attribue avec beaucoup de vraisemblance l'ouvrage à de Mouhy, auteur des *Tablettes dramatiques*. On y lit (tome II, folio 804 recto) : « Les acteurs qui jouèrent d'original dans *Polyeucte* furent Baron, Champmeslé, la Thuillerie, Hauteroche, Beauval, Guérin, Hubert, le Comte, et les demoiselles le Comte et Guyot. »

2. *Pratique du théâtre*, livre IV, nouveau chapitre VI manuscrit, intitulé : *des Discours de piété*, dirigé principalement contre *Polyeucte* et *Théodore*, et ajouté à l'exemplaire que nous avons déjà cité ci-dessus, p. 276, note 2.

Polyeucte qu'à quelque autre tragédie qu'ils ayent représentée depuis.

CLÉANQUE. Il est vrai que cette tragédie réussit bien. M. Corneille la hasarda sur sa réputation, et il crut, par le succès qu'elle eut, qu'il en pouvoit hasarder encore une autre. Il donna *Théodore*; cette dernière ne réussit point, et depuis personne n'a osé tenter la même chose. On a renvoyé ces sortes de sujets dans les colléges, où tout est bon pour exercer les enfants, et où l'on peut impunément représenter tout ce qui est capable d'inspirer ou de la dévotion, ou la crainte des jugements de Dieu. »

Nous avons vu qu'*Horace* et *Cinna*, souvent considérés comme joués en 1639, ne l'ont été qu'en 1640; c'est vers la fin de la même année qu'on a représenté *Polyeucte*. Jamais aucun doute ne s'est élevé à ce sujet.

L'édition originale de cette pièce a pour titre :

POLYEUCTE MARTYR, TRAGEDIE. *A Paris, chez Antoine de Sommauille.... et Augustin Courbé....* M.DC.XLIII, in-4°. 8 feuillets, 121 pages et 1 feuillet.

Elle est imprimée en vertu d'un privilége accordé à Corneille le trentième janvier, à la suite duquel on lit : « Acheué d'imprimer à Roüen pour la premiere fois, aux dépens de l'Autheur, par Laurens Maurry, ce 20. iour d'octobre 1643. »

On trouve en tête du volume un curieux frontispice gravé qui représente Polyeucte vêtu d'un pourpoint espagnol, d'un haut-de-chausse à crevés, et coiffé d'une toque à plumes, brisant les idoles à coups de marteau; ce costume était probablement la reproduction exacte de celui qui était alors en usage au théâtre, et qui ne fut modifié que longtemps après, au moins d'une manière sensible : « Je me souviens, dit Voltaire[1], qu'autrefois l'acteur qui jouait Polyeucte, avec des gants blancs et un grand chapeau, ôtait ses gants et son chapeau pour faire sa prière à Dieu. » Plus loin il ajoute[2] : « Quand les acteurs représentaient les Romains avec un chapeau et une cravate, Sévère arrivait le chapeau sur la tête, et Félix l'écoutait chapeau bas, ce qui faisait un effet ridicule. »

---

1. Note sur la scène III de l'acte IV.
2. Note sur la scène VI de l'acte V.

L'admirable rôle de Pauline a toujours excité l'émulation et trop souvent le découragement de nos meilleures tragédiennes[1]; mais elle n'a été pour aucune d'elles l'occasion d'un triomphe aussi prématuré que pour Adrienne le Couvreur.

« En 1705, âgée d'environ quinze ans, elle fit partie avec quelques jeunes gens de jouer la tragédie de *Polyeucte* et la petite comédie du *Deuil*. Les répétitions qu'ils en firent chez un épicier, au bas de la rue Férou, faubourg Saint-Germain, firent du bruit; plusieurs personnes de considération y vinrent voir la jeune le Couvreur, qui était chargée du rôle de Pauline. La présidente le Jay leur prêta pour la représentation la belle cour de son hôtel, rue Garancière. La cour, la ville, la comédie y accoururent; la porte, qui étoit gardée par huit suisses, fut forcée. On joua à la françoise, parce que notre actrice et quelques autres de ses camarades ne se trouvèrent pas en état de louer des habits à la romaine. Elle avoit emprunté un habit de la femme de chambre de Mme la présidente le Jay, dans lequel elle ne parut pas avantageusement; mais elle charma tout le monde par une façon de réciter toute nouvelle, mais si naturelle et si vraie, qu'on disoit d'une voix unanime qu'elle n'avoit plus qu'un pas à faire pour devenir la plus grande comédienne qui eût jamais été sur le Théâtre-François. Elle ne fut pas la seule qui méritât des applaudissements. Un jeune homme nommé Minou, qui par la suite est devenu un très-grand comédien dans les pays étrangers, joua le rôle de Sévère avec un feu, un pathétique et une intelligence parfaite; il entra même tellement dans l'esprit de son rôle, qu'il tomba en défaillance en disant à Fabian, son confident: « Soutiens-moi, ce coup « de foudre est grand. » Il fallut lui ouvrir les veines; on ne court plus de ces risques sur le Théâtre-François. Minou se remit et finit son rôle. La tragédie étoit à peine achevée, qu'apparemment sur les plaintes des comédiens, M. d'Argenson envoya des archers pour arrêter la petite troupe, qui se crut perdue; mais

---

[1]. Voyez, dans les *Mémoires d'Hippolyte Clairon* (p. 110 et suivantes), une *Étude de Pauline dans Polyeucte*, et dans les *Mémoires pour Marie-Françoise Dumesnil en réponse aux Mémoires d'Hippolyte Clairon* (p. 168 et suivantes), une critique très-vive, mais fort juste, de cette *Étude*.

elle en fut quitte pour l'alarme. Mme la présidente le Jay envoya chez ce magistrat, qui révoqua à l'instant son ordre, à condition que ces représentations cesseroient[1]. »

Le gouvernement révolutionnaire, qui avait proscrit *le Cid* parce qu'on y voyait un roi[2], devait redouter l'expression des sentiments religieux qui éclatent dans *Polyeucte* avec tant de vivacité et d'élévation à la fois; aussi la représentation en fut-elle interdite, comme le remarque M. Hallays-Dabot dans son *Histoire de la censure*[3]. Toutefois cette interdiction ne dura pas aussi longtemps qu'il le croit, et il s'est trompé lorsqu'il a dit que *Polyeucte* ne fut pas remis au théâtre avant l'époque du Consulat : la reprise réelle est du 13 floréal de l'an II[4]. Depuis lors *Polyeucte* n'a plus disparu du répertoire courant; mais trop souvent, il faut le reconnaître, le manque d'interprètes dignes d'une si grande œuvre en a interrompu pendant fort longtemps les représentations.

1. *Lettre à Mylord*** sur Baron et Mlle Lecouvreur*, p. 23-25.
2. *Histoire du Théâtre françois*, par C. G. *Étienne* et B. *Martainville*, tome III, p. 56 et note.
3. Page 215.
4. Le 1ᵉʳ mai 1794. — Lemazurier, tome I, p. 555.

A LA REINE RÉGENTE[1].

MADAME,

Quelque connoissance que j'aye de ma foiblesse, quelque profond respect[2] qu'imprime VOTRE MAJESTÉ dans les âmes de ceux qui l'approchent, j'avoue que je me jette à ses pieds sans timidité et sans défiance, et que je me tiens assuré de lui plaire, parce que je suis assuré de lui parler de ce qu'elle aime le mieux. Ce n'est qu'une pièce de théâtre que je lui présente, mais qui[3] l'entretiendra de Dieu : la dignité de la matière est si haute, que l'impuissance de l'artisan ne la peut ravaler; et votre

---

1. Anne d'Autriche, fille aînée de Philippe III, roi d'Espagne, mariée à Louis XIII le 25 décembre 1615, devint régente du royaume quatre jours après la mort du Roi, le 18 mai 1643, c'est-à-dire entre l'époque où Corneille obtint le privilége de *Polyeucte* et celle où cette pièce fut imprimée (voyez plus haut, p. 468). On trouve ici l'expression fort naturelle de la reconnaissance de Corneille envers la Reine, qui s'était montrée très-favorable au *Cid* et à son auteur (voyez ci-dessus, p. 15 et 16). C'était d'abord à Louis XIII que cette dédicace devait être adressée. On lit dans l'*Historiette* que lui a consacrée Tallemant des Réaux (tome II, p. 248) : « Depuis la mort du Cardinal, M. de Schomberg lui dit que Corneille vouloit lui dédier la tragédie de *Polyeucte*. Cela lui fit peur, parce que Montauron avoit donné deux cents pistoles à Corneille pour *Cinna*. « Il « n'est pas nécessaire, dit-il. — Ah ! Sire, reprit M. de Schomberg, « ce n'est point par intérêt. — Bien donc, dit-il, il me fera plaisir. » Ce fut à la Reine qu'on la dédia, car le Roi mourut entre deux. » — Cette épître et l'*Abrégé du martyre*, qui la suit, se trouvent dans les éditions antérieures à 1660 et dans une édition in-12 de 1664 que possède la Bibliothèque impériale.
2. VAR. (édit. de 1648-1656 et de 1664 in-12) : et quelque respect.
3. VAR. (édit. de 1648-1656 et de 1664 in-12) : mais une pièce de théâtre qui....

âme royale se plaît trop à cette sorte d'entretien pour s'offenser des défauts d'un ouvrage où elle rencontrera les délices de son cœur. C'est par là, MADAME, que j'espère obtenir de VOTRE MAJESTÉ le pardon du long temps que j'ai attendu à lui rendre cette sorte d'hommages[1]. Toutes les fois que j'ai mis sur notre scène des vertus morales ou politiques, j'en ai toujours cru les tableaux trop peu dignes de paroître devant Elle, quand j'ai considéré qu'avec quelque soin que je les pusse choisir dans l'histoire, et quelques ornements dont l'artifice les pût enrichir, elle en voyoit de plus grands exemples dans elle-même. Pour rendre les choses proportionnées, il falloit aller à la plus haute espèce, et n'entreprendre pas de rien offrir de cette nature à une reine très-chrétienne, et qui l'est beaucoup plus encore par ses actions que par son titre, à moins que de lui offrir un portrait des vertus chrétiennes dont l'amour et la gloire de Dieu formassent les plus beaux traits, et qui rendît les plaisirs qu'elle y pourra prendre aussi propres à exercer sa piété qu'à délasser son esprit. C'est à cette extraordinaire et admirable piété, MADAME, que la France est redevable des bénédictions qu'elle voit tomber sur les premières armes de son roi; les heureux succès qu'elles ont obtenus en sont les rétributions éclatantes, et des coups du ciel, qui répand abondamment sur tout le royaume les récompenses et les grâces que VOTRE MAJESTÉ a méritées. Notre perte sembloit infaillible après celle de notre grand monarque; toute l'Europe avoit déjà pitié de nous, et s'imaginoit que nous nous allions précipiter dans un extrême désordre, parce qu'elle nous voyoit dans une extrême désolation : cependant la prudence et les soins de VOTRE MAJESTÉ, les bons conseils qu'elle a

---

1. Les éditions de 1648-1655 portent : « hommage, » au singulier.

ÉPÎTRE. 473

pris, les grands courages qu'elle a choisis pour les exécuter, ont agi si puissamment dans tous les besoins de l'État, que cette première année de sa régence a non-seulement égalé les plus glorieuses de l'autre règne, mais a même effacé, par la prise de Thionville[1], le souvenir du malheur qui, devant ses murs, avoit interrompu une si longue suite de victoires. Permettez que je me laisse emporter au ravissement que me donne cette pensée, et que je m'écrie dans ce transport :

> Que vos soins, grande REINE, enfantent de miracles !
> Bruxelles et Madrid en sont tous interdits ;
> Et si notre Apollon me les avoit prédits,
> J'aurois moi-même osé douter de ses oracles.
>
> Sous vos commandements on force tous obstacles ;
> On porte l'épouvante aux cœurs les plus hardis,
> Et par des coups d'essai vos États agrandis
> Des drapeaux ennemis font d'illustres spectacles.
>
> La victoire elle-même accourant à mon roi,
> Et mettant à ses pieds Thionville et Rocroi,
> Fait retentir ces vers sur les bords[2] de la Seine :
>
> « France, attends tout d'un règne ouvert en triomphant,
> Puisque tu vois déjà les ordres de ta reine
> Faire un foudre en tes mains des armes d'un enfant. »

Il ne faut point douter que des commencements si merveilleux ne soient soutenus par des progrès encore plus étonnants. Dieu ne laisse point ses ouvrages imparfaits : il les achèvera, MADAME, et rendra non-seulement la régence de VOTRE MAJESTÉ, mais encore toute sa vie, un enchaînement continuel de prospérités. Ce sont les vœux

---

1. Le 18 août 1643.
2. VAR. (édit. de 1648-1656 et de 1664 in-12) : sur le bord.

de toute la France, et ce sont ceux que fait avec plus de zèle,

MADAME,

De Votre Majesté,

Le très-humble, très-obéissant et très-fidèle serviteur et sujet,

Corneille.

ABRÉGÉ

DU MARTYRE DE SAINT POLYEUCTE,

ÉCRIT PAR SIMÉON MÉTAPHRASTE, ET RAPPORTÉ PAR SURIUS[1].

L'INGÉNIEUSE tissure des fictions avec la vérité, où consiste le plus beau secret de la poésie, produit d'ordinaire deux sortes d'effets, selon la diversité des esprits qui la voient. Les uns se laissent si bien persuader à cet enchaînement, qu'aussitôt qu'ils ont remarqué quelques événements véritables, ils s'imaginent la même chose des motifs qui les font naître et des circonstances qui les accompagnent ; les autres, mieux avertis de notre artifice,

---

1. Siméon Métaphraste, ainsi nommé parce qu'il a paraphrasé les vies des saints, est né dans le dixième siècle, à Constantinople. Ce fut, dit-on, Constantin Porphyrogénète qui l'engagea à rassembler les vies des saints. Louis Lippomani, né à Venise vers 1500, publia, de 1551 à 1558, 6 volumes in-4º de vies des saints. Les deux derniers contiennent la traduction latine de celles qui avaient été recueillies par Métaphraste ; enfin Laurent Surius, né en 1522 à Lubeck, publia en 1570 un recueil en 6 volumes in-folio intitulé : *Vitæ sanctorum ab Aloysio Lipomanno olim conscriptæ*, qui fut ensuite augmenté par Mosander. — Nous n'avons pas besoin de faire remarquer que le titre : *Abrégé du martyre de saint Polyeucte*, ne s'applique qu'aux deux paragraphes de cet Avertissement qui commencent l'un par : « Polyeucte et Néarque, » et l'autre par : « Son beau-père Félix. »

soupçonnent de fausseté tout ce qui n'est pas de leur connoissance; si bien que quand nous traitons quelque histoire écartée dont ils ne trouvent rien dans leur souvenir, ils l'attribuent toute entière à l'effort de notre imagination, et la prennent pour une aventure de roman.

L'un et l'autre de ces effets seroit dangereux en cette rencontre : il y va de la gloire de Dieu, qui se plaît dans celle de ses saints, dont la mort si précieuse devant ses yeux ne doit pas passer pour fabuleuse devant ceux des hommes. Au lieu de sanctifier notre théâtre par sa représentation, nous y profanerions la sainteté de leurs souffrances, si nous permettions que la crédulité des uns et la défiance des autres, également abusées par ce mélange, se méprissent également en la vénération qui leur est due, et que les premiers la rendissent mal à propos à ceux qui ne la méritent pas, cependant que les autres la dénieroient à ceux à qui elle appartient.

Saint Polyeucte est un martyr dont, s'il m'est permis de parler ainsi, beaucoup ont plutôt appris le nom à la comédie qu'à l'église. Le *Martyrologe romain* en fait mention sur le 13ᵉ de février, mais en deux mots, suivant sa coutume[1]; Baronius, dans ses *Annales*, n'en dit qu'une ligne[2]; le seul Surius[3], ou plutôt Mosander, qui l'a augmenté dans les dernières impressions, en rapporte la mort assez au long sur le 9ᵉ de janvier; et j'ai cru qu'il étoit de mon devoir d'en mettre ici l'abrégé. Comme il a été à propos d'en rendre la représentation agréable,

1. *Melitinæ, in Armenia, sancti Polyeucti martyris, qui, in persecutione ejusdem Decii, multa passus, martyrii coronam adeptus est.*
2. *Nicomediæ vero in Bithynia Quadratus est passus, Melitinæ in Armenia Polyeuctus.* (*Annales ecclesiastici....* Romæ, 1594, in-fol., tome II, p. 459, ann. 254.)
3. L'édition de 1656 et celle de 1664 in-12 portent, par erreur, *Superius*, pour *Surius*.

afin que le plaisir pût insinuer plus doucement l'utilité, et lui servir comme de véhicule pour la porter dans l'âme du peuple, il est juste aussi de lui donner cette lumière pour démêler la vérité d'avec ses ornements, et lui faire reconnoître ce qui lui doit imprimer du respect comme saint, et ce qui le doit seulement divertir comme industrieux. Voici donc ce que ce dernier nous apprend :

Polyeucte et Néarque étoient deux cavaliers étroitement liés ensemble d'amitié; ils vivoient en l'an 250, sous l'empire de Décius; leur demeure étoit dans Mélitène, capitale d'Arménie; leur religion différente : Néarque étant chrétien, et Polyeucte suivant encore la secte des gentils, mais ayant toutes les qualités[1] dignes d'un chrétien, et une grande inclination à le devenir. L'Empereur ayant fait publier un édit très-rigoureux contre les chrétiens, cette publication donna un grand trouble à Néarque, non pour la crainte des supplices dont il étoit menacé, mais pour l'appréhension qu'il eut que leur amitié ne souffrît quelque séparation ou refroidissement par cet édit, vu les peines qui y étoient proposées à ceux de sa religion, et les honneurs promis à ceux du parti contraire. Il en conçut un si profond déplaisir, que son ami s'en aperçut; et l'ayant obligé de lui en dire la cause, il prit de là occasion de lui ouvrir son cœur : « Ne craignez point, lui dit-il[2], que l'édit de l'Empereur nous désunisse; j'ai vu cette nuit le Christ que vous adorez; il m'a dépouillé d'une robe sale pour me revêtir d'une autre toute lumineuse, et m'a fait monter sur un cheval ailé pour le suivre : cette vision m'a résolu entièrement à faire ce qu'il y a longtemps

1. Var. (édit. de 1648-1656 et de 1664 in-12) : Néarque étoit chrétien, et Polyeucte suivoit encore la secte des gentils, mais avec toutes les qualités....
2. Var. (édit. de 1648-1656 et de 1664 in-12) : lui dit Polyeucte.

ABRÉGÉ DU MARTYRE DE S¹ POLYEUCTE.

que je médite; le seul nom de chrétien me manque; et vous-même, toutes les fois que vous m'avez parlé de votre grand Messie[1], vous avez pu remarquer que je vous ai toujours écouté avec respect; et quand vous m'avez lu sa vie et ses enseignements, j'ai toujours admiré la sainteté de ses actions et de ses discours. O Néarque! si je ne me croyois pas indigne d'aller à lui sans être initié de ses mystères et avoir reçu la grâce de ses sacrements, que vous verriez éclater l'ardeur que j'ai de mourir pour sa gloire et le soutien de ses éternelles vérités! » Néarque l'ayant éclairci du scrupule où il étoit[2] par l'exemple du bon larron, qui en un moment mérita le ciel, bien qu'il n'eût pas reçu le baptême, aussitôt notre martyr, plein d'une sainte ferveur, prend l'édit de l'Empereur, crache dessus, et le déchire en morceaux qu'il jette au vent; et voyant des idoles que le peuple portoit sur les autels pour les adorer, il les arrache à ceux qui les portoient, les brise contre terre, et les foule aux pieds, étonnant tout le monde et son ami même, par la chaleur de ce zèle, qu'il n'avoit pas espéré.

Son beau-père Félix, qui avoit la commission de l'Empereur pour persécuter les chrétiens, ayant vu lui-même ce qu'avoit fait son gendre, saisi de douleur de voir l'espoir et l'appui de sa famille perdus, tâche d'ébranler sa constance, premièrement par de belles paroles, ensuite par des menaces, enfin par des coups qu'il lui fait donner par ses bourreaux sur tout le visage; mais n'en ayant pu venir à bout, pour dernier effort il lui envoie sa fille Pauline, afin de voir si ses larmes n'auroient point plus de pouvoir sur l'esprit d'un mari que n'avoient

---

1. VAR. (édit. de 1648-1656 et de 1664 in-12) : de votre Messie.
2. Voltaire, dans l'édition de 1764, a ainsi modifié ce passage : « Néarque l'ayant éclairci sur l'illusion du scrupule où il était. »

eu ses artifices et ses rigueurs. Il n'avance rien davantage par là; au contraire, voyant que sa fermeté convertissoit beaucoup de païens, il le condamne à perdre la tête. Cet arrêt fut exécuté sur l'heure; et le saint martyr, sans autre baptême que de son sang, s'en alla prendre possession de la gloire que Dieu a promise à ceux qui renonceroient à eux-mêmes pour l'amour de lui.

Voilà en peu de mots ce qu'en dit Surius. Le songe de Pauline, l'amour de Sévère, le baptême effectif de Polyeucte, le sacrifice pour la victoire de l'Empereur, la dignité de Félix, que je fais gouverneur d'Arménie, la mort de Néarque, la conversion de Félix et de Pauline, sont des inventions et des embellissements de théâtre. La seule victoire de l'Empereur contre les Perses a quelque fondement dans l'histoire; et sans chercher d'autres auteurs, elle est rapportée par M. Coëffeteau dans son *Histoire romaine*[1]; mais il ne dit pas, ni qu'il leur imposa tribut, ni qu'il envoya faire des sacrifices de remercîment en Arménie.

Si j'ai ajouté ces incidents et ces particularités selon l'art, ou non, les savants en jugeront : mon but ici n'est pas de les justifier, mais seulement d'avertir le lecteur de ce qu'il en peut croire.

EXAMEN[2].

Ce martyre est rapporté par Surius sur le neuvième de janvier. Polyeucte vivoit en l'année 250, sous l'em-

1. « Il (*Décius*) commença son voyage, qui lui fut si heureux, qu'il remporta une glorieuse victoire sur les Perses et apaisa les tumultes qui s'étoient élevés en Orient. » (Paris, N. et J. de la Coste, 1637, in-fol., livre XVII, p. 716.)

2. L'édition de 1664 in-12, conforme en ceci aux éditions anté-

pereur Décius. Il étoit Arménien, ami de Néarque, et gendre de Félix, qui avoit la commission de l'Empereur pour faire exécuter ses édits contre les chrétiens. Cet ami l'ayant résolu à se faire chrétien, il déchira ces édits qu'on publioit, arracha les idoles des mains de ceux qui les portoient sur les autels pour les adorer, les brisa contre terre, résista aux larmes de sa femme Pauline, que Félix employa auprès de lui pour le ramener à leur culte, et perdit la vie par l'ordre de son beau-père, sans autre baptême que celui de son sang. Voilà ce que m'a prêté l'histoire; le reste est de mon invention.

Pour donner plus de dignité à l'action, j'ai fait Félix gouverneur d'Arménie, et ai pratiqué un sacrifice public, afin de rendre l'occasion plus illustre, et donner un prétexte à Sévère de venir en cette province, sans faire éclater son amour avant qu'il en eût l'aveu de Pauline. Ceux qui veulent arrêter nos héros dans une médiocre bonté, où quelques interprètes d'Aristote bornent leur vertu, ne trouveront pas ici leur compte, puisque celle de Polyeucte va jusqu'à la sainteté, et n'a aucun mélange de foiblesse. J'en ai déjà parlé ailleurs[1]; et pour confirmer ce que j'en ai dit par quelques autorités, j'ajouterai ici que Minturnus[2], dans son *Traité du Poëte*, agite cette question, *si la Passion de Jésus-Christ et les martyres des saints doivent être exclus du théâtre, à cause qu'ils passent cette médiocre bonté*, et résout en ma faveur[3]. Le célèbre Heinsius, qui non-seulement a traduit

---

rieures à 1660, et non au recueil de même date qu'elle, contient, comme nous l'avons dit, les deux pièces préliminaires qui précèdent, et ne contient pas l'*Examen*.

1. Voyez tome I, p. 59.
2. Les éditions de 1660 et de 1663 portent : « Mirturnus. »
3. « Mors.... illa salutaris, quam Christus, ut vitam mortalibus restitueret, non invitus ac libenter sane oppetivit, non esset profecto

la *Poétique* de notre philosophe, mais a fait un *Traité de la constitution de la tragédie* selon sa pensée[1], nous en a donné une sur le martyre des Innocents[2]. L'illustre Grotius a mis sur la scène la Passion même de Jésus-Christ et l'histoire de Joseph[3]; et le savant Buchanan a fait la même chose de celle de Jephté, et de la mort de saint Jean-Baptiste[4]. C'est sur ces exemples que j'ai hasardé ce poëme, où je me suis donné des licences qu'ils n'ont pas prises, de changer l'histoire en quelque chose, et d'y mêler des épisodes d'invention : aussi m'étoit-il plus permis sur cette matière qu'à eux sur celle qu'ils ont choisie. Nous ne devons qu'une croyance pieuse à la vie des saints, et nous avons le même droit sur ce que nous en tirons pour le porter sur le théâtre, que sur ce que nous empruntons des autres histoires; mais nous devons une foi chrétienne et indispensable à tout ce qui est dans la Bible, qui ne nous laisse aucune liberté d'y rien changer. J'estime toutefois qu'il ne nous est pas défendu d'y ajouter quelque chose, pourvu qu'il ne détruise rien de ces vérités dictées par le Saint-Esprit. Buchanan ni Grotius ne l'ont pas fait dans leurs poëmes; mais aussi ne les ont-ils pas rendus assez fournis pour notre théâtre, et ne s'y sont proposé pour exemple que la constitution la plus simple des anciens. Heinsius a plus osé qu'eux dans celui que j'ai nommé : les anges qui bercent l'enfant Jésus, et l'ombre de Mariane avec

---

tragice deploranda, si minus in theatrum afferri deberent quæ viro probo accidissent, ac ferenda indigne potius quam miseranda esse viderentur. Quum enim ille sit Deus, est etiam is homo, quem quid probum, quid justum, quid summa virtute præditum dicam?... » etc. (*Antonii Sebastiani Minturni de Poeta.... libri sex.* Venetiis, 1559, in-4°, livre III, p. 182 et 183.)

1. Voyez tome I, p. 34, note 3. — 2. *Ibidem*, p. 102, note 3.
3. *Ibidem*, p. 102, note 2. — 4. *Ibidem*, p. 102, note 1.

les furies qui agitent l'esprit d'Hérode, sont des agréments qu'il n'a pas trouvés dans l'Évangile. Je crois même qu'on en peut supprimer quelque chose, quand il y a apparence qu'il ne plairoit pas sur le théâtre, pourvu qu'on ne mette rien en la place; car alors ce seroit changer l'histoire, ce que le respect que nous devons à l'Écriture ne permet point. Si j'avois à y exposer celle de David et de Bersabée¹, je ne décrirois pas comme il en devint amoureux en la voyant se baigner dans une fontaine, de peur que l'image de cette nudité ne fît une impression trop chatouilleuse dans l'esprit de l'auditeur; mais je me contenterois de le peindre avec de l'amour pour elle, sans parler aucunement de quelle manière cet amour se seroit emparé de son cœur.

Je reviens à *Polyeucte*, dont le succès a été très-heureux. Le style n'en est pas si fort ni si majestueux que celui de *Cinna* et de *Pompée*², mais il a quelque chose de plus touchant, et les tendresses de l'amour humain y font un si agréable mélange avec la fermeté du divin, que sa représentation a satisfait tout ensemble les dévots et les gens du monde. A mon gré, je n'ai point fait de pièce où l'ordre du théâtre soit plus beau et l'enchaînement des scènes mieux ménagé. L'unité d'action, et celles de jour et de lieu, y ont leur justesse; et les scrupules qui peuvent naître touchant ces deux dernières se dissiperont aisément, pour peu qu'on me veuille prêter de cette faveur que l'auditeur nous doit toujours, quand l'occasion s'en offre, en reconnoissance de la peine que nous avons prise à le divertir.

---

1. Il y a *Bersabée*, et non, comme dans la Bible, *Bethsabée*, dans toutes les éditions publiées du vivant de Corneille, et encore dans celle de 1692.

2. *Polyeucte* ne fut imprimé qu'après la représentation de *Pompée*. Voyez la Notice de cette dernière tragédie.

Il est hors de doute que si nous appliquons ce poëme à nos coutumes, le sacrifice se fait trop tôt après la venue de Sévère; et cette précipitation sortira du vraisemblable par la nécessité d'obéir à la règle. Quand le Roi envoie ses ordres dans les villes pour y faire rendre des actions de grâces pour ses victoires, ou pour d'autres bénédictions qu'il reçoit du ciel, on ne les exécute pas dès le jour même; mais aussi il faut du temps pour assembler le clergé, les magistrats et les corps de ville, et c'est ce qui en fait différer l'exécution. Nos acteurs n'avoient ici aucune de ces assemblées à faire.

Il suffisoit de la présence de Sévère et de Félix, et du ministère du grand prêtre; ainsi nous n'avons eu aucun besoin de remettre ce sacrifice en un autre jour. D'ailleurs, comme Félix craignoit ce favori, qu'il croyoit irrité du mariage de sa fille, il étoit bien aise de lui donner le moins d'occasion de tarder qu'il lui étoit possible, et de tâcher, durant son peu de séjour, à gagner son esprit par une prompte complaisance, et montrer tout ensemble une impatience d'obéir aux volontés de l'Empereur.

L'autre scrupule regarde l'unité de lieu, qui est assez exacte, puisque tout s'y passe dans une salle ou antichambre commune aux appartements de Félix et de sa fille. Il semble que la bienséance y soit un peu forcée pour conserver cette unité au second acte, en ce que Pauline vient jusque dans cette antichambre pour trouver Sévère, dont elle devroit attendre la visite dans son cabinet. A quoi je réponds qu'elle a eu deux raisons de venir au-devant de lui : l'une, pour faire plus d'honneur à un homme dont son père redoutoit l'indignation, et qu'il lui avoit commandé d'adoucir en sa faveur; l'autre, pour rompre plus aisément la conversation avec lui, en se retirant dans ce cabinet, s'il ne vouloit pas la quitter à sa prière, et se délivrer, par cette retraite, d'un entretien dangereux pour elle, ce qu'elle n'eût pu faire, si elle eût reçu sa visite dans son appartement.

Sa confidence avec Stratonice, touchant l'amour qu'elle avoit eu pour ce cavalier[1], me fait faire une réflexion sur le temps qu'elle prend pour cela. Il s'en fait beaucoup sur nos théâtres, d'affections qui ont déjà duré deux ou trois ans, dont on attend à révéler le secret justement au jour de l'action qui se présente[2], et non-seulement sans aucune raison de choisir ce jour-là plutôt qu'un autre pour le déclarer, mais lors même que vraisemblablement on s'en est dû ouvrir beaucoup auparavant avec la personne à qui on en fait confidence. Ce sont choses dont il faut instruire le spectateur en les faisant apprendre par un des acteurs à l'autre; mais il faut[3] prendre garde avec soin que celui à qui on les apprend ait eu lieu de les ignorer jusque-là aussi bien que le spectateur, et que quelque occasion tirée du sujet oblige celui qui les récite à rompre enfin un silence qu'il a gardé si longtemps. L'Infante, dans *le Cid*, avoue à Léonor l'amour secret qu'elle a pour lui[4], et l'auroit pu faire un an ou six mois plus tôt. Cléopatre, dans *Pompée*, ne prend pas des mesures plus justes avec Charmion; elle lui conte la passion de César pour elle, et comme

Chaque jour ses courriers
Lui portent en tribut ses vœux et ses lauriers[5].

1. Voyez acte I, scène III.
2. Var. (édit. de 1660 et de 1663) : qui se représente.
3. Var. (édit. de 1660-1664) : en les apprenant à un des acteurs; mais il faut....
4. Voyez *le Cid*, acte I, scène II.
5. Acte II, scène I, vers 391 et 392. Le passage est ici un peu modifié. Il y a dans la pièce :

Et depuis, jusqu'ici chaque jour ses courriers
M'apportent en tribut ses vœux et ses lauriers.

Cependant, comme il ne paroît personne avec qui elle aye plus d'ouverture de cœur qu'avec cette Charmion, il y a grande apparence que c'étoit elle-même dont cette reine se servoit[1] pour introduire ces courriers, et qu'ainsi elle devoit savoir déjà tout ce commerce entre César et sa maîtresse. Du moins il falloit marquer quelque raison qui lui eût laissé ignorer[2] jusque-là tout ce qu'elle lui apprend, et de quel autre ministère cette princesse s'étoit servie pour recevoir ces courriers. Il n'en va pas de même ici. Pauline ne s'ouvre avec Stratonice que pour lui faire entendre le songe qui la trouble, et les sujets qu'elle a de s'en alarmer; et comme elle n'a fait ce songe que la nuit d'auparavant, et qu'elle ne lui eût jamais révélé son secret sans cette occasion qui l'y oblige, on peut dire qu'elle n'a point eu lieu de lui faire cette confidence plus tôt qu'elle ne l'a faite[3].

Je n'ai point fait de narration de la mort de Polyeucte, parce que je n'avois personne pour la faire ni pour l'écouter, que des païens qui ne la pouvoient ni écouter ni faire, que comme ils avoient fait et écouté celle de Néarque, ce qui auroit été une répétition et marque de stérilité, et en outre n'auroit pas répondu à la dignité de l'action principale, qui est terminée par là. Ainsi j'ai mieux aimé la faire connoître par un saint emportement de Pauline[4], que cette mort a convertie, que par un récit qui n'eût point eu de grâce dans une bouche indigne de le prononcer[5]. Félix son père se convertit après elle; et ces deux conversions, quoique miraculeuses, sont si ordinaires dans les martyres, qu'elles

---

1. Var. (édit. de 1660 et de 1663) : dont elle se servoit.
2. Var. (édit. de 1660 et de 1663) : qui l'eût laissée ignorer.
3. Var. (édit. de 1660-1664) : plus tôt qu'elle ne la fait.
4. Voyez acte V, scène v.
5. Var. (édit. de 1660-1664) : indigne de le faire.

ne sortent point de la vraisemblance, parce qu'elles ne sont pas de ces événements rares et singuliers qu'on ne peut tirer en exemple; et elles servent à remettre le calme dans les esprits de Félix, de Sévère et de Pauline, que sans cela j'aurois eu bien de la peine à retirer du théâtre dans un état qui rendît la pièce complète, en ne laissant rien à souhaiter à la curiosité de l'auditeur.

LISTE DES ÉDITIONS QUI ONT ÉTÉ COLLATIONNÉES POUR LES VARIANTES DE *POLYEUCTE*.

ÉDITIONS SÉPARÉES.

1643 in-4°;	1664 in-12.
1648 in-4°;	

RECUEILS.

1648 in-12;	1660 in-8°;
1652 in-12;	1663 in-fol.;
1654 in-12;	1664 in-8°;
1655 in-12;	1668 in-12;
1656 in-12;	1682 in-12.

ACTEURS.

FÉLIX, sénateur romain, gouverneur d'Arménie.
POLYEUCTE, seigneur arménien[1], gendre de Félix.
SÉVÈRE, chevalier romain, favori de l'empereur Décie[2].
NÉARQUE, seigneur arménien, ami de Polyeucte.
PAULINE, fille de Félix et femme de Polyeucte.
STRATONICE, confidente de Pauline.
ALBIN, confident de Félix.
FABIAN, domestique de Sévère.
CLÉON, domestique de Félix.
TROIS GARDES.

La scène est à Mélitène, capitale d'Arménie,
dans le palais de Félix.

---

1. VAR. (édit. de 1643-1663 et de 1664 in-12) : seigneur d'Arménie.
2. VAR. (édit. de 1643-1664) : favori de l'Empereur.

POLYEUCTE, MARTYR.

TRAGÉDIE CHRÉTIENNE[1].

ACTE I.

SCÈNE PREMIÈRE.
POLYEUCTE, NÉARQUE.

NÉARQUE.

Quoi? vous vous arrêtez aux songes d'une femme!
De si foibles sujets troublent cette grande âme!
Et ce cœur tant de fois dans la guerre éprouvé
S'alarme d'un péril qu'une femme a rêvé!

POLYEUCTE.

Je sais ce qu'est un songe, et le peu de croyance   5
Qu'un homme doit donner à son extravagance,
Qui d'un amas confus des vapeurs de la nuit
Forme de vains objets que le réveil détruit;
Mais vous ne savez pas ce que c'est qu'une femme :
Vous ignorez quels droits elle a sur toute l'âme[2],   10
Quand après un long temps qu'elle a su nous charmer,
Les flambeaux de l'hymen viennent de s'allumer.
Pauline, sans raison dans la douleur plongée,

---

1. Le mot *chrétienne* ne se trouve pas dans les deux éditions in-4° (1643 et 1648).
2. *Var.* Ni le juste pouvoir qu'elle prend sur une âme. (1643-56)

Craint et croit déjà voir ma mort qu'elle a songée ;
Elle oppose ses pleurs au dessein que je fais,   15
Et tâche à m'empêcher de sortir du palais.
Je méprise sa crainte, et je cède à ses larmes;
Elle me fait pitié sans me donner d'alarmes;
Et mon cœur, attendri sans être intimidé,
N'ose déplaire aux yeux dont il est possédé.   20
L'occasion, Néarque, est-elle si pressante
Qu'il faille être insensible aux soupirs d'une amante¹ ?
Par un peu de remise épargnons son ennui,
Pour faire en plein repos ce qu'il trouble aujourd'hui.

NÉARQUE.

Avez-vous cependant une pleine assurance   25
D'avoir assez de vie ou de persévérance?
Et Dieu, qui tient votre âme et vos jours dans sa main²,
Promet-il à vos vœux de le pouvoir demain³ ?
Il est toujours tout juste et tout bon ; mais sa grâce
Ne descend pas toujours avec même efficace;   30
Après certains moments que perdent nos longueurs,
Elle quitte ces traits qui pénètrent les cœurs;
Le nôtre s'endurcit, la repousse, l'égare⁴ :
Le bras qui la versoit en devient plus avare,
Et cette sainte ardeur qui doit porter au bien   35
Tombe plus rarement, ou n'opère plus rien.
Celle qui vous pressoit de courir au baptême,

---

1. *Var.* Pour ne rien déférer aux soupirs d'une amante?
   Remettons ce dessein qui l'accable d'ennui ;
   Nous le pourrons demain aussi bien qu'aujourd'hui.
   NÉARQUE. Oui, mais où prenez-vous l'infaillible assurance. (1643-56)
2. *Var.* Ce Dieu, qui tient votre âme et vos jours dans sa main. (1643-56)
3. *Var.* Vous a-t-il assuré du pouvoir de demain? (1643)
   Var. Vous a-t-il assuré de le pouvoir demain? (1648-56)
   Var. Le bras qui la versoit s'arrête et se courrouce ;
   Notre cœur s'endurcit, et sa pointe s'émousse,
   Et cette sainte ardeur qui nous emporte au bien
   Tombe sur un rocher, et n'opère plus rien. (1643-56)

Languissante déjà, cesse d'être la même,
Et pour quelques soupirs qu'on vous a fait ouïr,
Sa flamme se dissipe, et va s'évanouir.   40

POLYEUCTE.

Vous me connoissez mal : la même ardeur me brûle,
Et le desir s'accroît quand l'effet se recule¹.
Ces pleurs, que je regarde avec un œil d'époux,
Me laissent dans le cœur aussi chrétien que vous ;
Mais pour en recevoir le sacré caractère,   45
Qui lave nos forfaits dans une eau salutaire,
Et qui purgeant notre âme et dessillant nos yeux²,
Nous rend le premier droit que nous avions aux cieux,
Bien que je le préfère aux grandeurs d'un empire³,
Comme le bien suprême et le seul où j'aspire,   50
Je crois, pour satisfaire un juste et saint amour,
Pouvoir un peu remettre, et différer d'un jour.

NÉARQUE.

Ainsi du genre humain l'ennemi vous abuse :
Ce qu'il ne peut de force, il l'entreprend de ruse.
Jaloux des bons desseins qu'il tâche d'ébranler,   55
Quand il ne les peut rompre, il pousse à reculer ;
D'obstacle sur obstacle il va troubler le vôtre,
Aujourd'hui par des pleurs, chaque jour par quelque [autre ;
Et ce songe rempli de noires visions⁴
N'est que le coup d'essai de ses illusions :   60
Il met tout en usage, et prière, et menace ;

---

1. Malherbe a dit :

> A des cœurs bien touchés tarder la jouissance,
> C'est infailliblement leur croître le desir.
> (Édition de M. Lalanne, tome I, p. 237.)

2. *Var.* Et d'un rayon divin nous dessillant les yeux. (1643-56)
3. *Var.* Quoique je le préfère aux grandeurs d'un empire. (1643-56)
4. *Var.* Ce songe si rempli de noires visions (a). (1643-56)

(a) On lit : « des noires visions, » dans l'édition de 1656.

Il attaque toujours, et jamais ne se lasse;
Il croit pouvoir enfin ce qu'encore il n'a pu,
Et que ce qu'on diffère est à demi rompu.
  Rompez ses premiers coups ; laissez pleurer Pauline.
Dieu ne veut point d'un cœur où le monde domine[1],
Qui regarde en arrière, et douteux en son choix,
Lorsque sa voix l'appelle, écoute une autre voix.

POLYEUCTE.
Pour se donner à lui faut-il n'aimer personne?

NÉARQUE.
Nous pouvons tout aimer : il le souffre, il l'ordonne ; 70
Mais à vous dire tout, ce seigneur des seigneurs[2]
Veut le premier amour et les premiers honneurs.
Comme rien n'est égal à sa grandeur suprême,
Il faut ne rien aimer qu'après lui, qu'en lui-même[3],
Négliger, pour lui plaire, et femme, et biens, et rang[4],
Exposer pour sa gloire et verser tout son sang.
Mais que vous êtes loin de cette ardeur parfaite[5]
Qui vous est nécessaire, et que je vous souhaite!
Je ne puis vous parler que les larmes aux yeux[6].
Polyeucte, aujourd'hui qu'on nous hait en tous lieux, 80
Qu'on croit servir l'État quand on nous persécute,
Qu'aux plus âpres tourments un chrétien est en butte,
Comment en pourrez-vous surmonter les douleurs,
Si vous ne pouvez pas résister à des pleurs?

---

1. *Var.* Dieu ne veut point d'un cœur que le monde domine. (1643-56)
2. *Var.* Mais ce grand roi des rois, ce seigneur des seigneurs. (1643-56)
3. *Var.* Il ne faut rien aimer qu'après lui, qu'en lui-même. (1654 et 56)
4. Molière ne se rappelait-il point ce passage lorsqu'il faisait dire à Orgon :

   De toutes amitiés il détache mon âme ;
   Et je verrois mourir frère, enfants, mère et femme,
   Que je m'en soucierois autant que de cela.
       (*Tartuffe*, acte I, scène VI.)

5. *Var.* Mais que vous êtes loin de cette amour parfaite. (1643-68)
6. *Var.* Je ne vous puis parler que les larmes aux yeux. (1643-56)

ACTE I, SCÈNE I.

POLYEUCTE.

Vous ne m'étonnez point : la pitié qui me blesse 85
Sied bien aux plus grands cœurs, et n'a point de foiblesse[1].
Sur mes pareils, Néarque, un bel œil est bien fort :
Tel craint de le fâcher qui ne craint pas la mort;
Et s'il faut affronter les plus cruels supplices,
Y trouver des appas, en faire mes délices, 90
Votre Dieu, que je n'ose encor nommer le mien,
M'en donnera la force en me faisant chrétien.

NÉARQUE.

Hâtez-vous donc de l'être.

POLYEUCTE.

Oui, j'y cours, cher Néarque,
Je brûle d'en porter la glorieuse marque;
Mais Pauline s'afflige, et ne peut consentir, 95
Tant ce songe la trouble! à me laisser sortir.

NÉARQUE.

Votre retour pour elle en aura plus de charmes;
Dans une heure au plus tard vous essuierez ses larmes;
Et l'heur de vous revoir lui semblera plus doux,
Plus elle aura pleuré pour un si cher époux. 100
Allons, on nous attend.

POLYEUCTE.

Apaisez donc sa crainte,
Et calmez la douleur dont son âme est atteinte.
Elle revient.

NÉARQUE.

Fuyez.

POLYEUCTE.

Je ne puis.

---

1. *Var.* Est grandeur de courage aussitôt que foiblesse. (1643 et 48 in-4°)
Var. Digne des plus grands cœurs, n'est rien moins que foiblesse.
(1648 in-12 et 52-56)

NÉARQUE.

Il le faut :
Fuyez un ennemi qui sait votre défaut,
Qui le trouve aisément, qui blesse par la vue, 105
Et dont le coup mortel vous plaît quand il vous tue.

SCÈNE II.

POLYEUCTE, NÉARQUE, PAULINE,
STRATONICE.

POLYEUCTE.

Fuyons, puisqu'il le faut. Adieu, Pauline; adieu :
Dans une heure au plus tard je reviens en ce lieu.

PAULINE.

Quel sujet si pressant à sortir vous convie?
Y va-t-il de l'honneur? y va-t-il de la vie? 110

POLYEUCTE.

Il y va de bien plus.

PAULINE.

Quel est donc ce secret?

POLYEUCTE.

Vous le saurez un jour : je vous quitte à regret;
Mais enfin il le faut.

PAULINE.

Vous m'aimez?

POLYEUCTE.

Je vous aime,
Le ciel m'en soit témoin, cent fois plus que moi-même;
Mais....

PAULINE.

Mais mon déplaisir ne vous peut émouvoir! 115
Vous avez des secrets que je ne puis savoir!

Quelle preuve d'amour! Au nom de l'hyménée,
Donnez à mes soupirs cette seule journée.
POLYEUCTE.
Un songe vous fait peur!
PAULINE.
     Ses présages sont vains,
Je le sais; mais enfin je vous aime, et je crains. 120
POLYEUCTE.
Ne craignez rien de mal pour une heure d'absence.
Adieu : vos pleurs sur moi prennent trop de puissance;
Je sens déjà mon cœur prêt à se révolter,
Et ce n'est qu'en fuyant que j'y puis résister.

SCÈNE III.

PAULINE, STRATONICE.

PAULINE.
Va, néglige mes pleurs, cours, et te précipite 125
Au-devant de la mort que les Dieux m'ont prédite;
Suis cet agent fatal de tes mauvais destins,
Qui peut-être te livre aux mains des assassins.
 Tu vois, ma Stratonice, en quel siècle nous sommes[1] :
Voilà notre pouvoir sur les esprits des hommes; 130
Voilà ce qui nous reste, et l'ordinaire effet
De l'amour qu'on nous offre, et des vœux qu'on nous fait.
Tant qu'ils ne sont qu'amants, nous sommes souveraines,
Et jusqu'à la conquête ils nous traitent de reines[2];
Mais après l'hyménée ils sont rois à leur tour. 135
STRATONICE.
Polyeucte pour vous ne manque point d'amour;

---

1. *Var.* Voilà, ma Stratonice, en ce siècle où nous sommes,
  Notre empire absolu sur les esprits des hommes. (1643-56)
2. *Var.* Et jusqu'à la conquête ils nous traitent en reines. (1643-60)

S'il ne vous traite ici d'entière confidence,
S'il part malgré vos pleurs, c'est un trait de prudence;
Sans vous en affliger, présumez avec moi
Qu'il est plus à propos qu'il vous cèle pourquoi ; 140
Assurez-vous sur lui qu'il en a juste cause.
Il est bon qu'un mari nous cache quelque chose,
Qu'il soit quelquefois libre, et ne s'abaisse pas
A nous rendre toujours compte de tous ses pas.
On n'a tous deux qu'un cœur qui sent mêmes traverses;
Mais ce cœur a pourtant ses fonctions diverses,
Et la loi de l'hymen qui vous tient assemblés
N'ordonne pas qu'il tremble alors que vous tremblez.
Ce qui fait vos frayeurs ne peut le mettre en peine :
Il est Arménien, et vous êtes Romaine, 150
Et vous pouvez savoir que nos deux nations
N'ont pas sur ce sujet mêmes impressions :
Un songe en notre esprit passe pour ridicule,
Il ne nous laisse espoir, ni crainte, ni scrupule ;
Mais il passe dans Rome avec autorité 155
Pour fidèle miroir de la fatalité.

PAULINE.

Quelque peu de crédit que chez vous il obtienne[1],
Je crois que ta frayeur égaleroit la mienne,
Si de telles horreurs t'avoient frappé l'esprit,
Si je t'en avois fait seulement le récit. 160

STRATONICE.

A raconter ses maux souvent on les soulage.

PAULINE.

Écoute; mais il faut te dire davantage,
Et que pour mieux comprendre un si triste discours,
Tu saches ma foiblesse et mes autres amours :

---

1. *Var.* Le mien est bien étrange, et quoique Arménienne. (1643-56)
Var. Quelque peu de crédit qu'entre vous il obtienne. (1660-64)

Une femme d'honneur peut avouer sans honte 165
Ces surprises des sens que la raison surmonte;
Ce n'est qu'en ces assauts qu'éclate la vertu,
Et l'on doute d'un cœur qui n'a point combattu.
　Dans Rome, où je naquis, ce malheureux visage
D'un chevalier romain captiva le courage; 170
Il s'appeloit Sévère : excuse les soupirs
Qu'arrache encore un nom trop cher à mes desirs.

STRATONICE.

Est-ce lui qui naguère aux dépens de sa vie
Sauva des ennemis votre empereur Décie,
Qui leur tira mourant la victoire des mains, 175
Et fit tourner le sort des Perses aux Romains?
Lui qu'entre tant de morts immolés à son maître,
On ne put rencontrer, ou du moins reconnoître;
A qui Décie enfin, pour des exploits si beaux,
Fit si pompeusement dresser de vains tombeaux? 180

PAULINE.

Hélas! c'étoit lui-même, et jamais notre Rome
N'a produit plus grand cœur, ni vu plus honnête homme.
Puisque tu le connois, je ne t'en dirai rien.
Je l'aimai, Stratonice : il le méritoit bien;
Mais que sert le mérite où manque la fortune? 185
L'un étoit grand en lui, l'autre foible et commune;
Trop invincible obstacle, et dont trop rarement
Triomphe auprès d'un père un vertueux amant!

STRATONICE.

La digne occasion d'une rare constance!

PAULINE.

Dis plutôt d'une indigne et folle résistance. 190
Quelque fruit qu'une fille en puisse recueillir,
Ce n'est une vertu que pour qui veut faillir.
　Parmi ce grand amour que j'avois pour Sévère,
J'attendois un époux de la main de mon père,

Toujours prête à le prendre; et jamais ma raison 195
N'avoua de mes yeux l'aimable trahison.
Il possédoit mon cœur, mes desirs, ma pensée;
Je ne lui cachois point combien j'étois blessée :
Nous soupirions ensemble, et pleurions nos malheurs;
Mais au lieu d'espérance, il n'avoit que des pleurs; 200
Et malgré des soupirs si doux, si favorables,
Mon père et mon devoir étoient inexorables.
Enfin je quittai Rome et ce parfait amant,
Pour suivre ici mon père en son gouvernement;
Et lui, désespéré, s'en alla dans l'armée 205
Chercher d'un beau trépas l'illustre renommée.
Le reste, tu le sais : mon abord en ces lieux
Me fit voir Polyeucte, et je plus à ses yeux;
Et comme il est ici le chef de la noblesse,
Mon père fut ravi qu'il me prît pour maîtresse, 210
Et par son alliance il se crut assuré
D'être plus redoutable et plus considéré :
Il approuva sa flamme, et conclut l'hyménée;
Et moi, comme à son lit je me vis destinée,
Je donnai par devoir à son affection 215
Tout ce que l'autre avoit par inclination.
Si tu peux en douter, juge-le par la crainte
Dont en ce triste jour tu me vois l'âme atteinte[1].

STRATONICE.

Elle fait assez voir à quel point vous l'aimez.
Mais quel songe, après tout, tient vos sens alarmés? 220

PAULINE.

Je l'ai vu cette nuit, ce malheureux Sévère,
La vengeance à la main, l'œil ardent de colère :

---

1. *Var.* Dont encore pour lui tu me vois l'âme atteinte.
STRAT. Je crois que vous l'aimez autant qu'on peut aimer.
Mais quel songe, après tout, a pu vous alarmer? (1643-56)

ACTE I, SCÈNE III.

Il n'étoit point couvert de ces tristes lambeaux
Qu'une ombre désolée emporte des tombeaux;
Il n'étoit point percé de ces coups pleins de gloire   225
Qui retranchant sa vie, assurent sa mémoire;
Il sembloit triomphant, et tel que sur son char
Victorieux dans Rome entre notre César.
Après un peu d'effroi que m'a donné sa vue :
« Porte à qui tu voudras la faveur qui m'est due,   230
Ingrate, m'a-t-il dit; et ce jour expiré,
Pleure à loisir l'époux que tu m'as préféré. »
A ces mots, j'ai frémi, mon âme s'est troublée;
Ensuite des chrétiens une impie assemblée,
Pour avancer l'effet de ce discours fatal,   235
A jeté Polyeucte aux pieds de son rival.
Soudain à son secours j'ai réclamé mon père;
Hélas! c'est de tout point ce qui me désespère,
J'ai vu mon père même, un poignard à la main,
Entrer le bras levé pour lui percer le sein :   240
Là ma douleur trop forte a brouillé ces images;
Le sang de Polyeucte a satisfait leurs rages[1].
Je ne sais ni comment ni quand ils l'ont tué,

---

1. « Plusieurs personnes ont entendu dire au marquis de Saint-Aulaire mort à l'âge de cent ans, que l'hôtel de Rambouillet avait condamné ce songe de Pauline. On disait que, dans une pièce chrétienne, ce songe est envoyé par Dieu même, et que, dans ce cas, Dieu, qui a en vue la conversion de Pauline, doit faire servir ce songe à cette même conversion; mais qu'au contraire il semble uniquement fait pour inspirer à Pauline de la haine contre les chrétiens; qu'elle voit des chrétiens qui assassinent son mari, et qu'elle devait voir tout le contraire. » (*Voltaire*.) — Sur l'appréciation de l'hôtel de Rambouillet, voyez ci-dessus, la *Notice*, p. 465 et 466. — M. Parelle a fait remarquer que Néarque a d'avance, dans la scène I, vers 53, 59 et 60, répondu à cette critique :

   Ainsi du genre humain l'ennemi vous abuse,
   . . . .
   Et ce songe rempli de noires visions
   N'est que le coup d'essai de ses illusions.

Mais je sais qu'à sa mort tous ont contribué :
Voilà quel est mon songe.
                    STRATONICE.
                        Il est vrai qu'il est triste ; 245
Mais il faut que votre âme à ces frayeurs résiste :
La vision, de soi, peut faire quelque horreur,
Mais non pas vous donner une juste terreur.
Pouvez-vous craindre un mort ? pouvez-vous craindre un [père
Qui chérit votre époux, que votre époux révère,   250
Et dont le juste choix vous a donnée¹ à lui,
Pour s'en faire en ces lieux un ferme et sûr appui ?
                    PAULINE.
Il m'en a dit autant, et rit de mes alarmes ;
Mais je crains des chrétiens les complots et les charmes,
Et que sur mon époux leur troupeau ramassé   255
Ne venge tant de sang que mon père a versé.
                    STRATONICE.
Leur secte est insensée, impie, et sacrilége²,
Et dans son sacrifice use de sortilége ;
Mais sa fureur ne va qu'à briser nos autels :
Elle n'en veut qu'aux Dieux, et non pas aux mortels. 260
Quelque sévérité que sur eux on déploie,
Ils souffrent sans murmure, et meurent avec joie ;
Et depuis qu'on les traite en criminels d'État,
On ne peut les charger d'aucun assassinat.
                    PAULINE.
Tais-toi, mon père vient.

    1. Les éditions de 1648 in-4° et de 1652-56 portent *donné*, au masculin, ce qui, sans parler du défaut d'accord, fait un hiatus.
    2. Voyez plus loin, p. 524, note 1.

SCÈNE IV.

FÉLIX, ALBIN, PAULINE, STRATONICE.

FÉLIX.

Ma fille, que ton songe[1] 265
En d'étranges frayeurs ainsi que toi me plonge[2] !
Que j'en crains les effets, qui semblent s'approcher!

PAULINE.

Quelle subite alarme ainsi vous peut toucher[3]?

FÉLIX.

Sévère n'est point mort.

PAULINE.

Quel mal nous fait sa vie?

FÉLIX.

Il est le favori de l'empereur Décie. 270

PAULINE.

Après l'avoir sauvé des mains des ennemis,
L'espoir d'un si haut rang lui devenoit permis;
Le destin, aux grands cœurs si souvent mal propice,
Se résout quelquefois à leur faire justice.

FÉLIX.

Il vient ici lui-même.

PAULINE.

Il vient!

FÉLIX.

Tu le vas voir. 275

PAULINE.

C'en est trop; mais comment le pouvez-vous savoir?

---

1. *Var.* Que depuis peu ton songe. (1648 in-12 et 52-56)
2. *Var.* En d'étranges frayeurs depuis un peu me plonge! (1643 et 48 in-4°)
3. *Var.* De grâce, apprenez-moi ce qui vous peut toucher. (1643 et 48 in-4°)

FÉLIX.

Albin l'a rencontré dans la proche campagne ;
Un gros de courtisans en foule l'accompagne,
Et montre assez quel est son rang et son crédit ;
Mais, Albin, redis-lui ce que ses gens t'ont dit. 280

ALBIN.

Vous savez quelle fut cette grande journée,
Que sa perte pour nous rendit si fortunée,
Où l'Empereur captif, par sa main dégagé,
Rassura son parti déjà découragé,
Tandis que sa vertu succomba sous le nombre ; 285
Vous savez les honneurs qu'on fit faire à son ombre,
Après qu'entre les morts on ne le put trouver :
Le roi de Perse aussi l'avoit fait enlever.
Témoin de ses hauts faits et de son grand courage[1],
Ce monarque en voulut connoître le visage ; 290
On le mit dans sa tente, où tout percé de coups,
Tout mort qu'il paroissoit, il fit mille jaloux[2] ;
Là bientôt il montra quelque signe de vie :
Ce prince généreux en eut l'âme ravie[3],
Et sa joie, en dépit de son dernier malheur, 295
Du bras qui le causoit honora la valeur ;
Il en fit prendre soin, la cure en fut secrète ;
Et comme au bout d'un mois sa santé fut parfaite[4],
Il offrit dignités, alliance, trésors,
Et pour gagner Sévère il fit cent vains efforts. 300
Après avoir comblé ses refus de louange,
Il envoie à Décie en proposer l'échange ;

---

1. *Var.* Témoin de ses hauts faits, encor qu'à son dommage,
   Il en voulut tout mort connoître le visage. (1643-56)
2. *Var.* Chacun plaignit son sort, bien qu'il en fût jaloux. (1643-56)
3. *Var.* Ce généreux monarque en eut l'âme ravie,
   Et vaincu qu'il étoit, oublia son malheur,
   Pour dans son auteur même honorer la valeur. (1643-56)
4. *Var.* Et comme au bout du mois sa santé fut parfaite. (1664 in-8°)

ACTE I, SCÈNE IV.

Et soudain l'Empereur, transporté de plaisir,
Offre au Perse son frère et cent chefs à choisir.
Ainsi revint au camp le valeureux Sévère   305
De sa haute vertu recevoir le salaire;
La faveur de Décie en fut le digne prix.
De nouveau l'on combat, et nous sommes surpris.
Ce malheur toutefois sert à croître sa gloire :
Lui seul rétablit l'ordre, et gagne la victoire,   310
Mais si belle, et si pleine, et par tant de beaux faits,
Qu'on nous offre tribut, et nous faisons la paix.
L'Empereur, qui lui montre une amour infinie[1],
Après ce grand succès l'envoie en Arménie,
Il vient en apporter la nouvelle en ces lieux,   315
Et par un sacrifice en rendre hommage aux Dieux[2].

FÉLIX.

O ciel! en quel état ma fortune est réduite!

ALBIN.

Voilà ce que j'ai su d'un homme de sa suite,
Et j'ai couru, Seigneur, pour vous y disposer.

FÉLIX.

Ah! sans doute, ma fille, il vient pour t'épouser : 320
L'ordre d'un sacrifice est pour lui peu de chose;
C'est un prétexte faux dont l'amour est la cause.

PAULINE.

Cela pourroit bien être : il m'aimoit chèrement.

FÉLIX.

Que ne permettra-t-il à son ressentiment?
Et jusques à quel point ne porte sa vengeance   325
Une juste colère avec tant de puissance?
Il nous perdra, ma fille.

---

1. *Var.* L'Empereur lui témoigne une amour infinie,
   Et ravi du succès, l'envoie en Arménie. (1643-56)
2. *Var.* Et par un sacrifice en rendre grâce aux Dieux. (1643-56)

PAULINE.
            Il est trop généreux.
FÉLIX.
Tu veux flatter en vain un père malheureux :
Il nous perdra, ma fille. Ah! regret qui me tue
De n'avoir pas aimé la vertu toute nue ! 330
Ah! Pauline, en effet, tu m'as trop obéi;
Ton courage étoit bon, ton devoir l'a trahi.
Que ta rébellion m'eût été favorable !
Qu'elle m'eût garanti d'un état déplorable !
Si quelque espoir me reste, il n'est plus aujourd'hui 335
Qu'en l'absolu pouvoir qu'il te donnoit sur lui;
Ménage en ma faveur l'amour qui le possède,
Et d'où provient mon mal fais sortir le remède.
PAULINE.
Moi, moi! que je revoie un si puissant vainqueur,
Et m'expose à des yeux qui me percent le cœur! 340
Mon père, je suis femme, et je sais ma foiblesse ;
Je sens déjà mon cœur qui pour lui s'intéresse,
Et poussera sans doute, en dépit de ma foi,
Quelque soupir indigne et de vous et de moi.
Je ne le verrai point.
FÉLIX.
            Rassure un peu ton âme. 345
PAULINE.
Il est toujours aimable, et je suis toujours femme;
Dans le pouvoir sur moi que ses regards ont eu,
Je n'ose m'assurer de toute ma vertu[1].
Je ne le verrai point.
FÉLIX.
            Il faut le voir, ma fille,
Ou tu trahis ton père et toute ta famille. 350

1. *Var.* Je ne me réponds pas de toute ma vertu. (1643-60)

PAULINE.

C'est à moi d'obéir, puisque vous commandez ;
Mais voyez les périls où vous me hasardez.

FÉLIX.

Ta vertu m'est connue.

PAULINE.

Elle vaincra sans doute ;
Ce n'est pas le succès que mon âme redoute :
Je crains ce dur combat et ces troubles puissants   355
Que fait[1] déjà chez moi la révolte des sens ;
Mais puisqu'il faut combattre un ennemi que j'aime,
Souffrez que je me puisse armer contre moi-même,
Et qu'un peu de loisir me prépare à le voir.

FÉLIX.

Jusqu'au-devant des murs je vais le recevoir ;   360
Rappelle cependant tes forces étonnées,
Et songe qu'en tes mains tu tiens nos destinées.

PAULINE.

Oui, je vais de nouveau dompter mes sentiments,
Pour servir de victime à vos commandements.

---

1. Au lieu de « Que fait, » les éditions de 1648-54 portent « Qui fait ; » celle de 1655, « Qui font. »

FIN DU PREMIER ACTE.

ACTE II.

SCÈNE PREMIÈRE.
SÉVÈRE, FABIAN.

SÉVÈRE.

Cependant que Félix donne ordre au sacrifice, 365
Pourrai-je prendre un temps à mes vœux si propice?
Pourrai-je voir Pauline, et rendre à ses beaux yeux
L'hommage souverain que l'on va rendre aux Dieux?
Je ne t'ai point celé que c'est ce qui m'amène,
Le reste est un prétexte à soulager ma peine[1]; 370
Je viens sacrifier, mais c'est à ses beautés
Que je viens immoler toutes mes volontés.

FABIAN.

Vous la verrez, Seigneur.

SÉVÈRE.

Ah! quel comble de joie!
Cette chère beauté consent que je la voie[2]!
Mais ai-je sur son âme encor quelque pouvoir? 375
Quelque reste d'amour s'y fait-il encor voir[3]?
Quel trouble, quel transport lui cause ma venue?
Puis-je tout espérer de cette heureuse vue?
Car je voudrois mourir plutôt que d'abuser
Des lettres de faveur que j'ai pour l'épouser; 380

---

1. *Var.* Du reste mon esprit ne s'en met guère en peine. (1643-56)
2. *Var.* Cet adorable objet consent que je le voie! (1643-56)
3. *Var.* En lui parlant d'amour, l'as-tu vu s'émouvoir? (1643)
   Var. En lui parlant de moi, l'as-tu vu s'émouvoir? (1648-60)

Elles sont pour Félix, non pour triompher d'elle :
Jamais à ses desirs mon cœur ne fut rebelle ;
Et si mon mauvais sort avoit changé¹ le sien,
Je me vaincrois moi-même, et ne prétendrois rien.

FABIAN.

Vous la verrez, c'est tout ce que je vous puis dire. 385

SÉVÈRE.

D'où vient que tu frémis, et que ton cœur soupire ?
Ne m'aime-t-elle plus ? éclaircis-moi ce point.

FABIAN.

M'en croirez-vous, Seigneur ? ne la revoyez point² ;
Portez en lieu plus haut l'honneur de vos caresses :
Vous trouverez à Rome³ assez d'autres maîtresses ; 390
Et dans ce haut degré de puissance et d'honneur,
Les plus grands y tiendront votre amour à bonheur.

SÉVÈRE.

Qu'à des pensers si bas mon âme se ravale !
Que je tienne Pauline à mon sort inégale !
Elle en a mieux usé, je la dois imiter ; 395
Je n'aime mon bonheur que pour la mériter.
Voyons-la, Fabian ; ton discours m'importune ;
Allons mettre à ses pieds cette haute fortune :
Je l'ai dans les combats trouvée heureusement,
En cherchant une mort digne de son amant ; 400
Ainsi ce rang est sien, cette faveur est sienne,
Et je n'ai rien enfin que d'elle je ne tienne.

FABIAN.

Non, mais encore un coup ne la revoyez point.

SÉVÈRE.

Ah ! c'en est trop, enfin éclaircis-moi ce point ;

---

1. On lit *chargé*, pour *changé*, dans l'édition de 1660.

2. *Var.* Me croyez-vous, Seigneur ? ne la revoyez point. (1655)

3. Voyez ci-dessus, p. 162, note 4, où l'on a imprimé, par inadvertance *dans Rome*, pour *à Rome*.

As-tu vu des froideurs quand tu l'en as priée ? 405
FABIAN.
Je tremble à vous le dire ; elle est....
SÉVÈRE.
Quoi ?
FABIAN.
Mariée.
SÉVÈRE.
Soutiens-moi, Fabian ; ce coup de foudre est grand,
Et frappe d'autant plus que plus il me surprend.
FABIAN.
Seigneur, qu'est devenu ce généreux courage ?
SÉVÈRE.
La constance est ici d'un difficile usage : 410
De pareils déplaisirs accablent un grand cœur;
La vertu la plus mâle en perd toute vigueur;
Et quand d'un feu si beau les âmes sont éprises,
La mort les trouble moins que de telles surprises.
Je ne suis plus à moi quand j'entends ce discours[1]. 415
Pauline est mariée !
FABIAN.
Oui, depuis quinze jours,
Polyeucte, un seigneur des premiers d'Arménie,
Goûte de son hymen la douceur infinie.
SÉVÈRE.
Je ne la puis du moins blâmer d'un mauvais choix,
Polyeucte a du nom, et sort du sang des rois. 420
Foibles soulagements d'un malheur sans remède !
Pauline, je verrai qu'un autre vous possède !
O ciel, qui malgré moi me renvoyez au jour.
O sort, qui redonniez l'espoir à mon amour,
Reprenez la faveur que vous m'avez prêtée, 425
Et rendez-moi la mort que vous m'avez ôtée.

1. *Var.* J'ai de la peine encore à croire tes discours. (1643-60)

ACTE II, SCÈNE I.

Voyons-la toutefois, et dans ce triste lieu
Achevons de mourir en lui disant adieu ;
Que mon cœur, chez les morts emportant son image,
De son dernier soupir puisse lui faire hommage[1] ! 430

FABIAN.

Seigneur, considérez....

SÉVÈRE.

Tout est considéré.
Quel désordre peut craindre un cœur désespéré ?
N'y consent-elle pas ?

FABIAN.

Oui, Seigneur, mais....

SÉVÈRE.

N'importe.

FABIAN.

Cette vive douleur en deviendra plus forte.

SÉVÈRE.

Et ce n'est pas un mal que je veuille guérir ;   435
Je ne veux que la voir, soupirer, et mourir.

FABIAN.

Vous vous échapperez sans doute en sa présence :
Un amant qui perd tout n'a plus de complaisance ;
Dans un tel entretien il suit sa passion[2],
Et ne pousse qu'injure et qu'imprécation.   440

SÉVÈRE.

Juge autrement de moi : mon respect dure encore ;
Tout violent qu'il est, mon désespoir l'adore.
Quels reproches aussi peuvent m'être permis ?
De quoi puis-je accuser qui ne m'a rien promis ?
Elle n'est point parjure, elle n'est point légère :   445
Son devoir m'a trahi, mon malheur, et son père.
Mais son devoir fut juste, et son père eut raison :

---

1. *Var.* De son dernier soupir lui puisse faire hommage. (1643-56 et 68)
2. *Var.* Dans un tel désespoir il suit sa passion. (1643 et 48 in-4°)

J'impute à mon malheur toute la trahison ;
Un peu moins de fortune, et plus tôt arrivée,
Eût gagné l'un par l'autre, et me l'eût conservée ;   450
Trop heureux, mais trop tard, je n'ai pu l'acquérir :
Laisse-la-moi donc voir, soupirer, et mourir.
            FABIAN.
Oui, je vais l'assurer qu'en ce malheur extrême
Vous êtes assez fort pour vous vaincre vous-même.
Elle a craint comme moi ces premiers mouvements   455
Qu'une perte imprévue arrache aux vrais amants,
Et dont la violence excite assez de trouble,
Sans que l'objet présent l'irrite et le redouble[1].
            SÉVÈRE.
Fabian, je la vois.
            FABIAN.
        Seigneur, souvenez-vous....
            SÉVÈRE.
Hélas ! elle aime un autre, un autre est son époux.   460

SCÈNE II.

SÉVÈRE, PAULINE, STRATONICE, FABIAN.

            PAULINE.
Oui, je l'aime, Seigneur, et n'en fais point d'excuse[2] ;
Que tout autre que moi vous flatte et vous abuse,
Pauline a l'âme noble, et parle à cœur ouvert :
Le bruit de votre mort n'est point ce qui vous perd.
Si le ciel en mon choix eût mis mon hyménée,   465
A vos seules vertus je me serois donnée,
Et toute la rigueur de votre premier sort

---

1. *Var.* Sans que l'objet présent l'irrite et le redouble. (1643-60)
2. *Var.* Oui, je l'aime, Sévère, et n'en fais point d'excuse. (1643-64)

ACTE II, SCÈNE II.

Contre votre mérite eût fait un vain effort.
Je découvrois en vous d'assez illustres marques[1]
Pour vous préférer même aux plus heureux monarques;
Mais puisque mon devoir m'imposoit d'autres lois,
De quelque amant pour moi que mon père eût fait choix,
Quand à ce grand pouvoir que la valeur vous donne
Vous auriez ajouté l'éclat d'une couronne,
Quand je vous aurois vu, quand je l'aurois haï,   475
J'en aurois soupiré, mais j'aurois obéi,
Et sur mes passions ma raison souveraine
Eût blâmé mes soupirs et dissipé ma haine.

SÉVÈRE.

Que vous êtes heureuse, et qu'un peu de soupirs
Fait un aisé remède à tous vos déplaisirs[2]!   480
Ainsi de vos desirs toujours reine absolue,
Les plus grands changements vous trouvent résolue;
De la plus forte ardeur vous portez vos esprits[3]
Jusqu'à l'indifférence et peut-être au mépris;
Et votre fermeté fait succéder sans peine   485
La faveur au dédain, et l'amour à la haine[4].

Qu'un peu de votre humeur ou de votre vertu
Soulageroit les maux de ce cœur abattu!
Un soupir, une larme à regret épandue
M'auroit déjà guéri de vous avoir perdue;   490
Ma raison pourroit tout sur l'amour affoibli,
Et de l'indifférence iroit jusqu'à l'oubli;
Et mon feu désormais se réglant sur le vôtre,
Je me tiendrois heureux entre les bras d'une autre[5].

---

1. *Var.* Je découvris en vous d'assez illustres marques. (1648 in-4°)
2. *Var.* Vous acquitte aisément de tous vos déplaisirs! (1643-56)
3. *Var.* De la plus forte amour vous portez vos esprits. (1643-56)
4. *Var.* La faveur au mépris, et l'amour à la haine. (1643-56)
5. *Var.* Je me tiendrois heureux entre les bras d'un autre. (1643-60)
— Voyez tome I, p. 228, note 3-*a*.

O trop aimable objet, qui m'avez trop charmé, 495
Est-ce là comme on aime, et m'avez-vous aimé ?

PAULINE.

Je vous l'ai trop fait voir, Seigneur ; et si mon âme[1]
Pouvoit bien étouffer les restes de sa flamme,
Dieux, que j'éviterois de rigoureux tourments !
Ma raison, il est vrai, dompte mes sentiments[2] ; 500
Mais quelque autorité que sur eux elle ait prise,
Elle n'y règne pas, elle les tyrannise ;
Et quoique le dehors soit sans émotion,
Le dedans n'est que trouble et que sédition.
Un je ne sais quel charme encor vers vous m'emporte ; 505
Votre mérite est grand, si ma raison est forte :
Je le vois encor tel qu'il alluma mes feux,
D'autant plus puissamment solliciter mes vœux,
Qu'il est environné de puissance et de gloire,
Qu'en tous lieux après vous il traîne la victoire, 510
Que j'en sais mieux le prix, et qu'il n'a point déçu
Le généreux espoir que j'en avois conçu.
Mais ce même devoir qui le vainquit dans Rome,
Et qui me range ici dessous les lois d'un homme,
Repousse encor si bien l'effort de tant d'appas, 515
Qu'il déchire mon âme et ne l'ébranle pas.
C'est cette vertu même, à nos desirs cruelle,
Que vous louiez alors en blasphémant contre elle :
Plaignez-vous-en encor ; mais louez sa rigueur,
Qui triomphe à la fois de vous et de mon cœur ; 520
Et voyez qu'un devoir moins ferme et moins sincère[3]

---

1. *Var.* Je vous aimai, Sévère ; et si dedans mon âme
Je pouvois étouffer les restes de ma flamme. (1643-56)
2. *Var.* Ma raison, il est vrai, dompte mes mouvements. (1643-56)
3. *Var.* De plus bas sentiments n'auroient pas méritée
Cette parfaite amour que vous m'avez portée. (1643 et 48 in-4°)
Var. De plus bas sentiments d'une ardeur moins discrète
N'auroient pas mérité cette amour si parfaite. (1648 in-12-56)

ACTE II, SCÈNE II.

N'auroit pas mérité l'amour du grand Sévère.
SÉVÈRE.
Ah! Madame, excusez une aveugle douleur[1],
Qui ne connoît plus rien que l'excès du malheur :
Je nommois inconstance, et prenois pour un crime[2] 525
De ce juste devoir l'effort le plus sublime.
De grâce, montrez moins à mes sens désolés
La grandeur de ma perte et ce que vous valez ;
Et cachant par pitié cette vertu si rare,
Qui redouble mes feux lorsqu'elle nous sépare, 530
Faites voir des défauts qui puissent à leur tour
Affoiblir ma douleur avecque mon amour.
PAULINE.
Hélas! cette vertu, quoique enfin invincible,
Ne laisse que trop voir une âme trop sensible.
Ces pleurs en sont témoins, et ces lâches soupirs 535
Qu'arrachent de nos feux les cruels souvenirs :
Trop rigoureux effets d'une aimable présence
Contre qui mon devoir a trop peu de défense!
Mais si vous estimez ce vertueux devoir,
Conservez-m'en la gloire, et cessez de me voir. 540
Épargnez-moi des pleurs qui coulent à ma honte ;
Épargnez-moi des feux qu'à regret je surmonte ;
Enfin épargnez-moi ces tristes entretiens,
Qui ne font qu'irriter vos tourments et les miens.
SÉVÈRE.
Que je me prive ainsi du seul bien qui me reste ! 545
PAULINE.
Sauvez-vous d'une vue à tous les deux funeste.
SÉVÈRE.
Quel prix de mon amour! quel fruit de mes travaux !

1. *Var.* Ah! Pauline, excusez une aveugle douleur. (1643-60)
2. *Var.* Je nommois inconstance, et prenois pour des crimes
   D'un vertueux devoir les efforts légitimes. (1643-56)

PAULINE.

C'est le remède seul qui peut guérir nos maux.

SÉVÈRE.

Je veux mourir des miens : aimez-en la mémoire.

PAULINE.

Je veux guérir des miens : ils souilleroient ma gloire. 550

SÉVÈRE.

Ah! puisque votre gloire en prononce l'arrêt,
Il faut que ma douleur cède à son intérêt.
Est-il rien que sur moi cette gloire n'obtienne[1]?
Elle me rend les soins que je dois à la mienne.
Adieu : je vais chercher au milieu des combats 555
Cette immortalité que donne un beau trépas,
Et remplir dignement, par une mort pompeuse,
De mes premiers exploits l'attente avantageuse,
Si toutefois, après ce coup mortel du sort,
J'ai de la vie assez pour chercher une mort. 560

PAULINE.

Et moi, dont votre vue augmente le supplice,
Je l'éviterai même en votre sacrifice[2];
Et seule dans ma chambre enfermant mes regrets,
Je vais pour vous aux Dieux faire des vœux secrets.

SÉVÈRE.

Puisse le juste ciel, content de ma ruine, 565
Combler d'heur et de jours Polyeucte et Pauline!

PAULINE.

Puisse trouver Sévère, après tant de malheur,
Une félicité digne de sa valeur!

SÉVÈRE.

Il la trouvoit en vous.

---

1. *Var.* D'un cœur comme le mien qu'est-ce qu'elle n'obtienne?
Vous réveillez les soins que je dois à la mienne. (1643-56)
Var. Il n'est rien que sur moi cette gloire n'obtienne. (1660-64)
2. *Var.* Je la veux éviter, mêmes au sacrifice. (1643-56)

ACTE II, SCÈNE II.

PAULINE.
Je dépendois d'un père.
SÉVÈRE.
O devoir qui me perd et qui me désespère! 570
Adieu, trop vertueux objet, et trop charmant.
PAULINE.
Adieu, trop malheureux et trop parfait amant.

SCÈNE III.

PAULINE, STRATONICE.

STRATONICE.
Je vous ai plaints[1] tous deux, j'en verse encor des larmes;
Mais du moins votre esprit est hors de ses alarmes :
Vous voyez clairement que votre songe est vain; 575
Sévère ne vient pas la vengeance à la main.
PAULINE.
Laisse-moi respirer du moins, si tu m'as plainte :
Au fort de ma douleur tu rappelles ma crainte;
Souffre un peu de relâche à mes esprits troublés,
Et ne m'accable point par des maux redoublés. 580
STRATONICE.
Quoi? vous craignez encor!
PAULINE.
Je tremble, Stratonice;
Et bien que je m'effraye avec peu de justice[2],
Cette injuste frayeur sans cesse reproduit
L'image des malheurs que j'ai vus cette nuit.
STRATONICE.
Sévère est généreux.

1. Les éditions de 1668 et de 1682 portent : « Je vous ai plaint, » avec le participe invariable.
2. *Var.* Et quoique je m'effraye avec peu de justice. (1643-56)

PAULINE.
Malgré sa retenue, 585
Polyeucte sanglant frappe toujours ma vue.
STRATONICE.
Vous voyez ce rival faire des vœux pour lui¹.
PAULINE.
Je crois même au besoin qu'il seroit son appui;
Mais soit cette croyance ou fausse ou véritable,
Son séjour en ce lieu m'est toujours redoutable; 590
A quoi que sa vertu puisse le disposer²,
Il est puissant, il m'aime, et vient pour m'épouser.

SCÈNE IV.
POLYEUCTE, NÉARQUE, PAULINE, STRATONICE.

POLYEUCTE.
C'est trop verser de pleurs : il est temps qu'ils tarissent,
Que votre douleur cesse, et vos craintes finissent;
Malgré les faux avis par vos Dieux envoyés, 595
Je suis vivant, Madame, et vous me revoyez.
PAULINE.
Le jour est encor long, et ce qui plus m'effraie,
La moitié de l'avis se trouve déjà vraie :
J'ai cru Sévère mort, et je le vois ici.
POLYEUCTE.
Je le sais; mais enfin j'en prends peu de souci. 600
Je suis dans Mélitène, et quel que soit Sévère,
Votre père y commande, et l'on m'y considère;
Et je ne pense pas qu'on puisse avec raison

---

1. *Var.* Vous-même êtes témoin des vœux qu'il fait pour lui. (1643-56)
2. *Var.* A quoi que sa vertu le puisse disposer. (1643-64)

ACTE II, SCÈNE IV.

D'un cœur tel que le sien craindre une trahison.
On m'avoit assuré qu'il vous faisoit visite, 605
Et je venois lui rendre un honneur qu'il mérite.

PAULINE.

Il vient de me quitter assez triste et confus;
Mais j'ai gagné sur lui qu'il ne me verra plus.

POLYEUCTE.

Quoi! vous me soupçonnez déjà de quelque ombrage?

PAULINE.

Je ferois à tous trois un trop sensible outrage. 610
J'assure mon repos, que troublent ses regards.
La vertu la plus ferme évite les hasards :
Qui s'expose au péril veut bien trouver sa perte;
Et pour vous en parler avec une âme ouverte,
Depuis qu'un vrai mérite a pu nous enflammer, 615
Sa présence toujours a droit de nous charmer.
Outre qu'on doit rougir de s'en laisser surprendre,
On souffre à résister, on souffre à s'en défendre;
Et bien que la vertu triomphe de ces feux,
La victoire est pénible, et le combat honteux. 620

POLYEUCTE.

O vertu trop parfaite, et devoir trop sincère,
Que vous devez coûter de regrets à Sévère!
Qu'aux dépens d'un beau feu vous me rendez heureux,
Et que vous êtes doux à mon cœur amoureux!
Plus je vois mes défauts et plus je vous contemple, 625
Plus j'admire....

SCÈNE V.

POLYEUCTE, PAULINE, NÉARQUE,
STRATONICE, CLÉON.

CLÉON.

Seigneur, Félix vous mande au temple :

La victime est choisie, et le peuple à genoux,
Et pour sacrifier on n'attend plus que vous.
POLYEUCTE.
Va, nous allons te suivre. Y venez-vous, Madame?
PAULINE.
Sévère craint ma vue, elle irrite sa flamme : 630
Je lui tiendrai parole, et ne veux plus le voir.
Adieu : vous l'y verrez ; pensez à son pouvoir,
Et ressouvenez-vous que sa faveur est grande[1].
POLYEUCTE.
Allez, tout son crédit n'a rien que j'appréhende ;
Et comme je connois sa générosité, 635
Nous ne nous combattrons que de civilité.

SCÈNE VI.
POLYEUCTE, NÉARQUE.
NÉARQUE.
Où pensez-vous aller?
POLYEUCTE.
              Au temple, où l'on m'appelle.
NÉARQUE.
Quoi? vous mêler aux vœux d'une troupe infidèle!
Oubliez-vous déjà que vous êtes chrétien?
POLYEUCTE.
Vous par qui je le suis, vous en souvient-il bien? 640
NÉARQUE.
J'abhorre les faux Dieux.
POLYEUCTE.
              Et moi, je les déteste.

---

1. *Var.* Et vous ressouvenez que sa faveur est grande. (1643-56)

ACTE II, SCÈNE VI.

NÉARQUE.
Je tiens leur culte impie.
POLYEUCTE.
Et je le tiens funeste.
NÉARQUE.
Fuyez donc leurs autels.
POLYEUCTE.
Je les veux renverser[1],
Et mourir dans leur temple, ou les y terrasser[2].
Allons, mon cher Néarque, allons aux yeux des hommes
Braver l'idolâtrie, et montrer qui nous sommes ·
C'est l'attente du ciel, il nous la faut remplir;
Je viens de le promettre, et je vais l'accomplir[3].
Je rends grâces au Dieu que tu m'as fait connoître
De cette occasion qu'il a sitôt fait naître, 650
Où déjà sa bonté, prête à me couronner,
Daigne éprouver la foi qu'il vient de me donner.
NÉARQUE.
Ce zèle est trop ardent, souffrez qu'il se modère.
POLYEUCTE.
On n'en peut avoir trop pour le Dieu qu'on révère.
NÉARQUE.
Vous trouverez la mort.
POLYEUCTE.
Je la cherche pour lui. 655
NÉARQUE.
Et si ce cœur s'ébranle?
POLYEUCTE.
Il sera mon appui.
NÉARQUE.
Il ne commande point que l'on s'y précipite.

1. Voyez la *Notice*, p. 466.
2. *Var.* Et mourir dans leur temple, ou bien les en chasser. (1643-56)
3. *Var.* Je le viens de promettre, et je vais l'accomplir. (1643-60)

POLYEUCTE.
Plus elle est volontaire, et plus elle mérite.
NÉARQUE.
Il suffit, sans chercher, d'attendre et de souffrir.
POLYEUCTE.
On souffre avec regret quand on n'ose s'offrir.   660
NÉARQUE.
Mais dans ce temple enfin la mort est assurée.
POLYEUCTE.
Mais dans le ciel déjà la palme est préparée.
NÉARQUE.
Par une sainte vie il faut la mériter[1].
POLYEUCTE.
Mes crimes, en vivant, me la pourroient ôter.
Pourquoi mettre au hasard ce que la mort assure?   665
Quand elle ouvre le ciel, peut-elle sembler dure?
Je suis chrétien, Néarque, et le suis tout à fait;
La foi que j'ai reçue aspire à son effet.
Qui fuit croit lâchement, et n'a qu'une foi morte.
NÉARQUE.
Ménagez votre vie, à Dieu même elle importe[2] :   670
Vivez pour protéger les chrétiens en ces lieux.
POLYEUCTE.
L'exemple de ma mort les fortifiera mieux.
NÉARQUE.
Vous voulez donc mourir?
POLYEUCTE.
     Vous aimez donc à vivre?
NÉARQUE.
Je ne puis déguiser que j'ai peine à vous suivre :
Sous l'horreur des tourments je crains de succomber.

1. *Var.* Par une sainte vie il la faut mériter. (1643-56)
2. *Var.* Voyez que votre vie à Dieu mêmes importe. (1643-56)

POLYEUCTE.

Qui marche assurément n'a point peur de tomber :
Dieu fait part, au besoin, de sa force infinie.
Qui craint de le nier, dans son âme le nie :
Il croit le pouvoir faire, et doute de sa foi.

NÉARQUE.

Qui n'appréhende rien présume trop de soi.   680

POLYEUCTE.

J'attends tout de sa grâce, et rien de ma foiblesse.
Mais loin de me presser, il faut que je vous presse !
D'où vient cette froideur ?

NÉARQUE.

             Dieu même a craint la mort.

POLYEUCTE.

Il s'est offert pourtant : suivons ce saint effort;
Dressons-lui des autels sur des monceaux d'idoles.   685
Il faut (je me souviens encor de vos paroles[1])
Négliger, pour lui plaire, et femme, et biens, et rang,
Exposer pour sa gloire et verser tout son sang.
Hélas ! qu'avez-vous fait de cette amour parfaite
Que vous me souhaitiez, et que je vous souhaite ?   690
S'il vous en reste encor, n'êtes-vous point jaloux
Qu'à grand'peine chrétien, j'en montre plus que vous ?

NÉARQUE.

Vous sortez du baptême, et ce qui vous anime,
C'est sa grâce qu'en vous n'affoiblit aucun crime;
Comme encor toute entière, elle agit pleinement,   695
Et tout semble possible à son feu véhément;
Mais cette même grâce, en moi diminuée,
Et par mille péchés sans cesse exténuée,
Agit aux grands effets avec tant de langueur,
Que tout semble impossible à son peu de vigueur.   700

1. Les deux vers suivants sont la reproduction textuelle des vers 75 et 76.

Cette indigne mollesse et ces lâches défenses
Sont des punitions qu'attirent mes offenses;
Mais Dieu, dont on ne doit jamais se défier,
Me donne votre exemple à me fortifier.
 Allons, cher Polyeucte, allons aux yeux[1] des hommes
Braver l'idolâtrie, et montrer qui nous sommes;
Puissé-je vous donner l'exemple de souffrir,
Comme vous me donnez celui de vous offrir!

POLYEUCTE.

A cet heureux transport que le ciel vous envoie,
Je reconnois Néarque, et j'en pleure de joie. 710
 Ne perdons plus de temps : le sacrifice est prêt;
Allons-y du vrai Dieu soutenir l'intérêt;
Allons fouler aux pieds ce foudre ridicule
Dont arme un bois pourri ce peuple trop crédule;
Allons en éclairer l'aveuglement fatal; 715
Allons briser ces Dieux de pierre et de métal :
Abandonnons nos jours à cette ardeur céleste;
Faisons triompher Dieu : qu'il dispose du reste!

NÉARQUE.

Allons faire éclater sa gloire aux yeux de tous,
Et répondre avec zèle à ce qu'il veut de nous[2]. 720

---

1. L'édition de 1682 porte, par erreur : « aux pieds, » pour « aux yeux. »
2. *Var.* Allons mourir pour lui, comme il est mort pour nous (*a*).
(1643 et 48 in-4°)

(*a*) « Néarque ne fait ici que répéter en deux vers languissants ce qu'a dit Polyeucte; aussi j'ai vu souvent supprimer ces vers à la représentation. »
(*Voltaire.*)

FIN DU SECOND ACTE.

ACTE III.

SCÈNE PREMIÈRE.
PAULINE.

Que de soucis flottants, que de confus nuages
Présentent à mes yeux d'inconstantes images !
Douce tranquillité, que je n'ose espérer,
Que ton divin rayon tarde à les éclairer !
Mille agitations, que mes troubles produisent[1],   725
Dans mon cœur ébranlé tour à tour se détruisent :
Aucun espoir n'y coule où j'ose persister ;
Aucun effroi n'y règne où j'ose m'arrêter.
Mon esprit, embrassant tout ce qu'il s'imagine,
Voit tantôt mon bonheur, et tantôt ma ruine[2],   730
Et suit leur vaine idée avec si peu d'effet[3],
Qu'il ne peut espérer ni craindre tout à fait.
Sévère incessamment brouille ma fantaisie :
J'espère en sa vertu, je crains sa jalousie ;
Et je n'ose penser que d'un œil bien égal   735
Polyeucte en ces lieux puisse voir son rival.
Comme entre deux rivaux la haine est naturelle,
L'entrevue aisément se termine en querelle :
L'un voit aux mains d'autrui ce qu'il croit mériter,

---

1. *Var.* Mille pensers divers, que mes troubles produisent,
   Dans mon cœur incertain à l'envi se détruisent :
   Nul espoir ne me flatte où j'ose persister ;
   Nulle peur ne m'effraye où j'ose m'arrêter. (1643-56)
2. *Var.* Veut tantôt mon bonheur, et tantôt ma ruine. (1643 et 48 in-4°)
3. *Var.* L'un et l'autre le frappe avec si peu d'effet. (1643-56)

L'autre un désespéré qui peut trop attenter[1]. 740
Quelque haute raison qui règle leur courage,
L'un conçoit de l'envie, et l'autre de l'ombrage ;
La honte d'un affront, que chacun d'eux croit voir
Ou de nouveau reçue[2], ou prête à recevoir,
Consumant dès l'abord toute leur patience, 745
Forme de la colère et de la défiance,
Et saisissant ensemble et l'époux et l'amant,
En dépit d'eux les livre à leur ressentiment.
Mais que je me figure une étrange chimère,
Et que je traite mal Polyeucte et Sévère! 750
Comme si la vertu de ces fameux rivaux
Ne pouvoit s'affranchir de ces communs défauts!
Leurs âmes à tous deux d'elles-mêmes maîtresses
Sont d'un ordre trop haut pour de telles bassesses.
Ils se verront au temple en hommes généreux ; 755
Mais las! ils se verront, et c'est beaucoup pour eux.
Que sert à mon époux d'être dans Mélitène,
Si contre lui Sévère arme l'aigle romaine,
Si mon père y commande, et craint ce favori,
Et se repent déjà du choix de mon mari? 760
Si peu que j'ai d'espoir ne luit qu'avec contrainte;
En naissant il avorte, et fait place à la crainte;
Ce qui doit l'affermir sert à le dissiper.
Dieux! faites que ma peur puisse enfin se tromper!

SCÈNE II.

PAULINE, STRATONICE.

PAULINE.

Mais sachons-en l'issue. Eh bien! ma Stratonice, 765

1. *Var.* L'autre un désespéré qui le lui veut ôter. (1643-56)
2. On lit : « *Ont* de nouveau reçue, » dans les éditions de 1663 et de 1664.

Comment s'est terminé ce pompeux sacrifice?
Ces rivaux généreux au temple se sont vus?
STRATONICE.

Ah! Pauline!
PAULINE.

Mes vœux ont-ils été déçus?
J'en vois sur ton visage[1] une mauvaise marque.
Se sont-ils querellés?
STRATONICE.

Polyeucte, Néarque,   770
Les chrétiens....
PAULINE.

Parle donc : les chrétiens....
STRATONICE.

Je ne puis.
PAULINE.

Tu prépares mon âme à d'étranges ennuis.
STRATONICE.

Vous n'en sauriez avoir une plus juste cause.
PAULINE.

L'ont-ils assassiné?
STRATONICE.

Ce seroit peu de chose.
Tout votre songe est vrai, Polyeucte n'est plus....   775
PAULINE.

Il est mort!
STRATONICE.

Non, il vit; mais, ô pleurs superflus!
Ce courage si grand, cette âme si divine,
N'est plus digne du jour, ni digne de Pauline.
Ce n'est plus cet époux si charmant à vos yeux;
C'est l'ennemi commun de l'État et des Dieux,   780

1. On lit : « sur *son* visage, » dans les éditions de 1648-54 et de 1656.

524   POLYEUCTE.

Un méchant, un infâme, un rebelle, un perfide,
Un traître, un scélérat, un lâche, un parricide,
Une peste exécrable à tous les gens de bien,
Un sacrilége impie : en un mot, un chrétien[1].
                PAULINE.
Ce mot auroit suffi sans ce torrent d'injures.   785
                STRATONICE.
Ces titres aux chrétiens sont-ce des impostures?
                PAULINE.
Il est ce que tu dis, s'il embrasse leur foi;
Mais il est mon époux, et tu parles à moi.
                STRATONICE.
Ne considérez plus que le Dieu qu'il adore.
                PAULINE.
Je l'aimai par devoir : ce devoir dure encore.   790
                STRATONICE.
Il vous donne à présent sujet de le haïr :
Qui trahit tous nos Dieux auroit pu vous trahir[2].
                PAULINE.
Je l'aimerois encor, quand il m'auroit trahie;
Et si de tant d'amour tu peux être ébahie[3],
Apprends que mon devoir ne dépend point du sien : 795
Qu'il y manque, s'il veut; je dois faire le mien.
Quoi? s'il aimoit ailleurs, serois-je dispensée[4]
A suivre, à son exemple, une ardeur insensée?
Quelque chrétien qu'il soit, je n'en ai point d'horreur;

---

1. Dans sa *Pratique du théâtre* (nouveau chapitre manuscrit du livre VI), l'abbé d'Aubignac fait la remarque suivante : « Dans le *Polyeucte* de Corneille.... Stratonice, qui n'est qu'une simple suivante, et quelques autres acteurs font plusieurs discours en faveur de la religion des païens et disent une infinité d'injures contre le christianisme, qu'ils ne traitent que de crimes et d'extravagances, et l'auteur n'introduit aucun acteur capable d'y répondre et d'en détruire la fausseté; cela fit un si mauvais effet que feu M. le cardinal de Richelieu ne le put jamais approuver. »
2. *Var.* Qui trahit bien les Dieux auroit pu vous trahir. (1643-56)
3. *Var.* Et si de cette amour tu peux être ébahie. (1643-56)
4. Voyez tome I, p. 208, note 2.

Je chéris sa personne, et je hais son erreur. 800
Mais quel ressentiment en témoigne mon père?
STRATONICE.
Une secrète rage, un excès de colère,
Malgré qui toutefois un reste d'amitié
Montre pour Polyeucte encor quelque pitié.
Il ne veut point sur lui faire agir sa justice, 805
Que du traître Néarque il n'ait vu le supplice.
PAULINE.
Quoi? Néarque en est donc?
STRATONICE.
Néarque l'a séduit :
De leur vieille amitié c'est là l'indigne fruit.
Ce perfide tantôt, en dépit de lui-même,
L'arrachant de vos bras, le traînoit au baptême. 810
Voilà ce grand secret et si mystérieux
Que n'en pouvoit tirer votre amour curieux.
PAULINE.
Tu me blâmois alors d'être trop importune.
STRATONICE.
Je ne prévoyois pas une telle infortune.
PAULINE.
Avant qu'abandonner mon âme à mes douleurs, 815
Il me faut essayer la force de mes pleurs :
En qualité de femme ou de fille, j'espère
Qu'ils vaincront un époux, ou fléchiront un père.
Que si sur l'un et l'autre ils manquent de pouvoir,
Je ne prendrai conseil que de mon désespoir. 820
Apprends-moi cependant ce qu'ils ont fait au temple.
STRATONICE.
C'est une impiété qui n'eut jamais d'exemple;
Je ne puis y penser sans frémir à l'instant,
Et crains de faire un crime en vous la racontant.
Apprenez en deux mots leur brutale insolence. 825

Le prêtre avoit à peine obtenu du silence,
Et devers l'orient assuré son aspect,
Qu'ils ont fait éclater leur manque de respect[1].
A chaque occasion de la cérémonie,
A l'envi l'un et l'autre étaloit sa manie, 830
Des mystères sacrés hautement se moquoit,
Et traitoit de mépris les Dieux qu'on invoquoit.
Tout le peuple en murmure, et Félix s'en offense ;
Mais tous deux s'emportant[2] à plus d'irrévérence :
« Quoi ? lui dit Polyeucte en élevant sa voix, 835
Adorez-vous des Dieux ou de pierre ou de bois ? »
Ici dispensez-moi du récit des blasphèmes
Qu'ils ont vomis tous deux contre Jupiter mêmes.
L'adultère et l'inceste en étoient les plus doux.
« Oyez, dit-il ensuite, oyez, peuple, oyez tous[3]. 840
Le Dieu de Polyeucte et celui de Néarque
De la terre et du ciel est l'absolu monarque,
Seul être indépendant, seul maître du destin[4],
Seul principe éternel, et souveraine fin.
C'est ce Dieu des chrétiens qu'il faut qu'on remercie 845
Des victoires qu'il donne à l'empereur Décie ;
Lui seul tient en sa main le succès des combats ;
Il le veut élever, il le peut mettre à bas[5] ;
Sa bonté, son pouvoir, sa justice est immense ;
C'est lui seul qui punit, lui seul qui récompense. 850
Vous adorez en vain des monstres impuissants. »
Se jetant à ces mots sur le vin et l'encens,
Après en avoir mis les saints vases par terre,
Sans crainte de Félix, sans crainte du tonnerre,

1. *Var.* Que l'on s'est aperçu de leur peu de respect. (1643-56)
2. Les éditions de 1643-63 donnent : « s'emportants, » avec une *s*.
3. *Var.* Oyez, Félix, suit-il, oyez, peuple, oyez, tous. (1643-56)
4. *Var.* Seul maître du destin, seul être indépendant,
  Substance qui jamais ne reçoit d'accident. (1643-56)
5. *Var.* Il le veut élever, il le peut mettre bas. (1643-63)

D'une fureur pareille ils courent à l'autel. 855
Cieux! a-t-on vu jamais, a-t-on rien vu de tel?
Du plus puissant des Dieux nous voyons la statue
Par une main impie à leurs pieds abattue,
Les mystères troublés, le temple profané,
La fuite et les clameurs d'un peuple mutiné, 860
Qui craint d'être accablé sous le courroux céleste.
Félix.... Mais le voici qui vous dira le reste.

PAULINE.

Que son visage est sombre et plein d'émotion!
Qu'il montre de tristesse et d'indignation!

SCÈNE III.

FÉLIX, PAULINE, STRATONICE.

FÉLIX.

Une telle insolence avoir osé paroître! 865
En public! à ma vue! il en mourra, le traître.

PAULINE.

Souffrez que votre fille embrasse vos genoux.

FÉLIX.

Je parle de Néarque, et non de votre époux.
Quelque indigne qu'il soit de ce doux nom de gendre,
Mon âme lui conserve un sentiment plus tendre : 870
La grandeur de son crime et de mon déplaisir
N'a pas éteint l'amour qui me l'a fait choisir.

PAULINE.

Je n'attendois pas moins de la bonté d'un père.

FÉLIX.

Je pouvois l'immoler à ma juste colère;
Car vous n'ignorez pas à quel comble d'horreur 875
De son audace impie a monté la fureur;
Vous l'avez pu savoir du moins de Stratonice.

PAULINE.

Je sais que de Néarque il doit voir le supplice.

FÉLIX.

Du conseil qu'il doit prendre il sera mieux instruit,
Quand il verra punir celui qui l'a séduit. 880
 Au spectacle sanglant d'un ami qu'il faut suivre,
La crainte de mourir et le desir de vivre
Ressaisissent une âme avec tant de pouvoir,
Que qui voit le trépas cesse de le vouloir.
L'exemple touche plus que ne fait la menace : 885
Cette indiscrète ardeur tourne bientôt en glace,
Et nous verrons bientôt son cœur inquiété[1]
Me demander pardon de tant d'impiété.

PAULINE.

Vous pouvez espérer qu'il change de courage?

FÉLIX.

Aux dépens de Néarque il doit se rendre sage. 890

PAULINE.

Il le doit; mais, hélas! où me renvoyez-vous,
Et quels tristes hasards ne court point mon époux,
Si de son inconstance il faut qu'enfin j'espère
Le bien que j'espérois de la bonté d'un père?

FÉLIX.

Je vous en fais trop voir, Pauline, à consentir[2] 895
Qu'il évite la mort par un prompt repentir.
Je devois même peine à des crimes semblables[3] ;
Et mettant différence entre ces deux coupables,
J'ai trahi la justice à l'amour paternel ;
Je me suis fait pour lui moi-même criminel ; 900

---

1. *Var.* N'en ayez plus l'esprit si fort inquiété :
  Il se repentira de son impiété.
  PAUL. Quoi? vous espérez donc qu'il change de courage? (1643-56)
2. *Var.* Je lui fais trop de grâce encor de consentir. (1643-56)
3. *Var.* La même peine est due à des crimes semblables. (1643-56)

ACTE III, SCÈNE III.

Et j'attendois de vous, au milieu de vos craintes,
Plus de remercîments que je n'entends de plaintes.

PAULINE.

De quoi remercier qui ne me donne rien ?
Je sais quelle est l'humeur et l'esprit d'un chrétien :
Dans l'obstination jusqu'au bout il demeure ; 905
Vouloir son repentir, c'est ordonner qu'il meure.

FÉLIX.

Sa grâce est en sa main, c'est à lui d'y rêver.

PAULINE.

Faites-la toute entière.

FÉLIX.

Il la peut achever.

PAULINE.

Ne l'abandonnez pas aux fureurs de sa secte.

FÉLIX.

Je l'abandonne aux lois, qu'il faut que je respecte. 910

PAULINE.

Est-ce ainsi que d'un gendre un beau-père est l'appui ?

FÉLIX.

Qu'il fasse autant pour soi comme je fais pour lui.

PAULINE.

Mais il est aveuglé.

FÉLIX.

Mais il se plaît à l'être :
Qui chérit son erreur ne la veut pas connoître.

PAULINE.

Mon père, au nom des Dieux....

FÉLIX.

Ne les réclamez pas,
Ces Dieux dont l'intérêt demande son trépas.

PAULINE.

Ils écoutent nos vœux.

FÉLIX.

Eh bien! qu'il leur en fasse.

PAULINE.

Au nom de l'Empereur dont vous tenez la place....

FÉLIX.

J'ai son pouvoir en main; mais s'il me l'a commis,
C'est pour le déployer contre ses ennemis.   920

PAULINE.

Polyeucte l'est-il?

FÉLIX.

Tous chrétiens sont rebelles.

PAULINE.

N'écoutez point pour lui ces maximes cruelles :
En épousant Pauline il s'est fait votre sang.

FÉLIX.

Je regarde sa faute, et ne vois plus son rang[1].
Quand le crime d'État se mêle au sacrilége[2],   925
Le sang ni l'amitié n'ont plus de privilége.

PAULINE.

Quel excès de rigueur!

FÉLIX.

Moindre que son forfait.

PAULINE.

O de mon songe affreux trop véritable effet!
Voyez-vous qu'avec lui vous perdez votre fille[3]?

FÉLIX.

Les Dieux et l'Empereur sont plus que ma famille. 930

PAULINE.

La perte de tous deux ne vous peut arrêter!

FÉLIX.

J'ai les Dieux et Décie ensemble à redouter.
Mais nous n'avons encore à craindre rien de triste :

---

1. L'édition de 1648 in-4° donne, par erreur, *son sang*, pour *son rang*.
2. *Var.* Où le crime d'État se mêle au sacrilége. (1643-56)
3. *Var.* Voyez qu'avecque lui vous perdez votre fille. (1643-56)

ACTE III, SCÈNE III.

Dans son aveuglement pensez-vous qu'il persiste ?
S'il nous sembloit tantôt courir à son malheur,   935
C'est d'un nouveau chrétien la première chaleur.

PAULINE.

Si vous l'aimez encor, quittez cette espérance,
Que deux fois en un jour il change de croyance :
Outre que les chrétiens ont plus de dureté,
Vous attendez de lui trop de légèreté.   940
Ce n'est point une erreur avec le lait sucée[1],
Que sans l'examiner son âme ait embrassée[2] :
Polyeucte est chrétien, parce qu'il l'a voulu,
Et vous portoit au temple un esprit résolu.
Vous devez présumer de lui comme du reste :   945
Le trépas n'est pour eux ni honteux ni funeste ;
Ils cherchent de la gloire à mépriser nos Dieux[3] ;
Aveugles pour la terre, ils aspirent aux cieux ;
Et croyant que la mort leur en ouvre la porte,
Tourmentés, déchirés, assassinés, n'importe,   950
Les supplices leur sont ce qu'à nous les plaisirs,
Et les mènent au but où tendent leurs desirs :
La mort la plus infâme, ils l'appellent martyre.

FÉLIX.

Eh bien donc ! Polyeucte aura ce qu'il desire :
N'en parlons plus.

PAULINE.
Mon père....

---

1. Toutes les éditions portent *succée*.
2. *Var.* Que sans examiner son âme ait embrassée. (1643-64)
3. *Var.* Ils cherchent de la gloire à mépriser les Dieux. (1643-64 in-8°)
   Var. Ils cherchent de la gloire à mépriser des Dieux. (1664 in-12)

SCÈNE IV.

FÉLIX, ALBIN, PAULINE, STRATONICE.

FÉLIX.

Albin, en est-ce fait?

ALBIN.

Oui, Seigneur, et Néarque a payé son forfait.

FÉLIX.

Et notre Polyeucte a vu trancher sa vie?

ALBIN.

Il l'a vu, mais, hélas! avec un œil d'envie.
Il brûle de le suivre, au lieu de reculer;
Et son cœur s'affermit, au lieu de s'ébranler. 960

PAULINE.

Je vous le disois bien. Encore un coup, mon père,
Si jamais mon respect a pu vous satisfaire,
Si vous l'avez prisé, si vous l'avez chéri....

FÉLIX.

Vous aimez trop, Pauline, un indigne mari.

PAULINE.

Je l'ai de votre main : mon amour est sans crime; 965
Il est de votre choix la glorieuse estime;
Et j'ai, pour l'accepter, éteint le plus beau feu[1]
Qui d'une âme bien née ait mérité l'aveu.
Au nom de cette aveugle et prompte obéissance
Que j'ai toujours rendue aux lois de la naissance, 970
Si vous avez pu tout sur moi, sur mon amour,
Que je puisse sur vous quelque chose à mon tour!
Par ce juste pouvoir à présent trop à craindre,
Par ces beaux sentiments qu'il m'a fallu contraindre,

---

1. *Var.* Et j'ai, pour l'accepter, éteint les plus beaux feux
Qui d'une âme bien née aient mérité les vœux. (1643-56).

ACTE III, SCÈNE IV.

Ne m'ôtez pas vos dons : ils sont chers à mes yeux, 975
Et m'ont assez coûté pour m'être précieux.

FÉLIX.

Vous m'importunez trop : bien que j'aye un cœur tendre¹,
Je n'aime la pitié qu'au prix que j'en veux prendre ;
Employez mieux l'effort de vos justes douleurs :
Malgré moi m'en toucher, c'est perdre et temps et pleurs ;
J'en veux être le maître, et je veux bien qu'on sache
Que je la désavoue alors qu'on me l'arrache.
Préparez-vous à voir ce malheureux chrétien,
Et faites votre effort quand j'aurai fait le mien.
Allez : n'irritez plus un père qui vous aime, 985
Et tâchez d'obtenir votre époux de lui-même.
Tantôt jusqu'en ce lieu je le ferai venir² :
Cependant quittez-nous, je veux l'entretenir.

PAULINE.

De grâce, permettez....

FÉLIX.

Laissez-nous seuls, vous dis-je :
Votre douleur m'offense autant qu'elle m'afflige. 990
A gagner Polyeucte appliquez tous vos soins ;
Vous avancerez plus en m'importunant moins.

SCÈNE V.

FÉLIX, ALBIN.

FÉLIX.

Albin, comme est-il mort ?

---

1. *Var.* Vous m'importunez trop. PAUL. Dieux ! que viens-je d'entendre ?
FÉL. [Je n'aime la pitié qu'au prix que j'en veux prendre :]
   Par tant de vains efforts malgré moi m'en toucher,
   C'est perdre avec le temps des pleurs à me fâcher.
   Vous m'en avez donné, mais je veux bien qu'on sache. (1643-56)
2. *Var.* Tantôt jusques ici je le ferai venir. (1643-56)

ALBIN.
              En brutal, en impie,
En bravant les tourments, en dédaignant la vie,
Sans regret, sans murmure, et sans étonnement,   995
Dans l'obstination et l'endurcissement,
Comme un chrétien enfin, le blasphème à la bouche.

FÉLIX.
Et l'autre?

ALBIN.
         Je l'ai dit déjà, rien ne le touche.
Loin d'en être abattu, son cœur en est plus haut;
On l'a violenté pour quitter l'échafaud.   1000
Il est dans la prison où je l'ai vu conduire;
Mais vous êtes bien loin encor de le réduire[1].

FÉLIX.
Que je suis malheureux!

ALBIN.
                   Tout le monde vous plaint.

FÉLIX.
On ne sait pas les maux dont mon cœur est atteint :
De pensers sur pensers mon âme est agitée,   1005
De soucis sur soucis elle est inquiétée;
Je sens l'amour, la haine, et la crainte, et l'espoir,
La joie et la douleur tour à tour l'émouvoir;
J'entre en des sentiments qui ne sont pas croyables :
J'en ai de violents, j'en ai de pitoyables,   1010
J'en ai de généreux qui n'oseroient agir,
J'en ai même de bas, et qui me font rougir.
J'aime ce malheureux que j'ai choisi pour gendre,
Je hais l'aveugle erreur qui le vient de surprendre;
Je déplore sa perte, et le voulant sauver,   1015
J'ai la gloire des Dieux ensemble à conserver;

---

1. *Var.* Mais vous n'êtes pas prêt encor de le réduire. (1643-56)

ACTE III, SCÈNE V.

Je redoute leur foudre et celui de Décie ;
Il y va de ma charge, il y va de ma vie :
Ainsi tantôt pour lui je m'expose au trépas[1],
Et tantôt je le perds pour ne me perdre pas.   1020

ALBIN.

Décie excusera l'amitié d'un beau-père ;
Et d'ailleurs Polyeucte est d'un sang qu'on révère.

FÉLIX.

A punir les chrétiens son ordre est rigoureux ;
Et plus l'exemple est grand, plus il est dangereux.
On ne distingue point quand l'offense est publique ;   1025
Et lorsqu'on dissimule un crime domestique,
Par quelle autorité peut-on, par quelle loi,
Châtier en autrui ce qu'on souffre chez soi ?

ALBIN.

Si vous n'osez avoir d'égard à sa personne,
Écrivez à Décie afin qu'il en ordonne.   1030

FÉLIX.

Sévère me perdroit, si j'en usois ainsi :
Sa haine et son pouvoir sont mon plus grand souci.
Si j'avois différé de punir un tel crime,
Quoiqu'il soit généreux, quoiqu'il soit magnanime,
Il est homme, et sensible, et je l'ai dédaigné ;   1035
Et de tant de mépris son esprit indigné[2],
Que met au désespoir cet hymen de Pauline,
Du courroux de Décie obtiendroit ma ruine.
Pour venger un affront tout semble être permis,
Et les occasions tentent les plus remis.   1040
Peut-être, et ce soupçon n'est pas sans apparence,
Il rallume en son cœur déjà quelque espérance ;
Et croyant bientôt voir Polyeucte puni,

---

1. *Var.* Aussi tantôt pour lui je m'expose au trépas. (1655)
2. *Var.* Et des mépris reçus son esprit indigné. (1643-56)

Il rappelle un amour à grand'peine banni.
Juge si sa colère, en ce cas implacable, 1045
Me feroit innocent de sauver un coupable,
Et s'il m'épargneroit, voyant par mes bontés
Une seconde fois ses desseins avortés.
 Te dirai-je un penser indigne, bas et lâche?
Je l'étouffe, il renaît; il me flatte, et me fâche : 1050
L'ambition toujours me le vient présenter,
Et tout ce que je puis, c'est de le détester.
Polyeucte est ici l'appui de ma famille;
Mais si, par son trépas, l'autre épousoit ma fille,
J'acquerrois bien par là de plus puissants appuis, 1055
Qui me mettroient plus haut cent fois que je ne suis.
Mon cœur en prend par force une maligne joie;
Mais que plutôt le ciel à tes yeux me foudroie,
Qu'à des pensers si bas je puisse consentir,
Que jusque-là ma gloire ose se démentir! 1060

ALBIN.

Votre cœur est trop bon, et votre âme trop haute.
Mais vous résolvez-vous à punir cette faute?

FÉLIX.

Je vais dans la prison faire tout mon effort
A vaincre cet esprit par l'effroi de la mort;
Et nous verrons après ce que pourra Pauline¹. 1065

ALBIN.

Que ferez-vous enfin, si toujours il s'obstine?

FÉLIX.

Ne me presse point tant : dans un tel déplaisir
Je ne puis que résoudre, et ne sais que choisir.

ALBIN.

Je dois vous avertir, en serviteur fidèle,
Qu'en sa faveur déjà la ville se rebelle, 1070

---

1. *Var.* J'emploierai puis après le pouvoir de Pauline. (1643-56)

ACTE III, SCÈNE V.

Et ne peut voir passer par la rigueur des lois
Sa dernière espérance et le sang de ses rois.
Je tiens sa prison même assez mal assurée[1] :
J'ai laissé tout autour une troupe éplorée;
Je crains qu'on ne la force.

FÉLIX.

                    Il faut donc l'en tirer, 1075
Et l'amener ici pour nous en assurer.

ALBIN.

Tirez-l'en donc vous-même, et d'un espoir de grâce
Apaisez la fureur de cette populace.

FÉLIX.

Allons, et s'il persiste à demeurer chrétien,
Nous en disposerons sans qu'elle en sache rien. 1080

1. *Var.* Et même sa prison n'est pas fort assurée. (1643-56)

FIN DU TROISIÈME ACTE.

ACTE IV.

SCÈNE PREMIÈRE.

POLYEUCTE, CLÉON, TROIS AUTRES GARDES.

POLYEUCTE.

Gardes, que me veut-on?

CLÉON.
      Pauline vous demande.

POLYEUCTE.

O présence, ô combat que surtout j'appréhende!
Félix, dans la prison j'ai triomphé de toi,
J'ai ri de ta menace, et t'ai vu sans effroi :
Tu prends pour t'en venger de plus puissantes armes ;
Je craignois beaucoup moins tes bourreaux que ses larmes.
 Seigneur, qui vois ici les périls que je cours,
En ce pressant besoin redouble ton secours ;
Et toi qui, tout sortant encor de la victoire,
Regardes mes travaux du séjour de la gloire,   1090
Cher Néarque, pour vaincre un si fort ennemi,
Prête du haut du ciel la main à ton ami.
 Gardes, oseriez-vous me rendre un bon office[1] ?
Non pour me dérober aux rigueurs du supplice :
Ce n'est pas mon dessein qu'on me fasse évader ;   1095
Mais comme il suffira de trois à me garder,

---

1. *Var.* [Gardes, oseriez-vous me rendre un bon office?]
CLÉON. Nous n'osons plus, Seigneur, vous rendre aucun service.
POL. Je ne vous parle pas de me faire évader. (1643-56)

ACTE IV, SCÈNE I.

L'autre m'obligeroit d'aller querir Sévère;
Je crois que sans péril on peut me satisfaire[1] :
Si j'avois pu lui dire un secret important,
Il vivroit plus heureux, et je mourrois content.   1100

CLÉON.

Si vous me l'ordonnez, j'y cours en diligence[2].

POLYEUCTE.

Sévère, à mon défaut, fera ta récompense.
Va, ne perds point de temps, et reviens promptement.

CLÉON.

Je serai de retour, Seigneur, dans un moment.

SCÈNE II.

POLYEUCTE.

(Les gardes se retirent aux coins du théâtre[3].)

Source délicieuse, en misères féconde[4],   1105
Que voulez-vous de moi, flatteuses voluptés?
Honteux attachements de la chair et du monde,
Que ne me quittez-vous, quand je vous ai quittés?
Allez, honneurs, plaisirs, qui me livrez la guerre :
    Toute votre félicité,   1110
    Sujette à l'instabilité,
    En moins de rien tombe par terre;

---

1. *Var.* Je crois que sans péril cela se peut bien faire. (1643-56)
2. *Var.* Puisque c'est pour Sévère, à tout je me dispense.
POL. Lui-même, à mon défaut, fera ta récompense.
Le plus tôt vaut le mieux; va donc, et promptement.
CLÉON. J'y cours, et vous m'aurez ici dans un moment. (1643-56)
3. *Var.* POLYEUCTE, *seul, ses gardes s'étant retirés aux coins du théâtre.*
1643-56)
4. Cette figure rappelle ces vers de Lucrèce (livre IV, vers 1129 et 1130) :

    .... *Medio de fonte leporum*
Surgit amari aliquid, quod in ipsis floribus angat.

540   POLYEUCTE.

Et comme elle a l'éclat du verre,
Elle en a la fragilité¹.

Ainsi n'espérez pas qu'après vous je soupire :   1115
Vous étalez en vain vos charmes impuissants;
Vous me montrez en vain par tout ce vaste empire
Les ennemis de Dieu pompeux et florissants.
Il étale à son tour des revers équitables
   Par qui les grands sont confondus;   1120
   Et les glaives qu'il tient pendus
   Sur les plus fortunés coupables²
   Sont d'autant plus inévitables,
   Que leurs coups sont moins attendus.

Tigre altéré de sang, Décie impitoyable³,   1125

---

1. « J'ai ouï dire souvent à M. Corneille qu'il avoit fait, dans son *Polyeucte*, au sujet de la Fortune, ces deux vers si célèbres :

   Et comme elle a l'éclat du verre,
   Elle en a la fragilité,

sans savoir qu'ils fussent de M. Godeau, évêque de Vence; car ils sont originairement de M. Godeau, qui les avoit faits, dans son *Ode* au cardinal de Richelieu, quinze ans avant que M. Corneille les eût faits dans son *Polyeucte*. Il est assez ordinaire de se rencontrer ainsi dans la pensée et dans l'expression des autres. » (Observation de Ménage, p. 116 des *Poésies de Malherbe avec les Observations de Ménage, segonde édition*, 1689, in-12.) Ménage, comme le fait remarquer M. Taschereau, cite ici de mémoire. La pièce de Godeau, fort louangeuse, il est vrai, pour le cardinal de Richelieu, est toutefois intitulée : *Au Roy. Ode*. Elle est in-4°. On lit à la fin de la trente-troisième strophe :

   Mais leur gloire tombe par terre,
   Et comme elle a l'éclat du verre,
   Elle en a la fragilité.

Publius Syrus avait dit :

   Fortuna vitrea est; tum quum splendet, frangitur.

2. *Var.* Dessus ces illustres coupables (*a*). (1643-56)
3. *Var.* Tigre affamé de sang, Décie impitoyable. (1643-48 in-4°)

(*a*) On a rapproché de cet endroit les vers bien connus d'Horace (livre III, ode I, vers 17 et 18) :

   Destrictus ensis cui super impia
   Cervice pendet....

Ce Dieu t'a trop longtemps abandonné les siens;
De ton heureux destin vois la suite effroyable :
Le Scythe va venger la Perse et les chrétiens[1];
Encore un peu plus outre, et ton heure est venue;
  Rien ne t'en sauroit garantir;   1130
  Et la foudre qui va partir,
  Toute prête à crever la nue,
  Ne peut plus être retenue
  Par l'attente du repentir.

Que cependant Félix m'immole à ta colère;   1135
Qu'un rival plus puissant éblouisse ses yeux[2];
Qu'aux dépens de ma vie il s'en fasse beau-père,
Et qu'à titre d'esclave il commande en ces lieux :
Je consens, ou plutôt j'aspire à ma ruine.
  Monde, pour moi tu n'as plus rien[3] :   1140
  Je porte en un cœur tout chrétien
  Une flamme toute divine;
  Et je ne regarde Pauline
  Que comme un obstacle à mon bien.

Saintes douceurs du ciel, adorables idées,   1145
Vous remplissez un cœur qui vous peut recevoir :
De vos sacrés attraits les âmes possédées
Ne conçoivent plus rien qui les puisse[4] émouvoir.
Vous promettez beaucoup, et donnez davantage :
  Vos biens ne sont point inconstants;   1150
  Et l'heureux trépas que j'attends
  Ne vous sert que d'un doux passage
  Pour nous introduire au partage
  Qui nous rend à jamais contents.

1. L'empereur Décius périt, comme l'on sait, dans sa guerre contre les Goths.
2. *Var.* Qu'un rival plus puissant lui donne dans les yeux. (1643-56)
3. *Var.*   Vains appas, vous ne m'êtes rien. (1643-56)
4. L'édition de 1682 porte, par erreur, *qui le puisse,* pour *qui les puisse.*

C'est vous, ô feu divin que rien ne peut éteindre, 1155
Qui m'allez faire voir Pauline sans la craindre.

Je la vois; mais mon cœur, d'un saint zèle enflammé,
N'en goûte plus l'appas dont il étoit charmé;
Et mes yeux, éclairés des célestes lumières,
Ne trouvent plus aux siens leurs grâces coutumières.

SCÈNE III.

POLYEUCTE, PAULINE, Gardes.

POLYEUCTE.

Madame, quel dessein vous fait me demander?
Est-ce pour me combattre, ou pour me seconder?
Cet effort généreux de votre amour parfaite[1]
Vient-il à mon secours, vient-il à ma défaite?
Apportez-vous ici la haine, ou l'amitié, 1165
Comme mon ennemie, ou ma chère moitié?

PAULINE.

Vous n'avez point ici d'ennemi que vous-même :
Seul vous vous haïssez, lorsque chacun vous aime[2];
Seul vous exécutez tout ce que j'ai rêvé :
Ne veuillez pas vous perdre, et vous êtes sauvé. 1170
A quelque extrémité que votre crime passe,
Vous êtes innocent si vous vous faites grâce.
Daignez considérer le sang dont vous sortez,
Vos grandes actions, vos rares qualités :
Chéri de tout le peuple, estimé chez le prince, 1175
Gendre du gouverneur de toute la province;
Je ne vous compte à rien le nom de mon époux :

---

1. *Var.* Et l'effort généreux de cette amour parfaite
   Vient-il à mon secours, ou bien à ma défaite? (1643-56)
2. *Var.* Vous seul vous haïssez, lorsque chacun vous aime;
   Vous seul exécutez tout ce que j'ai rêvé. (1643-56)

C'est un bonheur pour moi qui n'est pas grand pour vous ;
Mais après vos exploits, après votre naissance,
Après votre pouvoir, voyez notre espérance, 1180
Et n'abandonnez pas à la main d'un bourreau
Ce qu'à nos justes vœux promet un sort si beau.

POLYEUCTE.

Je considère plus ; je sais mes avantages,
Et l'espoir que sur eux forment les grands courages :
Ils n'aspirent enfin qu'à des biens passagers, 1185
Que troublent les soucis, que suivent les dangers ;
La mort nous les ravit, la fortune s'en joue ;
Aujourd'hui dans le trône, et demain dans la boue ;
Et leur plus haut éclat fait tant de mécontents,
Que peu de vos Césars en ont joui longtemps. 1190
J'ai de l'ambition, mais plus noble et plus belle :
Cette grandeur périt, j'en veux une immortelle,
Un bonheur assuré, sans mesure et sans fin,
Au-dessus de l'envie, au-dessus du destin.
Est-ce trop l'acheter que d'une triste vie 1195
Qui tantôt, qui soudain me peut être ravie,
Qui ne me fait jouir que d'un instant qui fuit,
Et ne peut m'assurer de celui qui le suit?

PAULINE.

Voilà de vos chrétiens les ridicules songes ;
Voilà jusqu'à quel point vous charment leurs mensonges :
Tout votre sang est peu pour un bonheur si doux !
Mais pour en disposer, ce sang est-il à vous ?
Vous n'avez pas la vie ainsi qu'un héritage ;
Le jour qui vous la donne en même temps l'engage :
Vous la devez au prince, au public, à l'État. 1205

POLYEUCTE.

Je la voudrois pour eux perdre dans un combat ;
Je sais quel en est l'heur, et quelle en est la gloire.
Des aïeux de Décie on vante la mémoire ;

Et ce nom, précieux encore à vos Romains,
Au bout de six cents ans lui met l'empire aux mains.
Je dois ma vie au peuple, au prince, à sa couronne;
Mais je la dois bien plus au Dieu qui me la donne :
Si mourir pour son prince est un illustre sort,
Quand on meurt pour son Dieu, quelle sera la mort!

PAULINE.

Quel Dieu!

POLYEUCTE.

    Tout beau, Pauline : il entend vos paroles,
Et ce n'est pas un Dieu comme vos Dieux frivoles,
Insensibles et sourds, impuissants, mutilés,
De bois, de marbre, ou d'or, comme vous les voulez :
C'est le Dieu des chrétiens, c'est le mien, c'est le vôtre;
Et la terre et le ciel n'en connoissent point d'autre. 1220

PAULINE.

Adorez-le dans l'âme, et n'en témoignez rien.

POLYEUCTE.

Que je sois tout ensemble idolâtre et chrétien!

PAULINE.

Ne feignez qu'un moment, laissez partir Sévère,
Et donnez lieu d'agir aux bontés de mon père.

POLYEUCTE.

Les bontés de mon Dieu sont bien plus à chérir : 1225
Il m'ôte des périls que j'aurois pu courir,
Et sans me laisser lieu de tourner en arrière,
Sa faveur me couronne entrant dans la carrière;
Du premier coup de vent il me conduit au port,
Et sortant du baptême, il m'envoie à la mort. 1230
Si vous pouviez comprendre et le peu qu'est la vie,
Et de quelles douceurs cette mort est suivie!
Mais que sert de parler de ces trésors cachés
A des esprits que Dieu n'a pas encor touchés?

ACTE IV, SCÈNE III.

PAULINE.

Cruel, car il est temps que ma douleur éclate, 1235
Et qu'un juste reproche accable une âme ingrate,
Est-ce là ce beau feu? sont-ce là tes serments?
Témoignes-tu pour moi les moindres sentiments?
Je ne te parlois point de l'état déplorable
Où ta mort va laisser ta femme inconsolable; 1240
Je croyois que l'amour t'en parleroit assez,
Et je ne voulois pas de sentiments forcés;
Mais cette amour si ferme et si bien méritée
Que tu m'avois promise, et que je t'ai portée,
Quand tu me veux quitter, quand tu me fais mourir, 1245
Te peut-elle arracher une larme, un soupir?
Tu me quittes, ingrat, et le fais avec joie[1];
Tu ne la caches pas, tu veux que je la voie;
Et ton cœur, insensible à ces tristes appas,
Se figure un bonheur où je ne serai pas! 1250
C'est donc là le dégoût qu'apporte l'hyménée?
Je te suis odieuse après m'être donnée!

POLYEUCTE.

Hélas!

PAULINE.

Que cet hélas a de peine à sortir!
Encor s'il commençoit un heureux repentir[2],
Que tout forcé qu'il est, j'y trouverois de charmes! 1255
Mais courage, il s'émeut, je vois couler des larmes.

POLYEUCTE.

J'en verse, et plût à Dieu qu'à force d'en verser
Ce cœur trop endurci se pût enfin percer!
Le déplorable état où je vous abandonne
Est bien digne des pleurs que mon amour vous donne;

---

1. *Var.* Tu me quittes, ingrat, et mêmes avec joie. (1643-56)
2. *Var.* Encore s'il marquoit un heureux repentir. (1643-56)

Et si l'on peut au ciel sentir quelques douleurs[1],
J'y pleurerai pour vous l'excès de vos malheurs ;
Mais si, dans ce séjour de gloire et de lumière,
Ce Dieu tout juste et bon peut souffrir ma prière,
S'il y daigne écouter un conjugal amour,   1265
Sur votre aveuglement il répandra le jour.
  Seigneur, de vos bontés il faut que je l'obtienne[2] ;
Elle a trop de vertus pour n'être pas chrétienne :
Avec trop de mérite il vous plut la former,
Pour ne vous pas connoître et ne vous pas aimer,   1270
Pour vivre des enfers esclave infortunée,
Et sous leur triste joug mourir comme elle est née.

PAULINE.

Que dis-tu, malheureux ? qu'oses-tu souhaiter ?

POLYEUCTE.

Ce que de tout mon sang je voudrois acheter.

PAULINE.

Que plutôt....

POLYEUCTE.

         C'est en vain qu'on se met en défense :
Ce Dieu touche les cœurs lorsque moins on y pense.
Ce bienheureux moment n'est pas encor venu ;
Il viendra, mais le temps ne m'en est pas connu.

PAULINE.

Quittez cette chimère, et m'aimez.

POLYEUCTE.

                   Je vous aime,
Beaucoup moins que mon Dieu, mais bien plus que moi-

PAULINE. [même.

Au nom de cet amour ne m'abandonnez pas.

---

1. *Var.* Et si l'on peut au ciel emporter des douleurs,
J'en emporte de voir l'excès de vos malheurs. (1643-56)
2. Voyez la Notice de *Polyeucte*, p. 468.

POLYEUCTE.
Au nom de cet amour, daignez suivre mes pas¹.
PAULINE.
C'est peu de me quitter, tu veux donc me séduire?
POLYEUCTE.
C'est peu d'aller au ciel, je vous y veux conduire.
PAULINE.
Imaginations!
POLYEUCTE.
Célestes vérités! 1285
PAULINE.
Étrange aveuglement!
POLYEUCTE.
Éternelles clartés!
PAULINE.
Tu préfères la mort à l'amour de Pauline!
POLYEUCTE.
Vous préférez le monde à la bonté divine!
PAULINE.
Va, cruel, va mourir : tu ne m'aimas jamais.
POLYEUCTE.
Vivez heureuse au monde, et me laissez en paix. 1290
PAULINE.
Oui, je t'y vais laisser; ne t'en mets plus en peine;
Je vais....

1. *Var.* Au nom de cet amour, venez suivre mes pas. (1643-56)

SCÈNE IV.

POLYEUCTE, PAULINE, SÉVÈRE, FABIAN.
GARDES.

PAULINE.

  Mais quel dessein en ce lieu vous amène,
Sévère? auroit-on cru qu'un cœur si généreux[1]
Pût venir jusqu'ici braver un malheureux?
POLYEUCTE.
Vous traitez mal, Pauline, un si rare mérite : 1295
A ma seule prière il rend cette visite.
  Je vous ai fait, Seigneur, une incivilité[2],
Que vous pardonnerez à ma captivité.
Possesseur d'un trésor dont je n'étois pas digne,
Souffrez avant ma mort que je vous le résigne[3], 1300
Et laisse la vertu la plus rare à nos yeux
Qu'une femme jamais pût recevoir des cieux
Aux mains du plus vaillant et du plus honnête homme
Qu'ait adoré la terre et qu'ait vu naître Rome.
Vous êtes digne d'elle, elle est digne de vous; 1305
Ne la refusez pas de la main d'un époux :
S'il vous a désunis, sa mort vous va rejoindre.
Qu'un feu jadis si beau n'en devienne pas moindre :
Rendez-lui votre cœur, et recevez sa foi;
Vivez heureux ensemble, et mourez comme moi; 1310
C'est le bien qu'à tous deux Polyeucte desire.

---

  1. *Var.* Sévère? est-ce le fait d'un homme généreux,
   De venir jusqu'ici braver un malheureux? (1643-56)
  2. *Var.* Je vous ai fait, Sévère, une incivilité (*a*). (1643-56)
  3. *Var.* Souffrez, avant mourir, que je vous le résigne. (1643-56)

  (*a*) Les éditions de 1654 et de 1656 donnent, par erreur, *infidélité*, pour *incivilité*.

Qu'on me mène à la mort, je n'ai plus rien à dire.
Allons, gardes, c'est fait.

SCÈNE V.

SÉVÈRE, PAULINE, FABIAN.

SÉVÈRE.

Dans mon étonnement,
Je suis confus pour lui de son aveuglement;
Sa résolution a si peu de pareilles,   1315
Qu'à peine je me fie encore à mes oreilles,
Un cœur qui vous chérit (mais quel cœur assez bas
Auroit pu vous connoître, et ne vous chérir pas?),
Un homme aimé de vous, sitôt qu'il vous possède,
Sans regret il vous quitte; il fait plus, il vous cède;   1320
Et comme si vos feux étoient un don fatal,
Il en fait un présent lui-même à son rival!
Certes ou les chrétiens ont d'étranges manies,
Ou leurs félicités doivent être infinies,
Puisque, pour y prétendre, ils osent rejeter   1325
Ce que de tout l'empire il faudroit acheter.
    Pour moi, si mes destins, un peu plus tôt propices,
Eussent de votre hymen honoré mes services,
Je n'aurois adoré que l'éclat de vos yeux,
J'en aurois fait mes rois, j'en aurois fait mes Dieux; 1330
On m'auroit mis en poudre, on m'auroit mis en cendre,
Avant que....

PAULINE.

Brisons là : je crains de trop entendre,
Et que cette chaleur, qui sent vos premiers feux,
Ne pousse quelque suite indigne de tous deux.
Sévère, connoissez Pauline toute entière.   1335
    Mon Polyeucte touche à son heure dernière;

Pour achever de vivre il n'a plus qu'un moment :
Vous en êtes la cause encor qu'innocemment.
Je ne sais si votre âme, à vos desirs ouverte,
Auroit osé former quelque espoir sur sa perte ; 1340
Mais sachez qu'il n'est point de si cruels trépas
Où d'un front assuré je ne porte mes pas,
Qu'il n'est point aux enfers d'horreurs que je n'endure[1],
Plutôt que de souiller une gloire si pure,
Que d'épouser un homme, après son triste sort, 1345
Qui de quelque façon soit cause de sa mort ;
Et si vous me croyiez d'une âme si peu saine,
L'amour que j'eus pour vous tourneroit toute en haine.
Vous êtes généreux ; soyez-le jusqu'au bout.
Mon père est en état de vous accorder tout, 1350
Il vous craint ; et j'avance encor cette parole,
Que s'il perd mon époux, c'est à vous qu'il l'immole ;
Sauvez ce malheureux, employez-vous pour lui ;
Faites-vous un effort pour lui servir d'appui.
Je sais que c'est beaucoup que ce que je demande ; 1355
Mais plus l'effort est grand, plus la gloire en est grande.
Conserver un rival dont vous êtes jaloux,
C'est un trait de vertu qui n'appartient qu'à vous ;
Et si ce n'est assez de votre renommée,
C'est beaucoup qu'une femme autrefois tant aimée, 1360
Et dont l'amour peut-être encor vous peut toucher,
Doive à votre grand cœur ce qu'elle a de plus cher :
Souvenez-vous enfin que vous êtes Sévère.
Adieu : résolvez seul ce que vous voulez faire[2] ;
Si vous n'êtes pas tel que je l'ose espérer, 1365
Pour vous priser encor je le veux ignorer.

1. *Var.* Qu'il n'est point aux enfers d'horreur que je n'endure. (1664)
2. *Var.* Je m'en vais sans réponse après cette prière,
  Et si vous n'êtes tel que je l'ose espérer. (1643-56)
  Var. Adieu : résolvez seul ce que vous devez faire. (1660-64)

SCÈNE VI.

SÉVÈRE, FABIAN.

SÉVÈRE.

Qu'est-ce-ci, Fabian? quel nouveau coup de foudre
Tombe sur mon bonheur, et le réduit en poudre?
Plus je l'estime près, plus il est éloigné;
Je trouve tout perdu quand je crois tout gagné; 1370
Et toujours la fortune, à me nuire obstinée,
Tranche mon espérance aussitôt qu'elle est née :
Avant qu'offrir des vœux je reçois des refus;
Toujours triste, toujours et honteux et confus
De voir que lâchement elle ait osé renaître, 1375
Qu'encor plus lâchement elle ait osé paroître,
Et qu'une femme enfin dans la calamité[1]
Me fasse des leçons de générosité.
 Votre belle âme est haute autant que malheureuse,
Mais elle est inhumaine autant que généreuse, 1380
Pauline, et vos douleurs avec trop de rigueur
D'un amant tout à vous tyrannisent le cœur.
C'est donc peu de vous perdre, il faut que je vous donne,
Que je serve un rival lorsqu'il vous abandonne,
Et que par un cruel et généreux effort, 1385
Pour vous rendre en ses mains, je l'arrache à la mort.

FABIAN.

Laissez à son destin cette ingrate famille;
Qu'il accorde, s'il veut, le père avec la fille,
Polyeucte et Félix, l'épouse avec l'époux.
D'un si cruel effort quel prix espérez-vous? 1390

SÉVÈRE.

La gloire de montrer à cette âme si belle

---

1. *Var.* Et qu'une femme enfin dans l'infélicité. (1643-64)

Que Sévère l'égale, et qu'il est digne d'elle ;
Qu'elle m'étoit bien due, et que l'ordre des cieux
En me la refusant m'est trop injurieux.

FABIAN.

Sans accuser le sort ni le ciel d'injustice, 1395
Prenez garde au péril qui suit un tel service :
Vous hasardez beaucoup, Seigneur, pensez-y bien.
Quoi ? vous entreprenez de sauver un chrétien !
Pouvez-vous ignorer pour cette secte impie
Quelle est et fut toujours la haine de Décie? 1400
C'est un crime vers lui si grand, si capital,
Qu'à votre faveur même il peut être fatal.

SÉVÈRE.

Cet avis seroit bon pour quelque âme commune.
S'il tient entre ses mains ma vie et ma fortune,
Je suis encor Sévère, et tout ce grand pouvoir 1405
Ne peut rien sur ma gloire, et rien sur mon devoir.
Ici l'honneur m'oblige, et j'y veux satisfaire ;
Qu'après le sort se montre ou propice ou contraire,
Comme son naturel est toujours inconstant,
Périssant glorieux, je périrai content. 1410
Je te dirai bien plus, mais avec confidence :
La secte des chrétiens n'est pas ce que l'on pense ;
On les hait; la raison, je ne la connois point,
Et je ne vois Décie injuste qu'en ce point.
Par curiosité j'ai voulu les connoître : 1415
On les tient pour sorciers dont l'enfer est le maître,
Et sur cette croyance on punit du trépas
Des mystères secrets que nous n'entendons pas ;
Mais Cérès Éleusine et la Bonne Déesse
Ont leurs secrets, comme eux, à Rome et dans la Grèce ;
Encore impunément nous souffrons en tous lieux,
Leur Dieu seul excepté, toutes sortes de Dieux :
Tous les monstres d'Égypte ont leurs temples dans Rome ;

ACTE IV, SCÈNE VI.

Nos aïeux à leur gré faisoient un Dieu d'un homme ;
Et leur sang parmi nous conservant leurs erreurs, 1425
Nous remplissons le ciel de tous nos empereurs ;
Mais à parler sans fard de tant d'apothéoses,
L'effet est bien douteux de ces métamorphoses.

Les chrétiens n'ont qu'un Dieu, maître absolu de tout,
De qui le seul vouloir fait tout ce qu'il résout ; 1430
Mais si j'ose entre nous dire ce qui me semble,
Les nôtres bien souvent s'accordent mal ensemble ;
Et me dût leur colère écraser à tes yeux,
Nous en avons beaucoup pour être de vrais Dieux[1].
Enfin chez les chrétiens les mœurs sont innocentes,
Les vices détestés, les vertus florissantes ;
Ils font des vœux pour nous qui les persécutons[2] ;

---

1. *Var.* [Nous en avons beaucoup pour être de vrais Dieux (*a*).]
Peut-être qu'après tout ces croyances publiques
Ne sont qu'inventions de sages politiques,
Pour contenir un peuple ou bien pour l'émouvoir,
Et dessus sa foiblesse affermir leur pouvoir (*b*).
[Enfin chez les chrétiens les mœurs sont innocentes,
Les vices détestés, les vertus florissantes ;]
Jamais un adultère, un traître, un assassin ;
Jamais d'ivrognerie, et jamais de larcin :
Ce n'est qu'amour entre eux, que charité sincère ;
Chacun y chérit l'autre, et le secourt en frère ;
[Ils font des vœux pour nous qui les persécutons.] (1643-56)

2. « Remarquez ici que Racine, dans *Esther* (acte III, scène IV), exprime la même chose en cinq vers :

Pendant que votre main, sur eux appesantie,
A leurs persécuteurs les livroit sans secours,
Ils conjuroient ce Dieu de veiller sur vos jours,
De rompre des méchants les trames criminelles,
De mettre votre trône à l'ombre de ses ailes. »

(*Voltaire.*)

(*a*) Lemazurier rapporte (tome I, p. 92) que quand Baron arrivait à ce vers, « il s'approchait de Fabian, comme lorsqu'on craint d'être entendu ; et pour obliger ce confident à ne pas perdre un mot de ce qu'il allait lui dire, il lui mettait la main sur l'épaule. »

(*b*) « Quoique ces vers n'expriment que le doute vague d'un païen, à qui les extravagances de sa religion rendoient suspectes toutes les autres religions, et qui n'avoit aucune connoissance des preuves évidentes de la nôtre, M. Cor-

Et depuis tant de temps que nous les tourmentons,
Les a-t-on vus mutins? les a-t-on vus rebelles?
Nos princes ont-ils eu des soldats plus fidèles? 1440
Furieux dans la guerre, ils souffrent nos bourreaux,
Et lions au combat, ils meurent en agneaux.
J'ai trop de pitié d'eux pour ne les pas défendre.
Allons trouver Félix; commençons par son gendre;
Et contentons ainsi, d'une seule action, 1445
Et Pauline, et ma gloire, et ma compassion.

neille s'est reproché plusieurs fois de les avoir fait imprimer. » (*OEuvres de Corneille*, édition de 1738, *Avertissement* de Jolly, tome I, p. xxx.)

FIN DU QUATRIÈME ACTE.

ACTE V.

SCÈNE PREMIÈRE.
FÉLIX, ALBIN, CLÉON.

FÉLIX.
Albin, as-tu bien vu la fourbe de Sévère?
As-tu bien vu sa haine? et vois-tu ma misère?
ALBIN.
Je n'ai rien vu en lui qu'un rival généreux,
Et ne vois rien en vous qu'un père rigoureux. 1450
FÉLIX.
Que tu discernes mal le cœur d'avec la mine[1]!
Dans l'âme il hait Félix et dédaigne Pauline;
Et s'il l'aima jadis, il estime aujourd'hui
Les restes d'un rival trop indignes de lui.
Il parle en sa faveur, il me prie, il menace, 1455
Et me perdra, dit-il, si je ne lui fais grâce;
Tranchant du généreux, il croit m'épouvanter :
L'artifice est trop lourd pour ne pas l'éventer.
Je sais des gens de cour quelle est la politique[2],
J'en connois mieux que lui la plus fine pratique. 1460
C'est en vain qu'il tempête et feint d'être en fureur :
Je vois ce qu'il prétend auprès de l'Empereur.
De ce qu'il me demande il m'y feroit un crime :

---

1. *Var.* Que tu le connois mal! tout son fait n'est que mine. (1643-56)
2. *Var.* Je connois avant lui la cour et ses intrigues,
   J'en connois les détours, j'en connois les pratiques. (1643-56)

Épargnant son rival, je serois sa victime;
Et s'il avoit affaire à quelque maladroit, 1465
Le piége est bien tendu, sans doute il le perdroit;
Mais un vieux courtisan est un peu moins crédule[1] :
Il voit quand on le joue, et quand on dissimule;
Et moi j'en ai tant vu de toutes les façons,
Qu'à lui-même au besoin j'en ferois des leçons. 1470

ALBIN.

Dieux! que vous vous gênez par cette défiance!

FÉLIX.

Pour subsister en cour c'est la haute science :
Quand un homme une fois a droit de nous haïr,
Nous devons présumer qu'il cherche à nous trahir;
Toute son amitié nous doit être suspecte. 1475
Si Polyeucte enfin n'abandonne sa secte,
Quoi que son protecteur ait pour lui dans l'esprit,
Je suivrai hautement l'ordre qui m'est prescrit.

ALBIN.

Grâce, grâce, Seigneur! que Pauline l'obtienne!

FÉLIX.

Celle de l'Empereur ne suivroit pas la mienne, 1480
Et loin de le tirer de ce pas dangereux[2],
Ma bonté ne feroit que nous perdre tous deux.

ALBIN.

Mais Sévère promet....

FÉLIX.

　　　　　　Albin, je m'en défie,
Et connois mieux que lui la haine de Décie :
En faveur des chrétiens s'il choquoit son courroux, 1485
Lui-même assurément se perdroit avec nous.
　Je veux tenter pourtant encore une autre voie :

1. *Var.* Mais un vieux courtisan n'est pas si fort crédule. (1643-56)
2. *Var.* Et loin de le tirer de ce pas hasardeux. (1643-63)

ACTE V, SCÈNE I.

Amenez Polyeucte; et si je le renvoie[1],
S'il demeure insensible à ce dernier effort,
Au sortir de ce lieu qu'on lui donne la mort[2]. 1490

ALBIN.
Votre ordre est rigoureux.

FÉLIX.
      Il faut que je le suive,
Si je veux empêcher qu'un désordre n'arrive.
Je vois le peuple ému pour prendre son parti;
Et toi-même tantôt tu m'en as averti.
Dans ce zèle pour lui qu'il fait déjà paroître, 1495
Je ne sais si longtemps j'en pourrois être maître;
Peut-être dès demain, dès la nuit, dès ce soir,
J'en verrois des effets que je ne veux pas voir;
Et Sévère aussitôt, courant à sa vengeance,
M'iroit calomnier de quelque intelligence. 1500
Il faut rompre ce coup, qui me seroit fatal.

ALBIN.
Que tant de prévoyance est un étrange mal[3]! [brage;
Tout vous nuit, tout vous perd, tout vous fait de l'om-
Mais voyez que sa mort mettra ce peuple en rage,
Que c'est mal le guérir que le désespérer. 1505

FÉLIX.
En vain après sa mort il voudra murmurer;
Et s'il ose venir à quelque violence,
C'est à faire[4] à céder deux jours à l'insolence :
J'aurai fait mon devoir, quoi qu'il puisse arriver[5].

1. En marge, dans les éditions de 1643 et de 1648 in-4° : *Il parle à Cléon.*
2. En marge, dans les éditions de 1643 et de 1648 in-4° : *Cléon rentre.*
3. *Var.* Que votre défiance est un étrange mal! (1643-56)
4. Il y a *à faire*, et non *affaire*, dans toutes les éditions qui ont paru du vivant de Corneille, et de même dans l'impression de 1692, et dans celle de 1764, publiée par Voltaire.
5. *Var.* J'aurai fait mon devoir, quoi qui puisse arriver. (1660-64)

558   POLYEUCTE.

Mais Polyeucte vient, tâchons à le sauver[1]. 1510
Soldats, retirez-vous, et gardez bien la porte.

SCÈNE II.
FÉLIX, POLYEUCTE, ALBIN.

FÉLIX.

As-tu donc pour la vie une haine si forte,
Malheureux Polyeucte? et la loi des chrétiens
T'ordonne-t-elle ainsi d'abandonner les tiens?

POLYEUCTE.

Je ne hais point la vie, et j'en aime l'usage, 1515
Mais sans attachement qui sente l'esclavage,
Toujours prêt à la rendre au Dieu dont je la tiens :
La raison me l'ordonne, et la loi des chrétiens;
Et je vous montre à tous par là comme il faut vivre,
Si vous avez le cœur assez bon pour me suivre. 1520

FÉLIX.

Te suivre dans l'abîme où tu te veux jeter?

POLYEUCTE.

Mais plutôt dans la gloire où je m'en vais monter.

FÉLIX.

Donne-moi pour le moins le temps de la connoître :
Pour me faire chrétien, sers-moi de guide à l'être,
Et ne dédaigne pas de m'instruire en ta foi, 1525
Ou toi-même à ton Dieu tu répondras de moi.

POLYEUCTE.

N'en riez point, Félix, il sera votre juge;
Vous ne trouverez point devant lui de refuge :
Les rois et les bergers y sont d'un même rang.
De tous les siens sur vous il vengera le sang. 1530

1. En marge, dans les éditions de 1643 et de 1648 in-4° : *Polyeucte vient avec ses gardes, qui soudain se retirent.*

ACTE V, SCÈNE II.

FÉLIX.

Je n'en répandrai plus, et quoi qu'il en arrive,
Dans la foi des chrétiens je souffrirai qu'on vive :
J'en serai protecteur.

POLYEUCTE.

Non, non, persécutez,
Et soyez l'instrument de nos félicités :
Celle d'un vrai chrétien n'est que dans les souffrances[1] ;
Les plus cruels tourments lui sont des récompenses.
Dieu, qui rend le centuple aux bonnes actions,
Pour comble donne encor les persécutions.
Mais ces secrets pour vous sont fâcheux à comprendre :
Ce n'est qu'à ses élus que Dieu les fait entendre. 1540

FÉLIX.

Je te parle sans fard, et veux être chrétien.

POLYEUCTE.

Qui peut donc retarder l'effet d'un si grand bien ?

FÉLIX.

La présence importune....

POLYEUCTE.

Et de qui ? de Sévère ?

FÉLIX.

Pour lui seul contre toi j'ai feint tant de colère :
Dissimule un moment jusques à son départ. 1545

POLYEUCTE.

Félix, c'est donc ainsi que vous parlez sans fard ?
Portez à vos païens, portez à vos idoles
Le sucre empoisonné que sèment vos paroles[2].
Un chrétien ne craint rien, ne dissimule rien :
Aux yeux de tout le monde il est toujours chrétien. 1550

---

1. *Var.* Aussi bien un chrétien n'est rien sans les souffrances ;
   Les plus cruels tourments nous sont des récompenses. (1643-56)
2. *Var.* Le sucre empoisonné que versent vos paroles. (1643-56)

FÉLIX.
Ce zèle de ta foi ne sert qu'à te séduire,
Si tu cours à la mort plutôt que de m'instruire.
POLYEUCTE.
Je vous en parlerois ici hors de saison :
Elle est un don du ciel, et non de la raison;
Et c'est là que bientôt, voyant Dieu face à face,   1555
Plus aisément pour vous j'obtiendrai cette grâce.
FÉLIX.
Ta perte cependant me va désespérer.
POLYEUCTE.
Vous avez en vos mains de quoi la réparer :
En vous ôtant un gendre, on vous en donne un autre,
Dont la condition répond mieux à la vôtre;   1560
Ma perte n'est pour vous qu'un change avantageux.
FÉLIX.
Cesse de me tenir ce discours outrageux.
Je t'ai considéré plus que tu ne mérites;
Mais malgré ma bonté, qui croît plus tu l'irrites[1],
Cette insolence enfin te rendroit odieux,   1565
Et je me vengerois aussi bien que nos Dieux.
POLYEUCTE.
Quoi? vous changez bientôt d'humeur et de langage!
Le zèle de vos Dieux rentre en votre courage!
Celui d'être chrétien s'échappe! et par hasard
Je vous viens d'obliger à me parler sans fard!   1570
FÉLIX.
Va, ne présume pas que quoi que je te jure,
De tes nouveaux docteurs je suive l'imposture :
Je flattois ta manie, afin de t'arracher
Du honteux précipice où tu vas trébucher;

---

1. *Var.* Mais malgré ma bonté, qui croît quand tu l'irrites. (1643-56

ACTE V, SCÈNE II.

Je voulois gagner temps, pour ménager ta vie   1575
Après l'éloignement d'un flatteur de Décie;
Mais j'ai fait trop d'injure à nos Dieux tout-puissants :
Choisis de leur donner ton sang, ou de l'encens.

POLYEUCTE.

Mon choix n'est point douteux. Mais j'aperçois Pauline.
O ciel!

SCÈNE III.
FÉLIX, POLYEUCTE, PAULINE, ALBIN.

PAULINE.

    Qui de vous deux aujourd'hui m'assassine?   1580
Sont-ce tous deux ensemble, ou chacun à son tour?
Ne pourrai-je fléchir la nature ou l'amour?
Et n'obtiendrai-je rien d'un époux ni d'un père?

FÉLIX.

Parlez à votre époux.

POLYEUCTE.

    Vivez avec Sévère.

PAULINE.

Tigre, assassine-moi du moins sans m'outrager.   1585

POLYEUCTE.

Mon amour, par pitié, cherche à vous soulager[1] :
Il voit quelle douleur dans l'âme vous possède,
Et sait qu'un autre amour en est le seul remède[2].
Puisqu'un si grand mérite a pu vous enflammer,
Sa présence toujours a droit de vous charmer :   1590
Vous l'aimiez, il vous aime, et sa gloire augmentée....

---

1. *Var.* Ma pitié, tant s'en faut, cherche à vous soulager :
   Notre amour vous emporte à des douleurs si vraies. (1643-56)
2. *Var.* Que rien qu'un autre amour ne peut guérir ces plaies. (1643)
   Var. Que rien qu'un autre amour ne peut guérir ses plaies. (1648-56)

PAULINE.

Que t'ai-je fait, cruel, pour être ainsi traitée,
Et pour me reprocher, au mépris de ma foi,
Un amour si puissant que j'ai vaincu pour toi?
Vois, pour te faire vaincre un si fort adversaire,   1595
Quels efforts à moi-même il a fallu me faire;
Quels combats j'ai donnés pour te donner un cœur
Si justement acquis à son premier vainqueur;
Et si l'ingratitude en ton cœur ne domine,
Fais quelque effort sur toi pour te rendre à Pauline :
Apprends d'elle à forcer ton propre sentiment;
Prends sa vertu pour guide en ton aveuglement;
Souffre que de toi-même elle obtienne ta vie,
Pour vivre sous tes lois à jamais asservie.
Si tu peux rejeter de si justes desirs,   1605
Regarde au moins ses pleurs, écoute ses soupirs;
Ne désespère pas une âme qui t'adore.

POLYEUCTE.

Je vous l'ai déjà dit, et vous le dis encore,
Vivez avec Sévère, ou mourez avec moi.
Je ne méprise point vos pleurs ni votre foi;   1610
Mais de quoi que pour vous notre amour m'entretienne,
Je ne vous connois plus, si vous n'êtes chrétienne.

    C'en est assez, Félix, reprenez ce courroux,
Et sur cet insolent vengez vos Dieux et vous.

PAULINE.

Ah! mon père, son crime à peine est pardonnable;   1615
Mais s'il est insensé, vous êtes raisonnable.
La nature est trop forte, et ses aimables traits
Imprimés dans le sang ne s'effacent jamais :
Un père est toujours père, et sur cette assurance
J'ose appuyer encore un reste d'espérance.   1620
    Jetez sur votre fille un regard paternel :
Ma mort suivra la mort de ce cher criminel;

Et les Dieux trouveront sa peine illégitime,
Puisqu'elle confondra l'innocence et le crime,
Et qu'elle changera, par ce redoublement,   1625
En injuste rigueur un juste châtiment;
Nos destins, par vos mains rendus inséparables,
Nous doivent rendre heureux ensemble, ou misérables;
Et vous seriez cruel jusques au dernier point,
Si vous désunissiez ce que vous avez joint.   1630
Un cœur à l'autre uni jamais ne se retire,
Et pour l'en séparer il faut qu'on le déchire.
Mais vous êtes sensible à mes justes douleurs,
Et d'un œil paternel vous regardez mes pleurs.

FÉLIX.

Oui, ma fille, il est vrai qu'un père est toujours père;
Rien n'en peut effacer le sacré caractère :
Je porte un cœur sensible, et vous l'avez percé;
Je me joins avec vous contre cet insensé.
    Malheureux Polyeucte, es-tu seul insensible?
Et veux-tu rendre seul ton crime irrémissible?   1640
Peux-tu voir tant de pleurs d'un œil si détaché[1]?
Peux-tu voir tant d'amour sans en être touché?
Ne reconnois-tu plus ni beau-père, ni femme,
Sans amitié pour l'un, et pour l'autre sans flamme?
Pour reprendre les noms et de gendre et d'époux,   1645
Veux-tu nous voir tous deux embrasser tes genoux?

POLYEUCTE.

Que tout cet artifice est de mauvaise grâce!
Après avoir deux fois essayé la menace,
Après m'avoir fait voir Néarque dans la mort,
Après avoir tenté l'amour et son effort,   1650
Après m'avoir montré cette soif du baptême,
Pour opposer à Dieu l'intérêt de Dieu même,

---

1. *Var.* Peux-tu voir tant de pleurs d'un cœur si détaché? (1643-56)

Vous vous joignez ensemble ! Ah ! ruses de l'enfer !
Faut-il tant de fois vaincre avant que triompher ?
Vos résolutions usent trop de remise :   1655
Prenez la vôtre enfin, puisque la mienne est prise.

 Je n'adore qu'un Dieu, maître de l'univers,
Sous qui tremblent le ciel, la terre, et les enfers,
Un Dieu qui, nous aimant d'une amour infinie,
Voulut mourir pour nous avec ignominie,   1660
Et qui par un effort de cet excès d'amour[1],
Veut pour nous en victime être offert chaque jour.
Mais j'ai tort d'en parler à qui ne peut m'entendre.
Voyez l'aveugle erreur que vous osez défendre :
Des crimes les plus noirs vous souillez tous vos Dieux ;
Vous n'en punissez point qui n'ait son maître aux cieux :
La prostitution, l'adultère, l'inceste,
Le vol, l'assassinat, et tout ce qu'on déteste,
C'est l'exemple qu'à suivre offrent vos immortels.
J'ai profané leur temple, et brisé leurs autels ;   1670
Je le ferois encor, si j'avois à le faire[2],
Même aux yeux de Félix, même aux yeux de Sévère,
Même aux yeux du sénat, aux yeux de l'Empereur.

FÉLIX.

Enfin ma bonté cède à ma juste fureur :
Adore-les, ou meurs.

POLYEUCTE.
Je suis chrétien.

FÉLIX.
Impie !   1675

Adore-les, te dis-je, ou renonce à la vie.

POLYEUCTE.

Je suis chrétien.

---

1. *Var.* Et qui par un excès de cette même amour. (1643-56)
2. « Ce vers est dans *le Cid* (vers 878), et est à sa place dans les deux pièces. » (*Voltaire.*)

ACTE V, SCÈNE III.

FÉLIX.

Tu l'es? O cœur trop obstiné[1]!
Soldats, exécutez l'ordre que j'ai donné.

PAULINE.

Où le conduisez-vous?

FÉLIX.

A la mort.

POLYEUCTE.

A la gloire[2].
Chère Pauline, adieu : conservez ma mémoire. 1680

PAULINE.

Je te suivrai partout, et mourrai si tu meurs[3].

POLYEUCTE.

Ne suivez point mes pas, ou quittez vos erreurs.

FÉLIX.

Qu'on l'ôte de mes yeux, et que l'on m'obéisse :
Puisqu'il aime à périr, je consens qu'il périsse.

SCÈNE IV.

FÉLIX, ALBIN.

FÉLIX.

Je me fais violence, Albin; mais je l'ai dû : 1685
Ma bonté naturelle aisément m'eût perdu.
Que la rage du peuple à présent se déploie[4],
Que Sévère en fureur tonne, éclate, foudroie,
M'étant fait cet effort, j'ai fait ma sûreté.

---

1. En marge, dans les éditions de 1643 et de 1648 in-4° : *Cléon et les autres gardes sortent et conduisent Polyeucte; Pauline le suit.*
2. Du Vair a dit à la fin du livre II de son *Traité de la constance* : « S'il nous mène aux coups, il nous mène à la gloire. »
3. *Var.* Je te suivrai partout et mêmes au trépas.
   POL. Sortez de votre erreur, ou ne me suivez pas. (1643-56)
4. *Var.* Que la rage d'un peuple à présent se déploie. (1643-60)

Mais n'es-tu point surpris de cette dureté ? 1690
Vois-tu comme le sien des cœurs impénétrables,
Ou des impiétés à ce point exécrables ?
Du moins j'ai satisfait mon esprit affligé[1] :
Pour amollir son cœur je n'ai rien négligé ;
J'ai feint même à tes yeux des lâchetés extrêmes ; 1695
Et certes sans l'horreur de ses derniers blasphèmes,
Qui m'ont rempli soudain de colère et d'effroi,
J'aurois eu de la peine à triompher de moi.

ALBIN.

Vous maudirez peut-être un jour cette victoire,
Qui tient je ne sais quoi d'une action trop noire, 1700
Indigne de Félix, indigne d'un Romain,
Répandant votre sang par votre propre main.

FÉLIX.

Ainsi l'ont autrefois versé Brute et Manlie ;
Mais leur gloire en a crû, loin d'en être affoiblie[2] ;
Et quand nos vieux héros avoient de mauvais sang, 1705
Ils eussent, pour le perdre, ouvert leur propre flanc.

ALBIN.

Votre ardeur vous séduit ; mais quoi qu'elle vous die,
Quand vous la sentirez une fois refroidie,
Quand vous verrez Pauline, et que son désespoir
Par ses pleurs et ses cris saura vous émouvoir[3].... 1710

FÉLIX.

Tu me fais souvenir qu'elle a suivi ce traître,
Et que ce désespoir qu'elle fera paroître
De mes commandements pourra troubler l'effet :

---

1. *Var.* Du moins j'ai satisfait à mon cœur affligé :
Pour amollir le sien je n'ai rien négligé. (1643-56)
2. *Var.* Et leur gloire en a crû, loin d'en être affoiblie.
Jamais nos vieux héros n'ont eu de mauvais sang,
Qu'ils n'eussent, pour le perdre, ouvert leur propre flanc. (1643-56)
3. *Var.* Par ses pleurs et ses cris pourra vous émouvoir.... (1643-60)

ACTE V, SCÈNE IV.

Va donc; cours y mettre ordre et voir ce qu'elle fait[1];
Romps ce que ses douleurs y donneroient d'obstacle;
Tire-la, si tu peux, de ce triste spectacle;
Tâche à la consoler. Va donc : qui te retient?

ALBIN.

Il n'en est pas besoin, Seigneur, elle revient.

SCÈNE V.

FÉLIX, PAULINE, ALBIN.

PAULINE.

Père barbare, achève, achève ton ouvrage :
Cette seconde hostie est digne de ta rage;   1720
Joins ta fille à ton gendre; ose : que tardes-tu?
Tu vois le même crime, ou la même vertu :
Ta barbarie en elle a les mêmes matières.
Mon époux en mourant m'a laissé ses lumières;
Son sang, dont tes bourreaux viennent de me couvrir,
M'a dessillé les yeux, et me les vient d'ouvrir.
Je vois, je sais, je crois, je suis désabusée :
De ce bienheureux sang tu me vois baptisée;
Je suis chrétienne enfin, n'est-ce point assez dit?
Conserve en me perdant ton rang et ton crédit;   1730
Redoute l'Empereur, appréhende Sévère :
Si tu ne veux périr, ma perte est nécessaire;
Polyeucte m'appelle à cet heureux trépas;
Je vois Néarque et lui qui me tendent les bras.
Mène, mène-moi voir tes Dieux que je déteste :   1735
Ils n'en ont brisé qu'un, je briserai le reste;
On m'y verra braver tout ce que vous craignez,
Ces foudres impuissants qu'en leurs mains vous peignez[2],

---

1. *Var.* Va donc y donner ordre et voir ce qu'elle fait. (1643-63)
2. L'édition de 1648 in-4° porte, par erreur, *vous plaignez*, pour *vous peignez*.

Et saintement rebelle aux lois de la naissance,
Une fois envers toi manquer d'obéissance. 1740
Ce n'est point ma douleur que par là je fais voir ;
C'est la grâce qui parle, et non le désespoir.
Le faut-il dire encor, Félix ? je suis chrétienne !
Affermis par ma mort ta fortune et la mienne :
Le coup à l'un et l'autre en sera précieux, 1745
Puisqu'il t'assure en terre en m'élevant aux cieux.

SCÈNE VI[1].

FÉLIX, SÉVÈRE, PAULINE, ALBIN, FABIAN.

SÉVÈRE.

Père dénaturé, malheureux politique,
Esclave ambitieux d'une peur chimérique,
Polyeucte est donc mort ! et par vos cruautés
Vous pensez conserver vos tristes dignités ! 1750
La faveur que pour lui je vous avois offerte,
Au lieu de le sauver, précipite sa perte !
J'ai prié, menacé, mais sans vous émouvoir ;
Et vous m'avez cru fourbe ou de peu de pouvoir !
Eh bien ! à vos dépens vous verrez que Sévère[2] 1755
Ne se vante jamais que de ce qu'il peut faire ;
Et par votre ruine il vous fera juger
Que qui peut bien vous perdre eût pu vous protéger.
Continuez aux Dieux ce service fidèle ;
Par de telles horreurs montrez-leur votre zèle. 1760
Adieu ; mais quand l'orage éclatera sur vous,
Ne doutez point du bras dont partiront les coups.

FÉLIX.

Arrêtez-vous, Seigneur, et d'une âme apaisée[3]

1. Voyez la Notice de *Polyeucte*, p. 468.
2. *Var.* Eh bien ! à vos dépens vous saurez que Sévère. (1643-60)
3. *Var.* Arrêtez-vous, Sévère, et d'une âme apaisée. (1643-56)

Souffrez que je vous livre une vengeance aisée.
Ne me reprochez plus que par mes cruautés   1765
Je tâche à conserver mes tristes dignités :
Je dépose à vos pieds l'éclat de leur faux lustre.
Celle où j'ose aspirer est d'un rang plus illustre ;
Je m'y trouve forcé par un secret appas ;
Je cède à des transports que je ne connois pas ;   1770
Et par un mouvement que je ne puis entendre,
De ma fureur je passe au zèle de mon gendre.
C'est lui, n'en doutez point, dont le sang innocent
Pour son persécuteur prie un Dieu tout-puissant ;
Son amour épandu sur toute la famille   1775
Tire après lui le père aussi bien que la fille.
J'en ai fait un martyr, sa mort me fait chrétien :
J'ai fait tout son bonheur, il veut faire le mien.
C'est ainsi qu'un chrétien se venge et se courrouce.
Heureuse cruauté dont la suite est si douce !   1780
Donne la main, Pauline. Apportez des liens ;
Immolez à vos Dieux ces deux nouveaux chrétiens :
Je le suis, elle l'est, suivez votre colère.

PAULINE.

Qu'heureusement enfin je retrouve mon père !
Cet heureux changement rend mon bonheur parfait.

FÉLIX.

Ma fille, il n'appartient qu'à la main qui le fait.

SÉVÈRE.

Qui ne seroit touché d'un si tendre spectacle ?
De pareils changements ne vont point sans miracle.
Sans doute vos chrétiens, qu'on persécute en vain,
Ont quelque chose en eux qui surpasse l'humain :   1790
Ils mènent une vie avec tant d'innocence,
Que le ciel leur en doit quelque reconnoissance :
Se relever plus forts, plus ils sont abattus,
N'est pas aussi l'effet des communes vertus.

Je les aimai toujours, quoi qu'on m'en ait pu dire ; 1795
Je n'en vois point mourir que mon cœur n'en soupire¹ ;
Et peut-être qu'un jour je les connoîtrai mieux.
J'approuve cependant que chacun ait ses Dieux,
Qu'il les serve à sa mode, et sans peur de la peine.
Si vous êtes chrétien, ne craignez plus ma haine ; 1800
Je les aime, Félix, et de leur protecteur
Je n'en veux pas sur vous faire un persécuteur².

Gardez votre pouvoir, reprenez-en la marque ;
Servez bien votre Dieu, servez notre monarque³.
Je perdrai mon crédit envers Sa Majesté, 1805
Ou vous verrez finir cette sévérité⁴ :
Par cette injuste haine il se fait trop d'outrage.

FÉLIX.

Daigne le ciel en vous achever son ouvrage,
Et pour vous rendre un jour ce que vous méritez,
Vous inspirer bientôt toutes ses vérités⁵ ! 1810
Nous autres, bénissons notre heureuse aventure :
Allons à nos martyrs donner la sépulture,
Baiser leurs corps sacrés, les mettre en digne lieu,
Et faire retentir partout le nom de Dieu.

1. *Var.* Je n'en vois point mourir que ce cœur n'en soupire. (1643-56)
2. *Var.* Je n'en veux pas en vous faire un persécuteur. (1643-63)
3. « La manière dont le fameux Baron récitait ces vers en appuyant sur *servez votre* (a) *monarque*, était reçue avec transport. » (*Voltaire*, édition de 1764.)
4. *Var.* Ou bien il quittera cette sévérité. (1643-56)
5. *Var.* Vous inspire bientôt toutes ses vérités ! (1643 et 48 in-4°)

(a) Dans le texte, Voltaire ne donne pas *votre*, mais *notre*, comme les éditions publiées par Corneille.

FIN DU CINQUIÈME ET DERNIER ACTE.

TABLE DES MATIÈRES

CONTENUES DANS LE TROISIÈME VOLUME.

LE CID, tragédie....................................	1
Notice..	3
Écrits en faveur du Cid, attribués à Corneille par Niceron ou par les frères Parfait :	
I. L'Ami du Cid...........................	53
II. Lettre pour M. de Corneille, contre ces mots de la lettre sous le nom d'Ariste : *Je fis donc résolution de guérir ces idolâtres*.................	56
III. Réponse de *** à *** sous le nom d'Ariste......	59
IV. Lettre du désintéressé au sieur Mairet........	62
V. Avertissement au Besançonnois Mairet........	67
A Madame de Combalet..........................	77
Extrait de Mariana et Avertissement...............	79
Romance primero................................	87
Romance segundo................................	90
Examen..	91
Liste des éditions qui ont été collationnées pour les variantes du *Cid*...............................	102
Le Cid...	105
Appendice :	
I. Passages des *Mocedades del Cid* de Guillem de Castro, imités par Corneille et signalés par lui....	199

TABLE DES MATIÈRES.

II. Analyse comparative du drame de Guillem de Castro : *la Jeunesse du Cid*..................	207
III. Aux amateurs de la langue françoise (Avertissement de l'édition de Leyde)...............	240
HORACE, tragédie...................................	243
Notice..	245
A Monseigneur le cardinal duc de Richelieu.........	258
Extrait de Tite Live..............................	262
Examen...	273
Liste des éditions qui ont été collationnées pour les variantes d'*Horace*...............................	281
HORACE...	283
CINNA, tragédie....................................	359
Notice..	361
A Monsieur de Montoron..........................	369
Extrait de Sénèque...............................	373
Extrait de Montagne..............................	376
Examen...	379
Liste des éditions qui ont été collationnées pour les variantes de *Cinna*................................	383
CINNA..	385
POLYEUCTE, MARTYR, tragédie chrétienne............	463
Notice..	465
A la Reine régente...............................	471
Abrégé du martyre de saint Polyeucte..............	474
Examen...	478
Liste des éditions qui ont été collationnées pour les variantes de *Polyeucte*.............................	485
POLYEUCTE..	487

FIN DE LA TABLE DES MATIÈRES.

Paris. — Imprimerie de Ch. Lahure et Cie, rue de Fleurus, 9.

www.ingramcontent.com/pod-product-compliance
Lightning Source LLC
Chambersburg PA
CBHW060507230426
43665CB00013B/1424